i

为 了 人 与 书 的 相 遇

ROOM
to
DReaM

梦室

Room to Dream

大卫·林奇传

［美］大卫·林奇　［美］克里斯汀·麦肯纳　著　胡阳潇潇　译

广西师范大学出版社
·桂林·

图书在版编目(CIP)数据

梦室：大卫·林奇传 / (美) 大卫·林奇, (美) 克
里斯汀·麦肯纳著；胡阳潇潇译. —— 桂林：广西师范
大学出版社, 2020.8

ISBN 978-7-5598-2872-9

Ⅰ. ①梦… Ⅱ. ①大… ②克… ③胡… Ⅲ. ①大卫·
林奇 – 自传 Ⅳ. ①K837.125.78

中国版本图书馆CIP数据核字(2020)第091371号

广西师范大学出版社出版发行

　　广西桂林市五里店路9号　邮政编码：541004
　　网址：www.bbtpress.com

出　版　人：黄轩庄
责任编辑：马步匀
特约编辑：贾宁宁
装帧设计：张　卉
内文制作：李丹华

全国新华书店经销

发行热线：010-64284815

山东临沂新华印刷物流集团有限责任公司　印刷

开本：965mm×635mm　1/16
印张：37　字数：500千字
2020年8月第1版　2020年8月第1次印刷
定价：138.00元
如发现印装质量问题，影响阅读，请与出版社发行部门联系调换。

献给神圣的玛哈里希·玛赫西·优济（Maharishi Mahesh Yogi）

以及

世界大家庭

目录

前言

几年前决定要一起写作《梦室》时，我们希望这本书能够达成两个目标。第一，我们希望能尽量创作一本"确定"的自传，也就是说书中包含的所有事实、数字和日期都正确，逐一呈现、翔实描写所有重要的主人公；第二，我们希望用主人公自己的话来主导整个叙述。

最终我们商定了一种听起来可能很奇怪的写作方法。虽然奇怪，却希望读者在阅读中能够察觉出某种韵律。首先，我们中的一个（也就是克里斯汀）先用传统的传记写作方法完成一个章节，她要收集资料，并且采访大约100名与大卫·林奇相关的人士，包括家庭成员、朋友、几位前妻、合作者、演员，以及制片人。然后，另外一位（也就是大卫）会通读该章节，指出其中错误或不太准确的地方，接着用写作给出回应，有点儿像是通过别人的记忆来挖掘自己头脑中对往事的印象。所以，读者在这本书中读到的，基本上可以说是一个人与他自传之间的对话。

动笔之前，我们并没有给自己设定任何规矩，或者不可逾越的底线。那些慷慨付出时间接受采访的人，都可以随意说出自己头脑中既定的事实。故事中不免涉及部分电影和艺术作品，但并不会对它们加以阐释——相关资料到处都是，读者大可以从别处获取。这本书只是按时间顺序，如实地记录下一连串发生在生命里的事，并不奢望对它们的深意加以解释。

合作即将接近尾声时，我们都不免产生了这样的认识：这本书太渺小了，对于手头的故事，它也仅仅是草草地触及了表面。人类的自我知觉如此深不可测，并不足以用书本有限的体量加以概括，而且每一段经历都如此复杂，拥有众多面孔，远不是语言能够表述清楚的。我们想完成一件确定的作品，最终也不过是向深潭中瞥了一眼。

大卫·林奇 & 克里斯汀·麦肯纳

Room to Dream

美国牧歌

American PASTORAL

大卫·林奇的母亲是个城市姑娘，但他父亲在乡村长大。我们可以以此为起点开始讲述，因为林奇的故事本质上正是个充满双重性的故事。"一切都笼罩在温和的状态之中，一切都很鲜活，但我们生活在一个不完美的世界里。"林奇曾这样表达他对世界的观察，而这种理解恰恰是他所有作品的核心。[1] 我们生活在矛盾的王国之中，善与恶、精神与物质、信仰与理性、纯洁的爱与邪恶的肉欲在这里并存，处于令人不安的休战之中。美好和邪恶的相互冲撞之处，塑造出一片复杂难懂的区域，林奇的作品正好栖息其中。

林奇的母亲埃德温娜·松德霍尔姆（Edwina Sundholm）是芬兰后裔，在布鲁克林长大。她吞吐着城市里的烟尘长大，鼻子里闻到的是汽油味，眼睛里看到的是人与人之间的狡诈，大自然在她心中并不占据任何分量。这些都成为林奇的一部分，塑造了他的世界观。他的曾祖父在靠近华盛顿州科尔法克斯（Colfax, Washington）的小麦之乡务农。1884 年，其子奥斯汀·林奇（Austin Lynch）在那里出生。木材厂和高耸的树木，割草后的清新香气，远离城市才能看到的星空——这些东西也成了林奇的一部分。

子承父业，大卫·林奇的祖父也成了种植小麦的农民。在一场葬礼上，他遇到了来自爱达荷州圣玛丽斯（St. Maries, Idaho）的姑娘莫德·苏利文（Maude Sullivan），随后两人结了婚。"莫德受过教育，把我们的父亲培养成了很有目标感的人。"林奇的妹妹玛莎·莱维西（Martha Levacy）如此回忆他们的祖母——莫德和丈夫在蒙大拿州海伍德（Highwood, Montana）附近有块地，莫德建了所只有一间教室的学校，她也是那儿唯一的老师。[2]

美国牧歌

奥斯汀和莫德·林奇有三个孩子：大卫·林奇的父亲唐纳德是老二，1915 年 12 月 4 日出生于一栋既没有自来水也没有电的房子中。"他住的地方很荒凉，他喜欢树，因为草原上见不到树。"大卫的弟弟约翰说，"他决意离开草原，不再当农民，所以去学了林业。"[3]

1939 年，唐纳德·林奇（Donald Lynch）在位于北卡罗来纳州达勒姆（Durham, North Carolina）的杜克大学做昆虫学研究生论文时遇到了埃德温娜·松德霍尔姆。埃德温娜在那儿读本科，修德语和英语双学位。唐纳德和埃德温娜是在树林里散步时偶遇的。当时唐纳德抬起一根低垂的树枝方便埃德温娜过去，于是埃德温娜对这位礼貌的小伙子颇有好感。"二战"期间，他们俩都在海军服役。紧接着，1945 年 1 月 16 日，他们在旧金山东北 37 公里外的加州马雷岛（Mare Island）上的一座海军小教堂里结了婚。不久后，唐纳德找到一份美国农业部助理研究员（research scientist）的工作，他和妻子搬到蒙大拿州的米苏拉（Missoula, Montana），这个小家总算有了落脚之处。

大卫·基思·林奇（David Keith Lynch）是这对夫妇的第一个孩子。他 1946 年 1 月 20 日出生在米苏拉，不过两个月大时被父母带到了爱达荷州的桑德波因特（Sandpoint, Idaho），唐纳德在那儿为农业部继续工作了两年。1948 年住在桑德波因特时，大卫的弟弟约翰出生了，不过他也生在米苏拉：埃德温娜·林奇——现在人人都管她叫"桑妮"（Sunny）——特意回到米苏拉生下她第二个孩子。那一年接近年尾时，这家人搬到了华盛顿州的斯波坎（Spokane, Washington），1949 年玛莎出生在那里。为了让唐纳德完成在杜克的学业，1954 年这家人曾短暂搬回达勒姆，之后回斯波坎住了一阵，然后于 1955 年落脚爱达荷州的博伊西（Boise, Idaho），在那儿一直住到了 1960 年。大卫·林奇童年最难忘的几年也是在这个地方度过的。

"二战"后，美国小孩经历了一段完美的成长时光。1953 年朝鲜战争结束，为德怀特·艾森豪威尔（Dwight Eisenhower）1953 年到 1961 年在白宫的两届连任奠定了基础。自然世界繁茂生长，似乎所有人都没有太多烦恼。博伊西虽然是爱达荷州首府，但那时只是个小镇，中产家庭的孩子在这儿自由成长，今天已经很难想象那种自由度。家长很少干涉孩子，小孩就和朋友们在家周围的街道上四处疯跑，自己琢磨事情。这就是林奇经历的童年。

"童年充满魔力，尤其是夏天，和大卫在一起的美好记忆都是在夏天发生的。"林奇在博伊西期间最好的朋友之一马克·史密斯（Mark Smith）回忆说，"我家后门和大卫家后门大概只隔着 10 米，吃完父母准备的早餐，我们就冲出门，一整天都在外面玩。家附近有块空地，我俩拿着爸爸的铲子在那里挖地下要塞，挖完就躺在里面。那个岁数的小男孩都喜欢玩军事游戏。" [4]

林奇的父母各有两个兄弟姐妹，这四个人中除了一位，其他都结婚生子，组成了一个大家庭，孩子们因此有许多阿姨、叔叔、堂表兄弟姐妹，有时这一大家子人会聚在林奇外祖父母位于布鲁克林的家中。"莉莉姑姑和艾德姑父都热情好客，他们位于十四大道的家就像避难所——莉莉有张大桌子，几乎把整个厨房都占满了，大家都围在桌子旁。"林奇的堂姐埃琳娜·泽加雷利（Elena Zegarelli）回忆说，"假如埃德温娜和唐带孩子来，那可是大事，莉莉会做一大桌菜，所有人都会出席。" [5]

不论用什么标准衡量，林奇的父母都是了不起的人。"父母允许我们做些疯疯癫癫的事情，今天绝对不敢想象。"约翰·林奇说，"他们很开放，从不强迫我们选择这条路或者那条路。"大卫·林奇的第一任妻子佩吉·雷维（Peggy Reavey）说："大卫给我讲过他父母了不起的事迹，印象最深的是，假如孩子突然蹦出了做个什么东西或者学点什么的想法，全家人都会很认真地对待这件事。他家有个工作室，家庭成员可以在里面做各种实验，头脑中的想法就立刻变成了很实际的问题：该怎么把事做成。想法很快能具象为实打实的东西，这点很强大。"

"大卫的父母支持孩子们塑造自己的个性。"雷维接着说，"但他对行为举止有着不容置疑的要求。比如不能粗鲁地对待别人，如果决定做某事，就一定得做好——他对这点尤其严格。大卫在手艺方面总是追求不可挑剔的完美，我估计肯定和他父亲的教导有关。"[6]

在林奇童年好友戈登·坦普尔顿（Gordon Templeton）的记忆里，林奇的母亲"是位了不得的主妇。她自己给孩子们做衣服，裁缝技术一流"[7]。林奇的父母也是一对浪漫的夫妻——"他们会拉着彼此的手，亲吻着道别"，玛莎·莱维西（Martha Levacy）说。给别人回信的时候，林奇的母亲会署名"桑妮"和"唐"，然后在她名字旁边画个小太阳，丈夫名字旁边则画棵小树。他们俩是虔诚的长老会教徒。"宗教是我们成长过程中重要的组成部分。"约翰·林奇说，"我们都会去主日学校。隔壁的史密斯一家和我们截然不同。周日，史密斯一家会钻进他们的雷鸟敞篷车出发去滑雪，史密斯先生嘴里还叼根烟。我们一家人则钻进庞蒂亚克（Pontiac）运动轿车出发去教堂。大卫觉得史密斯一家很酷，我们家则很沉闷。"

在大卫女儿詹妮弗·钱伯斯·林奇（Jennifer Chambers Lynch）的印象中，她祖母"很拘谨，循规蹈矩，是教会中的活跃人物。桑妮很有幽默感，并且很爱自己的孩子。我从不觉得她特别偏爱大卫，但大卫无疑是让她最费心的一个。我父亲深爱着他的父母，但他同时又很鄙视他们所谓的美德，讨厌教堂周围的白色尖木桩栅栏和所有一切。他对宗教有着浪漫想象，但又痛恨它，因为他很想抽烟，想过艺术家的生活，可每周他们都要一如既往地去教堂，一如既往地过着完美、安静、善良的生活，这让他有点儿发疯了"[8]。

林奇家周围住着几户人家，他们的小孩都和大卫差不多大，这群孩子很快成了朋友。"我们大概有 8 个人。"坦普尔顿说，"有威拉德·'眨眼睛'·彭斯（Willard 'Winks' Burns）、加里·甘斯（Gary Gans）、莱利·'生气鬼'·卡特勒（Riley 'Riles' Cutler）、我自己、马克和兰迪·史密斯（Randy

Smith），以及大卫和约翰·林奇。我们就像亲兄弟。那时候我们都迷《疯狂》（Mad）杂志，总在一起骑车。夏天在游泳池边上打发时间，或者去女孩家听音乐。当时的孩子真自由——我们能骑车玩到晚上 10 点再回家，能自己坐公共汽车进城，也都会彼此照应。每个人都很喜欢大卫。他友善、爱热闹、谦虚、忠诚，还能在关键时刻帮上大忙。"

　　林奇是个聪明的孩子，他一直渴望在生命中遇到某种睿智深刻的事物，但这在 20 世纪 50 年代的博伊西是可遇而不可求的。他自己曾说，儿童时代的他"渴望超乎日常的事情发生"。电视机开始向美国家庭输入另一种版本的现实，逐渐吞噬掉每座小镇和城市曾经独有的特质。你可能觉得，像林奇这种直觉力很强的孩子可能已经感受到了这股即将席卷全国的深刻变化，但事实上，林奇当时的眼光还很大程度上受限于自己的城市和时代背景，而且他当时很热衷于童子军：长大后他还时常吹嘘自己曾经是最高级别的鹰级童子军。

　　"我们都在 99 军团，"马克·史密斯说，"童子军组织各种各样的活动——游泳、学打结……其中一项是历时一晚的生存露营，有个家伙教我们要想在森林里存活下去应该吃些什么，怎么抓住松鼠并煮熟之类的。我们先是上了几节课，然后就进山实战演练。出发之前我们花零用钱买了一大堆糖果，但是一小时后就吃光了。到了湖边，大人让我们捕鱼，可没人会弄，到了傍晚时分我们都觉得可能就会这么饿死了。紧接着大家留意到一架在头顶徘徊的飞机，从上面落下来一个挂在降落伞上的箱子。那个场面真让我们这些小孩心潮澎湃。箱子里装的是类似蛋粉的食物，结果所有人都通过了生存考验。"

　　林奇是那种天生会画画的小孩，很早就表现出了艺术天分。母亲从不给他买填色书，因为觉得这种书会限制孩子的想象力；父亲则从单位给他拿回来大撂的方格纸。林奇拥有各种绘画材料，坐下来画画的时候，父母都鼓励他任由想象力驰骋。"战争结束不久，到处都能看到剩余的军用物资，所以我画了很多枪和刀。"林奇回忆说，"我很迷飞机、炸弹、战斗机、飞虎队，还用水彩画了勃朗宁自动冲锋枪。"[9]

玛莎·莱维西记得："那时候大多数孩子穿的是没图案的短袖T恤，大卫开始用荧光笔给街区里的小孩定制带图案的T恤，很快每个小孩都有了一件。我记得隔壁的史密斯先生给他快过40岁生日的朋友也买了一件，大卫在上面写了'人生四十一枝花'，还配了张男人盯着美人看的小画。"

林奇是个有天赋又有魅力的小孩。"每个人都被他吸引，"史密斯说，"他很受欢迎，后来我想：让他来执导拍电影肯定易如反掌——他总是很有活力，身边围着一堆朋友，总引得大家哈哈大笑。我记得五年级时，我们坐在马路牙子上，一边互相大声念出《疯狂》杂志上的内容一边大喊大笑。后来看到《双峰》第一季时，我一眼就认出了其中包含的相同的幽默感。"林奇的妹妹对此也很认同："我们当时生活中的很多笑料都被大卫用到了作品里。"

林奇七年级时是班里的班长，同时在学校乐队做小号手。和大多数体格健壮的博伊西市民一样，他喜欢滑雪和游泳——据他妹妹说两样都很擅长——并且在少年棒球联盟（Little League Baseball）做一垒手。他也喜欢看电影。"假如他去看了场我还没看的电影，回到家后就会给我详细讲述电影情节。"约翰·林奇说，"我记得他最喜欢的一部叫《双虎屠龙》（*The Man Who Shot Liberty Valance*），他总是讲个没完没了。"林奇记忆中第一部电影则是《新潮试情》（*Wait Till the Sun Shines, Nellie*）。这是1952年由亨利·金（Henry King）执导的一部忧郁的剧情片，影片高潮是主人公在理发店里被人杀死了。"我是和父母一起在露天汽车电影院看的。我还记得其中一幕是一个男人被机关枪射死在了理发椅上，另一幕是个小女孩在玩纽扣。"林奇回忆说，"突然她父母发现她把扣子吞下去了，我还记得那种真切的恐惧感。"

想想林奇后来创作的那些影片，可能就不难想象他的童年时光混杂着黑暗和明亮的记忆。或许因为父亲的工作和患病的树木相关，林奇在耳濡目染之下获得了一种高度的觉察力，他称之为一种能感受到万物的表象之下所潜伏着的"疯狂的痛苦和腐朽"的能力。新事物一旦产生就不可避免地会滑向混乱，林奇对这种熵增生来就异常敏感，感到很不安。他也不知道这种天性是如何来的。到纽约看望外祖父母也让林奇非常焦虑，他回忆说，在那儿遇到的每样东西都让他不安。"让我不开心的那些东西其实都很平凡，但却引发了我很激烈的感受。"他说，"我觉得有时候人们就算找不到源头，也能具体感受到那种恐惧。有时你走进一间屋子，会觉得有什么地方不对劲，纽约给我的感觉就是这样，恐惧像毯子一样把我紧紧裹住。身处大自然之中你会产生另外一种恐惧，大自然可不算柔顺，身处其中照样会遇到可怕的事。"

1988 年，林奇画了幅名叫《爱达荷州博伊西》(Boise, Idaho) 的画，画中内容印证了他的记忆。画的右下部分勾勒出爱达荷州的轮廓，中间涂成黑色，周围是用报纸上的小字母剪切拼贴出来的画名。四条参差不齐的竖线割裂开黑色土地。在画的左侧部分，龙卷风形状的东西看起来正疯狂地向爱达荷州进发。那是幅很令人不安的作品。

很显然，林奇的小伙伴们并没看出他心里骚动的波澜。史密斯说："在电影《穆赫兰道》(Mulholland Drive) 中，那辆黑色小车沿着蜿蜒山道攀爬，你明白后面肯定会发生可怕的事。当时我想，大卫小时候可不是这么个孩子啊。他作品中的黑暗特性让我很吃惊，我不知道它们来自何处。"

1960 年，林奇 14 岁时，他父亲被调派到弗吉尼亚州的亚历山大 (Alexandria, Virginia)，一家人又搬家了。史密斯回忆道："大卫一家宣布要搬走的消息后，就像有人拧掉了路灯上的灯泡。大卫家有辆 1950 年的庞蒂亚克，庞蒂亚克的车标是个印第安人头像，所以车引擎盖上也有印第安人头像装饰物。当时他们那辆车上的印第安人鼻子断了，我们就管那车叫'断鼻子酋长'。他们临走前把这辆车卖给了我的父母。"戈登·坦普尔顿也记得林奇一家搬走那天的情形："他们是坐火车走的，我们一群小伙伴骑自行车到站台去送行。那是悲伤的一天。"

虽然林奇后来在亚历山大的高中生活也很丰富多彩，但博伊西的那些日子在他心里永远占据着特殊位置。他说："回想博伊西时，我看到是20世纪50年代那种心满意足、闪亮夺目的乐观主义。"林奇家搬离博伊西时，有几户邻居也随之搬走了，约翰·林奇记得大卫说了句："那一刻，音乐停止了。"

离开博伊西前，林奇的童年时光就已开始进入尾声。他还记得专属于年轻男孩的那种沮丧——比如发现自己错过了猫王在《艾德·苏利文秀》（The Ed Sullivan Show）上的首秀。到了搬家的时候，他开始真的对女孩感兴趣了。"大卫开始和一个很可爱的女孩约会，"史密斯说，"他们特别相爱。"林奇的妹妹回忆说："从很小的时候起，大卫身边的女朋友就没断过。我记得他上初中时有次跟我说，七年级组织坐干草拖拉机去农场玩，他趁机亲了班里每个女孩一口。"

九年级毕业后的那个暑假，林奇回到博伊西，在几个朋友家接连住了几周时间。"他回来时变了个人，"史密斯记得，"他变成熟了，穿衣服的方式也变了——他有了个人风格，黑衬衫搭配黑裤子，这种打扮在我们那群人里很不同寻常。他真的很自信，讲起在华盛顿的经历时，大家都很羡慕。他身上有种深刻精致的东西，当时我想，我的朋友已经把我远远地甩在后面了。"

"高中毕业之后大卫就不再回博伊西了，我们也失去了联系，"史密斯接着说，"我的小女儿是个摄影师，住在洛杉矶。2010年的一天，她给另一名摄影师做助理时听到句'我们今天要拍大卫·林奇'。拍照休息时，她上前跟林奇说：'林奇先生，你可能认识我爸爸。他叫马克·史密斯，住在博伊西。'大卫说：'你开玩笑呢吧。'下一次我去看望女儿时，到大卫家聚了聚。高中之后我们就没见过，可他看到我，立刻给了我一个大大的拥抱，还跟办公室里的人介绍说：'你们得认识一下马克，他可是我兄弟。'大卫很忠诚，之后还和我女儿保持着联系——作为一名父亲，我很高兴大卫能替我照料她。我希望我们还是邻居。"

20 世纪 50 年代从没真正从林奇体内离开过：妈妈们穿着棉质衬衫裙，微笑着把刚烤好的派从炉子里拿出来；大大咧咧的爸爸们穿着运动衫在烤架上烤肉，或者穿着西装去上班；香烟随处可见——那时，每个人都抽烟；经典摇滚乐；餐厅服务员晚餐时会戴上可爱的小帽子；穿短袜、凉鞋、毛衣和打褶格纹裙的少女。这些都成了林奇审美字母表中的基本组成元素。然而留存在他身体中最重要的东西是那个时代的情绪：泛着微光的天真和善良，伴随着汹涌其下的黑暗力量，以及四处蔓延的性感气息。这些都是林奇艺术的基石。

"拍摄《蓝丝绒》（Blue Velvet）的那个街区，和我们在博伊西住的街区非常像，距离我家半条街的地方就有电影里那么一栋可怕的公寓楼。"约翰·林奇说。《蓝丝绒》开场使用的一组美国田园小景，灵感来自童书《我们这条街上的好日子》（Good Times on Our Street）。大卫小时候看过这本书，很显然永远地把它印刻在了心里。"《蓝丝绒》中开车的场景也来自博伊西的记忆。有次，大卫和几个朋友上了一个大孩子的车。那个人说他能以 160 公里的时速开过国会大道（Capitol Boulevard）。一个疯孩子危险地开着辆车，我想那次恐怖的经历永远留在了大卫心里。他的作品很多取材自童年经历。"

林奇在作品中确实涉及了自己的童年，但他的创造驱动力和作品不能简单地和童年经历画等号。你可以分解一个人的童年，从中寻找线索来解释他成年后的种种表现，但你很可能找不到任何关键性的事件，找不到那个玫瑰花蕾。我们天生就带着些许个性，林奇天生就富有寻求快乐的能力和陶醉于某事的强烈欲望，他从一开始就表现得自信且富有创造力。他不是买 T 恤队伍中的一员，而是那个做 T 恤的男孩。"大卫是个天生的领导人物。"他弟弟约翰如此说道。

很高兴看到我弟弟说我是个天生的领导人物，但其实我只是个普通小孩，有一群交情不错的朋友，从不会想自己到底受不受欢迎，也不觉得自己与众不同。

我妈妈的父亲——我叫他松德霍尔姆姥爷——属于工人阶级。他的地下工作室里藏着一整套极棒的工具，还有制作精巧的木箱子，上面安装着金属挂锁和各种花里胡哨的玩意儿。很显然他们一家子都是了不起的木匠，做了许多橱柜放在位于第五大道的商店里出售。我还是个小婴儿时，就坐着火车和我妈妈一起去探望姥姥姥爷。我记得那是个冬天，姥爷推着婴儿车带我四处乱逛，很显然我很喜欢和别人说话，会和展望公园（Prospect Park）里经营报摊的家伙聊一会儿，好像还会吹口哨。我那时候是个快乐的宝宝。

我一生下来就被带到了爱达荷州的桑德波因特，我对桑德波因特唯一的记忆就是和小迪基·史密斯（Dicky Smith）一起坐在泥坑里。那是个树底下的土坑，被人用橡胶软管注满了水。我记得坐在坑里玩泥巴，就像在天堂里一样。我童年时最重要的一段时光是在博伊西度过的，不过我也很喜欢华盛顿州的斯波坎——那是我们在桑德波因特之后的落脚地。斯波坎拥有难以置信的迷人蓝天。那附近肯定有空军基地，因为不时会有巨大的飞机从开阔的天空中飞过，它们速度很慢，因为是螺旋桨飞机。我一直喜欢做东西，记忆中做的第一样东西是木头枪，那时候我们还在斯波坎。我先画出轮廓，再用锯子锯出造型，枪看起来很简陋。我也喜欢画画。

在斯波坎时我有个叫鲍比（Bobby）的朋友，他住在街区尽头的一栋房子里，他家附近还有个公寓楼。有个冬天，我穿着小防雪服去找他玩，那时候我大概上幼儿园吧。我穿着小防雪服，鲍比也穿着小防雪服，我俩到处乱逛，冻得要死。公寓楼不挨着主路，我们看到有段走廊直通楼门，其中有间房子的门是开着的。所以我们走了进去，发现自己置身于一间公寓，没人在家。不知怎么我俩灵机一动，决定做雪球塞到房中书桌的抽屉里。所有能找到的抽屉都被我俩塞上了雪球。我们会滚个结实的雪球，然后放进去。我们做了一些直径大约半米的大雪球，把它们放到了床上，又在其他房间放了更多雪球。接着我们从卫生间拿出毛巾，平摊在街上，就像旗子一样。经过的车都会减速，接着司机会探出头来大喊一句"滚他妈的"，随后直接从毛巾上轧过去。我们看着几辆车轧过毛巾，同时忙着滚更多的雪球。完事后我们各自回家了。晚上电话响起的时候，我正在饭厅吃饭，但是没多想。那个时候电话很少响起，但即使这样，电话响的时候我也没紧张。可能是妈妈接的，但电话很快被递给了爸爸，听着他说话的语气，我开始感觉大事不妙了。我亲爱的老爸那次好像赔了不少钱。我和鲍比为什么要那么做呢？你帮我想一想……

　　离开斯波坎后我们到北卡罗来纳州住了一年，爸爸要在那儿拿到学位。听到那首《许愿池里的三枚硬币》（*Three Coins in the Fountain*）时我个头已经挺高，还记得自己当时仰头望着杜克大学的一栋建筑，它门口就有个许愿池喷泉。那是阳光灿烂的 1954 年，眼前的画面搭配着背景中播放的那首歌，总让人觉得很不可思议。

　　我姥姥姥爷住在十四大道一栋漂亮的赤褐色砂石建筑里，他们在第七大道还有一栋房子，姥爷通过家里窗户就能眺望监视它的情况。那栋建筑好像有门脸店铺，但也是居民楼。人们在那里居住，但不可以使用炉子。有次我和姥爷去那里，一户人家的门敞开着，我看到有个家伙在熨斗上煎鸡蛋。人们总能想出各种办法。成长过程中，每次去纽约确实令我很不快。

纽约的每样东西都让我害怕：地铁看起来太超现实了，下到那样一个地方，闻着那样的气味，风裹挟着列车向人冲来，巨大的声音——我在纽约见到了各种各样让人害怕的东西。

我爸爸的父母——奥斯汀和莫德·林奇住在蒙大拿州海伍德一座种植小麦的农场上。我爷爷很像个牛仔，我喜欢看他抽烟的样子。我一直都想学抽烟，他强化了这种欲望。在我还很小的时候，我爸爸还抽烟斗。后来他得了肺炎，就戒了。家里到处还能看到他的旧烟斗，所以我很喜欢装作在抽烟斗。那时候的男人因为怕脏，会在烟斗口缠上透明胶带，所以我就有一堆缠着透明胶带的烟斗，有的弯有的直，很招人喜欢。我很年轻的时候就开始抽烟了。

我爷爷奶奶有个牧场，周边距离最近的镇子叫本顿堡（Fort Benton）。50 年代时，他们从牧场搬到了位于蒙大拿州汉密尔顿的一个小农场，在那里建起一座小农舍，还有不少土地。他们过的完全是乡村式生活。他们有只叫"红眼"的小马，我喜欢骑着它到处跑。我记得有一次红眼到一条小溪旁喝水，我用尽全身力气抱住它的脖子，才没从马背上滑落到小溪中去。你可以到后院里随意开一枪，不会打中任何东西。小时候我就很喜欢树木，童年时和大自然也非常亲近。它们构成了我的全部世界。假如全家人开车去什么地方，我们会在路边停车，支起帐篷来休息——从来不会去住汽车旅馆。那个时候路边还到处可见野营地，现在它们已经不见踪影了。在农场上生活，你得学着自己修理东西，所以随处可见各种工具。我爸爸还有个他自己的木工房。他是个手艺人，能帮人修理乐器，我记得他还做过 10或 11 把小提琴。

项目！对于我们家人来说，"项目"是个让所有人兴奋不已的词。有了想法，你就得收集需要的工具。对我来说，工具是世界上最棒的东西！人们发明了工具，而工具能让人们发明的其他东西变得更好用——这多奇妙啊。就像佩吉说的，我的父母总是很认真地对待我产生的每个想法。

我父母都是特别体贴和善良的人。他们俩也都有着完整的家庭，善良的父母，全家人相亲相爱，他们生命中的一切都是温和美好的。你一般不会下意识地去思考这种幸福的状态，只有后来听到别人的遭遇，才会意识到自己有多幸运。我爸爸是个很有性格的人，我总说，如果松开他的缰绳，他就会直接冲到森林里去。

我还记得有一次他带我去猎鹿。在我爸爸成长的世界里，打猎是稀疏平常的事情，所有人都有枪，都会不时去打点儿东西，所以他自然也成了猎人，不过不是个贪婪的猎人。假如他打到一头鹿，我们会租个冰柜，妈妈时不时到地下室的冰柜里拿块肉出来，我们晚餐就吃鹿肉。不过我讨厌鹿肉。我从没杀过鹿，对此我很庆幸。

言归正传，那会儿我差不多 10 岁，和爸爸一起去猎鹿，我们开车出了博伊西，行驶在一条双车道的高速公路上。四周唯一的光源是汽车大灯，其他地方都是漆黑一片。今天的人可能很难想象，因为现在几乎已经没有一片漆黑的道路了。我们就行驶在一片漆黑中，沿着弯曲的公路上山，有只豪猪一直在追着车跑。我爸最恨豪猪，因为它们吃树皮，会让树死掉，所以他想轧死豪猪。但豪猪很机灵，在路上拐着弯地奔跑。于是爸爸急刹车停在路旁，拉上手刹，打开副驾驶座前的手套箱，拿出一支 0.32 英寸的手枪，说：“来，戴夫（大卫的昵称）！”我俩穿过高速公路，跟着豪猪一路爬上陡峭的小山，一边爬一边止不住地向下滑，终于到了山顶时，发现那里有三棵树。豪猪爬上了其中一棵，于是我们俩开始冲着树扔石头，想确定豪猪的位置。搞清楚豪猪究竟藏在哪棵树上后，爸爸开始顺着树干往上爬，边爬边跟我说：“戴夫！扔块石头看看它动不动，我看不见它！”我扔了一块，他大喊道：“哎哟！不是冲我扔！”于是我又扔了几块，这回他听到豪猪动弹的声音了，于是——！！！——豪猪顺着树滚了下来。我们回到车里，接着去打鹿了。回程路上停了一下，发现豪猪的尸体上已经布满了苍蝇。我拔了几根豪猪刺做纪念。

我小学二年级是在北卡罗来纳州达勒姆读的,班主任是克拉布特里夫人(Mrs. Crabtree)。那时我爸回到达勒姆的学校读林业博士,每天晚上我们俩都会在厨房餐桌旁一起学习。我是班上唯一一个全A生。我那会儿的女朋友爱丽丝·鲍尔(Alice Bauer)得了几个B,所以她紧随我之后排在全班第二。

有天晚上我和爸爸正在学习,我听到妈妈走进来,跟他说了几句厨房里有老鼠的事情。到了周日,妈妈带弟弟妹妹去教堂了,想着能让我爸留在家里处理老鼠问题。他让我帮他挪开炉子,那只小老鼠就一路逃窜出厨房,穿过客厅,跳到了挂着衣服的柜子里。我爸拿着棒球棍对着衣服一顿猛打,直到老鼠浑身是血地滚落了出来。

爱达荷城曾经是爱达荷州最大的城市,但等我们搬到博伊西时,那儿的居民在夏天还剩100人左右,冬天则只有50多人。博伊西盆地试验林研究中心就建在那儿,我爸是试验林的负责人。"试验"这个词听上去真美,我很喜欢它。他们会做腐蚀、昆虫、病害等各种测试,想搞明白怎么才能种出健康的树。研究中心的房子都是白色的,边缘刷上了绿漆,院子里竖着顶端带小木屋的木杆,小木屋有点像带门的鸟笼,打开后会发现藏着各种仪器,用来测量湿度和温度什么的。不知道哪个心灵手巧的人做了这些小木屋,还把它刷成和研究中心一样的白底绿边。随便走进一间办公室,就能看到无数小抽屉,打开看看,里面是钉在大头针上的各种昆虫。中心还有种满幼苗的大温室。假如去林子里,会看到树上都挂着小名牌,好像是在做试验什么的。大人会时不时检查一下。

我负责射杀花栗鼠。爸爸会用林务局的皮卡车把我送到树林里。我喜欢那些皮卡——它们跑得真稳,还刷成林务局特有的绿色。我随身带着自己的0.22英寸手枪和午饭,爸爸晚上再回来接我。想杀多少花栗鼠都行,因为它们在森林里泛滥,但不允许杀鸟。有回我在林子里,一只鸟飞到树顶,我举起枪扣下了扳机。我没想到真能射中,结果那一枪命中要害。我看到鸟羽毛都炸开了，它旋转着跌落进小溪里，然后就被冲走了。

我们住在帕克环形大道（Parke Circle Drive），隔壁是史密斯一家。他们家有史密斯先生和太太，四个男孩——麦克、兰迪、丹尼和格瑞格，还有他们的奶奶——周围的小孩都管她叫奶奶。奶奶总在外边打理花园，只要听见冰块撞击玻璃杯的细碎响声，你就知道是奶奶出来了。

她总戴着园艺手套，一手拿着自己调的酒，另一只手拿着个小铁锹。史密斯夫妇把从我父母手里买的那辆庞蒂亚克给她开了。奶奶并非全聋，但她听力很够呛，每次启动车时必须把油门踩到底，才能听到车确实启动了。所以只要听到车库传来巨大的咆哮声，就知道奶奶要出门了。博伊西人周日都要去教堂，史密斯一家去的是圣公会教堂。他们开一辆福特旅行车出门，史密斯先生和夫人坐在前排，车座旁摆着一纸箱烟。不是只有几包，而是一整箱。

那时候的小孩可以随便跑来跑去。我们四处乱跑，白天绝对不会待在家里。我们都在外面忙自己的事，每天不亦乐乎。想想现在的孩子再也没有这种自由了，多可怕。我们怎么会任由事情变成现在这样？三年级时我们家才买电视，有时我会看会儿，但时间不多，认真看过的节目只有《梅森探案集》（Perry Mason）。电视的作用就像今天的互联网，甚至有过之而无不及：它让一切都变得均质化了。

关于 50 年代，有一点让我记忆犹新，但却永远无法重现了：每个地方都曾经那么与众不同。博伊西的女孩和男孩们穿衣服是一种风格，但如果到弗吉尼亚州去，会发现那儿的人穿衣服又是另外一种风格。如果北上到纽约，他们穿的衣服也不一样，听的音乐也不同。到皇后区去看看，那儿的女孩就像是——你一辈子都没见过！布鲁克林和皇后区又不一样！戴安·阿勃斯（Diane Arbus）有张照片，里面是对带着小婴儿的夫妇，你还记得那个女孩有一头漂亮的长发吧？那种发型在博伊西和弗吉尼亚就绝对看不到。还有音乐。假如想抓住一个地方的氛围，只要看看街上的女孩，听听她们听的音乐，大概就能明白了。别人居住的世界看起来那么奇怪和独特，你真的很想去了解这个世界，了解他们喜欢的那些东西。现在这些不同之处几乎消失殆尽了。可能还有些细微差异，比如有的地方还有嬉皮，可你在其他城市也会遇到嬉皮，然后发现他们和你老家的那群人一模一样。

从很小开始，我每年都会换个新女朋友，都是很棒的女孩。

上幼儿园的时候我和一个小女孩一起走路去上学，互相拿着彼此午睡时盖的小毛毯。幼儿园里的把妹方式就是这样。我有个朋友叫莱利·卡特勒（Riley Cutler）——我儿子莱利的名字就是随他取的。我们两吧，有这么一段故事：四年级时我有个女朋友叫卡罗·克拉夫（Carol Cluff），结果到了五年级，她成了莱利的女朋友，两个人直到今天还相亲相爱。我五六年级时的女朋友是朱迪·帕特南（Judy Puttnam）。到了初中我就变成了每两周换一个女朋友。你跟一个女孩交往一阵，过不了多久就需要换成另一个女孩。我有一张在博伊西地下室聚会上亲简·约翰逊（Jane Johnson）的照片。简的爸爸是个医生，我们俩会一起读医学书。

我要给你讲一讲让我真正记忆深刻的一吻。我爸的老板是帕卡德先生（Mr. Packard）。有年夏天，帕卡德一家来度假，住在了研究所里。他们家有个漂亮女孩，叫苏（Sue），跟我同龄。她把邻居男孩也带来了，两个人躲在屋里做爱。当时我还一点都不懂性，所以他们毫无顾虑地告诉我这些时，我觉得自己的脑袋都要爆炸了。有天我和苏甩开了她的男朋友一起出去玩。黄松林下铺着大约半米厚的松枝，研究所里的人把这块地叫作"大面团"。我们俩在难以置信的松软地面上绕着树跑来跑去，扑倒在松枝上，长长地亲吻起来，感觉真梦幻。那一吻在身体里不断下沉下沉,点亮了某处的火焰。

我记忆中的大多数事情都发生在夏天，大概因为冬天总是和学校挂钩，而人类总把学校抵挡在记忆之外，因为想起它只会让人恐惧。我几乎记不得自己曾经在教室里待过，除了美术课之外，也不记得上过的任何课。虽然美术老师很保守，但我记得自己还是很喜欢他的课。不过直到现在，我还是更喜欢待在户外。

我们会到一个叫波格斯盆地（Bogus Basin）的地方滑雪，大概离家30公里远，驶过蜿蜒的山路才能到达。那儿的雪非常棒，比太阳谷（Sun Valley）还棒。雪场不算大，但还是个孩子的时候，什么东西看起来都很大。夏天的时候，只要在波格斯盆地干几天活——清理刷子或者干点儿别的什么——就能换取滑雪季票。有年夏天在那儿干活的时候，我们在小河边发现了一头已经浑身浮肿的死牛。我们用的镐，一头类似刀片，另一头是个钢制的尖头，所以我们就用尖的那头去刺死牛。结果钢尖一接触到牛的身体，我们就知道自己有麻烦了。因为挥动镐的力量非常大，牛的身体又很僵硬，钢尖立刻弹了回来——很可能会误伤。使劲刺牛的时候，它会发出像放屁一样的声音，释放出有毒的气体，因为它已经腐烂了。但我们怎么也不能把牛撬起来，我记得最后我们只好放弃了。我不知道那时候为什么非要把牛撬起来。你知道，孩子嘛……就是喜欢干奇奇怪怪的事。

和其他地方的椅式升降机不一样，这个地方是用丁字钢把人带到山顶。夏天的时候，在人们冬天排队等丁字钢的地方能找到不少东西。有些东西掉在了雪地里，等雪化了才再一次露出头来。能找到5美元纸币，各种零钱——找到钱的感觉真好。有次我去坐滑雪巴士的时候路过一群初中生，当时积雪大概有15厘米厚。我四处短摸，看见了一个鼓鼓囊囊的蓝色小零钱包。我捡了起来，它已经被雪浸湿了。我打开，发现里面有一卷加拿大纸币——在美国照样也能用。我那天花了不少钱滑雪。大厅里卖丹麦小面包，我好像还给朋友买了不少。我把剩下的钱拿回家，但爸爸让我在报纸上登了个寻物启事，不过没人认领，他就让我把钱包留下了。

四年级时，我的班主任是福代斯夫人（Mrs. Fordyce），我们给她取名叫"四眼夫人"（fordyce 的发音听起来很像 four-eyes）。我坐在教室的第三还是第四排，有个女孩坐在我后面。她戴个手镯，发疯一样摩擦着身体。

她好像没法自控了一样。我模模糊糊地知道她在干什么，但好像又不特别明白。小孩对于这种事总是一知半解。我六年级时的女朋友朱迪·帕特南有个叫蒂娜·施瓦茨（Tina Schwartz）的朋友。有天上学时，女孩都被叫到了另外一个房间，过了一会儿她们又回来了。我很好奇。干吗去了？那天下午我去了朱迪家，后来我们俩又走到了蒂娜·施瓦茨家，然后蒂娜说："我告诉你她们说了什么。"她从屋里拿出高洁丝卫生巾，蹲下来给我演示这个东西该怎么用，我真是大开眼界。

50 年代时，人们成熟得较晚。六年级时学校里流传着一则谣言：我们班有个家伙每天都得刮胡子，体形也比大多数孩子大一号。传言说他在男厕所里对自己的阴茎做了些什么，然后就有白色液体流了出来。

我说：什么？我觉得难以置信，但又隐隐觉得他们说的是真的。我把它等同于某种方式的冥想。你其实不清楚一个人是怎么开智的，但身体里有种东西引导着你该如何去做。这和冥想很像。所以我想：今晚我也要试试。可我感觉要弄个没完没了，什么也没发生，对吧？可突然间身体里有了这种欲望——我很纳闷：欲望到底来自何处？哇哦！故事是真的，简直不敢相信。就像人类第一次发现了火。真和冥想一样。你学会了技巧，结果你瞧，事情发生了变化，那东西出来了。它真的存在。

我也记得还是个孩子时第一次听到摇滚乐的感觉。摇滚能让你做梦，带给你不同的感受，第一次听到时觉得那么有力量。摇滚诞生之后音乐又发生了很大的变化，可那种爆炸性远不及当年的摇滚，因为它和之前的音乐太不同了，就像是凭空出现在地球上。那时候有人玩节奏布鲁斯，但我们不听那种音乐，我们也不太听爵士，除了布鲁贝克的。1959 年，戴夫·布鲁贝克四重奏（Dave Brubeck Quartet）发表了那张《土耳其蓝色轮旋曲》（*Blue Rondo à la Turk*），听了之后我都疯了。史密斯先生有这张专辑，我在他家听完后立刻爱上了。

50 年代时，电影在博伊西人的生活中还不占太大分量。我记得在北卡罗莱纳州的列尊营（Camp Lejeune）露天影院，坐在一片刚刚整修过的美丽草坪上看《飘》（*Gone with the Wind*）。一个夏日夜晚，在露天大银幕上看《飘》——真美好。我不记得跟弟弟聊过电影，也不记得第一次看《绿野仙踪》（*The Wizard of Oz*）是什么时候，但它永远刻在了我心里。我不是唯一记住它的人，它也留在了很多很多人心里。

50 年代的小镇生活是很特别的，最难形容的是那股氛围。它很梦幻，这个词很准确。但 50 年代的氛围并非完全是积极乐观的，我一直能感受到有什么事正在暗中涌动。有时候我天黑后还骑着车在社区里转悠，有些房子里的灯亮着，看起来很温暖，还有些房子里住着我认识的人。其他房子呢，里面的灯则很暗淡，有些甚至一片黑暗，我也不知道里面住的是谁。看着那些房子我就产生了一种想法：里面可能正发生着不那么愉快的事。

我没有深想，但知道在那些门窗之后有不好的事情正在上演。

有天晚上我带着弟弟一起出门，走到了一条街的尽头。如今的夜晚总是灯火通明的，但 50 年代，在类似博伊西这样的小镇，路上虽然有街灯，但灯很暗，一切也都笼罩在黑暗之中。周边的事物似乎都融化在了黑暗之中，这让夜晚也显得十分魔幻。所以，我们俩就在这样一个深夜，走到了一条街的尽头。这时从黑暗之中——简直不可置信——走出了一位皮肤苍白的全裸女人。可能是因为灯光的缘故，或者她从黑暗中走出来的方式，当时在我眼中她的皮肤就像牛奶一样，同时她还满嘴是血。她走得踉踉跄跄，身材走形，而且全身赤裸。我从没见过这种场面，她径直向我们俩走来，但又好像没看见我们。我弟弟开始号啕大哭，于是她坐在了马路牙子上。我想帮她一把，可那时候我还那么小，不知道该怎么做。我可能问了一句："你还好吗？发生了什么？"可她什么都没说。她看起来很害怕，彻底崩溃了，虽然受到了创伤，但依旧很美丽。

我不是每次离开位于帕克环形大道的家都能见到朋友们。有天我出门去玩，那天有点阴天，我出门的时候可能还是清晨。史密斯家旁边是扬茨（Yontz）家，他们两家的草坪几乎连在一起了。两栋房子之间有块空地，一边种着灌木丛，另一边是栅栏，还有扇通往一条死胡同的门。当时门旁边的地上坐着个我从来没见过的小孩，他正号啕大哭。我跑到他旁边问："你怎么啦？"可他没回答我。所以我又靠近了一点，又问了一遍，结果他告诉我："我爸爸死啦。"他哭得太凶了，只能一个字一个字地往外蹦，那个语气简直要让我难受死了。我在他身边坐了一会儿，可发觉自己帮不了他什么。还是个孩子的时候，死亡是件很遥远又很抽象的事，你不会为了它发愁。但那天，我在那个小孩身上发现了这件事的恐怖之处。

美景大街（Vista Avenue）上有各种小店铺，比如玩具店和五金店，我们会从那些店里买东西自制炸药。我们学会了制作管状炸药，在莱利·卡特勒家的地下室里一口气做了三个，它们威力无穷。莱利自己在灌溉水渠边上引爆了一个，回来告诉我们简直难以置信。我把第二个扔在了维拉德·彭斯（Willard Burns）家门口。当时小孩都打棒球，上臂很强壮，我把那个东西扔得很高，它落下来，在地面上弹起，但并没引爆。所以我又扔了一遍，这一次撞击到地面时，它疯了一样爆炸了。装炸药的管子被炸成了碎片到处乱飞，还把隔壁戈登·坦普尔顿家的栅栏炸掉了一块。这事儿发生的时候戈登正在上厕所，他提着裤子跑了出来，手里还拿着卷卫生纸。我们大喊道："等一会儿！"这东西威力大到能杀人，一不小心就会把我们的脑袋炸掉的。所以我们把最后一个扔在了空游泳池里，它炸了，但不会伤到任何人。

不过它在游泳池里爆炸时发出了巨大声响，所以戈登和我顺着一个方向溜了，剩下的人则走了另一个方向。我去了戈登家，他家客厅里有扇巨大的观景窗，能看到前院。我们俩坐在沙发上，坦普尔顿夫人给我们做了金枪鱼三明治和薯条。我在家从来没吃过这种东西，金枪鱼只会出现在我家做的炖菜里。那之前我也从来没吃过薯条。我们家也不给小孩准备甜点，只有一些葡萄干和燕麦饼干，都是健康食品。言归正传，我们俩正在吃三明治，这时一辆金黑白三色相间的巨型摩托车从观景窗驶入眼帘，上面坐着个身材巨大的警察。他把头盔夹在胳膊底下，走到门口，按响门铃，然后把我们俩带到了警察局。当时我是七年级的学生会主席，不得不给警察写了篇检讨，陈述了作为学生领导的责任和义务。

我也因为其他事情惹过麻烦。上初中的时候，我妹妹玛莎正好上小学，她上学必须先经过我的学校。我跟亲爱的小妹妹说，经过我们学校时要冲路人竖中指，这个动作代表着友谊。我不知道她究竟有没有照做，但她去问了爸爸，那一次爸爸是真的冲我生气了。还有一次，一个小孩从他爸那里偷了不少 0.22 英寸手枪的子弹，也给了我几颗。它们分量可真不轻啊，那些子弹有点像小珠宝。我随身带着玩了一阵，后来觉得可能会惹麻烦，就把它们裹在报纸里，再塞在袋子里，扔进了垃圾箱。冬天时我妈会在壁炉里烧垃圾，她把垃圾箱里的废纸挑出来，在壁炉里点燃，很快子弹就在客厅里乱飞。就这样，我又惹祸了。

有天我们在史密斯家的后院里打羽毛球比赛，突然听到了巨大的爆炸声，大家赶紧跑到街上，发现街区尽头正燃起浓烟。我们走了过去，发现是比我们大几岁的小孩乔迪·马斯特斯（Jody Masters）出事了。乔迪·马斯特斯用管子自制了一个火箭，火箭不小心点燃，把他的脚崩飞了。当时他妈妈怀了二胎，她从家里跑出来，看到大儿子已经站不起来了。他努力尝试着，但他的脚只有跟腱部分还连在腿上，四周一片血肉模糊，还有无数烧焦的火柴头。他们把他的脚缝了回去，他后来恢复得不错。当时在博伊西有很多人自制炸药，或者做些烧汽油的东西。

我们离开博伊西，搬到了弗吉尼亚州的亚历山大，当时我刚刚八年级毕业，对于这次搬家非常不高兴。很难形容那种不快，但我感觉到一个时代结束了——我弟弟说得没错，音乐停止了。紧接着，九年级结束后的那个暑假，妈妈带着我和弟弟妹妹，坐上了返回博伊西的火车。

　　我爷爷林奇也是在那个夏天去世的，而我是家里最后一个见到他的人。他之前接受了腿部截肢手术，由于动脉硬化严重，一直没能痊愈，于是和另外五六个人住在一家街区看护中心里，由专业护士护理。每天奶奶和妈妈都会去看他，可那天她们都有事，于是对我说："大卫，我们今天去不了，你能不能去看看爷爷？"我答应了。那天很快就过去了，到了傍晚的时候，我突然想起来还没去看他，于是在南方初中（South Junior High）的游泳池前管一个小孩借了辆自行车，骑到了肖松尼大街（Shoshone Street）上。爷爷坐在轮椅上，正在前院里透气。我坐在他旁边，和他畅快地聊了会儿天。我想不起来当时具体聊了些什么——或许我问了他一些关于过往的问题，也或许很多时候我们只是彼此保持着沉默——但我一直很喜欢和他待在一起。接着他对我说："就这样吧，戴夫，我现在得进去啦。"我说："好吧，爷爷。"我跨上自行车，骑走时回头看了看，发现护士正准备推他回去。我顺着大街一路往前骑，后来被一个绿色木头车库挡住了视线。所以，我看到的最后一幕就是护士从屋里出来，正向爷爷走去。

　　我从爷爷那儿离开后直接去了卡罗·罗宾逊（Carol Robinson）家，她表弟吉姆·巴勒特（Jim Barratt）做了个篮球大小的炸弹，正准备点火引爆。他把炸弹放在了刚刚割过草的后院里，那个气味简直绝了。我已经很久没闻过那个气味了，在洛杉矶也从来没见过刚割完的草坪。言归正传，他把一个直径大约40厘米的瓷脸盆扣在了炸弹上，然后点燃导火线。那个东西炸了，你简直不敢相信自己的眼睛。炸弹把脸盆炸了个60米高，还把泥土溅得到处都是，草地上燃起美丽的烟雾。我亲眼见证了一件了不起的事。

　　过了一会儿，我听到了警笛嗡鸣的声音，以为是警察来抓我们了，于是赶快撤回了游泳池边，把自行车还给了那个小孩。往爷爷奶奶家走的时候，我看到我妈正站在房子外面。她本来正冲我们家的车走去，但看见了我，开始疯狂地挥起手来。于是我加快脚步跑到她身边，说："怎么啦？"她说："爷爷出事了。"我开车把她带到了爷爷所在的博伊西市中心医院。我停车的工夫，妈妈已经先跑进了医院。15分钟后她出来了，我立刻明白发生了不好的事情，坐进车里后她告诉我："爷爷死了。"

他死之前15分钟我还和他待在一起呢。当时他对我说："戴夫，我现在得进去啦。"回想起来，我很确定他那时候已经觉得不舒服了——可能是内出血——可不愿意当着我的面说出来。那个晚上我和奶奶坐在一起，给她讲了最后一面的全部细节。后来我把事情的细节一一对照，才明白当时听到的警笛声不是来抓我们，而是去接爷爷的。我和爷爷奶奶、姥姥姥爷都很亲近，他是我失去的第一个家人，也是我深深爱着的一个人。爷爷的死对我来说是件非常重大的事情。

1992年的时候我又回过一次博伊西，那次是为了调查一个我认识的女孩为什么在70年代自杀了。故事的开端可以往前追溯很久。八年级毕业后我离开博伊西去了亚历山大，那时我的女朋友是简·约翰逊。在亚历山大的第一年里——那时我上九年级，那是我生命中最糟的一年——我一直和简通信，我俩的关系也还算维系着。1961年夏天再回博伊西时，我们相处了两周就决定正式分手了。但在博伊西时，我又开始和另外一个女孩约会。之后回到亚历山大，这个女孩变成了我新的通信对象。我们俩通了好几年的信，在那个时候，大家的信还都写得很长很长。

高中毕业后的那个夏天，我坐灰狗巴士去看望奶奶。这辆巴士引擎很大，发出巨响，司机在两车道高速公路上保持着七八十迈的速度，沿途只能看到延绵不断的山艾丛。我记得车上有个家伙，他看起来是个真牛仔。他戴着顶沾满汗的牛仔帽，脸上刻满皱纹，像皮革一样，还有双钢铁般的蓝眼睛，全程盯着窗外，一句话也没说。一位老派的牛仔。到了博伊西后我去了奶奶家，当时她和弗德雷夫人（Mrs. Foudray）住在一起。虽然她们都是老太太了，可都很溺爱我。她们都觉得我可帅了。那感觉真好。

奶奶把车借给了我，于是我开到一家旅馆，走到二楼。那儿光线昏暗，气氛诡异，有个冷饮柜台，当时和我通信的一个女孩在那里工作。我问她晚上愿不愿意和我一起去看露天电影。跟奶奶和弗德雷夫人吃过晚饭后，我就和这个女孩去露天汽车电影院了。那时候到处都是露天汽车电影院，特别方便。我们两个在车里亲热起来，她给我讲了关于她的一些事，我才意识到她可真是个野女孩。在我之后她交往的都是些奇怪的男朋友，可能类似我这种所谓的正常人都有点怕她吧。我记得她当时对我说："大多数人都不知道想干什么，你很幸运，因为你知道自己想干什么。"我感觉她的生命已经朝着黑暗的方向发展了。

后来我们俩保持着通信——其实直到和佩吉结婚之后，我还一直和她以及另外两个女孩通信。我给这三个女孩写了很多年的信，直到有天佩吉对我说："大卫，你现在结婚了，不应该再给这些女孩写信了。"佩吉不是那种容易嫉妒的人，但她说："听我说，你写一封小短信，她们就能明白了。"那语气就像我是个小孩。所以我就不再给她们写信了。

很多年后的 1991 年，我正在拍《双峰：与火同行》（Twin Peaks: Fire Walk with Me），午饭时间我走进自己的拖车开始冥想。有天冥想结束后我打开拖车门，拍摄现场的一个人对我说："有个叫迪克·汉姆（Dick Hamm）的人，他说他认识你。"我说："迪克·汉姆？没开玩笑吧？"我跟迪克·汉姆是小学同学，已经有几十年没见过了。我走过去，看到了他和他妻子，他们俩是从纽约过来的，能再见到他真好。我问他后来还见没见过曾经和我一起去露天影院的那个女孩，他说："没有，她死了。她跳进大运河里自杀了。"我开始琢磨：背后有什么故事？她发生了什么？所以电影拍摄结束后我回到了博伊西，想调查一下这件事。我去图书馆查了和这个女孩相关的文章，看到了关于她死亡的警方报告。

这个女孩后来嫁给了一个比她岁数大的男人——她兄弟和父亲都不太喜欢他，与此同时，她还和博伊西当地一位地位显赫的人保持着婚外情关系。有个周五晚上，这个家伙和她摊牌分手了，她非常绝望。她掩饰不住自己的悲伤，所以可能被她丈夫察觉到了。到了周日早上，有位邻居组织了早午餐餐会，他们夫妻俩是分头来的。据说她丈夫先行离开餐会回家了，过了一会儿她也回家了。她进卧室拿了把西部风格的 0.22 英寸手枪，接着走进洗衣房，对准自己的胸部开了一枪。接着，她蹒跚地走出房子，死在了家门口的草坪上。我一直在琢磨：假如想自杀的话，干吗还要走到家门口的草坪上来？

根据警察的调查结果——我觉得他们肯定得到了她情夫的口信：这就是自杀，别瞎调查，不小心就会殃及我，你们别他妈乱找麻烦。这件事就被压下来了。我去了警察局，故意想套他们的话："我正在给电影找灵感。你们这儿最近有没有女孩自杀的案件？"没有奏效，他们绝对不会再提这起案子。我得到许可调取犯罪或自杀现场的照片，填好表格交上去时，他们却说："真抱歉，那年的资料我们已经销毁了。"我在这个女孩还年轻、她的生命刚刚开始时就认识她了，可我不知道她的人生为什么走上了这样一条路。

但我知道，"我们是谁"其实在出生时就已经决定了。他们管这叫生死轮回，我也相信我们已经在人世间走了很多很多遭。"种瓜得瓜，种豆得豆"是自然规律。

在这一生，你的过往一定会以某种方式回访。想象一下打棒球：你把球击飞，直到球再触碰到某个物体，它才会往回飞。这期间已经产生了巨大的空白空间，球也已经离开了很久。但它终将往回飞，向你的方向飞去，而你正是一开始击球的那个人。

我也觉得命运在我们的生命中扮演着重要角色，否则很多事情无法解释。我怎么就能获得一笔独立电影制作者奖金，然后去了美国电影学院高级电影研究中心（Center for Advanced Film Studies at the American Film Institute）呢？你怎么就会遇到某个人，和她相爱，但就是没有遇到剩下那么多的其他人呢？你的天性已经在那么大程度上被决定了，虽然父母和朋友能产生部分影响，但你却一直还是最初的那个你。我的几个孩子个性都不一样，他们都有独立的人格，而且从一出生起就带着他们各自的小天性了。你有机会认识他们，你那么爱他们，但对于他们将来会走上什么样的人生道路，你其实起不了什么作用。很多事是注定的。不过儿时的经历确实能塑造一个人，我在博伊西度过的时光对我就有巨大影响。

那是 1960 年 8 月的一个夜晚，是我们在博伊西的最后一晚。我家车道和史密斯家的车道之间有块三角形的小草坪，我爸、弟弟、妹妹和我都站在那块草坪上和史密斯家的男孩道别：再见了，马克，丹尼，兰迪，还有格雷格。突然史密斯先生也出来了，我看到他和我爸说了几句话，又握了握他的手。我盯着他俩，开始感觉到眼前这一切的严肃性，开始明白这是无比重要的最后一夜。和史密斯家做邻居的这些年里，我还从来没和史密斯先生单独说过话，但他这个时候冲我走了过来。他伸出手，我握住了。他可能说了些什么，比如"我们会想你的，大卫"。但我完全没听清，因为那时我已经哭得稀里哗啦的了。我意识到史密斯一家对我来说多么重要，也意识到博伊西的朋友们对我来说多么重要，他们在我身体里越来越沉，直至深入骨髓。那是种超越了悲伤的感受。第二天，我将迈入未知的黑暗之中。我透过泪眼看着史密斯先生，我们结束了握手。我说不出话来。那绝对是我生命中最美丽的黄金时代的终点。

艺术生活
The Art Life

　　弗吉尼亚州的亚历山大可以说是另一个完全不同的世界了。它位于华盛顿特区市中心以南 10 公里，是个更为精致发达的城市，基本算是华盛顿的郊区，居住着数千名政府工作人员。20 世纪 60 年代早期，亚历山大的人口大概是博伊西的五倍，但林奇对于自己即将踏入的这个大世界显然毫不畏惧。"据我所知，大卫读高中的时候是学校里的明星，他也很清楚自己是大家眼中的宠儿。"佩吉·雷维说，"他从小就有那种魅力。"

　　高一开学后不久，林奇和托比·吉勒（Toby Keeler）成了朋友，自那之后，他的人生道路变得清晰起来。"我和大卫是在他女朋友家门口的草坪上认识的，不过我第一眼注意到的是那个女孩，而不是大卫。"吉勒说。他后来把那个女孩——琳达·斯戴尔斯（Linda Styles）从林奇身边抢走了。"林奇家住得挺远，但亚历山大的法定驾驶年龄是 15 岁，所以他常开着家里那辆前后翼巨大的雪佛兰羚羊（Chevy Impala）来她家。我第一眼就喜欢上了大卫。他是那种最招人喜欢的类型。后来我们开了好多年玩笑，打趣我是怎么把他女朋友给偷走的。当时我们俩都是哈蒙德高中（Hammond High School）兄弟会成员，我们的秘密口号是'永远信任'，但我认识的大卫不是个喜欢花天酒地的兄弟会成员。"[1]

　　林奇和吉勒成了密友，但其实是托比的父亲——艺术家布什纳尔·吉勒（Bushnell Keeler）真正改变了林奇的人生。"布什对大卫影响很大，因为他有勇气离开'常规'生活，租了间工作室开始艺术创作。"托比说，"大卫曾说，当他听到布什纳尔的职业时，感觉一颗炸弹在脑袋里爆炸了。'艺

艺术生活　　　　　　　　　　　　　　　　　　　　　　　　　　**037**

术画家？你真靠这个为生？'"

在布什纳尔·吉勒的弟弟大卫眼中，哥哥过着"起伏不定的人生。布什从达特茅斯学院（Dartmouth College）拿到了工商管理学位，娶了克利夫兰一户有钱人家的女儿。他在一家公司找到了个初级主管的职位，做得不错。但他痛恨自己的工作，所以和家人搬到了亚历山大，准备学习成为一名牧师，但两年后，他发现自己其实也不想做牧师。年轻时他很愤怒，总是到处挑衅，还服用了一大堆抗抑郁药，可一点儿用都没有。最终他意识到自己其实想成为一名艺术家，于是就那么做了。但这个决定让他的婚姻告吹了"。

"布什意识到了一件其他人都还没看出来的事情，那就是大卫真的想成为一名艺术家。"大卫·吉勒接着回忆说，布什纳尔 2012 年就去世了，"布什觉得，他那个年纪的年轻人正赶上创造力勃发的时候。我猜大卫的父母那时也没给他太多鼓励，于是布什成了那个在他背后全心全意给予支持的人。大卫经常在他家过夜，布什也从自己的工作室里挤出块地方，留给大卫创作。"[2]

高一那年认识了杰克·菲斯科（Jack Fisk）后，林奇更加坚定了搞艺术的决心。他们俩的友谊从那时起打下基础，一直持续到了今天。菲斯科如今已经是位受人尊敬的美术指导及导演，但那时候他的名字还是约翰·卢顿（John Luton），身材瘦高，长得也不难看，来自伊利诺伊州坎顿（Canton），在家里三个孩子中排行老二。姐姐苏珊比他大 4 岁，妹妹玛丽比他小 1 岁。菲斯科的父亲在一场空难中丧生后，他母亲改嫁给了查尔斯·卢顿（Charles Luton），这个男人是铸造厂的监工。自那之后，这家人就得随着卢顿工作地点的变化不断搬家。（菲斯科和他妹妹玛丽后来都把姓氏改了回去。）菲斯科小时候读的是所天主教军事学校（Catholic military school），后来又陆续搬家到密歇根州卡拉马祖（Kalamazoo）、弗吉尼亚州里士满（Richmond）和巴基斯坦拉合尔（Lahore）。菲斯科 14 岁那年，他们终于落脚在了亚历山大。

"大卫和我都听说过对方的名字，因为我们俩都对绘画感兴趣。"菲斯科说，"我记得他站在学校一间教室的门口做了自我介绍——他说他念高二，但我知道他其实只是个高一学生。后来我俩经常拿他撒谎这事开玩笑。我那时在赫脱药店（Herter's Drug Store）的冷饮柜台打汽水，他来找我，顺便给自己找了份开着药店吉普车到处送药的工作。"[3]

这份工作带着林奇在小城各处跑来跑去，不论到哪儿，他都是个惹眼的男孩。"我课余会送送报纸，真正认识林奇两年前，我就总能看见他提着小口袋敲别人家门。"艺术家克拉克·福克斯（Clark Fox）说，他是林奇的高中同学。"他有点格格不入。那时候男孩想留长头发不太容易，但林奇头发很长，却没人找他麻烦，我记得他还特别苍白。送药的时候他总打条领带，穿件夹克。他很与众不同。"[4]

菲斯科的童年充满波折，林奇的童年却满是田园般的安静感。另外他们俩脾气也不太一样，但两个人都立志献身艺术，开始了一步步的努力。"因为总在搬家，我基本上总是独来独往，但大卫是个很容易交朋友的人，所有人都喜欢他。"菲斯科说，"大卫开口说话的时候，你就想认真倾听，他总是有那种魅力。大卫最开始也很古怪。我们读的是所很老派的学校，所有人都得参加兄弟会——除了我，所有人都穿格纹衬衫和卡其布裤子。大卫还参与竞选了学校会计——他的竞选口号是'要省钱，选戴夫'——竞选大会时每个人都要上去发言，大卫穿了件泡泡纱西装，配网球鞋。今天听起来不新鲜，但那个时候，没人会想到用网球鞋搭配西装。"

林奇赢得了学校会计的职位，但大概在同一时期，他对绘画的热情超过了生命中几乎所有的事。"他再也不想干类似竞选会计这种事了，"菲斯科回忆说，"我不知道他是被辞退了还是自己辞职了，反正那份工作没持续多久。"

如果说叛逆是青春期的标配，那么林奇对成年世界的拒不服从非常特殊：他叛逆，不是无事生非为了追求痛快，而是因为他在学校之外真正找到了一件对自己特别重要的事情。"在那个时间、那个地点，类似大卫这样的孩子对油画产生兴趣是很不寻常的事情。"约翰·林奇说，"爸妈对于他的误入歧途也很失望。他大概是从九年级开始叛逆吧，虽然从没犯过法，但也四处胡闹，喝个酩酊大醉。在亚历山大的第一年，他晚上还偷跑出去过几回，被抓住了。吃晚饭的时候也很痛苦。我妈会做些普通的菜肴，但大卫觉得那些菜太中规中矩了——他会说：'你做的吃的太干净了！'在博伊西的时候，大卫很认真地参加童子军活动，但到了亚历山大，他把童子军也当成了反叛的对象。我爸鼓励他坚持下去，很快就能成为鹰级童子军了，大卫倒是听了他的话，但我觉得他只是为了爸爸才这么做的。"

15岁生日的时候，林奇以某种方式和童子军说了再见。

当时他作为鹰级童子军，被选中参加约翰·肯尼迪（John Kennedy）的总统就职典礼，还能站在最前排。他记得那天看见肯尼迪、德怀特·艾森豪威尔、林登·约翰逊（Lyndon Johnson）和理查德·尼克松（Richard Nixon）乘坐加长轿车，从距离他只有几米远的地方经过。

无疑，这是难以忘怀的记忆，但林奇的心思都在其他事情上。玛莎·莱维西说："搬到亚历山大后不久，大卫就只想画画了，我成了他和爸妈之间的调停人。我会跟大卫谈爸妈的困扰，也会把他的观点转达给爸妈，在中间维系着和平。我们的爸妈是那种特别有耐心的人，大卫一直很尊重他们，所以他们之间从来没大吵大闹过，只是意见不相同。"

林奇的堂姐埃琳娜·泽加雷利形容林奇的父母是"非常坦诚、保守、虔诚的人。桑妮长得很漂亮，说话轻柔甜美，但也很严格。我记得有一次，我们一大家子人在布鲁克林一家餐厅里给曾祖母赫尔米娜过生日。那时大卫16岁，饭桌上每个人都在喝酒庆祝，但大卫的妈妈坚决不允许他碰葡萄酒。看到大卫的作品时，你很难相信他和他妈来自同一个家庭。我感觉可能恰恰因为家人十分刻板，他才走上了另外一条路"。

虽然遭到了家人的阻挠，林奇还是义无反顾地走了下去。"我们俩认识

梦室

时，大卫已经从布什纳尔·吉勒那里租了间房，"菲斯科回忆说，"他问我：'你想和我共用一间工作室吗？'房间很狭窄，但我还是跟他一起租下了，租金大概每个月 25 美元，布什纳尔会时不时来给我们提些建议。布什纳尔给他推荐了罗伯特·亨利（Robert Henri）的《艺术的精神》（*The Art Spirit*），大卫也把我拉下了水。他会坐在屋里各种地方大声读书里的章节，或者跟我讨论。我们很高兴看到有人写了做画家的经历——突然之间你觉得不那么孤独了。通过亨利的书，我们知道了类似凡·高、莫迪里阿尼这样的艺术家，20 世纪 20 年代的法国艺术家我俩都很感兴趣。"

罗伯特·亨利是美国阿什坎艺术学院（Ashcan School of American Art）的领袖人物，这所学校主张一种粗粝无畏的现实主义艺术风格，罗伯特本人是位受人尊敬的老师，他的学生包括爱德华·霍珀（Edward Hopper）、乔治·贝洛斯（George Bellows）和斯图尔特·戴维斯（Stuart Davis）。《艺术的精神》出版于 1923 年，是罗伯特几十年执教生涯的精华凝结之作，对林奇影响深远。这本书的语言和句法今天读来已经有些过时，但其中表达的观点却是不朽的。它沉静、卓越又鼓舞人心，从头到尾只在传达一个简单的信息：让自己做最大限度的自由表达，相信这是件值得付出的事情，也相信自己一定能够做到。

1962 年早些时候，16 岁的林奇决定搬出布什纳尔·吉勒的工作室自立门户，并且说服了父母给他提供一部分租金。"他们俩考虑了很久才下定决心。"莱维西说。约翰·林奇记得："布什纳尔来找我们爸妈聊了聊，劝他们同意大卫租间自己的工作室，他说：'大卫不会在那里瞎胡闹的。他想在里面画画。'大卫找了份工作，能支付一部分租金，而且那个地方确实很便宜。那个区域 20 世纪 60 年代时被称为'老城'，相当于亚历山大的棚户区。（今天这里已经成了遍布精品店和高级咖啡馆的昂贵地段。）街边林立着 200 多年前修建的砖房，都是贫民窟，其中有一栋连贫民窟都算不上——就是大卫和杰克租的那栋。他们租下了整个第二层，房子的楼梯又老又窄，走上去吱吱作响。他们搞了场小型进驻聚会，但其他时间里这个地方的确就只是间工作室。大卫每晚都要去，而且会待到很晚。那时候爸妈对他有宵禁的要求，每天到家后他都得按停一个电子钟，这样爸妈就知道他是几点回来的了。但早起对他来说一直很痛苦，爸爸有时会用湿毛巾盖在他脸上，好把他叫醒。大卫特别讨厌这个。"

上高中时，菲斯科和林奇都在华盛顿特区的科科伦艺术学校（Corcoran School of Art）上课，他们生活的重心逐渐转向了校园之外。"我拿到了学校美术课的不及格通知，好像大卫美术课成绩也不怎么样，但我俩一刻不停地画画，一起换过好几个工作室。"菲斯科说，"我记得有一次我们把卡梅隆大街（Cameron Street）上一整栋房子租了下来，把其中一个房间刷成了黑色，专门用来思考。刚认识大卫时他正在画巴黎街景，用的是硬纸板的蛋彩，看起来有种独特的美。有天他拿来一幅船靠码头的油画，当时他颜料用得很厚，有只蛾子被粘在了颜料里。蛾子拼命挣脱的过程中，在天空上留下了美丽的旋涡。我记得大卫当时特别兴奋，因为他的画里混入了死亡。"

"如果说大卫在艺术层面迈向了某个方向，那我则迈向了另一个方向。"菲斯科接着说，"我们俩总是在逼着对方做到更好，所以作品进步很快。我的画越来越抽象，大卫则越来越喜欢画黑暗的事物——夜里的码头，死去的动物——很情绪化的东西。大卫一直是个生性欢快、个性阳光的人，但他却被黑暗的东西所吸引。这是大卫身上的一个谜。"

与此同时，在家里，大卫的父母却非常困惑。"大卫能把国会大厦画得那么棒，他给爷爷奶奶、姥姥姥爷画的肖像也都很棒，"莱维西说，"我记得妈说：'为什么你不像从前那样好好画画了？'"林奇找到了反抗所谓"正常行为"的勇气，但这种性格上的变化却让他在家里麻烦不断。不过，他身上的某些东西始终没变。林奇本质上是个善良的人，看看他怎么对待自己的弟弟就清楚了。"读高中时我和大卫住同一间房，有时候也打架，但大卫会给我做很多事。"约翰·林奇说，"他在学校很受欢迎，而且他不会以自己的弟弟为耻，会把我带到他的圈子里，认识他的朋友，我的朋友也都和他混得很熟。要知道，那时候我的朋友里也有不少不太正常的人。"

林奇青少年时代的 20 世纪 60 年代上半期，美国电影正处于低潮之中。给美国电影产业带来新气象的社会变革尚未发生，电影工作室制作周期很短，产出的都是类似多丽丝·戴（Doris Day）主演的廉价浪漫喜剧、沙滩狂欢剧、猫王音乐剧，以及浮夸的史诗巨作。不过那是外国电影的黄金时期，皮埃尔·帕索里尼（Pier Paolo Pasolini）、罗曼·波兰斯基（Roman Polanski）、费德里科·费里尼（Federico Fellini）、米开朗琪罗·安东尼奥尼（Michelangelo Antonioni）、路易斯·布努埃尔（Luis Buñuel）、阿尔弗雷德·希区柯克（Alfred Hitchcock）、让-吕克·戈达尔（Jean-Luc Godard）、弗朗索瓦·特吕弗（François Truffaut）和英格玛·伯格曼（Ingmar Bergman）都在那些年中产出了许多杰作。斯坦利·库布里克（Stanley Kubrick）是为数不多开创了新局面的美国导演，林奇非常喜欢他 1962 年改编自弗拉基米尔·纳博科夫（Vladimir Nabokov）小说的电影《洛丽塔》（Lolita）。他还对电影《畸恋》（A Summer Place）留下了深刻的印象，也很喜欢桑德拉·狄（Sandra Dee）和特洛伊·唐纳修（Troy Donahue）。虽然他弟弟说他那些年看过伯格曼和费里尼的电影，大卫自己却不记得了。

林奇青少年时期最重要的女朋友是朱迪·韦斯特曼（Judy Westerman），他们俩被票选为学校里最可爱的一对情侣，学生年鉴中还有张他们一起骑双人自行车的照片。"大卫的女朋友很正点，但他也会跟学校里那些'速食'女孩约会。"克拉克·福克斯说，"他管这些女孩叫'哇哦女人'，但从来不透露太多细节，不过我知道她们都挺野的。他会被生命中狂野的一面深深吸引。"

菲斯科记得："大卫和朱迪很亲密，但他们俩并没发生任何身体上的关系。他不算是个花花公子，但确实对女人有着自己的迷恋。"林奇第一次见到菲斯科的妹妹玛丽时，两人之间并没迸出什么火花，但他们都还记得第一次见面的场景。"认识大卫时十四五岁，"玛丽·菲斯科（Mary Fisk，1977 年，她成了林奇的第二任妻子）回忆道，"我正在客厅里坐着，杰克带着大卫一边穿过屋子一边对他说：'这是我妹妹玛丽。'客厅里有个用来盛烟的黄铜花瓶，我估计他当时吓坏了，因为他们家没人抽烟。不知道为什么，但后来他总把我和烟联系在一起——他总这么跟我说。"

"大卫当时和朱迪·韦斯特曼的关系很稳定，但他真正爱的是南希·布里格斯（Nancy Briggs）。"玛丽·菲斯科接着说，"上高三之前的那个暑假我迷上了大卫，饱受相思之苦——他特别擅长与人心灵相通。我们俩约会过几次，但不是很认真，因为彼此那时候都有男女朋友。那个夏天大卫和杰克也高中毕业了，所以等秋天一开学，我们就分道扬镳了。"[5]

林奇 1964 年 6 月高中毕业，三个月后，因为父亲工作调动，他们全家搬到了加利福尼亚州核桃溪（Walnut Creek）。也是从那时起，林奇开始在波士顿美术馆学校（Boston's School of the Museum of Fine Arts）上课。与此同时，杰克·菲斯科进入了曼哈顿私立大学库伯联盟学院（Cooper Union）。库伯联盟学院不管在过去还是现在都是所杰出的学校——杰克入学时，艾德·莱因哈特（Ad Reinhardt）和约瑟夫·亚伯斯（Josef Albers）都在那里任教。但菲斯科还是在一年后退学了，到波士顿重新和林奇团聚。"走进他的公寓时我吓了一跳，因为到处都是画，而且是风格截然不同的画。"菲斯科说，"画里使用了大量的橙色和黑色，对于大卫来说可能有些过于明亮。我很惊讶他居然画了这么多。我记得当时心里想的是，天哪，这个家伙真是下了苦功夫。他产量如此之高的一个原因是他一直待在家里画画，而不是去上学。对他来说，学校是个让人分心的地方。"

有意思的是，菲斯科和林奇此时与艺术发生关系的方式，与当时世界艺术中心曼哈顿正在上演的风潮之间有极大悬殊。

抽象表现主义的全盛期已经结束，现代主义也开始把游乐场让位给波普艺术。当时波普艺术似乎一夜之间被弹射到了艺术的前线，再次推动了艺术史上叙事方式的改变。罗伯特·劳森伯格（Robert Rauschenberg）和贾斯培·琼斯（Jasper Johns）探索联结艺术和生活的新途径，观念艺术和极简主义高歌前进。从波士顿乘坐火车，只消一会儿就能到达曼哈顿——菲斯科还在那里住过一段。但对林奇和菲斯科来说，工作室之外发生的事情似乎引起不了他们的任何兴趣，他们仍旧追随着罗伯特·亨利，而不是《艺术论坛》（*Artforum*）杂志。对他们来说，艺术是神圣的召唤，要求你回报以自律、孤独以及激烈的一意孤行。不论波普艺术看起来很酷的讽刺风格，还是纽约艺术世界觥筹交错的社交网络，在他们心里都不占据任何分量。他们是古典意义上的浪漫主义者，依照完全不同的轨道运行。

到了第二学期结束时，林奇的分数已经岌岌可危，雕塑和设计课不及格后，他选择了退学。不过想离开波士顿并没那么容易。"他用油彩颜料把波士顿的公寓搞得一团糟，房东让他赔偿损失，爸爸雇了个律师解决争端。"约翰·林奇说，"爸爸并没有大吼大叫，但能看出来他很生气，我觉得他一定对大卫很失望。"

接下来该去哪里呢？布什纳尔·吉勒的兄弟在波士顿经营旅行社，他以导游的名义给菲斯科和林奇争取来两张飞往欧洲的免费机票——他们俩只需要在机场迎接一群女孩并把她们护送上飞机，就算完成了导游任务。于是，1965 年晚春，两个人去了欧洲，计划到坐落于霍亨萨尔斯城堡（Fortress Hohensalzburg）的萨尔茨堡国际艺术学院（Salzburg International Summer Academy for Fine Arts）学习。这所学校俗称为"梦幻之校"，1953 年由奥地利表现主义艺术家奥斯卡·科柯施卡（Oskar Kokoschka）设立，学校所在地也是 1965 年无可指摘的经典音乐剧《音乐之声》（*The Sound of Music*）的取景地。林奇记得："我很快意识到自己不想在这个地方创作。"菲斯科和林奇在开课两个月前提前到达，对这个城市很失望，他们心里也很失落，不知道接下来该怎么做。"我们俩身上大概有 250 美元。大卫爱喝可口可乐，1美元一瓶；他还喜欢万宝路香烟，也是1美元一包。我只能眼看着钱越来越少。"菲斯科说。他们只撑了15天。

"回到家后，继父给了我1000美元，当时这是笔大数目。我申请了宾夕法尼亚艺术学院（Pennsylvania Academy of the Fine Arts），因为当时正在征兵去越南，学生可以延迟兵役。"菲斯科接着说，"我去了费城，但没进去学校，因为申请得太晚了。于是我在《费城问询报》（*The Philadelphia Inquirer*）找了份工作，检查电视节目表页面上的广告。一两周后，战事在约翰逊总统手下不断激化，更多人被征召入伍，学校于是打来电话说：'你被录取了。'所以我就这么进去了。我用30美元一个月的价钱在二十一号大街和切里大街（Cherry Street）的交会处租了间小房子。"

对林奇来说，这段时间更为困难。"听说大卫没去上学，他爸妈简直要气疯了。他们跟他说：'从此以后你就靠自己吧。'"佩吉·莱维西回忆道，"1965年剩下的时间里，大卫都住在亚历山大，干了不少糟糕的工作，我知道他那段时间特别艰难。我记得就是那会儿他也被征召入伍了——但因为肠胃过于敏感被刷了下来。他年轻的时候肠胃问题非常严重。"（林奇的背部也有问题，所以逃过了服兵役。）

林奇从欧洲返回亚历山大之后，吉勒一家收留了他。他在房子里干了不少奇怪的活，包括粉刷二楼的卫生间。托比·吉勒说："他刷个没完没了。他拿了把小刷子，刷了整整三天，可能刷暖气就用了足足一天。他不放过任何一个角落和缝隙，把暖气刷得比新的还漂亮。我妈现在想到大卫粉刷卫生间的样子还想笑。"[6]有天晚上宴请客人的时候，布什纳尔宣布："大卫决定搬出去另找住处了。"那还是林奇第一次听到这个消息，但吉勒觉得林奇应该继续自己的人生，多和同龄人待在一起。

"大卫尽可能地消化着他能找到的全部艺术作品。"大卫·吉勒说，"他也总显得很快乐——他会用些很幼稚的字眼，比如'超赞（nifty）'。他最喜欢的口头禅是'够潇洒的'。布什会建议他在艺术上做这样那样的尝试，大卫就会说：'好的，够潇洒的，布什纳尔！！！'但我依旧觉得那个时候的他无依无靠。他有点儿绝望，因为自己租房需要花钱，所以我在我当制图员的工程公司给他找了份画草图的工作。大卫自己一个人在图纸室里工作，他特别喜欢用各种材料做实验。他会到我桌子前说：'嘿，戴夫！你觉得这个怎么样？瞧瞧这个！'他花了很多时间做工作以外的事，我都记不住我们俩谁先被开除的了。"

"大卫当时还很难早起。"吉勒接着说，"上班路上我路过他住的地方，就会冲着他的窗户大喊：'林奇！起床了！又要迟到了！'他房东名叫米开朗琪罗·阿洛卡（Michelangelo Aloca），在大卫楼下经营画框店。他是个截了肢的大块头，很强壮，长得也很吓人。"

丢了工程公司的工作后，阿洛卡让林奇在他的画框店里上班。但林奇刮坏了一个画框，他又丢了这份工作。阿洛卡于是又让他去看大门。他试着苦中作乐，但日子很不容易，所以再次遇到菲斯科时林奇大大舒了口气。"有次我回亚历山大，发现大卫在一家艺术品商店工作，当时他正在扫地——他扫地扫得非常棒。"菲斯科说，"他现在依旧喜欢扫地，也很为此自豪，但当时他的工资微乎其微。他的公寓很好看，装饰着不值钱的东西——我记得里面的窗帘是橘黄色的。但他的生活看起来好像停滞不前了。于是我说：'你应该到费城来。'他来看了看学校，接着申请入学了。"

那年晚些时候林奇奔向了费城，从此永远地告别了亚历山大，但他并非没有在这里留下痕迹。菲斯科的母亲是林奇一家当年的租房中介，她发现林奇在卧室天花板上画了幅壁画。"他们搬出去之后，工人费了好大劲才把壁画清理掉。"菲斯科说，"大卫是用普鲁士蓝画的，那是他最喜欢的颜色之一。画的色彩还不断透过新粉刷的墙壁渗出来。"

　　九年级是我人生中最糟的一年。我想念博伊西的朋友们，想念那个地方的感觉，还有那里的光线和气味，而且弗吉尼亚在我眼中是个非常黑暗的地方。我痛恨亚历山大的自然环境——那里的森林和博伊西的完全不一样——我还和一些坏孩子混在了一起，差点成了少年犯。有个家伙算是我们的头儿，他比实际年龄成熟很多，像个大人。他是个滑头，像是袖珍版的洛克·赫德森（Rock Hudson）。他会偷来邻居家的车，接上不同的人，然后我们在凌晨两三点出发去华盛顿特区，以 120 迈的速度沿雪莉高速公路（Shirley Highway）狂奔，去逛新奇小店、喝酒或者去干点别的。当时被这个家伙所吸引，很大程度上是因为我并不喜欢自己的人生，我有点想做奇怪的事情。我既喜欢和他们在一起，又不喜欢和他们在一起。这家伙到我家附近来过一次，当时他耳朵上别着根烟，T 恤袖子里还卷着包烟。他来的时候正好撞见了我爸妈，他们俩不太开心，可能在想：可怜的戴夫，他有麻烦了……

　　这个家伙有很多女朋友，我记得他应该是退学了。九年级结束后的那个暑假，我回了博伊西，再回亚历山大的时候他已经不见了。接着有天午饭时我正好经过停车场，当时可能要去吸烟区，他开着辆敞篷轿车，带着个姑娘出现在我面前，那画面看起来太完美了。满面春风，狂拽炫酷。我不知道他后来怎么样了。

　　我的卧室在二楼，连着个露台，所以可以夜里偷爬出去，但第二天还是得去上学。有一次我回到家，脑袋刚沾上枕头，就听到闹铃响了。真是段疯狂岁月，爸妈虽然知道我偷溜出去，但并不清楚我究竟去干吗了。我不是个典型的疯孩子，但也确实喝醉过几次，有一次是喝多了杜松子酒。

当时我喝着杜松子酒，却告诉女孩子们杯里装的其实是水。再醒来时，我发现自己正在罗素·基福弗（Russell Kefauver）家的前院里。醒来时我看到一个上面写着数字的木桩子，我一直看呀看，才意识到自己正在一个院子里，身后就是罗素他家。我不记得那次是怎么回家的了。

九年级时，爸妈非常为我着急。那时候的杂志上有叫作"画一画"的测试题，为了测试自己的绘画能力，我画了个东西寄了出去。接着有天晚上一个男人跑到我们家，告诉爸妈我的画太好了，赢了一个什么冒牌奖学金。当时我在楼上，爸妈在楼下客厅和这个男人会面，想想真是温馨。他们一直想帮我找个更好的人生方向。

我觉得成长过程中，我以自己的方式笃信着上帝。我没特别去思考这件事，但我冥冥之中知道有某种更高的力量控制着世界的运转。后来14岁的一个周日早上我对自己说：去教堂一点意义也没有。我清楚自己还没有接触到那个真正的力量。回想起来，那个时候我就已经朝着玛哈里希进发了。拍《橡皮头》（Eraserhead）的时候我看过几张印度大师的照片，当时我想：这些面孔的主人了解一些我尚未了解的事情。世界上真存在开悟（enlightenment）这件事吗？它真实存在，还是只是某种印度风俗？现在我知道它是真的了。言归正传，从那时起我就不再去教堂了。

和其他学校一样，哈蒙德高中最受欢迎的人物是运动员，其次是兄弟会成员。这些成员不算是坏孩子，但他们完全不玩体育，而是对其他事情感兴趣。我也加入了一个兄弟会，莱斯特·格罗斯曼（Lester Grossman）是主席。莱斯特可是个不一般的人物。毕业后莱斯特到一家鞋店上班，每天晚上都要偷个金属鞋拔子回家，到家后他就把鞋拔子扔在床底下，最后积攒了一地的鞋拔子。莱斯特的一个亲戚用极低的价格给我们搞来一些灯泡，我们就挨家挨户去卖。那些灯泡卖得像薄煎饼一样快，很快我们就挣了好多钱，接着办了场规模巨大的派对。派对不光面向我们学校，而是对华盛顿特区地区的所有高中生开放，规模真的很大。我们雇了个名叫狂热坚果（Hot Nuts）的乐队，还收门票，结果又赚了好多钱。

由于钱太多了，兄弟会的所有人一起到弗吉尼亚海滩玩了一星期，兄弟会负担全部房租和晚餐费用，好像还给每个人发了点零用钱。我高一、高二直到高中结束都是兄弟会成员。人们还在自家地下室办慢舞派对（slow dance），我也会去。青少年时期我完全不在意电影，唯一去看电影的机会就是去露天汽车影院，但去那里的目的只是和女孩亲热。我去过几次电影院，可为什么要去电影院呢？里面又冷又暗，看电影的过程中可贵的时间还在匆匆流过。那时间可以用来干多少事啊。

那时候我穿衣服的方式和现在一样，上高中时我还没意识到我已经有自己的风格了。我都在潘妮商店（Penney's）买衣服。我喜欢卡其布裤子，还喜欢穿外套和打领带——只有穿成这样我才觉得舒服。很长一段时间里我都要同时打三条领带：两个领结，一个普通领带。但我不会把领结系紧，只让它们松松垮垮地挂在脖子上。我总是把衬衫扣子系得严严的，最上面的一颗也不例外——因为我不喜欢锁骨受风，也不喜欢任何人摸我的锁骨。有人摸我的锁骨，我就感觉要疯了，我也不懂为什么。系领带可能就因为这个，它们能保护我的脖子。

我在学校里认识了杰克·菲斯科，因为都对艺术感兴趣而成了朋友。但其实我最喜欢杰克的一点在于，他是个勤奋的工作者。他工作和做东西时那副严肃的模样太美好了。我打心眼里尊重杰克，而且因为我们俩很小就认识了，那个时候结交的朋友是可以延续很久的。有时候我们俩几个月也不见得会说一次话，但杰克是我最好的朋友。我对第一次见到他妹妹玛丽的情景也记忆犹新。她是个小狐狸精，我一直都对她很着迷。我们约过几次会，也亲热过，杰克好像对此非常不开心。

高一时我女朋友是琳达·斯戴尔斯。琳达身材娇小，但很引人注目，我们会在她家地下室亲热。她爸妈很和善——她爸爸在海军服役，妈妈是个很体贴的人，他们还允许我在室内抽烟。不过那时候大多数人都不反感抽烟。后来琳达开始和一个混混头目约会，我觉得他糟蹋了她。要知道，我18岁才真正到了性那一步，就在高中结束后的那个暑假。也许我反应有点慢吧，但我觉得那个时候很正常。那时候和现在不一样。和琳达·斯戴尔斯结束之后我也和其他女孩交往过。

我喜欢什么样的女孩呢，总结来说，我应该最喜欢深色头发的女孩，还喜欢图书馆女孩。你知道，严肃外表下藏着颗闷骚的心……

朱迪·韦斯特曼是我高中时期认真交往的女朋友，我真的特别爱她。她长得有点像宝拉·普伦蒂斯（Paula Prentiss）。我对她忠诚吗？并不。我的意思是，既忠诚，又不忠诚。我同时也和其他女孩见面，甚至跟她们的肢体接触更进一步，因为朱迪是天主教徒。早期约会时我们的举动比后来大胆得多，因为朱迪一直去教义问答会（catechism），每次都会发现有些事其实不能做。只有一个女孩伤过我的心，她叫南希·布里格斯。她是我朋友查理·史密斯（Charlie Smith）的女朋友，我不知道他当时是否清楚我深爱着他的女朋友。不过她一点也不爱我。在波士顿上大学的前半年我心里还全都装着她，觉得伤心透了。

在波士顿上大学的第一个圣诞假期，我回了弗吉尼亚。当时我日渐憔悴，大卫·吉勒于是说："你干吗不请她吃顿午饭，看看她是什么反应呢？"于是我给南希打了电话，我们俩就去了麦当劳。我们把吃的拿到车上，我问她爱不爱我，她回答说不爱，就这么结束了。但我耿耿于怀了很久，还总是梦到她。南希·布里格斯到底有什么迷人之处？我就是爱她，而且人怎么会搞懂自己为什么会爱上另一个人呢。我们俩再也没有了下文，但我就是没法把她从我的脑海中剔除出去。拍完《蓝丝绒》后我人在威明顿，不知出于什么原因，我决定给南希·布里格斯打个电话。我问到了她的电话号码，打了过去，听到她声音的那一秒，那种渴望立刻又高高悬起了。它从梦境变成了现实，而梦是很有力量的。我们脑袋里发生的事情真是奇妙。为什么我渴望了那么多年？你帮我想想吧……

到了 50 年代末期，美国的一切都在发生变化，所以搬到弗吉尼亚后我感受到的那些改变，其实也正在博伊西发生。肯尼迪被刺杀之后，情况变得非常糟糕。我还记得那天，我正往学校进门大厅的大玻璃橱窗里安放艺术陈列品，橱窗紧挨着行政办公室，我从广播里听到了关于总统的消息。他们没说总统死了，只是说他进了医院，这时候楼外传来一阵混乱的声音。

我干完了手头的事情后，有个女人说："你得赶快回教室去。"后来我回到了教室，他们宣布了消息，关闭了学校。我步行送朱迪回家，她哭得太厉害了，都说不出话来。她和肯尼迪一样，都是天主教徒，一直以来她那么爱他。她住在一栋公寓楼的二层，我们上了楼梯，走了进去，她妈妈正在客厅。朱迪离开我，经过她妈妈身边，拐了个弯，然后进了她自己的房间，四天都没有出来。

那个时候我还没想过是谁杀了肯尼迪，但你会开始调查一些事情。他们说，谁有杀人动机呢？显然是住在得克萨斯州的 LBJ，于是在那里把他抓了起来，LBJ 可是身高只有一米的时候就想着要当总统了。他们还说 LBJ 是迄今为止最厉害的参议员，他会乖乖认输做副总统吗？原本他距离总统只有 25 美分一颗的子弹那么远，但我觉得他恨肯尼迪，所以策划了整件事，这样他就能当总统了。这是我的想法。

八年级时我不知道出于什么原因对自然科学很感兴趣，所以九年级一开始，就报了学校里所有和自然科学相关的课。现在回想起来真不敢相信。接下来四年都被自然科学排满了！接着在九年级时我遇到了托比·吉勒，他告诉我他爸爸是个画家——不，不是刷房子的，而是艺术画家——毫不夸张，轰！有颗炸弹在我脑袋里炸开了。这些东西聚合在一起，然后像氢弹一样爆炸了，我知道就是它了，这就是我想做的。可我还是得去上学，而且高中是最糟糕的。一天中要在同一栋房子里待上那么多个小时，简直太荒谬了。关于高中教室里发生的事情，我勉强只能记住三件，而且都不是好事。我记得有次冲山姆·约翰逊（Sam Johnson）大吼："告诉我！告诉我！告诉我！"当时我们正要开始考试，他会告诉我答案，我则逼着自己把答案记住，直到考卷发下来。我从来不学习，但也退不掉那些自然科学课，我还被踢出了学生会，因为物理考试没及格，还拒绝去上课。我就到学校管理部门去求情："让我退课吧，我不想成为物理学家。"可他们说："大卫，人生中有些事，不管你喜不喜欢都得去做。"我弟弟很早就对电子那套东西感兴趣，他后来也进入了这个行业。我觉得还是个孩子的时候，你其实已经知道自己将来会做什么了。他们应该让我离开学校，全神贯注发展那项特长。我的妈呀！在学校待的那些时间完全可以用来画画了！

而且我什么都没记住。什么都没记住！学校里学的东西我他妈全忘了。

认识托比·吉勒的那个周末，他就带我去了他爸的工作室。布什纳尔当时的工作室在乔治敦（Georgetown），那地方太棒了。他过着艺术家的生活，整天都在画画。我只去过他乔治敦的工作室一次，后来他就从乔治敦搬到了亚历山大，租下了一整栋楼。我也想有个工作室，布什纳尔于是决定把新地方的一间屋子租给我。所以我找我爸谈了谈，他说："如果你能找份工作，自己负担一半房租，我可以给你出另一半。"所以我在赫脱药店找到了一份工作，开着店里红白相间的吉普车送配方药。那是辆敞篷吉普，用的是手动变速器。真不敢相信我居然接了那份工作。我得找到人们的家，然后把药送到门口，这可要承担很大的责任。有时候，我周末还在赫脱的香烟柜台工作。那时候布什纳尔会找些模特来，我就坐在他画室里跟着一起画，他那里总不缺咖啡。一个叫比尔·莱（Bill Lay）的家伙是和我一起来的，但他后来再没露过面。

杰克开始到我在布什纳尔那儿的画室里工作，不过屋子太小，装不下我们俩，所以我们搬到了一间鞋店楼上的画室里。我们的房东是玛希艾特夫人（Marciette），她的牙全掉光了。她经常冲我们抱怨——"我不会为了两只阁楼老鼠整夜亮着灯；打扫干净；我病了；我不知道为什么要把房子租给你们"——而且总待在家里。只要打开我房间的灯，哪怕一毫秒，就能看到无数只蟑螂，它们会立刻从你眼前消失。这个地方被蟑螂占领了，但杰克和我每人有个房间，楼里还有厨房，而且那个地方很适合画画。

住在杰克和我楼上阁楼里的家伙叫"广播"，我们慢慢跟他熟悉了。他驼背，会沿着非常窄的台阶爬到一扇木门门口，门上还挂着锁。那是他的房间。广播也没剩几颗牙，他屋里大概散落着 50 本色情杂志，有个他用来做牛排——只是牛排——的电炉，还有便宜的烈性酒。他是马戏团的电话联络员，他会在马戏团之前抵达一座城市，在那里给当地有钱的商人打电话，劝他们捐钱，好把马戏团里贫穷的孩子送过来演出。马戏团会在某处租个房间，拿来 12 个电话，房间里都是这样的电话联络员，可真是一片吵闹。

他们会派大概一公交车的穷孩子来马戏团演出，把剩下的钱揣在自己口袋里。广播说："他们叫我广播，是因为他们关不上我。"杰克和我有部电话，一张小桌子上摆着部转盘式电话。有天晚上他下楼来问我们能不能借用一下。我们说："当然了，广播。"他进到屋里来，走到电话旁，垂下一只手开始拨号，号码迅速被拨了出去。我还从没见过有人这样拨电话。他就好像把所有手指都放在了转盘上，手指同时工作，不到一秒钟就接通了某个人，说上了话。假如闭上眼睛，就好像在听一位聪明的圣人和别人讲述一群穷孩子的故事。广播太了不起了。

玛希艾特夫人隔壁住着弗朗姬·韦尔奇（Frankie Welch），那个女人就像是棕色头发版的多萝西·戴（Dorothy Day）。这块地方紧挨着市政厅，但周边环境很糟。不过弗朗姬·韦尔奇是最早选择到这里创业的人。她很有远见，在一个超级高端的地方卖衣服。她同时也设计衣服，后来和贝蒂·福特（Betty Ford）走得很近，专门给后者做衣服。发现我们俩是艺术家后，她让我用油画颜料画了个非常酷的招牌。但紧接着玛希艾特夫人就要求我们搬出去。我们经常一整晚待在画室里，一直亮着灯，她得给我们交电费，而且我们弄得哪哪儿都是颜料。人搬离一个地方的时候，怎么可能保证那个地方看起来比原来还要干净呢？我们又不是故意要像摇滚巨星一样毁了房间，只是画画的时候，颜料就是会四处飞溅。搬出去之后我又见过广播一次。在市中心，他驼着背，拿着个破旧的小皮箱，等待着把他运往下一座小镇的公共汽车。

上高中的时候我去看过医生，因为得了神经性肠胃痉挛，这都要归因于我做错的那些事。上高中的时候我有画室生活，有兄弟会生活，还有家庭生活，我不希望三者之间相互混淆。我从不带朋友回家，也不想让爸妈知道我都在外边做些什么。我知道在家里该怎么表现，跟我在兄弟会里的表现和在画室里的表现截然不同。分裂的生活让我总是很有压力，很紧张。

……

我一点都不关心纽约的艺术世界，对于去那里上大学也不感兴趣。我不知道自己为什么挑了波士顿美术馆学校——可能就是心里突然冒出了这么个念头。我想去波士顿。学校的名字听起来也很酷，波士顿美术馆学校，但我其实一点也不喜欢那里，还差点因为不愿意踏出公寓而没去学校报到。我那时有广场恐惧症，现在多少也还有点。我不喜欢出门。爸爸跟我说必须得找个室友，因为我租的公寓太贵了。所以我在学校墙上订了个东西，一个叫彼得·布兰克菲尔德（Peter Blankfield）的家伙——后来他把名字改成了彼得·沃尔夫（Peter Wolf），成了 J. 吉尔斯乐队（J. Geils Band）的主唱——找到我说："我想当你的室友。"我说："好啊。"他当天晚上就搬过来了。

另外一个家伙——彼得·拉芬（Peter Laffin）有辆皮卡车，于是我们仨坐上皮卡，从波士顿往南开到了布鲁克林还是布朗克斯或者别的什么地方去取彼得的东西。他们俩在车里抽大麻，我从来没抽过大麻，所以闻着味就嗨了，他们还给我抽了几口。他们知道大麻的劲头，也知道我没经验，于是对我说："嘿，大卫，现在吃个甜甜圈怎么样？"我说："我要吃甜甜圈！"于是我们买了24个隔夜的、沾满糖粉的甜甜圈。我狼吞虎咽了一个，结果把一大堆糖粉吸进了肺里。遇到这种情况可得小心了。

轮到我开车了，我们沿着高速公路往南开，周围真安静，然后我听到有人说"大卫"，就没声儿了，接着那个人又说："大卫！你停在高速公路上了！"我盯着路上的分道线看，它们出现的速度变得越来越慢，我真喜欢看这些东西，我也跟着它们越来越慢，直到最后停了下来。那是条八车道高速公路，虽然是晚上，但其他车一直从我们旁边呼啸而过，而我居然停了车！太危险了！

出于某种原因我们在一个公寓门口停了一会儿，那个地方只有几个圣诞节灯泡用来采光，差不多都是红色的。这个人在客厅里把自己巨大的摩托车全都拆成了零件，除此之外只有几把椅子，感觉就像走进了地狱。然后我们去了彼得家，下到了地下室。在楼下的时候，我把两只手捧成碗状，手中立刻装满了深色液体，水面上则浮着南希·布里格斯的脸。我就那么看着她。那是我第一次抽大麻。

第二天早上我们卸下了彼得的东西，去找杰克——他曾经告诉我他们学校有人吸海洛因。我去了杰克他们楼的聚会，有个穿丝绸衬衫的孩子蜷缩成一团，他刚吸完。那个时期我身边也能见到嬉皮士了，我并不轻视这些人，不过当嬉皮士像是当时的潮流，他们中的很多人只吃葡萄干和坚果。有些人穿得像从印度来的，还声称自己是冥想者。不过那时候我对冥想一点都不感兴趣。

几个月后我就把室友彼得赶了出去。事情是这样的，我去听鲍勃·迪伦（Bob Dylan）的演唱会，结果坐在了最近刚和我分手的一个女孩旁边。不敢相信我们俩的座位居然挨在了一起。我肯定是在还没分手的时候约她一起来听演唱会，可后来我们分手了，所以我自己去了演唱会，看到她也在时真是一阵恍惚！我记得自己一直在想：太怪太巧了，我们俩的座位居然挨在一起。我们的位置很不好，在一个巨型体育场非常靠后的地方，距离舞台非常远。那是 1964 年，迪伦还没有自己的乐队——只有他一个人孤零零地、小小地站在台上，小到让人难以置信。我开始用拇指和食指眯着眼丈量他牛仔裤的长度，然后对这个女孩说："他的牛仔裤只有十六分之一英寸（约 1.5 毫米）长！"接着我量了他的吉他，说："他的吉他也只有十六分之一英寸长！"就像在看一场古怪的魔术表演，很快我就感觉晕头转向的。终于等到了中场休息，我跑了出来，外面很冷，但空气清新，我想着：感谢上帝我出来了！然后就步行回了家。回到家后，彼得带着他的一帮朋友也来了，他说："什么？没人会不听完迪伦的演唱会的！"我说："我他妈就没听完迪伦的演唱会。你赶快滚出去。"我就把他们都赶了出去。我还记得第一次听迪伦的歌，是和我弟弟一起开车时听广播听到的。我们俩笑疯了。那首歌是《答案在风中飘扬》，他唱歌的方式太酷了，是那种好玩的酷。

我只在波士顿美术馆学校待了两个学期，其中第二学期还完全没去上课。我唯一喜欢的一堂课是雕塑，在美术馆的阁楼里上课。那个房间大概有 7 米宽，但却有 30 多米长，天花板高到不可思议，上面还有一条长长的天窗。房间里堆着大箱大箱的材料，比如石膏和陶土，我就是在那里学会了浇铸。那堂课的老师是詹弗里德·格奥尔·伯克施耐德（Jonfried Georg Birkschneider）。

每次收到薪金支票时，他都会在一家波士顿酒吧 30 多米长的光亮木质吧台上签收，然后就开始喝酒。他的女朋友叫娜塔莉。第一学期结束后我回亚历山大过圣诞节，让他和娜塔莉住进了我的公寓。回到波士顿之后我让他们继续住在那里，一直住了好几个月。我在其中一个房间里画画，他和娜塔莉待在另一个房间里。他就在我旁边坐着，但我并不在意。因为他，我对莫克西活力汽水（Moxie）上了瘾，那是种波士顿人喝的类似可乐的汽水。我一直不喜欢它的口感，直到发现如果把瓶子冻在冰箱里，瓶盖会自动弹起，还会产生口感柔软的碎冰，喝起来非常棒，就像在喝莫克西牌融雪。我不知道詹弗里德·格奥尔·伯克施耐德后来怎么样了。

后来我就退学了，和杰克一起去了欧洲。之所以会去欧洲，因为这是我们艺术梦想的一部分，但没想到这个梦想遭遇了惨败。只有我身上有些钱——假如杰克写信回家的话，他本来也能要到点钱的——不过我们还算是度过了一段好时光。我们唯一不喜欢的地方就是萨尔茨堡，一旦从那里解放出来，我们俩就可以肆意妄为了。当时我们没什么计划，于是从萨尔茨堡去了巴黎，在那里待了一两天，接着搭乘真正的东方快车（Orient Express）——那时候已经是电气列车了——去了威尼斯，接着又坐蒸汽火车到了雅典。我们是晚上抵达的，第二天早上一睁眼，我就看见自己房间的天花板和墙壁上都爬着蜥蜴。我去雅典的理由主要是南希·布里格斯的爸爸被调到了雅典，他们会在两个月后抵达，到时南希也会跟来。可是我们只在雅典待了一天。我想：我距离自己真正想待的地方有上万公里远，我得赶紧离开这里。可能杰克和我的想法一样。

但那时候我们俩已经没钱了。我们返回了巴黎，在火车上遇到了四位学校老师，拿到了他们在巴黎的地址。到达巴黎时，玛丽给杰克寄来了一张回家的飞机票，可我没有票，而杰克马上就要出发去机场了。他走之前，我们一起去了那几个女孩给我们的地址，但她们没在家。于是我们到路边咖啡馆坐了一会儿，我点了听可乐，把剩下的钱给了杰克，让他打出租车去机场。我独自一人坐在那里，喝完可乐后，又回去敲了敲门。她们还是没在。我又回到咖啡馆，坐下，接着再次返回去敲了敲门，这回她们在家了。

她们让我洗了个澡，还给了我 20 美元。当时我联系不上爸妈，因为他们度假去了，于是我给姥爷打了电话，在凌晨四点把他吵醒了。他很快凑齐了帮我买飞机票的钱，我就这样飞了回去，去了布鲁克林。我身上当时有很多欧洲的硬币，我把它们都给了姥爷。姥爷去世后，大家在遗物中找到了一个小零钱包，里面用别针别着张纸条，上面写着："这是大卫从欧洲给我带回来的硬币。"我还保留着这个小钱包。

从欧洲回来的那段日子过得很古怪。爸妈发现我没去萨尔茨堡上学后非常不高兴。重回亚历山大后，我就住在了吉勒家。当时布什纳尔和他妻子没在家，只有托比在，见到我后他吓了一跳。我原本计划去三年的，可15天后我就回来了，敲开了他们家的房门。离开托比家后我自己租了个地方，我很喜欢鼓捣自己的新家，就像画画一样。我希望自己住的地方能有某种风格，能让人感觉舒服，还能让我安心工作。这和人的心灵相关，它渴望某种东西，某种特定的陈设和布景。

米开朗琪罗·阿洛卡是50年代的行动绘画艺术家，经营着家画框店，他给了我一份工作。他是个奇怪的家伙，头像五加仑的罐子一样大，蓄着大胡子，身体健壮，腿却像三岁小孩。他坐着轮椅，但上半身很壮。有次我们开车经过工地上的一堆H型钢，他把身体探出车窗外，弯腰抓起H型钢，举起来后又猛地扔回了地上。他是个疯子。不过他妻子很漂亮，孩子也很好看。迷人的娇妻！他把我开除出了画框店，但后来又雇我看门，顺便给店里扫地。有一天他问我："你想多挣5美元吗？"我说："当然了。"他说："楼里的几个女孩刚腾出了她们的房间。你去把厕所刷干净吧。"那个厕所……假如吹来一小阵风，马桶里的东西就会溅出来，完全堵到了边缘。我把马桶清理到了可以直接用来盛饭的地步，完全一尘不染。

有次我走进迈克·阿洛卡的房间，他正在和一个黑人说话。那个家伙离开后，迈克问我："你想要免费电视机吗？"我说："当然了。"他说："拿着这笔钱，这把枪，到这个地方去，那个家伙就会带你去看电视机了。"我叫上了查理·史密斯和另外一个人，我们仨一起去了华盛顿特区，找到了接头的家伙。

这个人给我们指了一段路，然后说："就停在这儿——我去拿电视。"他进去了，一会儿出来说："他们不给我电视，他们想先要钱。"我们拒绝了，于是他又进去了，再一次空手而归，告诉我们得先给他钱。我们拒绝了，他再次折了回去，这次带回来一个空电视箱。于是我们决定冒一次险。我们给了他钱，他进去了，然后再也没出来，而我们的汽车前座上还放着把上膛的手枪。幸运的是，听完整个故事后迈克只是哈哈大笑了一通。他有时候挺吓人的。有一次他说我把他给我的所有钱都买颜料了，"让我看看你买的吃的。你得吃饭啊"。我可能看起来病恹恹的或者怎么着。于是我给他看了我的牛奶、花生酱和一包面包片，他说："还好你在吃饭。"

所有工作我都干不长。有一阵我给一位住在亚历山大的艺术家打工，他在有机玻璃上画红色、蓝色和黄色的圆圈，让我帮他照看一家小店铺。那家店从来没人光顾，我时不时偷 10 美分来买可乐。有天杰克来找我，说他要去参加海军了。不过他的热度只维持了三秒钟，因为没过多久我就得知他去了费城的宾夕法尼亚艺术学院。就这样，他去了北边，而我留在了南边。

布什纳尔知道继续留在亚历山大对我没什么好处，他也知道杰克去了艺术学院，于是决定"我们得给戴夫找点麻烦，把他从这里赶走"。布什纳尔和他弟弟开始躲着我，当时我并不知道原因，觉得很受伤。然后布什纳尔给艺术学院写了封信，在信中大大夸奖了我一番。我觉得就是凭着这封信，学院才最终决定接收我。是布什纳尔让我意识到自己想成为一名画家。后来，他给了我间画室，他启发我，给我灵感，最后还给我写了这封信——他对我的帮助实在太多了。也是他和他妻子第一次跟我提起了美国电影学院。他们听说我做了两部小短片，于是告诉我美国电影学院提供奖学金。他是我生命中极其重要的一个人。

虽然那些年得到了布什纳尔很多帮助，但总的来说，我的青少年时期不算很快乐。青春真是狂喜又刺激，但也混杂着一种坐监狱的感觉——就是必须得上高中。真是折磨啊。

微笑的尸袋

SmiLing BaGS of DeATH

20 世纪 60 年代的费城是个破败的城市。"二战"结束后，房屋短缺，再加上非裔美国人口的大量涌入，引发了白人大逃离。在 50 至 80 年代之间，费城的人口急剧减少，种族关系堪忧。到了 60 年代，黑人穆斯林、黑人民族主义者以及全国有色人种协进会（NAACP）的一小撮人都聚集在费城。他们在即将到来的黑人权利运动中扮演着关键性的角色，戏剧化地煽动着当地的种族气氛。嬉皮、学生积极分子、警察、毒贩子、非裔美国人和爱尔兰天主教社区之间如小火慢炖般的仇恨经常到达沸点，引发街头暴力事件。

民权时代的第一场种族动乱正发生在费城，就在林奇到达前不到一年半的时间，那场动乱导致 225 家店铺损毁，很多店铺再也没机会重新开业。曾经热闹的商业街也变成了空无一人的走廊，遍布着大门紧锁的门脸和破碎的玻璃窗。泛滥的毒品交易加深了城市的暴力氛围，贫穷让当地人士气低迷。又脏又危险，但它却为林奇的想象力提供了庇护。"费城是个可怕的地方，"杰克·菲斯科说，"它让大卫认识了一个破败的世界。"

城市中心像中立地区般屹立着的就是宾夕法尼亚艺术学院。"城市中充斥着冲突和偏执，学校就像片绿洲。"林奇的同学布鲁斯·塞缪尔森（Bruce Samuelson）回忆说。[1] 学校坐落在一栋如画般的维多利亚式建筑内，是美国最老的艺术院校。在林奇就读的那几年里，这所学校被视为保守主义的大本营，但它的确为林奇提供了最完美的起点。

"大卫搬进了我租的一间小房。"菲斯科说，"他是 1965 年 11 月来的，我们俩一直住在那里，直到他来年 1 月份开学。"

"屋里有两个沙发，我们就睡在上面，我还从外面捡回来不少枯死的植物，放得到处都是——大卫喜欢枯死的植物。后来，在新年那天，我们花 45 美元在停尸房街对面租了个地方，那是费城一片很可怕的工业区。大家很怕来我们这里玩，大卫出门的时候也会带个钉满钉子的棍子，以防被人袭击。有天他被警察拦住了，警察看到那根棍子后对他说：'很好，要保持下去。'我们俩整晚工作，白天睡觉，不太和学校老师交流——就是每天不停地画画。"

林奇和菲斯科不怎么喜欢去学校，他们迅速结交了一批气味相投的学生。"大卫和杰克就像活力二人组，成了我们小群体中的一分子。"艺术家艾欧·欧姆维克（Eo Omwake）回忆说，"我们都是具有实验思想的边缘人，有十一二人。那是个亲密的小团体，我们互相鼓励，都过着清贫的波希米亚生活。"[2]

小圈子里有个叫弗吉尼亚·梅特兰（Virginia Maitland）的画家，她回忆说林奇是个"平平无奇、外表整洁的家伙，喝很多咖啡，抽烟。他那股真诚的态度反而显得非常反常。他一般和杰克在一起——杰克是个像亚伯拉罕·林肯（Abraham Lincoln）一样的大高个，有点像嬉皮。常跟他们在一起的还有杰克养的一条名叫小五的狗。他仨凑在一起挺有意思。"[3]

"大卫永远穿卡其色裤子，配牛津鞋和肥大的袜子。"同班同学詹姆斯·哈弗德（James Havard）说，"我们俩一见如故，因为我喜欢他工作起来那股兴奋的劲头——假如大卫做某件自己喜欢的事，他就会全心全意投入。不过费城当时环境很严峻，我们都是在勉强度日。我们晚上很少出去乱跑，因为太危险了，但我们有自己疯狂的方式，大卫同样如此。大家会到我那里听披头士的歌，大卫会像敲鼓一样敲一个容量五磅的薯条罐。他就是砰砰乱敲一气。"[4]

塞缪尔森记得自己被"大卫说话时温柔的语调和平时打领带的习惯"

惊呆了。"当时除了学校里的教职人员，没人打领带。我记得第一次从他身边经过时，感觉他好像有点不太正常，转过身来再看时，才发现他打了两条领带。他并不是在耍风头——他的天性中就包含着要打两条领带。"

林奇抵达学院 5 个月前，佩吉·伦茨·雷维同样在这所学校开始了自己的大学时光。雷维的父亲是名成功的律师，她高中毕业后就直接考入了艺术学院。最初和林奇产生交集时，她还住在学校宿舍楼里。"他一下吸引了我的注意。"她回忆说，"我看见他坐在咖啡馆里，心想他可真是个漂亮的男孩。他那时候有点茫然，很多件衬衫上都有洞。可他看起来那么漂亮，那么脆弱。他就是那种很典型的、像天使一样天真的人，让女孩忍不住想要照顾。"

雷维和林奇刚认识时，他们俩都有各自交往的对象，所以最初几个月他们之间只是朋友关系。"我们会一起吃午饭，也喜欢一起聊天。但我记得我一开始觉得他反应有点慢，因为对于我从小喜欢的那些和艺术息息相关的东西，他完全不感兴趣。我觉得艺术家不该是上高中时很受欢迎的那类人。但他呢，恰恰是那种白马王子，加入过高中兄弟会，还会讲许多有趣的故事。可惜他的那个世界我一点也不了解：所有人一起去滑雪啦，在博伊西郊区的沙漠里打野兔啦，他爷爷的小麦农场啦——对我来说都很陌生，但又特别有趣！从文化的角度来说，我们俩来自完全不同的世界。我有张很酷的格列高利圣咏（Gregorian chant）唱片，放给他听时他却吓坏了。'佩佩！真不敢相信你喜欢这个！太压抑了！'其实，随着彼此熟识，大卫反而变得抑郁了。"

欧姆维克对此表示赞同："住在停尸房旁边的那段时间里，大卫确实很抑郁——他一天大概要睡 18 个小时。有一次我到他和杰克那儿去，杰克和我正在聊天时，他醒了。他出屋喝了四五听可乐，说了几句话，就又回去睡觉了。他那时候可真能睡啊。"

不过，醒着的时候林奇一定保持了旺盛的创作欲，因为他在学校里进步飞速。入学仅仅 5 个月后，他就在一次校内竞赛中获得了优秀奖，获奖作品是个使用了多种材料的雕塑，其中有个滚珠轴承，能够触发雕塑上灯泡和爆竹的连锁反应。"宾夕法尼亚艺术学院是仅剩的几个依旧强调传统教育方法的学校之一，但大卫逃掉了许多大一的基础课，比如静物绘画。"弗吉尼亚·梅特兰说，"他很快进入了高级班。高级班的人都在大画室里一起上课，我们小团体里有五六个人都在那里。我记得大卫的作品总能让我兴奋不已。"

进入学院时，林奇在技法上已经很纯熟了，但他还没找到之后成熟时期的那种独特语言，而且在大一期间他尝试过好几种不同风格。

其中有巧手绘制的石墨肖像画，但却超现实又古怪——比如一个是鼻子流血的男人，另一个在呕吐，还有一个头骨碎裂；有被林奇称为"机械女人"的人物形象，将人体解剖和机械部件合二为一；还有受到德国艺术家汉斯·贝尔默（Hans Bellmer）影响的精巧且充满性意味的素描。这些作品都非常精美，但林奇潜藏的敏感显然还没能显示出来。接着，到了 1967 年，他绘制了《新娘》（The Bride）——一幅长宽各 1.8 米的肖像，画的是位身穿婚纱的幽灵。"他一头扎进了黑暗之中，同时自己也充满恐惧。"雷维如此描述这幅作品，她认为这幅画是林奇的重大突破，但不知道它后来的去向。"它很美，女孩的白色蕾丝婚纱渐渐溶解在暗色背景中，她伸出一只骷髅手，在裙下堕掉肚子里的孩子。死胎在画面上出现得不多，也并不血腥……只是很隐晦。那是幅伟大的画。"

林奇和菲斯科一直在停尸房对面住到 1967 年 4 月，之后他们搬到了位于爱尔兰天主教社区白杨路（Aspen Street）2429 号的一栋房子里。他们新租的这栋房子被叫作"三位一体"房，一共三层：菲斯科住二楼，林奇住三楼，一楼是厨房和客厅。从雷维的公寓坐一趟公交车就能到他们这里，当时她和林奇已经是一对了。"他管我们的关系叫'有性关系的友谊'，不是没有道理，但我那时很迷恋他。"雷维回忆说，她成了白杨路的常客，最后干脆和林奇还有菲斯科搬到了一起。不过几个月后菲斯科就搬走了，住到了附近一家修车店楼上的阁楼开间里。

"大卫和杰克是一对搞笑组合——和他俩在一起你会合不拢嘴。"雷维说，"我们从学校一起散步回家，他常在我旁边骑自行车。有天我们在人行道上发现了一只受伤的小鸟，他对那只鸟特别感兴趣，把它带回了家。它死之后，大卫花了一晚上时间一点点把鸟身上的肉煮掉，只留下骨骼，他想用那个骨头做点什么。大卫和杰克养了只叫'小零'的猫，第二天早上我们坐在那儿喝咖啡，就听见小零在隔壁房间把鸟骨头嚼成碎块的声音。杰克差点笑疯了。"

"大卫最喜欢去的地方是切里街（Cherry Street）一家药店的咖啡馆，那儿的所有人都知道我们的名字。"雷维继续回忆她和林奇在一起的最初几个月，"大卫会和女服务生开玩笑，他还特别喜欢保罗——负责收银的一位老绅士。保罗一头白发，戴眼镜，打领带，总和大卫聊他的电视。"

"他说起自己是怎么买到这台电视的，还说它有多么好，而且他总是面带庄重地这样结尾：'还有，戴夫……上帝保佑我能收到好信号。'大卫现在仍然会聊起保罗和他的好信号。"

大卫·林奇创造神话的关键性事件发生在1967年早些时候。当时他正在画一幅画，画中人站在树林深绿色的阴影中。他形容说自己感受到了"一阵小风"，一瞬间看到画动了起来，就像上天赐予的礼物。他心中产生了创造动态画面的想法。

他找布鲁斯·塞缪尔森聊了聊合作拍部电影的想法，当时塞缪尔森正在画满是内脏和鲜肉的人体画，但他们最后放弃了这个想法。不过林奇坚定地想要探索降临在他身上的这一新方向，他从费城市中心的全景摄影（Photorama）租了台摄像机，制作了《六人患病》[*Six Men Getting Sick* (*Six Times*)]，那是部重复了六遍的一分钟动画，需要投放到特别制作的六乘十英尺屏幕上观看。电影成本只有200美元，是在学院开的旅馆的一个空房间里拍摄的。电影中，三个用石膏建模，再用玻璃钢浇铸的栩栩如生的头像——其中两个是林奇根据菲斯科的面孔制作的，一个是菲斯科根据林奇的面孔制作的——与另外三个投射上去的头像组合成对。林奇那个阶段正在尝试各种不同的材料，雷维说："在《六人患病》之前，大卫从来没用过聚酯纤维，做第一批的时候还引着了火。"

短片中六个角色的身体关节很少，躯干中间是代表胃部的肿胀红球。动画效果的胃部填充着彩色颜料，胃部不断肿胀直到爆炸，随后白色液体开始顺着紫色地面缓缓流动。通片都以刺耳的警笛声为背景音效，"患病"一词不断在屏幕上闪动，还有许多只绝望挥舞的手臂。这部短片获得了学院的威廉·S. 比德尔·卡德瓦拉德（William S. Biddle Cadwalader）博士纪念奖，同获此殊荣的还有画家诺埃尔·马哈菲（Noel Mahaffey）。林奇的同学 H. 巴顿·沃瑟曼（H. Barton Wasserman）对他的作品印象极其深刻，甚至委托林奇为他家制作一部类似的短片装置。

"大卫用丙烯颜料把我全身上下涂成了亮红色，像熊熊燃烧的火焰一样。他还用莲蓬头搭起一个不知所云的东西。"雷维如此回忆给沃瑟曼制作的那部短片，"大半夜里，他突然想要莲蓬头和水管，于是就上街，不一会儿就拿着想要的东西回来了！这种事经常在大卫身上发生。"林奇用了两个月才拍摄完成这部时长 2 分 25 秒的短片，但在送去制作后期时，他才发现摄像机是坏的，他拍的东西只剩下一段长长的模糊镜头。"他抱头痛哭了两分钟，"雷维说，"接着他说'去他妈的'，就把相机送去维修了。他是个很自律的人。"项目泡汤了，但沃瑟曼把剩下的费用留给林奇让他自行支配。

1967 年 8 月，雷维发现自己怀孕了。一个月后秋季学期开始，林奇选择了退学。在一封写给学院管理层的信中，他解释说："秋天之后我就不回来了，但我会时不时来喝瓶可乐的。我现在身上钱不够用了，而且医生说我对油画颜料过敏。我肠胃痉挛，还生了溃疡和蛲虫。我没精力继续认真地投入自己在宾州艺术学院的学业了。爱你们——大卫。对了，我准备开始认真拍电影了。"[5]

那年结束的时候，雷维也离开了学院。"大卫说：'咱们结婚吧，佩佩。反正咱们总是要结婚的，不如现在就结了吧。'"雷维回忆说，"简直无法想象我要去告诉父母说我怀孕了。但我们别无选择，还好他们俩非常喜欢大卫。"

"1968 年 1 月 7 日，我们在我父母的教堂结了婚。那里刚来了个新牧师，他很和善。"她接着说，"他是支持我们俩的。他说，嘿，你们俩这是爱情，太棒了。当时我已经怀孕 6 个月，穿着条及地的白裙子，仪式很正式，大卫和我都觉得很搞笑。我父母邀请了他们的朋友，看到我那副样子他们俩很尴尬，所以我感觉很糟糕，但我们还是撑下来了。仪式结束后，我们去我父母家吃了点开胃菜，喝了些香槟。我们的艺术家朋友们都来了，到处都是香槟，场面很狂野。我们没去度蜜月，但他们在栗树山酒店（Chestnut Hill Hotel）给我们订了一间客房，那家酒店现在很高级，可那时候却很破烂。我们待在一间阴沉的客房里，但却很开心，玩得很不错。"

用沃瑟曼委托剩下来的钱，加上林奇父亲提供的一点资金支持，林奇很快开始筹备自己的第二部电影《字母表》（The Alphabet）。这部电影时长 4 分钟，女主角由雷维扮演，灵感来自雷维的侄女——她担心学校检查，连做梦的时候都在背诵字母表。影片的开场是一片漆黑的背景，雷维身穿白睡衣，躺在白床单上，实拍画面和动画镜头不断切换。电影动画部分的原声音乐很有开创性，最初是一群小孩子一起吟诵"A——B——C"；随后变成男中音［林奇的朋友罗伯特·查德威克（Robert Chadwick）］，用极为洪亮的声音演唱一首毫无意义的歌曲；啼哭的婴儿和呜呜安慰的母亲；最后是雷维背诵整个字母表的声音。林奇形容这部电影描述了"因害怕学习而引发的噩梦"，它很有魅力，而且暗涌着一股威胁感。影片的最后，女人在床上翻腾着，大口吐着血。《字母表》第一次真正在影院上映，是在一个叫乐队盒子（Band Box）的地方。"雷维回忆说，"电影开始了，却没有声音。"林奇站起身来大喊道"别继续放了"，随即冲到了放映室，雷维跟在他身后。

雷维的父母也来现场了，林奇回忆那晚是场"噩梦"。

"大卫的工作是我们生活的绝对中心，一旦做出一部电影，我们就要想方设法让他开始做下一部电影。"雷维说，"我毫不怀疑他对我的爱，但他说：'工作最重要，工作永远排第一。'我们的关系就是这样。对于大卫的作品我也特别有参与感——我们俩在审美方面确实很相通。我记得经常看到他做一些让我惊讶万分的事情。我会说：'天哪！你真是个天才！'我经常这么说，也确实这么想。他会做些特别正确、特别有原创性的事情。"

1967 年起，雷维开始在费城艺术博物馆书店工作，她在那里一直工作到待产。1968 年 4 月 7 日，詹妮弗·钱伯斯·林奇降生了。"小詹的到来，让大卫高兴坏了，但他受不了孩子晚上哭闹，可以说是一点都忍受不了。睡眠对大卫来说很重要，把他吵醒可不是闹着玩的——而且他肠胃不好，每天早上都要闹肚子。但总的来说，小詹是个可爱又随和的小孩，很长一段时间里她都是我生活的中心——我们仨一起做了好多事情，活得就像首田园诗。"

雷维和林奇结婚时，雷维的父亲给了他们 2000 美元作为嫁妆。林奇的父母也随后贡献了一部分，夫妻俩用这些钱买了栋房子。"房子位于白杨街 2416 号，在白杨街和林戈尔德街（Ringgold）的交会拐角处。"雷维说，"卧室里有凸窗，我们的床紧挨着窗户，窗外就是乌克兰天主教堂，有很多树。这栋房子让我们的很多梦想都成真了，但它的外观却不怎么样。我们撕掉了屋里的油毯，但一直没能打磨完木地板，地板的有些部分太糟朽了——假如我不小心把什么东西泼溅在了厨房地面上，它就会沤进木头里。我们搬到加利福尼亚之前，大卫的妈妈来拜访了我们。她说：'佩吉，你会想念这个地板的。'桑妮有着满脑子的冷幽默细胞。她有一次看着我说：'佩吉，我们真是为你担心了好多年。到底谁会成为大卫的妻子呢……'她有时候挺幽默的，唐同样很有幽默感。我很喜欢和大卫的父母在一起。"

作为林奇的妻子，雷维的生活有趣又丰富，但费城的城市暴力逐渐成了不容小觑的问题。她是在这个城市长大的，并不觉得 60 年代的费城比其他东北部地区大城市的情况更糟糕。但她承认："我确实不喜欢听到有人在我家门外被枪杀的消息。不过，我照常每天出门，推着婴儿车到处跑，去买胶卷，或者我们需要的其他东西，我一点也不害怕——虽然现在想想有点后怕。"

"有天晚上大卫出门了，我看见有张人脸贴在二楼窗户上。大卫回到家后，我们又听到有人跳下来的声音。第二天有朋友借给了大卫一杆猎枪，我们俩一整晚都坐在家里那张蓝丝绒沙发上——大卫到今天还惦记着那张沙发，他手里紧紧握着那把来福枪。还有一次我们俩都上床了，听到有人在楼下试图破门而入，后来他们真的把门撞开了。我们床底下有把我爸给的礼仪佩剑，大卫套上平角内裤——因为太着急都穿反了，抓上剑冲了出去，站在楼梯顶端大吼道'滚他妈出去！'那个街区真是阴晴不定，那栋房子里真是发生了许多事情。"

女儿出生时林奇还没有工作，后来艺术学院的毕业生、林奇艺术作品最初的支持者罗杰·拉佩勒（Rodger LaPelle）和克里斯汀·麦金尼斯（Christine McGinnis）来找他时，他依旧没有工作。他们于是给林奇介绍了一个在艺术版画商店制作版画的职位，当时那家店的产品非常抢手。麦金尼斯的母亲多萝西也在那家店上班，拉佩勒回忆说："我们每天中午一起吃午饭，谈论的唯一话题就是艺术。"[6]

林奇在费城期间画的最有力的一幅画诞生于他在这个城市生活的最后两年中。1968 年 11 月到 12 月，纽约马尔伯勒-格尔森画廊（Marlborough-Gerson Gallery）举办了弗朗西斯·培根（Francis Bacon）作品展，林奇前去参观，并且留下了深刻印象。他不是这位艺术家唯一的崇拜者，梅特兰就说："我们中的很多人都受到了培根的影响，当时我就能从大卫的画里看出培根的影子。"

毫无疑问，培根的影响一直伴随着林奇那一阶段的创作，但林奇也在其中融入了他自己的视角。

　　和培根相同，林奇早期的大部分画作是肖像画，使用了大量简单的横纵线条，把画布变成舞台，上演着让人好奇的事件。其实林奇画中的人物本身就够古怪了。他们像从肥沃土壤中冒出来的吓人生物，是人类四肢、动物躯干以及其他有机生物不可思议的结合，消解了物种之间原本无法打破的界线——他把所有生物都描绘成了能量场的组成部分。所有生物都独自身处黑色背景之中，似乎正在穿过潜伏着危险的阴暗地带。《飞鸟与烟头》（ Flying Bird with Cigarette Butts, 1968 ）中，一个生物在黑色天空中翱翔，它的腹部系着一对绳索，下面似乎吊着它的后代。在《花园后背》（ Gardenback, 1968—1970 ）中，一只老鹰似乎被无缝嫁接到了一对人腿上。这个生物隆圆的背部生长着许多植物，它侧身行走在观众面前，从脊椎底部长出对像胸部一样的异物。林奇是在 60 年代绘制出这些充满想象力的作品的。虽然当时披头士乐队的最新唱片每天都在唱机上播个不停，但林奇并不想掺和这股反文化的热潮。"大卫从没嗑过药，他也不需要那些东西。"雷维回忆说，"有次一个朋友给了我们一团叶子，让我们俩试试抽完之后再做爱。我们不知道自己在做什么，把那一团全抽了，当时我俩坐在蓝丝绒沙发上，抽完后几乎是爬到了二楼卧室。我们俩也不那么爱喝酒。我爸会用伏特加和苦柠檬水做一种他称为'林奇特饮'的饮料，大卫很爱喝，但那就是他喝酒的极限了。""除了在我婚礼上，我从没见大卫喝醉过，不过当时所有人都醉倒了。"梅特兰说，"我记得我妈妈后来说：'你朋友大卫正在我最喜欢的黄沙发上蹦来蹦去！'那可能是大卫唯一一次醉到那种程度。"在布什纳尔·吉勒的鼓励下，林奇申请了位于洛杉矶的美国电影学院一笔高达 7500 美元的奖学金，同时提交了《字母表》作为个人作品，还提交了他自己写的一本名为《祖母》（ The Grandmother ）的新剧本。他拿到了 5000 美元，用来拍摄《祖母》。这个故事讲述了一个孤独的男孩，因为尿床不断受到自己父母的惩罚。34 分钟的时间里，男孩不断尝试着种植并培育出一位可亲可爱的祖母，最后他成功了。电影中扮演祖母的是林奇的同事多萝西·麦金尼斯，林奇邻居家的小孩理查德·怀特（Richard White）出演了小男孩，影片中的父母则由罗伯特·查德威克以及弗吉尼亚·梅特兰扮演。林奇和雷维把房子的三层改造成了拍摄现场。雷维回忆道："我们尝试把房间刷成黑色，但仍旧能保持屋子的棱角。我们最终决定用石墨来涂染天花板和墙壁的接缝处。"布景还需要拆掉几堵墙，"那可真是一团糟"。她说："我花了好多时间把拆下来的碎墙壁装到小塑料袋里，扔在街上等人来回收。用大塑料袋的话就太沉了，所以我们用的小袋子，上面有两根系带，就像兔子耳朵。有天我俩从窗口望着收垃圾的人来，大卫笑得滚倒在了地上，因为大街上堆满了小塑料袋，看起来就像一窝兔子。"

梅特兰说她参演《祖母》是因为雷维的提议。"佩吉说：'你想不想演？他会付你 300 美元。'我清楚记得第一次走进他们的房子，房间被他布置得特别昏暗。大卫在我们脸上缠上橡皮筋，这样我们看起来就很怪，他还把我们都化妆成了大白脸。有一幕中，鲍勃和我被埋在土里，只露出脑袋，他需要找个能挖洞的地方，于是我们到艾欧·欧姆维克父母位于宾州恰兹佛德镇（Chadds Ford）的家拍了那幕戏。大卫挖了个洞，我们站了进去，然后他用土把我俩埋上。我记得在土里待了特别长时间。但这就是大卫的杰出之处——即使是在那个时候，他已经是个了不起的导演了。他能说服你做任何事情，而且是以最友善的方式。"

《祖母》的另一个关键因素在林奇遇到艾伦·斯普莱特（Alan Splet）时尘埃落定了——斯普莱特是位自由职业的音效师。"大卫能遇到艾尔（艾伦的昵称）是件很棒的事——他们一拍即合。"雷维说，"艾尔是个古怪又可爱的家伙，在施密特啤酒厂（Schmidt's Brewery）做会计，他在音效方面很有天赋。他长着红胡子、红头发，眼神和文森特·凡·高一样紧张，瘦得跟铅笔一样，像蝙蝠一样眼神不好，所以他没法开车，去哪儿都是步行，不过他并不在意。他穿衣服特别土气，总穿便宜的短袖衬衫。他还是个出色的大提琴手。他和我们一起住在洛杉矶时，有时候回到家，会看见他用唱机特别大声地播放古典音乐，自己坐在那儿指挥。"

林奇发现既有的音效库并不能满足《祖母》的需要，于是他和斯普莱特一起开发了自己的音效，创造出了对这部电影至关重要的原声音乐，非常不同凡响。1969 年《祖母》即将制作完成时，美国电影学院的校长托尼·韦拉尼（Toni Vellani）从华盛顿特区搭火车来费城看了电影的放映。他非常兴奋，发誓会亲自叮嘱美国电影学院高级电影研究中心，保证林奇收到1970 年秋季学期的入学通知书。"我记得大卫有个美国电影学院的小册子，他经常坐在那儿，呆呆地盯着册子看。"雷维回忆道。

韦拉尼没有食言。在一封 1969 年 11 月 20 日写给父母的信中，林奇说："我们感到奇迹降临到了自己身上。接下来几个月我得好好适应一下这种幸运的感觉。等到圣诞节之后，佩吉和我就要'拍起来'（roll'em）了——这是行业中的术语。"

费城施展了它奇怪的魔法，将林奇暴露于他原先并不熟悉的事物之中。毫无缘由的暴力，种族歧视，经常出现比肩丧失人性的古怪行为——他在城市街道上见证了这一切，它们也再造了他整个的世界观。喧嚣的费城和他成长的那个富裕又乐观的世界完全不同，如何调和这两种极端，也成了后来在他的艺术中持久出现的主题。

《橡皮头》中的挣扎和狂喜已经打好了基础，林奇去了洛杉矶。在那里，他将遇到使得这部电影最终生根发芽的种种条件。"我们离开时，用 8000美元把房子卖了。"雷维说，"现在我们聚在一起时还会聊那栋房子，以及我们从慈善商店里买回来的那个蓝沙发——一聊到从慈善商店买的东西，大卫就兴奋不已。他会说：'那沙发才 20 美元！'我们搬离费城前一天，杰克因为什么原因进监狱了，所以没法来帮我们搬家。大卫到今天还是会说：'可恶！我们应该带那个沙发一起走的！'"

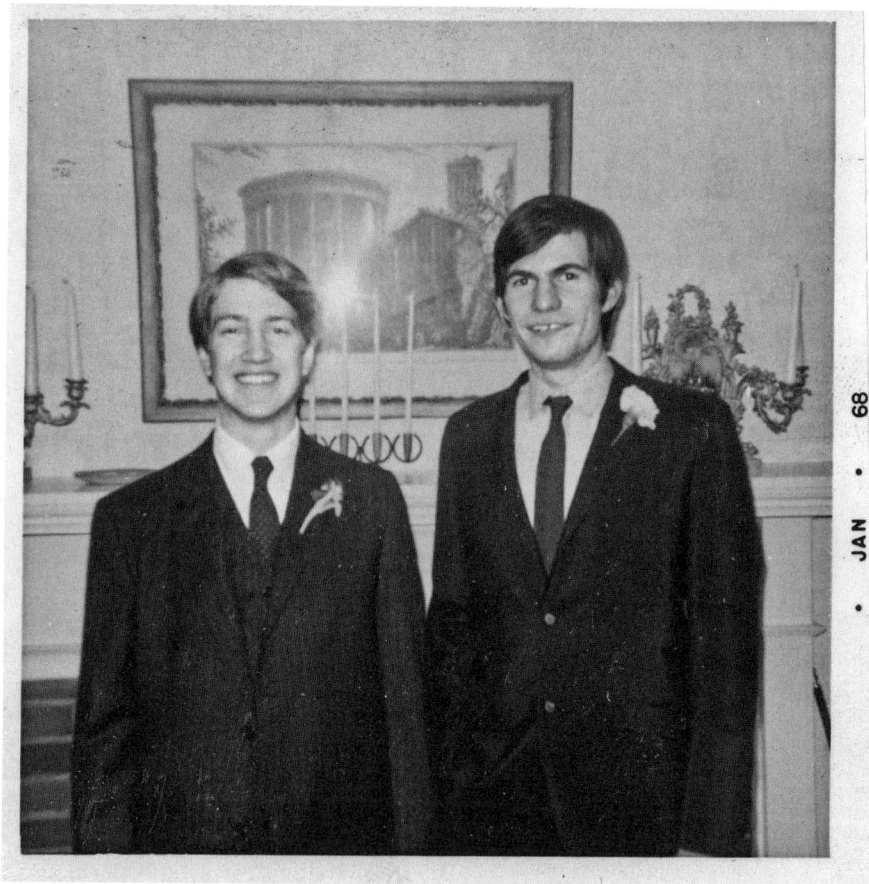

JAN • 68

DL

去费城之前，我对那里的政治和社会状况一无所知。不是因为不在乎——我只是不知道而已，因为我对政治不感兴趣。那些日子我好像都不参与投票。我就那样被艺术学院录取了，坐上公共汽车北上去了费城，感觉像是被命运带到了那所学校。杰克和我不怎么去上课——我们去上学的唯一原因，就是想在那里找到一些和我们志趣相投的灵魂。事实证明我们确实找到了，并且互相激发着彼此的灵感。和我一起玩的都是些严肃的画家，他们是很不错的一伙人。波士顿那伙人也不错，只不过他们不太严肃。

只要我乖乖待在学校里，爸妈就会无条件支持我，我亲爱的爸爸也从来没想过和我断绝父子关系。但佩吉和艾欧·欧姆维克都说我刚到费城时有点抑郁，他们并非没有道理。确切来说不是抑郁——更像是忧伤，而且这种情绪和那座城市一点关系都没有。我只是有点迷失，还没找到未来的路，也许我为此有些发愁吧。

我是 1965 年年底抵达费城的，到了之后就住在杰克那间小屋子里。我住进去时，杰克养了只叫"小五"的狗。他家地上到处是报纸，小五好像想把整个屋子拆了，在屋里到处走，随处都能听到报纸沙沙作响的声音。小五是只很棒的狗，杰克养了它许多年。我们隔壁是"著名餐车"（Famous Diner）餐厅，由皮特和他妈妈经营。皮特是个大块头，他妈妈也是个大块头，还长着一头古怪的黄头发。她看起来就像面粉口袋上的那种女人——你知道的，系着蓝色围裙，像女服务员一样。"著名餐车"是用火车车厢改造而成的，有着长长的吧台，还有一排靠墙的卡座，是个特别棒的地方，而且

微笑的尸袋

他们每天早上五点半就开始卖甜甜圈。

杰克的房子太小了，我们必须得另外找个地方。所以我们在十三号大街和伍德大街（Wood）交会处找到了一栋房子。我们是新年那天搬过去的，往事历历在目，就像发生在昨天。凌晨 1 点钟，我们借了辆超市手推车，把杰克的床垫以及其他东西放进了车里，而我只有一小包个人物品。我们俩一起奋力推着车，一对快乐的情侣从旁边经过。他们大概是喝醉了，对我们说："你们大新年的搬家？是不是需要钱？"我大喊地回答："不！我们很富有！"我不知道为什么那么说，但我感觉真的很富有。

我们的新家像是店铺门脸房，屋后面是卫生间和脸盆。屋里没有淋浴也没有热水，但杰克安了个不锈钢咖啡壶，这样我们就能烧热水喝。他占了整个一层，二层是一个叫理查德·奇尔德斯（Richard Childers）的家伙，隔壁是我的画室，我的卧室则在阁楼。卧室窗玻璃是破的，我就用一小块三合板给堵上。我还有个小蒸锅，用来尿尿，尿完后就倒在后院里。卧室墙上还有很多裂缝，我就到电话亭里把电话簿上所有的白页撕了下来——我不喜欢黄页，只想要白页。我用小麦粉做糨糊，用白页糊满了整间房，看起来非常漂亮。我还有个电炉子，有天早上詹姆斯·哈弗德来叫醒我，顺便开车把我送到了学校。那天，窗户上的三合板被吹掉了，于是我的房间地面上积起了薄薄一层新雪。我的枕头还差点烧着了，因为距离电炉子太近，所以他也许是救了我一命呢。

詹姆斯是个人物。他岁数比较大，是个杰出的艺术家，而且在一刻不停地工作。你知道"生为画家"那个说法吗？这家伙就生为画家。但凡他碰触过的东西，就会散发出非凡而有机的绘画光辉，詹姆斯因此也取得了不小的成功。有一次我们六七个人一起去了纽约，就是因为詹姆斯在市北边有个大型展览。开幕式快结束的时候我们都醉了，但还得开车回到市南边。我不记得当时是不是我在开车，好像是吧。凌晨一两点，从北开到城市最南边的一路上全都是绿灯。太不可思议了。

弗吉尼亚·梅特兰后来成了位严肃的画家，但在我记忆里她还是个爱疯玩的女孩。有天，她在街上遇到了一个在街角吹口哨学鸟叫的年轻男人。

她把他带回了家，让他在她客厅里学鸟叫，她太喜欢那个声音了，所以就把他留了下来，那个人就是鲍勃·查德威克（罗伯特·查德威克的昵称）。鲍勃是个机械工人，他老板可爱他了——因为鲍勃永远不会做错事。他工作的地方有个约 10 米长的车床，上面大概有 1 万个不同的齿轮，用来实现复杂的切割功能，而鲍勃是唯一一个能让那机器运转起来的人。他凭直觉就知道如何做这些事。他不是艺术家，但对待机器的方式却很艺术。

我们的邻居也很稀奇古怪。隔壁是"波普餐厅"（Pop's Diner），由波普和他儿子安迪共同经营。有天我在波普餐厅遇到一个在停尸房工作的家伙，他说："你可以随时来参观，只要提前告诉我，午夜时来按门铃就行。"所以有天晚上我过去了，按了门铃，他开了门。门口有点像个小前厅，摆着一台自动售烟机，一台糖果机，地板上是老旧的瓷砖。前台很小，还有一个沙发，一条通往后门的走廊。他打开走廊尽头那扇门，说："进去吧，随便看。"当时没人上班，只有我一个。那里分成不同房间，摆放不同东西。我走进了冷藏室。里面很冷，因为要保存尸体，尸体都摞着摆在类似上下铺的架子上。他们生前都经历过某种事故或者暴力事件，身上都有伤口和割痕——不是那种在流血的割痕，而是外翻的伤口。我在那里待了很长时间，思索了其中每个人，以及他们生前的经历。我并不感觉困扰，只是很感兴趣。里面还有个器官室，放着人体器官和死胎，但没什么让我感到害怕的东西。

有天中午去白塔（White Tower）附近吃午饭时，我看到了停尸房微笑的尸袋。沿着那条小巷走，能看到停尸房敞开的后门，那里有不少挂在木桩上的橡胶尸袋。他们会在户外冲洗尸袋，水和体液顺着滴下来。然后他们夹住袋子的中间晾晒，看起来就像一张张大大的笑脸。微笑的尸袋。

那个时期的我可能发生了挺大变化，整个人也变得不干不净的。朱迪·韦斯特曼当时在宾州大学读书，可能参加了女学生联谊会。有一次杰克和我得到份工作，负责给朱迪的学校送几幅画。我当时想：太好了，我能见到朱迪了。所以我们俩去那儿送了货，然后我去了她的宿舍楼。我走进楼里，发现那里特别干净，而我就像个读艺术学校的流浪汉，所有女孩都用奇怪的眼光看着我。她们带话给朱迪，说我来了，而我觉得自己一定给她丢脸了。我想她们当时在说："这个流浪汉到底他妈的是谁？"但她下楼之后，我们俩非常开心地聊了一会儿。她习惯了那样的我，但她们不习惯。那是我最后一次见到朱迪。

有次，我们在十三号伍德大街的房子里办了场酒会。那天来了几百人，有人找到我说："大卫，有这么这么个人拿了把枪，我们得从他手里把枪拿过来，藏起来。"当时那个有枪的人被另一个人惹毛了，所以我们拿了他的枪，藏在了卫生间里——我从小见惯了枪，并没觉得害怕。酒会上有很多艺术院校的学生，但并非每个人都来自艺术院校。其中有个女孩看起来有点头脑简单，但又特别性感，美妙的矛盾体。那肯定是个冬天，因为大家的外套都在我的阁楼卧室里，如果有人要走，我就得上楼帮忙取外套。有次我走进房间，发现这个女孩躺在我床上的一件貂皮大衣上，她的裤子被人脱下来了。很显然，有人占了她的便宜。她完全醉了，我把她扶了起来，帮她穿好衣服。那场酒会上还发生了这样的事情。

房子里挤满了人，接着警察出现了，说："有人举报你们了，大家现在都散了吧。"于是，大多数人走了，只剩下大约15个人。有个家伙安静地弹着古典吉他，声音非常轻柔。但警察又回来了，说："我好像已经跟你们说过让你们都散了吧？"正在这时，一个叫奥利维亚的女孩大概是喝醉了，她走到其中一名警察面前，冲他竖了中指，说："回去操自己吧。""行吧，所有人都上囚车吧。"有辆囚车停在我们前门，所有人鱼贯上了车——我，杰克，奥利维亚，还有其他人——然后被带到了警察局。审讯过程中他们发现只有我和杰克住在那里，于是以扰乱房屋房主的罪名把我俩关进了监狱。奥利维亚是那个说脏话的人，所以她也被关进了女子监狱。杰克和我被关进了同一间牢房，监狱里有两个异装癖——一个叫"饼干"，和我们同一牢房；另外一个关在另一头——他们俩整夜都在聊天。当时还有个杀人犯——他睡在弹簧床上——以及至少另外六个人。第二天一早，我们被带去见了法官，一群艺术生把我们保释了出去。

我们到费城时还没有嬉皮士和警察之间的那套矛盾，最初警察对我们这种艺术学生也不反感——虽然我们看起来很奇怪。但之后几年，由于国内情况的变化，日子变得非常糟糕。理查德有辆卡车，有天晚上我们俩一起出门看电影。往家走时，理查德从后视镜中发现有辆警车正跟着我们。当时我们正开到十字路口，赶上黄灯亮了，理查德就停了下来。此举可能更加深了警察的怀疑，让他以为我们俩很紧张。等到绿灯亮起，我们开过十字路口时，突然间警笛大鸣，警灯也亮了起来。"靠边停车！"理查德靠着宽阔路边一堵高大的石头墙停了车。那名警察绕到我们车前，站在车前大灯的灯光中，把手放在枪上说："从卡车里出来！"我们从卡车里出来了。他又说："手放在墙上！"我们把手放在了墙上。他们开始搜理查德的身，我想：他们在搜理查德，而不是搜我。于是我把双臂向下落了一点，立刻有人扇了我一掌，把我的手臂重新打回到了墙壁上。"手放在墙上！"这时候来了辆囚车和大概 20 名警察，他们把我俩扔上囚车，我们一路都坐在金属栏中。我们听到有人在警用电台中描述两名逃犯和他们的衣着，理查德和我相互看看，才发现我们俩看起来和电台中描述的一模一样。我们到了警察局，一个头上缠着带血绷带的老人过来看了看我们，说："不，不是他们俩。"他们就把我们放了。这件事让我非常紧张。

有人曾引用我的话，说我喜欢夜晚花园中人物脸上的表情，但我其实并不太喜欢花园——除了一种特定的类型。我曾经画过一张花园的素描，花园里有电发动机，还能泵出石油来，那才是我喜欢的花园——我喜欢人和大自然共存。所以我才那么中意老工厂。齿轮和石油，机械工程，巨大的熔炉鸣叫着将金属化成液体，火、煤和大烟囱，铸造和碾磨，质感和声音——这些东西就那么消失了，现在所有东西都是安静而整洁的。一种生活方式彻底消失了，而它曾是费城生活重要的组成部分。我也喜欢费城那些房子的样子：深色木头，房间都采用特定格局，还使用一种特别的绿色。那是种呕吐绿，里面带着点白色，在穷人区应用很广。这种颜色就让人感到很古老。

我都不记得开始做《六人患病》时脑袋里究竟有没有确切的想法——我就是做了。我打了一圈电话，找到了这个叫"全景摄影"的地方，那里的 16 毫米摄像机要比其他地方便宜很多。那个地方看起来有点廉价，但我还是去了，租了台带三个镜头的贝灵巧（Bell & Howell）手持摄像机，那是台非常漂亮的小机器。我在学院里的一家旧旅馆完成了拍摄。那儿的房间空荡荡的，很破败，走廊里摆着卷起的东方地毯，黄铜台灯，还有漂亮的沙发和椅子。我用木板做了个类似画布的东西，放置在暖气片上方，然后在走廊上找了个梳妆台推进房间里，把摄像机绑在梳妆台的顶端。我还把梳妆台钉在了地板上，这样摄像机就不会晃动了。

我不知道雕塑电影（sculpture screen）的想法来自哪里。我原以为混合塑料树脂的时候不会着火，但那东西确实很烫，像疯了一样冒着蒸汽。你得先把这些东西倒进纸盒子里，我喜欢一边搅和一边感受它发热的感觉。纸会变成棕色，慢慢烧焦，变得特别烫，能听到噼啪声，能看到烟直接从那个东西里冒出来。电影完成后，我做了个升降装置，可以把胶片升到房顶，再用放映机投下来。我还在舞台上放了一台录音机，循环播放警笛声。那是场融合了绘画和雕塑的表演，学生们还允许我每小时把灯关掉 15 分钟，太他妈棒了。

巴顿·沃瑟曼曾经也是艺术学院的学生，他的父母去世后给他留下了一大笔钱。看了《六人患病》后，他说他想给我 1000 美元，让我给他家做个类似的电影装置艺术。我花了两个月给巴顿拍电影，但冲洗出来后什么都看不到，只有一片模糊。既然大家都说因为这部电影没拍成我很不开心，那我想可能确实如此吧，但我几乎立刻就开始构思如何把动画和人物表演结合在一起了。

我想，这是个机会，发生这一切都是有原因的，也许巴顿会让我拍这么部电影吧。我给巴顿打了电话，他说："大卫，我很高兴你能这么做。别忘了在电影字幕里提一下我的名字。"我后来在法国勃艮第见到了巴顿的妻子——她搬到了那里——她跟我说，巴顿这辈子都没做过无私的事情，除了帮我的这一回。那部电影虽然没拍出来，却直接引发了下一件事的发生。事情再好不过了。假如不是这样，我就不可能拿到美国电影学院的奖学金。

我用巴顿剩下的钱拍了《字母表》，这部电影部分展现了整个学校和教学产业，它的运转模式就像地狱一样。最初产生拍电影的念头时，我听到了一阵风声，接着看到画面在眼前动了起来。因此，风声和动起来的画面对我来说同样重要——电影必须是声音和画面在时间中共同运动。我必须给《字母表》做些音效，于是去卡尔文·德弗雷尼斯（Calvin de Frenes）的音效实验室租了台乌赫（Uher）录音机。那是德国货，非常不错的录音机。我录了不少东西后才意识到它是坏的，录出来的声音都扭曲了——但扭曲得太棒了！真是难以置信。我把录音机送了回去，跟他们说那东西是坏的，所以他们没收钱，而我同时又得到了特别棒的音效。后来我把所有东西交给了卡尔文·德弗雷尼斯的鲍勃·科勒姆（Bob Column），他有个小型四声道混音台，我就在那儿和鲍勃一起做了混音。把声音混在一起，让它们同时发声的效果太神奇了。

和佩吉在一起前，我和几个人有过短暂的关系，但很快就分手换人了。我和一个叫洛伦（Lorraine）的女孩约会过一阵，她也是个艺术生，和她妈妈一起住在费城郊区。洛伦看起来像是意大利裔，是个有趣的女孩。我会到她妈妈家去，我仨一起到地下室，打开冰箱选当天的"电视晚餐"。她家冰箱里总是填满了各种各样的电视晚餐，挑完后她妈妈就给我们加热。

只需要放进烤箱，不一会儿就能吃上晚餐了！而且还很可口！洛伦和她妈妈都很有意思。洛伦后来和道格·兰德尔（Doug Randall）结婚了——他在我拍《祖母》期间帮我拍过些剧照。还有一阵我和玛戈（Margo）在一起，还有希拉（Sheila），我还很喜欢奥利维亚——那个被抓的女孩，但她算不上是我女朋友。有部电影叫《祖与占》（Jules and Jim），奥利维亚、杰克和我之间的关系就像电影里那样——我们会一起去很多地方。

佩吉是我第一个爱上的人。当然了，我也爱过朱迪·韦斯特曼和南希·布里格斯，但她们俩压根不知道我在工作室里做的都是些什么，我和她们命中注定会走上截然不同的人生道路。佩吉对我的工作则了如指掌，她热爱我做的事情，还是我的头号粉丝。我不会打字，佩吉就帮我打剧本，她对我好到不可思议，真是不可思议。我们俩最开始是朋友，会一起坐在学院旁边的药店里聊天，真是美好的时光。

有天佩吉告诉我她怀孕了，由此发展，一来二去，我们俩就结婚了。关于婚礼我唯一的记忆就是杰克穿了件出租车司机的衬衫来参加。我爱佩吉，但假如不是她怀孕了的话，我没想到我们俩会结婚，因为我觉得婚姻生活是不适合艺术家的。你可能没想到我居然有这种想法，因为毕竟我前后结过四次婚。不管怎么说，几个月后詹妮弗出生了。小詹出生的时候，父亲通常还不会陪在产房里，所以当我询问是否能进去时，那个医生一脸好笑地看着我。他说："我看看你能不能受得了。"他给佩吉抽血，我看了没有晕倒；接着佩吉吐了一大堆东西出来，我也不为所动。因此他对我说："你可以进来了。"我穿好手术服走了进去。那是非常美妙的经历。我就想看看一切是如何发生的。不过孩子的出生并没有让我觉得：好吧，现在我得踏踏实实、认认真真生活了。有小孩就像是……不能说像是养了条狗，但就像是家里多出了一种质感。小婴儿需要某些东西，而我恰好是提供这些东西的人。我们听说婴儿喜欢移动的东西，于是我找了一排纸板火柴，把火柴头掰向不同方向，用绳子系上，把这个东西在小詹眼前荡来荡去、转来转去，就像穷人悬挂的饰物一样。我觉得这东西刺激了她的智商，因为小詹是那么聪明！

在我心里工作是最重要的，不过如今有些父亲喜欢和小孩待在一起，喜欢参加孩子的学校活动什么的。我那代人可不是这样。我爸和我妈从来没去看过我们打棒球比赛。开玩笑的吧？那是孩子们的事！他们去干吗呢？他们应该工作，应该干大人自己的事情。

而小孩就该干小孩的事情。现在所有家长都去参加小孩的活动，给孩子加油。真是很荒谬。

小詹出生前不久，佩吉说："你应该去菲莉斯和克莱顿家看看，他们搞了个了不起的房子。"所以我骑着车去拜访了这对艺术家夫妇，他们住在一栋巨大的房子里。他们俩都是画家，一人占据了一整层空间。他们带我四处转了转。我说："你们俩太幸运了——这地方真棒。"菲莉斯说："隔壁也在出售呢。"于是我过去看了看，那是个坐落在街角的房子，比他们住的那栋还要大呢。房子外挂着中介公司的名字，于是我骑到了奥萨科房产公司，向一位坐在小办公室里丰满而和善的女士做了一番自我介绍。她问："我能帮你做点什么？"我说："白杨路 2416 号的那栋房子多少钱？"她说："好的，大卫，咱们一起来看一看。"她打开罗列着房屋的大书，说："那栋房子有 12 个房间，三层楼，两组外飘窗，壁炉，没装修的地下室，燃油加热器，后院，还有树。那栋房子的价格是 3500 美元，可以再给你便宜 600 美元。"我说："我买下了。"我们确实买下了。它正好位于乌克兰社区和黑人社区的交界线上，空气中都能闻到暴力的气息。但对于《祖母》的制作来说，它是个完美的地方，能买到它实在太幸运了。佩吉和我都很爱那栋房子。被我们俩买下之前，那地方是共产党的据点，我在油毯下找到了各式各样的共产党报纸。房间里铺的是软木地板，他们把报纸铺在地板上，再在上面铺一层油毯。油毯非常旧，于是我把它剪碎扔掉了。有天我正在房子里干活，突然听到了类似巨大水体涌动的声音，非常古怪，非常不同寻常。

我打开百叶窗向外看，发现有数万名游行者正沿着街道走过来，把我吓坏了。那是马丁·路德·金遇害的日子。

我们不常去电影院。有时我会去"乐队盒子"，那是家艺术电影院，我在那里第一次看到了法国新浪潮之类的电影。但我也不太常去。虽然我自己也在制作电影，但从没想过我是那个世界的一分子。还差着好几百万年呢！

我朋友查理·威廉姆斯是个诗人，看完《字母表》后我问查理："这算是艺术电影吗？"他说："算是，大卫。"我什么都不懂。我确实喜欢看《雌雄大盗》（Bonnie and Clyde），但并非因此才开始戴一顶斯泰森牌（Stetson）巴拿马风格凹顶草帽。我开始戴那顶帽子，只是因为恰好在慈善商店买到了一顶。摘下这种帽子的时候，你通常得捏住帽檐边缘，所以帽子很快就会开裂。我买的那顶斯泰森已经很旧了，稻草断开，不久后就破了个洞。我有许多张戴着破洞草帽的照片。我买过两三顶那种帽子，而且特别喜欢戴。

费城的慈善商店真是难以置信。比如说，我需要买几件衬衫，没错吧？我沿着吉拉德大道（Girard Avenue）走到宽街（Broad Street），慈善商店就在那里，它们售卖的各式衬衫摆满了好几个货架。干净，熨烫过，有些甚至还上过浆！真是完美，就像全新的！我会挑三件衬衫，拿到柜台，问：多少钱？3角钱。我还很迷医用台灯，这家慈善商店售卖带各种调节按钮和其他功能的台灯。我于是在客厅里装了15只医疗台灯。我把它们都留在费城了，因为杰克本来要在我搬去洛杉矶那天来帮忙装车的，但他工作的那家色情场所遭遇了警察突袭，装车那天他被关进监狱了。所以只有我弟弟、佩吉和我在装车，不得不放弃了很多好东西。

我和佩吉在一起后，杰克就搬到了一家修车店楼上。那家店的老板叫巴克，是特立尼达人。大家都很喜欢巴克。他的双腿就像橡胶一样柔软，能够蜷缩成一团，随后弹跳起来，全身舒展开，而且他似乎就是为了修车而生的。有天他带我穿过架子上的几排车，来到店铺的最后面，那里有个用布满灰尘的帆布盖着的东西。他掀开帆布说："我想把这辆车给你。1966年的大众，几乎没怎么开过。追过尾，全车损坏，但我能修好，收你600美元。"我说："巴克，太棒了！"他把车修好了，就像全新的一样，甚至连车的气味都是全新的！它开起来又稳又快，是辆车况很好的梦想之车。我真爱那辆车。在二楼卫生间刷牙的时候我看向窗外，看着它停在街道上，那么漂亮。有天早上我刷牙的时候照旧望向窗外，我寻思把车停哪儿了，它没在大街上。那是我的第一辆车，就这么被偷了。于是我和第二辆车的故事开始了。佩吉家住的那条街尽头有个加油站，佩吉的爸爸把我带到那里，对那儿的老板说："大卫需要辆车。你们有什么二手车？"我买到了一辆福特猎鹰旅行车，它也是辆梦想之车。那是辆随处可见的三挡手动变速、最最普通的福特猎鹰旅行车——有加热器和广播，剩下就什么都没有了。但它有备用雪地防滑轮胎，所以可以去任何地方。我有点爱上了那辆车。

福特猎鹰的车牌得用邮寄的方式送到我手里，所以等待的过程中，我决定自己做一个。做车牌真的很有意思。我切了块硬纸板，那块硬纸板很不错，恰好和车牌一样厚。我把它切割成真车牌大小，接着找到一辆车，量了量车牌上字母和数字的高度，看了看颜色，用日辉牌荧光漆仿做了个登记标签。问题在于，我参考的那些车牌要么都是字母，要么都是数字，而我的车牌上既有字母也有数字。我后来才知道字母和数字的高度是不一致的。一个新警察发现了我的假车牌，因为上面的字符都一样高，他也因为这个成了整片辖区的英雄。警察找上门来，吓得佩吉大哭起来——这事很严重！他们后来又返回来要走了我的车牌，想在警察博物馆里展出。那真是个漂亮活！那也是第一次有博物馆收藏我的作品。

有天晚上我看完电影回家，上到二楼开始给佩吉讲电影里的故事，她的眼睛睁得像圆盘一样大，因为有人正站在外飘窗外面。我下到一楼放电话的地方，这时候隔壁邻居菲莉斯正好打了进来。她可是个人物，在电话里絮絮叨叨地跟我讲起了某件事，我不得不打断她说："菲莉斯，我得挂电话了，有人要闯进我们家，我得赶快报警。"正跟她说话的时候我看到窗外有棍子闪过，接着听到了玻璃被敲碎的声音。直到看到窗外的那个人，我才意识到地下室里也有人——所以我们家里当时有两个陌生人。我不记得第二天晚上拿着枪和佩吉一起坐在沙发上了——我们那个地方好像压根就没有枪。但是，没错，当时确实发生了类似的事情。还有一次我睡得正香时被佩吉叫醒了，睁开眼睛时她的脸距离我大概只有 5 厘米。"大卫！家里有人！"我赶紧起来穿上内裤，一着急都穿反了，然后从床底下拿出佩吉爸爸送我们的一把礼仪佩剑，走到楼梯口处大喊："给我滚出去！"楼下站着两对黑人男女，他们看着我的样子，就像我他妈彻底疯了一样，知道吧？他们到这里来做爱、鬼混或者想着干点别的什么，因为他们以为这是栋废弃的房子。他们说："你又不住在这里。"我说："去他妈的，我当然住这儿！"

小詹出生的时候我已经退学了，走之前还给学校管理层写了那封狗屁不通的信。然后我找到了一份工作。克里斯汀·麦金尼斯和罗杰·拉佩勒都是画家，但为了挣钱，克里斯汀会做动物版画。她把她妈妈多萝西也叫来帮忙——我们都管她叫"闪电"(Flash)。这对我来说是份完美的工作。闪电和我并排工作，我们俩面前有台小电视机，身后则是手动版画机和水池。第一步是给画板上墨，拿罗杰找来的一只尼龙袜，用特定方式折叠好，在画板上挥舞袜子，给凸起处着墨，避开凹陷处。之后在一张好纸上拓印出来。有次我在店里工作时，罗杰对我说："大卫，我给你 25 美元，邀请你周末来画画，但那些画归我所有。"我搬到洛杉矶后，他还会时不时寄来纸和铅笔让我给他画画，也依旧付我钱。罗杰过去和现在都堪称艺术家之友。

有天下午我在"全景摄影"发现了一台带漂亮皮子外罩的博莱摄像机，售价 450 美元。他们说："大卫，我们可没法给你留着这台摄像机。如果有人进来要买它，我们就要卖了。如果明天早上你能带着钱来，而且它还在，那它就是你的了。"我很着急，因为不想让其他人得到它。那些日子里我早上起不来床，所以我、杰克，还有他的女朋友温蒂，一起吃了安非他命，一夜没睡，第二天他们开门时我已经在门口了。我就这样得到了那台摄像机。

我在吃过安非他命后画出过不少很棒的画作。那些日子里，女孩们会找医生开减肥药，而医生们就一铲子一铲子地把药开给她们吃。她们会从医生那里带回一大包药片！我不反对服药，只是对我来说药物没那么重要。

有回杰克和我到蒂莫西·里瑞（Timothy Leary）位于米尔布鲁克（Millbrook）的农场去，我们吃了迷幻药后住在了那里，但事实证明那不过是场只持续了几天的白日梦而已。我们没去参加伍德斯托克音乐节，但确实去了伍德斯托克。那是个冬天，我们去那里，是因为听说有个隐士住在附近，而我想见见那个隐士。没人见过他。他用土、石头和树枝搭了个类似土丘的住处，上面装饰着小彩纸条，我们去的时候盖满了积雪。他住在那里面，我觉得屋里应该有某种窥视孔，用来查看是否有人靠近，但你从外面看不见他。我们也没见到他，但感觉他就在里面。

我不知道《祖母》的想法是从哪里来的。一场戏中，弗吉尼亚·梅特兰和鲍勃·查德威克从地上的洞里爬了出来，我解释不了为什么要让他们从土里爬出来——事情必须这样。场景用不着看起来很逼真，但得有一定的质感，于是我在地上挖了洞，让他们俩钻了进去。这场戏刚开始时你能看到树叶和灌木丛，然后突然之间两个人出现了。鲍勃和金杰（弗吉尼亚·梅特兰的昵称）做得很不错。他们并不是真的被埋在土里了，其实主要是得扒开层层落叶才能爬出来。接着理查德·怀特从他自己的洞里钻出来，他们俩开始对着他狂吠，这里使用了扭曲的狂吠特写。我做了种定格动画的效果，但不能告诉你是怎么做到的。那是穷人才会用的办法，但是对我很奏效。我总是说拍电影不过是尝试，一旦搞明白自己想要什么样的画面，就大概知道了如何实现。佩吉说拍这些电影的时候凡事都一帆风顺，确实算是这么回事。我总能找到需要的东西，不管用什么方法。

　　到了该给《祖母》做音效的时候，我去找了卡尔文·德弗雷尼斯的音效部门。鲍勃·科勒姆打开门后对我说："大卫，我们手头的事情太多了，我得雇个助手，就让他和你一起工作吧，他叫艾伦·斯普莱特。"我的心一下沉了下去，往那边一看，看到了这个家伙——脸色苍白，像根铁轨一样瘦，穿着过时的、面料闪着光泽的黑西装。艾尔戴着可乐瓶底一样厚的眼镜走了过来，笑着和我握了手，我能感觉到他手上的骨头嘎嘎作响。这位就是艾尔。我告诉他我需要做些声音，他放了几张音效唱片给我听，说："就像这样？"我说不是。他又放了另外一张，说："也许像这样？"我说不是。就这样持续了一会儿，接着他说："大卫，我觉得咱们得自己做声音了。"于是我们花了 63 天、每天 9 个小时的时间制作音效。比如祖母的口哨声，还记得吗？卡尔文·德弗雷尼斯几乎没有任何设备，也没有混音部门。艾尔于是找了根十一二米长的空调管。我们找了个地方，我在管子的一头吹口哨，艾尔在另一头放了个录音机。由于管子是中空的，口哨声到达另一头的录音机时就稍微变长了。他接着把口哨声用扬声器对着管子播放，从另一头再录一次，得到的混音就是原来的两倍长了。我们重复了一遍又一遍，直到混音达到满意的效果。电影里出现的每个声音都是我们自己做的，过程太有意思了，简直没法跟你描述。之后我在卡尔文·德弗雷尼斯做混音，鲍勃·科勒姆非常严肃地说："大卫，第一，付清账单之前你不能把电影从这个地方拿走。第二，如果按小时收费，你的账单会很惊人；如果按十分钟一卷胶片收费，对你会非常划算。"他和他老板聊了聊，我就拿到了按十分钟一卷收费的特惠价。

　　向美国电影学院申请奖金之前得提交预算，我写的是我的电影要花 7119 美元，结果它最后花了 7200 美元。我不知道是怎么做到的，但是做到了。奖金只有 5000 美元，所以想把电影从卡尔文弄出来，我还得找 2200 美元。托尼·韦拉尼坐着火车从华盛顿过来了，我在火车站接上他，给他看了电影，然后他说："你拿到这笔钱了。"开车送他回火车站的时候他说："大卫，我觉得你应该到加州洛杉矶的高级电影研究中心来。"这就像告诉一个人：你刚刚赢了五十亿美元！甚至比这个还厉害！就像告诉一个人：你将会长生不死！

斯派克

Spike

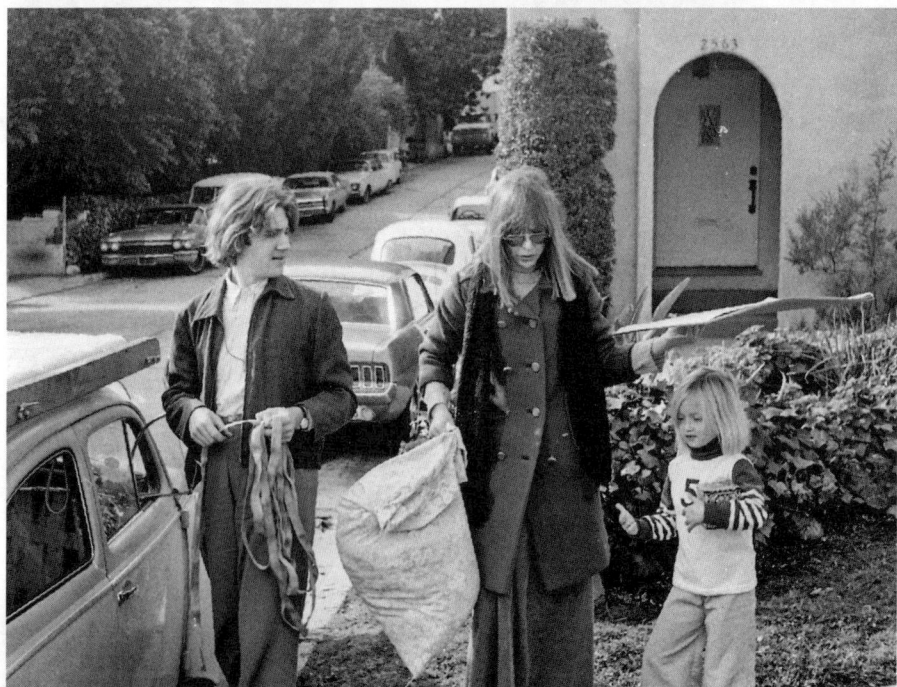

1970 年林奇离开费城，加入位于洛杉矶的美国电影学院，就像一个人突然从黑暗的壁橱迈入了耀眼的阳光中一样。那时候，美国电影学院坐落在灰石宅邸（Greystone Mansion）中，那是栋有 55 个房间的都铎复兴风格的豪华住宅，坐拥 18 英亩土地，1928 年由石油大亨爱德华·多希尼（Edward Doheny）建造。比弗利山庄市于 1965 年买下这栋建筑，使它逃脱了被拆毁的命运。接着在 1969 年到 1981 年之间，灰石宅邸被租借给了美国电影学院，租金每年只有区区 1 美元，为的是让学校能够修缮并维护这栋房产。美国电影学院的创建者是小乔治·斯蒂文斯（George Stevens, Jr.），1968 年到 1977 年之间的校长是托尼·韦拉尼，正是这两个人对林奇的才能大为赏识，并把他带到了这所学校。

约翰·林奇在他哥哥决定搬到西边不久前，刚刚从位于圣路易斯-奥比斯波（San Luis Obispo）的加州理工大学（Cal Poly）毕业。所以他开车到费城，帮林奇把东西装上一辆从赫兹（Hertz）租来的黄色卡车，然后把他自己的车留在了大卫一位朋友家的后院，这样他就能陪着大卫开车去洛杉矶了。"最后一刻，杰克·菲斯科决定带着他的狗和我们一起上路，所以车里坐了三个男人一条狗，一路很开心。"约翰·林奇回忆说。

韦拉尼和斯蒂文斯对艾伦·斯普莱特给《祖母》做的音效印象深刻，他们干脆任命他为美国电影学院声音学院的主任。斯普莱特 7 月份时就搬到了洛杉矶，所以等林奇 8 月底到达时，他已经一切安排妥当，让林奇住进了他家。林奇花了两周时间终于安置好了他的新生活，就和弟弟去伯克利探望了父母，并在那里短暂居住了一段时间，然后把佩吉和詹妮弗接了回来。

"两年时间里，大卫的爸爸每个月都会给我们 250 美元——大卫原本计划花两年时间从美国电影学院毕业——而我们的房租是每个月 220 美元。"雷维回忆说，"那个地方不大，但却分成很多小房间，我们俩只用付 80 美元就够了，因为各种各样的人搬来和我们住在一起。"林奇家的房子四周是一圈三层高的公寓楼，"有段时间，一栋楼里特别大声地播放杰克逊五兄弟（Jackson 5）的《我会在那里》（I'll be There），每天要放好几个小时"。雷维说："我们找到一台老洗衣机，安在了后走廊里。但我们没有烘干机，所以屋后总是晾着很多衣服。"

70 年代早期，菲斯科的妹妹玛丽也时不时出现在林奇的洛杉矶生活之中。菲斯科在林奇搬走后不久也到洛杉矶落脚，而玛丽想住在她哥哥附近，所以在接受完泛美航空的空乘培训后，她搬到了洛杉矶，在林奇夫妇隔壁租了个地方。

林奇从 9 月 25 日开始上课，加入了美国电影学院一年级新生的队伍。他的同学包括导演泰伦斯·马利克（Terrence Malick）、凯莱布·丹斯切尔（Caleb Deschanel）、蒂姆·亨特（Tim Hunter）和保罗·施拉德（Paul Schrader）。当时，学校的大部分课程内容是看电影和讨论电影。对于林奇班上的 30 位学生来说，最重要的是捷克斯洛伐克导演弗兰克·丹尼尔（Frank Daniel）教的电影分析课。丹尼尔是 1968 年在小乔治·斯蒂文斯的安排下来美国的，当时正值苏联入侵捷克斯洛伐克，乔治给他和他们一家人寄去了飞机票。美国电影学院的许多教职人员形容丹尼尔是个非常激发人灵感的人物。正是丹尼尔发明了电影剧本写作中的顺序写作法（sequencing paradigm），具体方法是设想 70 个和具体场景相关的元素，把每个元素写在便笺上，再把这些便笺连贯地组织起来。这样就能写出个剧本了。这种方法很简单，对林奇来说也很有用。

美国电影学院是个松散、自由的地方，但作为学生也不是没有压力。学校希望学生们能够找到自己的电影语言，林奇在那里的第一年都在尝试寻找方向。"他花了不少时间筹备《花园后背》的剧本，灵感来自他在费城画过的一幅关于不忠的画作，但那个剧本和他当时心里的所思所想并不吻合。"雷维说，"所以最后只是白忙一场。"

弗兰克·丹尼尔和凯莱布·丹斯切尔很喜欢《花园后背》，丹斯切尔还把这个剧本拿给了自己在 21 世纪福克斯工作的一个朋友，后者提出付给林奇 5 万美元，让他把目前 40 页长的习作扩展为一部完整的电影剧本。林奇和丹尼尔、韦拉尼以及作家吉尔·丹尼斯（Gill Dennis）一起参与了剧本改写，但最终完成时，林奇已经对这个项目失去了兴趣，于是他在 1971 年的春天放弃了这个剧本。

在接下来几个月的夏日时光中，《橡皮头》开始在他脑海中成形。林奇曾经说："我感受到了《橡皮头》，而不是创作出了它。"任何完全臣服于这部电影的人都明白他是什么意思。很多人讨论过《橡皮头》中令人不安的幽默感，但如果只是聚焦于它夸张的漫画特质，就过于表面化地解读了这部层次丰富的作品。这是部很严肃的电影，拍摄过程中没有使用任何滤镜，可以说完完全全表现了林奇的个人风格。电影的叙事方法也很简单。电影发生在一个阴沉的后工业化反乌托邦世界中，一位名叫亨利·斯宾塞（Henry Spencer）的年轻男人遇到了一个叫玛丽的女孩，后者不久后怀了孕。亨利饱受畸形婴儿即将降生的折磨，渴望从自己的恐惧中解脱出来。他经历了神秘的情欲、孩子的死亡，以及最终神圣的调停。终于，他的折磨结束了。总而言之，这是个关于恩赐的故事。

林奇的剧本写作风格直接又清晰，《橡皮头》的剧本读起来就像贝克特的戏剧一样精确严谨。剧本只有 21 页，几乎没出现什么舞台指导，大部分都聚焦在能够唤起人情感反应的描写上。很显然，整部电影的氛围——易于感知而又带点邪恶——是林奇关注的重点。我们现在知道，电影的前半部分几乎是逐字逐句按照剧本拍摄的，然而后半部分的叙述就和剧本差异很大了。在林奇原初的设想中，电影最后，亨利被恶魔般的婴儿吞掉了。然而在最后的电影中这一幕并没有上演。在第三幕中出现了一些新角色，完全改变了故事的结局。制作《橡皮头》的五年时间中，林奇经历了精神层面的觉醒，因此难怪电影本身也在这一过程中发生了变化。

"《橡皮头》讲的是因果报应。"杰克·菲斯科说，他在其中扮演的神秘人名为"地球人"（Man in the Planet），"拍的时候我并没有意识到，但地球人其实就操纵着象征因果报应的控制杆。《橡皮头》中出现了太多的精神性的东西，但大卫那个时候还没开始冥想。大卫一直是那样的，后来他也变得愈发具有精神性。"

林奇自己说："《橡皮头》是我最具精神性的一部电影，不过许多人都没看出来。当时我产生了一些感觉，但不知道这些感觉对我来说意味着什么。于是我拿出《圣经》开始读。我读着读着，看到了一句话，我说：'就是它了。'但我不能告诉你到底是哪句话。"

1971 年 9 月林奇返回美国电影学院后，发现自己又被分到和一年级新生一起上课，他气坏了。当时他正准备退学，这时收到了学校允许他继续拍摄《橡皮头》的许可，于是决定暂时留下来。他的电影需要钱，但当时美国电影学院的资助政策正好到了一个奇怪的十字关口。前一年，学校给一位名叫斯坦顿·凯（Stanton Kaye）的学生一大笔钱，让他去完成电影《寻宝》（In Pursuit of Treasure）。当时美国电影学院把这部电影看作是学校制作的第一部长篇剧情片。学校在凯的电影上投了许多钱，然而电影并未完成，成了彻头彻尾的失败。所以接下来一段时间里，想让美国电影学院再拿钱资助学生拍电影成了非常困难的事情。不过这对林奇不是问题，因为他极简风格的《橡皮头》剧本看起来只是部短片，于是学校给他提供了 1 万美元。在 1971 年接近尾声的时候，这笔钱被用来开启电影的前期制作。

当时美国电影学院主楼后藏着原先的仆人宿舍、车库、一间温室、马厩和一个干草棚，林奇就在这些摇摇欲坠的砖石建筑间建立起了自己的领地。他腾出了一个低调的工作室，其后四年一直在其中工作。工作室里有间房用来储存设备，有间浴室，有间厨房兼餐厅，还有剪辑室、演职人员休息室。他还有一栋用来布景的巨大挑高建筑。也没人来打扰他们。学校允许林奇使用校方设备，然后就留他独自一人安安静静拍电影。

召集演职人员时，林奇首先把目光投向了他最信任的朋友们，邀请斯普莱特、菲斯科和卡尔文·德弗雷尼斯的摄影导演赫伯·卡德维尔（Herb Cardwell）加入进来。大部分工作人员已经就位时，多琳·斯莫尔（Doreen Small）接受了制片人的工作。斯莫尔出生并在纽约长大。1971 年她到托潘加峡谷（Topanga Canyon）来拜访朋友，之后在月桂谷（Laurel Canyon）租了个地方住下来。搬来后不久，她的房东詹姆斯·纽波特（James Newport）提到他正在协助杰克·菲斯科拍摄一部名为《凉爽微风》（Cool Breeze）的黑人电影，他们需要找一位助理。"我四处跑来跑去，寻找道具和服装，"斯莫尔回忆说，"后来杰克说：'我有个美国电影学院的朋友现在需要帮忙。你愿不愿意见见大卫？'"

"于是我去马厩见了大卫。"她接着说，"他当时戴了三条领带，一顶巴拿马草帽，穿件胳膊肘没打补丁的蓝色牛津衬衫，肥大的卡其裤，还有一双工装靴。他是个很漂亮的人，一眼就能看出拥有与众不同的灵魂——所有见到大卫的人都能看到那种火花。他告诉我他现在很需要一位制片人，然后问道：'你能做吗？'我说：'当然了。'接着他说：'我还需要个场记，你能做吗？'我说：'当然了。'于是他给我买了个秒表，这样我就能计时了。"[1]

遇到大卫后不久，斯莫尔在托潘加的一场聚会上认识了夏洛特·斯图尔特（Charlotte Stewart），当时她是位正冉冉上升的年轻电视剧女演员。这两个人决定一起租房，于是在接下来的两年中成了室友。"多琳知道大卫需要给新电影找个女演员，所以邀请他来托潘加吃晚饭——那时候那里还是个很乡下的地方。"斯图尔特回忆说，"我打开门，门口站着这个家伙和佩吉，他是个充满渴望的年轻人。他手里攥着一包小麦种子，把它递给我，我谢了他，但其实心里在想：搞什么鬼？我猜他当时觉得：嗨，这两个人住在乡下，也许她们想种点小麦。"

"晚饭的时候他看起来很和善，而且看起来如此年轻。"她接着说，"他带来了《橡皮头》的剧本，我匆匆读了一遍，一个字也没看懂——我只能大概理解故事讲述了一对年轻夫妇，以及他们并不真是婴儿的婴儿。剧本里没什么对话，我想：行吧，我几个星期就能把这个拍完。"[2]

林奇在寻找男主角的时候遇到了凯瑟琳·库尔森（Catherine Coulson）和杰克·南斯（Jack Nance）。库尔森一家人是从伊利诺伊州搬到加州的，那时她父亲受雇到河滨市（Riverside）主管一家广播电台，她四岁时第一次在广播中献声，参与录制了一档名为《和库尔森家一起吃早餐》的广播节目。她在克莱尔蒙特（Claremont）的斯克利普斯学院（Scripps College）攻读艺术史专业。进入旧金山州立大学读研究生时，她的兴趣点已经转向了戏剧。1967 年，达拉斯剧场中心（Dallas Theater Center）的演员在旧金山州立大学做驻地艺术家，演员杰克·南斯就是其中一员。库尔森和南斯成了一对儿，1968 年于加州拉赫亚（La Jolla）结婚后，他们加入了大卫·林德曼（David Lindeman）的互动者马戏团（Interplayers Circus），那是林德曼成立的一家戏剧公司，而林德曼 1971 年时曾在美国电影学院短暂就读过。林德曼向林奇提到了南斯，说他可能很适合亨利·斯宾塞这个角色。林奇同意他的看法，认为南斯是完美的人选。

《橡皮头》中的另外几个配角来自库尔森的介绍，还有其他几个角色——包括朱迪斯·罗伯茨（Judith Roberts）（住在走廊另一头的漂亮女孩）、艾伦·约瑟夫（Allen Joseph，X 先生）和珍妮·贝茨（Jeanne Bates，X 夫人）——是西部剧团（Theater West）的成员。参演《橡皮头》时，贝茨已经快 50 岁了，是个在电影和电视剧演出方面有丰富经验的老演员。

然而林奇担心对于 X 夫人这个角色来说，贝茨有点太漂亮了。于是，林奇在她脸上加了一颗痣，上面还长着一根毛。和大多数与林奇初次相遇的人一样，贝茨也被林奇迷住了。"我记得珍妮耐心地坐在那里，让林奇把那颗丑陋的痣加到她脸上。"斯莫尔说，"和大卫合作的都是一些很有经验的演员，从一开始他们就认定了他是个天才，很信任他。"

电影的演员队伍很快就确定了，不过创造《橡皮头》所发生的那个世界花了更长时间。林奇在这方面充分发挥出了他的天才。布景几乎都是用四处搜罗来的材料搭建而成的，林奇用最少的东西创造出了最大的可能性，这让亨利的世界看起来就像是个奇迹。所有东西都经过了反复利用，被一丝不苟地搭建成公寓、大堂、剧院舞台、铅笔工厂、郊区的房子、办公室以及前门廊。为了实现隔音，林奇和斯普莱特用包裹在麻布袋里的玻璃纤维以及毯子制作了隔音层。林奇还按照特殊次序分批借来了需要的设备。《橡皮头》中有几个复杂的特效镜头，为了解决技术问题，他通常会冷不防地给当地特效工作室的人打电话。林奇是个很务实的人，喜欢解决问题，也能通过试错不断学习。

多琳·斯莫尔到跳蚤市场和二手商店四处搜寻服装及道具，库尔森和南斯则把自己家的客厅腾出来，改造为亨利住的公寓的前厅。还值得一提的是库尔森的姑姑玛吉特·费勒吉·拉斯洛（Margit Fellegi Laszlo），她住在贝弗利山一栋有 17 个房间的房子里。拉斯洛是加州科尔公司的泳装设计师，她家地下室里堆满了东西，库尔森和林奇会在里面寻找能用得上的道具。"我们就是在那儿找到婴儿用加湿器的。"库尔森回忆说。[3]

《橡皮头》的道具清单上无疑还包括许多比加湿器更不寻常的东西。"大卫想要一只狗和一窝刚生下来的小狗。于是我给兽医打电话，找到了一些家里的狗刚生完小狗的人，接着一个个打电话去询问他们是否愿意把狗借给我们。"斯莫尔回忆道，"为了拿到脐带，我跟医院撒谎说脐带会装在瓶子里，只出现在一部电影的背景之中。电影中那些脐带都是真的，我们借到了五六条——杰克管它们叫'比利的脐带'。我总得设法找到些不同寻常的东西。"

《橡皮头》中的婴儿——南斯给它取名为"斯派克"（Spike）——是最关键的道具，林奇在拍摄前几个月就开始筹备了。不过他从没透露过婴儿是怎么做出来的，其他演职人员同样没有透露过。

电影还需要两个大型道具——地球和婴儿头——都是利用不同材料制作而成的。"巨大的婴儿头"——大伙儿都这么叫它——是在林奇家的后院里做的，用了几个月才完成。"它在那儿放了挺长时间，邻居们都管它叫'大蛋'。"雷维回忆说。

作为前期制作的一部分，林奇给演职人员集体放映了《日落大道》（Sunset Boulevard）和《郎心如铁》（A Place in the Sun）。这两部电影中的黑白摄影都很饱和厚重，斯莫尔说："他想让我们明白他对黑色的理解。他还鼓励我们都去见了一个住在峡谷里的男人詹姆斯·法瑞尔（James Farrell），还找人占卜了我们的星座。"

电影的拍摄开始于1972年5月29日。第一场戏是亨利到玛丽的父母家，也就是X夫妇家吃晚餐。"我简直不能相信第一晚我们花了那么长的时间。"夏洛特·斯图尔特回忆说，"原因在于大卫事必躬亲——真的，他样样东西都要自己弄。灯光必须调整为恰当的角度，他还亲自做了晚餐上用的那只鸡——总之他就得亲自弄好布景里的每样东西。我记得当时想：我的天哪，这个孩子永远拍不出这部电影了，他不理解这个行业不允许你花那么多时间。我挺为他感到遗憾，因为他连这个都不知道。"

电影以冰山移动的速度向前缓慢推进着。拍摄进行一年后，摄影导演赫伯·卡德维尔决定要另找一份能让他养家糊口的工作，于是离开了片场。这为摄影师弗雷德·埃尔姆斯（Fred Elmes）开了个空缺。埃尔姆斯生于新泽西州东奥兰治（East Orange, New Jersey），在罗彻斯特理工大学

（Rochester Institute of Technology）学的摄影，后来到纽约大学读电影研究。当时有位导师跟他提到了美国电影学院，他于是一路向西来到了这所学院。

埃尔姆斯于 1972 年秋天开始在美国电影学院上课。他回忆说："我入学后几个月，托尼·韦拉尼说：'我们这儿有位电影导演缺个摄影导演，你应该见见他。'我见了大卫，他给我放了电影的几个片段。对于自己看到的东西，我完全不知该作何评价，但我被迷住了。它是用漂亮的黑白色拍摄的，很引人好奇。画面设计也很好看，而且表演风格很吸引人。这些场景完全让我惊呆了，根本没法拒绝。"[4]

"最大的一个挑战在于，在一部黑色电影中如何用光。"埃尔姆斯继续说道。这部电影几乎都是在夜间拍摄的。

一方面当然是因为这样的时间段吻合《橡皮头》的情绪，另一方面的原因是美国电影学院的校园只有在夜里才足够安静，才能让林奇工作。"我们整晚都在拍。"库尔森说，"到了某个时间，艾伦·斯普莱特会说：'鸟，我听见鸟叫了。'那时候我们就知道该收工了。"

而整部影片也"再黑暗不过了"，埃尔姆斯如此说。他和卡德维尔一起工作了两周，为了在后者离开前掌握电影的进度。"大卫和我会一起看工作样片，然后说：'我看见黑影里有个细节，那东西不该在那儿——咱们还得再弄暗一点。'大卫和我都同意，电影中创造的氛围是最重要的。固然要有剧本和表演，但氛围和光的感觉才是让一部电影脱颖而出的关键。对于《橡皮头》来说，大卫几乎纯粹在用氛围和事物呈现的样子讲故事。"

关于电影中少数几场白天的室外戏，库尔森回忆说："很多室外戏，包括开场镜头，都是在洛杉矶市中心的一座桥底下拍的。我们拍得非常快，因为没有拍摄许可，过程有点紧张，但挺有意思。"

"大家喜欢为大卫工作。"雷维说，"就算只是帮他买咖啡这种小事，他都会让你觉得你做了世界上最伟大的事情。就像是，太神奇了！而且我觉得他真是这么想的。大卫喜欢对什么事都保持兴奋。"

"大卫是个有魅力又很有力量的人。"埃尔姆斯说,"我们都觉得很有参与感。大家当然是在拍一部大卫的电影,但他很感激每个人付出的工作,而且在不知不觉中提高了周遭一切的水准。比如他总在一刻不停地画画,看到他那个样子你就很受启发。他让我们都想要更努力地工作,并尝试新的事物。"

制作《橡皮头》的过程中林奇没时间去画室,但那些年里他一刻不停地进行着视觉艺术创作。任何空白的东西都能成为画布,在纸板火柴盒上、餐巾纸上、便宜的笔记本空白页上,他借此完成了不少作品。虽然用的材料很朴素,但创作的作品可不是瞎涂鸦。它们都经过了细心雕琢。

比如那些画在空白纸板火柴盒上的东西就很难懂,那是一系列小宇宙,虽然体积小,看上去却辽阔无垠。另外一个系列则围绕让人着迷的图案展开,和那些小宇宙很不一样:一簇簇直线向内聚拢,非常稠密,看起来很危险。餐巾纸上的画由红、黑、黄色的物体组成,形状奇异,它们都飘浮在白色空地上;它们看起来几乎各不相同,但其实只是单纯的几何抽象体。还有些画很明显是《橡皮头》的场景研究。一张肖像画中,亨利盯着床头柜上的一小堆土。还有张画中,婴儿躺在一个类似火山形状的物体旁,一根孤零零的树枝从火山口戳出来。一张草稿中,婴儿的白色襁褓被切开了。那张画有种抒情性,而电影中的相关场景则十分阴森恐怖,和画完全不同。

林奇向来知道《橡皮头》的一切该如何安排,但他也鼓励剧组人员提出建议,并会即刻采纳其中的好主意。夏洛特·斯图尔特负责设计南斯的发型,有天她设计了一个疯狂的大背头。屋里的所有人看到后都大笑不止,但林奇走进来看到后,他当即宣布:"就是这个了。"亨利·斯宾塞标志性的发型就是这样偶然得来的。

斯图尔特对她自己角色的解读也很对林奇的胃口。"我问大卫是不是能自己做裙子穿，因为玛丽看起来是那种会自己做裙子的女孩，但做得不太好，所有衣服都不合适——我们希望她看起来就是那种穿什么都不合身的人，比如内衣肩带不断从肩膀滑落。"斯图尔特回忆说，"玛丽没有自信，所以才总是委曲求全和自闭，而且她的耳朵还常年发炎。每天拍戏前，大卫会先给我的右耳做出发炎流脓的效果。观众看不到，但我们知道那只耳朵就在那儿。"

"不知道大卫为什么觉得我适合这个角色。大卫选角的方式非常奇怪，他不在乎你的背景，也从不让演员试读剧本。他见面后只是和你聊聊森林或者其他什么话题，同时观察你身上是否有他需要的特质。而且他在拍《橡皮头》时和演员合作的方式与今天一模一样。"斯图尔特说，她后来参演了全部三季的《双峰》。"他和演员的关系非常私密，从来不当着其他人的面给你指导。他会到你身边，轻声在你耳边说出他的想法。真的是非常私密的指导方式。"

林奇非常重视彩排，虽然亨利·斯宾塞看起来动作不多，但其实要付出很多努力才能实现那种效果。林奇为亨利精心编排了一系列复杂的动作，甚至最不起眼的手势也饱含深意。

回忆和林奇的合作方式时，南斯回忆说："我们进行了很多漫长而奇怪的对话，还有非正式讨论，拍摄过程中很多事情就逐渐显露了出来。亨利是个很随和的人，好像穿上一身舒服的衣服，就能马上变成那个角色。我穿上外套、打上领带，亨利就出现了。"[5]

《橡皮头》的演员阵容不大，工作人员阵容更小，有时候只有库尔森一个人。"我什么都做，从做卷纸好让电梯看起来在移动，到推摄影车。"库尔森说。她那时在餐厅做服务员，经常为电影贡献自己的小费和餐厅的食物。"弗雷德是我的导师，他教会我如何拍摄静态画面，如何做摄影助理。我还充当了把胶片送到实验室进行处理的快递员。我们必须在固定时间点把胶片送过去，所以我会在大半夜钻进甲壳虫汽车，一路狂奔到苏厄德大街（Seward Street），把胶片交给马尔斯·鲍姆加滕（Mars Baumgarten）。他是个很棒的人，在那里上夜班。因为工作时间很长，我们一般在马厩吃饭，我在电炉子上用一个小煎锅给大家做吃的。不过我们每天吃的几乎都一样，因为大卫是个喜欢一段时间里只吃一种食物的人，那个时候他吃的是烤芝士或鸡蛋沙拉三明治。"

《橡皮头》占据了林奇大部分的精力，但整个 1972 年，他和家人之间的联系仍旧很紧密。"我们的餐厅里有张大圆橡木桌子，我过生日的时候，大卫和小詹从院子里弄来很多泥，在桌上堆成一座小山，还在上面雕出峡谷和洞穴，把做好的小泥人放在上面。"雷维回忆说，"我特别喜欢它。后来挺长一段时间里我们都得坐在客厅里，把盘子放在腿上吃饭，因为谁都不想把那座小山推到。它就在桌子上放了好几个月。"

虽然也有片刻放松，但从开始筹备《橡皮头》那一刻起，林奇的家庭就开始围绕这部电影转了。"或许这也证明了我爸爸作为导演的天才吧，他让我们相信《橡皮头》是快乐的秘诀，非常欢迎我们参与其中。"詹妮弗·林奇说，"我经常去片场，《橡皮头》是我童年的一部分。我觉得那部电影很棒，直到十一二岁才意识到自己的成长方式多么与众不同。我从来不觉得自己的爸爸是个怪人，我一直以他为傲，直到现在。"

林奇觉得自己应该给演职人员付工资，所以在拍摄的前两年，每个人每周都能拿到 25 美元（到了电影拍完的时候，这笔工资被迫减到了 12.5 美元）。

工资很微薄，但到了 1973 年的春天，林奇还是用光了美国电影学院提供的资金。学校告诉他可以继续使用校方的各种设备，但不会再追加资金，《橡皮头》因此被迫停拍了将近一年。

"大卫一直在为电影筹钱，我拍完《穷山恶水》（Badlands）回来后给了他一些。"菲斯科说。菲斯科是泰伦斯·马利克（Terrence Malick）1973

年这部处女作的美术指导（林奇和斯普莱特把菲斯科介绍给了马利克）。"那之前我已经习惯了每周挣 100 美元，突然之间我的工资涨了好几倍，多出来很多闲钱。那几年间我大概给了大卫 4000 美元，他不但都还给了我，还多给了我许多。"

《穷山恶水》的女主角是茜茜·斯派塞克（Sissy Spacek），和菲斯科认识一年后结了婚，由此被带入了《橡皮头》的世界。"拍《穷山恶水》时我认识了杰克，他给我讲了他最好的朋友大卫的好多事情。一回到洛杉矶，他就带我去见了大卫。"斯派塞克回忆说，"我们是在夜深人静时见面的，片场的一切都笼罩在诡异和神秘之中。大卫当时住在美国电影学院的马厩里，他们在那儿整夜拍摄，白天工作人员则把他锁在那里睡觉。必须得连敲好半天门，还得有钥匙，才能进得去，就像要进诺克斯堡的金库一样。"

"杰克是我认识的第一个真正的艺术家，"斯派塞克接着说，"他介绍我认识了许多极具天赋的人，其中就包括大卫。能在人生和事业起步的岁数遇到这些人，我觉得非常感激。大卫和杰克都是彻头彻尾的艺术家——他们全身心投入自己的作品，心无旁骛，而且他们都很喜欢创造东西。"[6]

短暂回到东海岸后，到了 1973 年，菲斯科的妹妹玛丽再次回到洛杉矶。她当时正身处一段短暂的婚姻关系之中，和丈夫分居前在月桂谷住了 6 个月，然后返回了东边。在洛杉矶的时候，她在纳什出版社（Nash Publishing）工作，还帮雷维在那里找了份接线员的工作。

电影停拍期间，林奇从事过各种古怪的工作，以积累足够的资金，让电影继续拍摄。对于演职人员来说，不规律的拍摄时间，以及林奇工作时令人痛苦的匠人精神，使得耐心成为一项人人具备的品质。

大家接到临时通知就必须立刻赶回片场，还要在林奇事无巨细地调整布景时耐心地等待。

"大量时间都花费在了等待上，杰克·南斯是扮演亨利的不二人选，原因之一也在于此——杰克能一个人安安静静地坐很长时间。"斯图尔特说，"大卫总是在忙着调整道具或其他东西，凯瑟琳则忙着完成大卫布置给她的每个任务。杰克和我坐在那里等着，没有人会暴跳如雷。与此同时，大家的家庭状况也起起伏伏，我们都成了好朋友。"

拍摄进行了大概一年，多琳·斯莫尔开始住在《橡皮头》片场。"从托潘加往返上班的路程太远了。"她回忆说，"结果我和大卫之间产生了私人感情——一切从那天我们待在音乐室里开始，演化成了一段非常强烈的感情。我爸爸在电影拍摄期间去世了，我妈妈之后搬到了圣莫妮卡，大卫有时会来和我们一起住。我们仨变得非常亲密，我妈妈还会给大卫买衣服和美术用品。"

不用说，林奇的家庭生活摇摇欲坠，他和雷维也面临着分居。"在费城的时候，我是大卫所有事业的一部分，但在洛杉矶就不是这样了。"雷维说，"我不再参与他的工作，而他身边则围绕着一群类似助理的女孩——他身边再也没有我的位置了。我妹妹到洛杉矶的时候去参观了拍摄现场，她回来后说：'你知道吗，她们都爱上他了。'可我说：'那不是很好吗？'我当时很天真。"

对于林奇来说，那是段充满压力的时光。他坚定地相信自己正在拍一部杰作，但钱总是成问题。与此同时，他的个人生活也变得十分复杂。更糟的是，他深刻感受到了一股超越金钱或者感情问题的不安。林奇的父母于1973年搬到了河滨市，于是他妹妹玛莎·莱维西也开始常到南加州来，她即将在一场关键事件中扮演重要角色，而这一事件反映了林奇当时正经历的内心挣扎。

故事开始于1972年，当时莱维西正在太阳谷接受滑雪教练培训。有天一早，她准备到山顶参加教练实地培训。"坐缆车上山时，我旁边坐了位和善的年轻男人，"她回忆说，"我跟他说，这么一大早他看起来就精神十足，很让人惊讶。他跟我说这得益于超觉静坐带来的深层休息，后来的上山路上他一直跟我讲超觉静坐。我也开始学着冥想，它成了我生活中重要的组成部分。"[7]

莱维西开始冥想后不久，林奇在和她通电话的时候察觉到她的语气发生了变化。他问她怎么回事，她就给他说了超觉静坐的事情，并且让他去了精神觉醒运动中心（Spiritual Regeneration Movement Center）。"对大卫来说，那是个更高一层的理想场所。"莱维西说，"不是每个地方都能让他兴奋，而那个地方恰好很适合他——他喜欢那里的感觉。1973 年 7 月 1 日，他开始学习冥想。在此很久之前，大卫就告诉我，他一直在思考人生的宏观图景。而超觉静坐相信人终将迎来觉醒，这吻合了他的内心想法。"

精神觉醒运动中心的负责人是查理·鲁茨（Charlie Lutes），他是美国最先跟随玛哈里希·马赫西进行冥想的人之一。这种冥想能够利用简单的方法帮参与者抵达意识的最深层，其思想根植于古老的吠陀智慧。1959 年将超觉静坐带到美国后，玛哈里希与鲁茨合伙，在世界各地开办了数百家冥想中心，其中就包括位于圣莫妮卡的美国第一家超觉静坐中心。整个 70年代，鲁茨每周在这里上课时总会吸引来一大群人。林奇开始有规律地参加这里的课程。"查理就像玛哈里希的兄弟，他对大卫来说也成了至关重要的人物。"莱维西说，"他开始和查理以及他妻子海伦走得很近。"

认识林奇的人都惊异于冥想在他身上引发的变化。"开始冥想前，大卫是个很黑暗的人。"斯莫尔回忆说，"冥想让他变得更平静，更不容易受挫，从内而外点亮了他，好像重担终于从他身上卸了下来。"

在不眠不休为《橡皮头》奋斗了两年后，林奇终于在自己的生命中腾出了空间，让冥想进入。"玛哈里希上《莫夫·格里芬秀》（Merv Griffin Show）的时候我们都去看了。"莱维西说，"大卫带着凯瑟琳一起来的，他穿了件体面的夹克和白衬衫，进场的时候有人对他们说：'你们俩！走这边！'然后他们被指挥着坐到了第一排——我猜电视台的人很喜欢他们俩的样子——于是大卫坐到了第一排，看起来体体面面的。他心里肯定激动坏了。"

这一阶段林奇创作了几幅画，都能反映出他的变化。《注入生命》（*Infusing the Being*）是两幅组画，描绘了并排站立的深色树状物体。左边那个物体底部采用了棱镜折射出的丰富色彩，右边物体的底部和树冠部分则都有颜色。

这些画让人联想到生长，描绘了深埋于地下的物体奋力冲破地表的样子。还有些画没有起标题，将一些可识别的元素——树、云——和抽象图案结合在一起，让人联想到大教堂的拱顶入口。

"我 5 岁那年，爸爸开始冥想，当时当然可以明显感觉到他身上的变化。"詹妮弗·林奇回忆说，"我记得家里的吼叫声变少了，但我也发现他在家的时间越来越少了。"

冥想为林奇的生命带来了他正需要的东西，但也不免助推了他婚姻的解体。"大卫很崇拜查理·鲁茨。鲁茨挺不错，但他说的那套我全都不感兴趣。"雷维回忆说，"大卫不明白面对冥想我怎么就兴奋不起来，因为那时候他一心想获得精神上的升华，而我只想着要出去玩。"

那个时候，玛丽·菲斯科已经回了东海岸，在华盛顿特区为佐治亚州参议员赫尔曼·塔尔梅奇（Herman Talmadge）工作。"有天晚上我在办公室里和杰克打起了长途电话，大卫插进话来，我们俩就聊起了冥想——我们也是从那个时候开始有所交流的。"菲斯科说。到了那年年底，她再次搬回了洛杉矶。

林奇把她带到了精神觉醒运动中心，很快她也成了那里的常客。"查理·鲁茨是个有活力、英俊又深具洞察力的男人，能改变房间里的气场。"菲斯科说，"披头士乐队管他叫昆达里尼船长（Captain Kundalini）——他是个让人印象深刻的人物。"

"冥想把大卫塑造得更保守了——他不再吃肉，也戒了烟。"菲斯科接着说，"他告诉我，有几个月时间里，他不论走到哪儿，脑海里都装着一根一米五长的巨型香烟——他怎么也甩不掉这个念头——但还是设法戒了烟。他穿的也不一样了，过去那两条领带和被蛾子吃坏的草帽消失了。去中心的时候，他穿得总是很体面。"

这一阶段，林奇的婚姻变得愈发摇摇欲坠。"有天我下班回家吃午饭，大卫也在。"雷维回忆说，"我说：'我觉得咱们该考虑一下分居了。'他说：'你不像从前一样爱我了，对不对？'这句话的意思是他也不像从前一样爱我了。我说：'大概是吧。'那时候我已经不像过去那样着迷于他的内心活动了，更想有点自己的空间。老是住在另一个脑袋里会得幽闭恐惧症的。再说了，我们又能做些什么？抗争着去保护这段婚姻？我可不愿意和什么邻居女孩竞争。否则我得以一己之力抵挡一大堆女人，再加上整个好莱坞。"

那些年里，林奇过的完全是夜行生活。和雷维分居后不久，他找了份派送《华尔街日报》的工作，每周能挣 48.5 美元。有天深夜，莱维西陪他一起送报。她回忆说："那是场了不得的经历。他把一切都组织好了，报纸整整齐齐叠放在副驾驶座位上，我则坐在甲壳虫汽车的后排，因为他需要把两边车窗都空出来。他对送报路线了如指掌，把顺着车窗扔报纸变成了一场艺术。他还喜欢故意击中某几户的窗户，因为里面的人会立刻打开灯。"

《橡皮头》于 1974 年 5 月继续拍摄，并在接下来一年中断断续续地进行着。大概在同一时间，斯普莱特离开洛杉矶，到位于北苏格兰的乌托邦社区芬德霍恩（Findhorn）待了几个月。社区创始人是彼得·凯迪（Peter Caddy）和多萝西·麦克莱恩（Dorothy Maclean），他们声称自己能直接和自然之神对话。斯普莱特离开后不久，多琳·斯莫尔也搬去了圣芭芭拉，日子对林奇来说愈发难熬了。小乔治·斯蒂文斯安排林奇认识了联合电影实验室（Consolidated Film Industries Laboratory）的负责人希德·索洛

（Sid Solow），由希德来免费处理林奇的胶片。但美国电影学院此时开始一件件收回借出的设备。而且和之前一样，林奇还是很缺钱。"有一次大卫说：'我估计咱们得停工了。'"埃尔姆斯回忆说，"凯瑟琳、杰克和我互相看了看，说：'大卫，咱们不能停啊——电影还没拍完呢。我们会想出办法的。'"

于是他们继续拍了下去。有天林奇坐在片场餐厅里画画，电影中后来出现的暖气片女士（Lady in the Radiator）开始在他的草稿本上成形。林奇意识到，需要有这样一个人物为亨利的故事收尾，令他高兴的是，布景中暖气片的设计恰好吻合了他对这个新角色的设想。暖气片女士由歌手罗瑞尔·尼尔（Laurel Near）扮演，她住在一个提供保护和温暖的地方，代表着团结和希望；她的到来标志着叙事线的转折，使得电影能以乐观和充满可能性的基调结束。暖气片女士是位有双大眼睛的金发女郎，还有一张夸张的脸蛋，因此需要化很浓的妆——当然也是由林奇亲手操作上妆，每次要花几个小时。他还给她写了首主题曲，名字叫《在天堂》（In Heaven）。林奇的朋友彼得·艾弗斯（Peter Ivers）给这首歌谱了曲，还为电影演唱。所以你在电影里听到的是艾弗斯的歌声。

《橡皮头》不时遭遇的低潮给林奇留出了寻找资金的自由时间——这当然是作为电影导演最讨厌的工作内容，但有时候他也能找到点乐子。1974年，美国电影学院管理层在安培（Ampex）和索尼（Sony）录像带间举棋不定，不确定要让学校的导演项目用哪一种。于是，他们让埃尔姆斯用两种录像片分别拍片测试一下。林奇听闻消息后找到埃尔姆斯，要求为测试片写剧本。他很快写好了一部名为《被截肢者》（The Amputee）的短片剧本，库尔森同意出演其中的女主角。"大卫扮演一位包扎截肢者残肢的医生，他给我扮演的截肢者写了段独白，后期由配音演员朗诵。"库尔森回忆说，"我们用两种不同的录像带拍了两次，拍摄地点就是灰石宅邸某个被遗弃的房间。后来埃尔姆斯把拷贝拿到美国电影学院一间华丽的放映室放给管理层看。电影播完后我记得有人大喊道：'林奇！这片子肯定和林奇有点关系！'"

到了 1974 年年底，林奇的婚姻正式结束了。"我去了法律援助中心，花 50 美元买了一堆需要填的表格。然后有个女性朋友陪我去了法院，我在那儿递交了申请。"雷维如此回忆她和林奇之间出奇友好的离婚，"我父母很爱大卫，所以我们分手时他们很伤心。我也很爱大卫的父母，虽然他们在那之后一直努力保持联系，但离婚还是结束了我和他们之间的亲密关系。"对于詹妮弗·林奇来说呢，她说："爸妈离婚的时候我很痛苦。我痛恨他们就这么分开了。"

离婚时，林奇住在《橡皮头》片场。但到了 1974 年年底，美国电影学院要求他腾空马厩，搬到西好莱坞罗斯伍德大道（Rosewood Avenue）上的一间平房里去。"那房子有个用尖木桩栅栏围成的小院。院里有高大的橘子树，鹦鹉最喜欢这种树——所以那儿就总聚着很多鹦鹉。"玛丽·菲斯科如此回忆那栋租金为 85 美元一个月的房子，"大卫给房子装了天窗，在厨房里做了个能做饭的架子，但里面没有洗手池。不过如果你只吃金枪鱼三明治，就不需要厨房里有太多东西。我记得小詹有时候来和大卫一起过周末。他没有钱，照顾不好自己，更别说照顾一个小孩了。"

"我和爸爸在一起时，他不是按照传统的方式'照顾我'。"詹妮弗·林奇回忆道，"我们会在一起做些成年人才会做的事情，比如一起送报纸，到油井旁散步。我们会沟通彼此的新想法，在垃圾堆里挖东西，去鲍勃快餐店（Bob's）吃饭。跟他在一起很快乐。我记得《橡皮头》在新艺戏院（Nuart）上映时，我们到鲍勃快餐店吃饭。你知道，餐馆里有那种塑料小支架，上面夹着几张卡片纸，写着当天的特色菜，对吧？我们会把这些东西拿出来，翻个面，这样空白的一面就能朝外。然后我们在上面写上'去看《橡皮头》'，再把它们偷偷插回塑料支架上。在罗斯伍德住的时候，他对蜂花粉、大豆、人参这些东西特别着迷，我还记得看到他在家服用维生素。他对这些东西极为感兴趣。"

"直到 9 岁，我才意识到我们很穷。"她接着说，"爸爸住罗斯伍德的时候，我带一个朋友回家过周末。玛丽·菲斯科带我俩去了迪士尼乐园，我们和爸爸一起做了个娃娃屋，还出去打了保龄球。挺不错的周末，是吧？我周日晚上生病了，周一没能去上学，结果周二早上一到学校就有人跟我说："雪莉说你住在车库里。"之后很长时间我都没再请人回过家。"

林奇是个特别讲求规律的人，那个时期他形成了一个固定的习惯，之后 8 年都没再改过：每天下午两点半，他会到鲍勃快餐店喝几杯咖啡和一杯巧克力奶昔。如果那些年中有人约了林奇见面，那他们很有可能就是在鲍勃快餐店见的。[不过他也会去其他咖啡馆，常去的有圣费尔南多谷（ San Fernando Valley) 的杜帕尔餐厅（ Du-Par's），日落大道上的本·弗兰克餐厅（ Ben Frank's)，以及威尔榭大道（ Wilshire Boulevard ）上的尼伯勒餐厅（ Nibblers)。]

林奇搬家后几个月，斯普莱特从苏格兰回来了。他们把罗斯伍德那栋平房附带的双车位车库改造成了后期制作工作室，斯普莱特就此住了进去。从 1975 年夏天到 1976 年上半年，林奇在里面剪片子，斯普莱特在里面剪声音。正是在这 8 个月的高强度工作之下，诞生了《橡皮头》这部杰作。《橡皮头》的原声中有种几乎让人难以承受的紧张感，而且声音的层次——狗凶恶的叫声，远处火车的汽笛声，搅拌机的嗡鸣声，空屋子里几乎让孤独感触手可及的风声——如此复杂和丰富，好像你可以闭上眼睛，单纯用听觉来感受这部电影。"大卫和艾伦强有力地运用了这些工业声音，让它们控制住了整部电影的情绪和感觉。"埃尔姆斯说，"他们制作声效的方式太了不起了。"

后期制作期间，玛丽·菲斯科在距离林奇家几个街区远的地方租了间公寓，那时他们已经开始约会了。"大卫和艾伦互相承诺，在电影制作完成前谁也不约会。"玛丽·菲斯科说，"但大卫会背着艾伦，每天午饭时和我见面。那时候大卫同时也在和我们中心的另一个朋友玛莎·邦纳（ Martha

Bonner）约会，她在我们两个之间纠结了两年。大卫从不对我隐瞒，他觉得玛莎很有吸引力。但与此同时，玛莎也知道大卫在和我约会，她觉得很痛苦，所以他们俩之间没能发展下去。"

情侣关系之外，菲斯科也是《橡皮头》的支持者，还劝说她家人的朋友查克·哈梅尔（Chuck Hamel）给这部电影投资了 1 万美元。这场及时雨使得林奇能够专心完成《橡皮头》的制作。他和斯普莱特先是确定了最终的音效，之后完成了电影最后的剪辑。他把电影核心演职人员召集到了哈姆雷特汉堡店——日落大道上的一家餐厅，现在已经倒闭。出乎所有人意料，他宣布在场的 14 个人将成为受益人，未来《橡皮头》赚到的每一笔钱，他们都会得到一定比例的收益。他把相关条款写在了餐巾纸上。"几年后，我们都收到了邮寄来的支票。"库尔森说，"难以置信他真的这么做了。"所有人直到今天还会收到年度支票。

《橡皮头》在美国电影学院的职员放映厅进行了非正式首映。初版电影的长度为 1 小时 50 分钟。"大卫给我们放电影的时候，你会觉得那部电影会永远演下去。"斯图尔特如此回忆那场放映，"他放映后给我打电话征求意见，我实话实说：'大卫，这电影就像牙疼——疼得太厉害了。'必须得坐立不安地忍耐着看完。"林奇听了小圈子人的意见，但还没准备好对电影进行重新剪辑。

林奇在美国电影学院做电影混音时，戛纳电影节代表恰好来学院拜访。他们对林奇电影的一个片段表示了些许热情，于是他给自己设立了目标：要把《橡皮头》带到戛纳去。结果这只是场毫无成果的努力。之后，《橡皮头》又被纽约电影节拒绝了。那段时间林奇很不好过。"我记得离婚后我们俩约在鲍勃快餐店见面，他说：'我准备进入电影行业人的圈子了——我不想在外面待着了。'"雷维说，"没错，他敏感起来很黑暗，很地下，但一旦开始和好莱坞发生关系，他就不想再扮演怪人，他想去真能做大事的地方，而且他也属于那种地方。如果我们生活在一个像大卫这样的人都没有施展空间的地方，那这个地方得多让人讨厌啊。"

等到洛杉矶国际电影博览会（Filmex）开始为 1976 年度的活动召集影片时，林奇已经意志消沉，不再考虑提交《橡皮头》了。不过菲斯科还是坚持让他提交了影片。结果影片被博览会接受，并在展览期间进行了首次公映。《综艺》（Variety）杂志给出的评价非常负面，但和普通观众共同观影的经历唤醒了林奇。他意识到，如果剪辑节奏更紧凑，电影会更好看。于是他重新剪辑了一部发行拷贝，舍弃了 20 分钟的镜头，其中包括至少四个完整的场景，比如亨利在他的公寓前厅中踢家具；库尔森和她的朋友 V. 菲普斯-威尔逊（V. Phipps-Wilson）被电缆绑在床上，被一个手拿通电器械的男人威胁。林奇很喜欢这些场景。但他知道它们会把整部电影拖垮，必须删掉。

《橡皮头》的消息传到了人在纽约的本·巴伦霍尔兹（Ben Barenholtz）耳中，他立刻要来了一份拷贝。巴伦霍尔兹是位制片人和发行商，在几十年时间里，一直扮演着独立电影世界中的英雄人物，正是他发起了午夜电影计划，为反传统的电影导演留下一线生机，让他们也有放映自己作品的机会。这一创举帮助约翰·沃特斯（John Waters）的《粉红色的火烈鸟》（Pink Flamingos）找到了自己的观众。他对《橡皮头》的帮助也至关重要。巴伦霍尔兹的公司自由影业（Libra Films）同意发行《橡皮头》，于是他派同事弗雷德·贝克（Fred Baker）到洛杉矶和林奇签约。双方间的缔约握手是在施瓦布药房（Schwab's Pharmacy）进行的，那儿正是《日落大道》的取景地之一，对林奇来说有着特殊意义。

《橡皮头》虽然顺利发行，林奇的个人生活却依旧混乱。"在答应发行《橡皮头》后不久的一天，大卫告诉我他想和玛莎·邦纳在一起。"菲斯科说，"那时候我和大卫已经同居了，我说：'好吧，那我搬回弗吉尼亚去了。'然后我就离开了。离开三天后，大卫给我打电话，让我嫁给他。我妈妈很反对，因为他没钱，我哥哥也觉得我不该嫁给他。他让我坐下来，语重心长地劝我说：'大卫这个人不太一样，玛丽，你们的婚姻不会持久的。'但我不在乎。大卫的身体里蕴含着了不起的爱，和他在一起时，你会觉得自己是这个世界上最重要的人。他说话的语调和他给予你的关心简直无与伦比。"

1977 年 6 月 21 日，林奇和菲斯科在河滨市的一家教堂举办了小型结婚典礼——林奇的父母每周日都会到这家教堂做礼拜。"我们结婚那天是周二，大卫的爸爸让人把周日典礼上用的花留给了我们，所以我们的婚礼上才有花。他还雇了个风琴手。"菲斯科说，"我们举行了传统仪式，接着到大贝尔城住了一晚，算是度了蜜月。"

林奇申请加入编剧工会 16 天后——他想让工会的人帮忙参谋下一部电影《火箭罗尼》（Ronnie Rocket）的剧本——他和菲斯科就出发了纽约。林奇在巴伦霍尔兹的公寓里住了 3 个月，与此同时还和一家电影实验室合作，尝试制作一版让人满意的《橡皮头》发行拷贝。巴伦霍尔兹还花钱摆平了胖子华勒（Fats Waller）的音乐版权问题——这段音乐是营造电影氛围不可或缺的组成部分——之后电影就能正常发行了。那年秋天，电影在曼哈顿 Cinema Village 影院进行了首映，有人设计了一张发行公告，作为电影官方开幕式的邀请函。

成功发行《橡皮头》没能解决林奇资金短缺的问题。从纽约回来后，他到河滨市住了几个月，和他父亲一起改建了一栋准备出售的房子。林奇住在河滨市的那一段时间，菲斯科在科威地产（Coldwell Banker）物业管理部门找了份工作，每周末会去看他。"刚结婚那段时间，我们时不时和大卫的父母住在一起。"菲斯科说，"他和他爸爸在那栋房子里干完活回到家，他妈妈会冲到前门，手臂大张，拥抱大卫和他爸爸。他们一家人之间感情很深。那栋翻修的房子后来赚了 7000 美元，大卫的父母把钱都给了他。他们很为他担心，因为看不到他自己所憧憬实现的那些梦想——但他们还是出钱赞助了《祖母》。这点很了不起：他们一点都看不懂儿子创作的作品，但依旧很支持他。"

到了 1977 年年底，林奇的财务状况还是一团糟，于是他把《橡皮头》的后期制作工作室改造成了一个小工场，开始了被他称为"建小屋"的阶段——恰如其字面含义，他在工场里制作小木屋，还接些古怪的木工活。虽然听起来很悲哀，但林奇的希望并未熄灭。"他很兴奋。"玛丽·菲斯科说，"他完成了第一部电影，参加了洛杉矶国际电影博览会，这已经很了不起了。有时候我早上醒来，发现大卫脸上挂着大大的微笑，已经做好准备开始新的一天。他已经准备好迎接下一部电影了。"

"我们的社交圈子基本上就是在冥想中心认识的那几个人，"她接着说，"我们每周五晚上都去，那儿的人成了我们最亲近的朋友。我们会不时和他们聚聚，或者去看电影——我和大卫一起看了好多电影——但我们一点都没参与到所谓的电影圈内生活中去。"

与此同时，《橡皮头》在午夜场电影世界成了一部口耳相传的佳片，随后在洛杉矶的新艺戏院持续放映了四年。《橡皮头》的到来恰逢其时。当时，能够欣赏这类影片的嬉皮观众在洛杉矶越聚越多。极端的行为艺术如日中天，朋克摇滚势头正足，类似《潮湿》(Wet)杂志、《猛击》(Slash)杂志和《洛杉矶阅读者》(L. A. Reader)这样的怪诞出版物遍地开花，其中宣扬的都是实验性和地下文化。来自城市不同地区的人填满了新艺戏院的放映厅，他们把林奇看作亚文化的一分子。约翰·沃特斯鼓励他的粉丝们去看《橡皮头》，斯坦利·库布里克爱这部电影，林奇的名字就逐渐传开了。

虽然仍旧是个局外人，但林奇的人生开始发生变化。他拥有了稳固的精神生活，有了位新妻子，还按照自己的初衷拍摄了一部电影。"《橡皮头》绝对忠于我最初的设想。"林奇曾说，"有时候我甚至觉得某些场景只应该存在于我头脑中，而不是出现在银幕上。"而且，他终于有了一群行业内的支持者，还有了成千上万能够理解他电影的观众。

"大卫和许许多多的人心灵相通，人们正是在他身上识别出了这种特质，然后变得与他亲近。"杰克·菲斯科总结说，"我第一次看《橡皮头》，是新艺戏院的午夜场，观众目不转睛地盯着大银幕，熟悉其中的每句台词。当时我想：我的天哪！他给自己的东西找到了观众！"

斯派克

杰克，杰克的狗小五，还有我弟弟约翰，陪着我一起离开了费城，开车穿越了整个国家，一路向西的风景非常好。我记得有一阵我们开进了一个巨大的山谷，天空如此辽阔，顺着山脊向上爬的时候，可以同时看见四种不同的气候。天空的一边阳光明媚，另一边是激烈的暴风雨。我们连着开了30个小时，一直到了俄克拉荷马城，在那儿和我姑姑姑父住了一晚。第二天又开了很久，在新墨西哥州的公路边过了夜。那是个看不到月亮的夜晚，我们钻进灌木丛里睡觉。四周很安静，突然传来一阵东西飞快移动的声音，我们看到了一匹拴在树上的马。第二天早上醒来时，我们看到几辆印第安人的皮卡车正绕着我们打转。原来我们跑到了印第安人保留地上，他们可能正纳闷我们在他们的土地上干什么。这也不怪他们，我们确实不知道自己身在他们的保留地上。

在第三天午夜过后，我们抵达了洛杉矶。沿着日落大道前进，在"来来威士忌"（Whisky a Go Go）俱乐部拐弯后就是艾尔·斯普莱特的家，我们在那儿过了夜。第二天一早我醒来，就在那时，我第一次看到了洛杉矶的灯光。我情绪一下激动到了顶点，因为当时我站的位置位于圣维森特大道（San Vicente Boulevard）中央——无法相信灯光居然能这么美！我几乎马上就爱上了洛杉矶。又有谁会不爱洛杉矶呢？我就那么站着，看着街上的灯光，又看到圣维森特大道950号上挂着"出租"的牌子。几个小时后，我用每月220美元的价格租下了那栋房子。

在费城的时候我卖掉了那辆福特猎鹰，现在需要辆新车，于是杰克、约翰和我步行向圣莫妮卡大道走去，边走边伸出大拇指搭车。有位女演员让我们搭了顺风车，她说："所有二手车商店都在圣莫妮卡的圣莫妮卡大道上，我正好去那个方向，我直接带你们去那儿。"我们看了好几个地方，后来我弟弟发现了一辆1959年的灰色大众，车身有些褪色。我弟弟很了解车，他查看了一番，说："这是辆好车。"《祖母》刚在贝尔维电影节（Bellevue Film Festival）上拿了二等奖，奖金是250美元，于是我用那笔钱买了车，花掉大概200美元。我需要上保险，街对面就是州立农业保险公司，于是我沿着木头楼梯走到二楼，一位和善的伙计说他会办理好保险的事情。一天之内，我有了辆上好保险的车，还有了一栋房。太不真实了。很多人断断续续和我们住在一起——赫伯·卡德维尔，艾伦·斯普莱特，还有我弟弟，杰克也和我们一起住了一阵。家里有这么多人并没让我觉得不适应，不过放在今天，我会很不适应。

杰克、我弟弟和我一起去美国电影学院报到的那天，我第一次看到了这栋大宅，压根不敢相信。能在这里上课实在太好了。刚到洛杉矶时我想拍《花园后背》，写完了一个40页的剧本。然后我认识了凯莱布·丹斯切尔，他很喜欢这个剧本。他觉得这是部恐怖片——算是吧，把它拿给了一个专拍低成本恐怖电影的制作人。这个家伙说："我想拍这个，给你5万美元，但你得把剧本扩充到100或120页。"我很沮丧。40页已经把该写的故事写完了，但接下来整整一学年，我都不时地要和弗兰克·丹尼尔以及他的好哥们吉尔·丹尼斯见面，努力往剧本里填充俗不可耐的对话，我烦透了。我在内心深处想：我还想拍这个吗？《橡皮头》的想法开始出现在我脑袋里。

在美国电影学院的第一学年，托尼·韦拉尼有天对我说："我想让你见见罗伯托·罗塞里尼（Roberto Rossellini）。"于是我去了托尼的办公室，罗伯托正在那里。我们握了手，坐下聊天，几乎一拍即合。他告诉托尼："我想让大卫做交换生，到罗马来读我的电影学校——电影实验中心（Centro Sperimentale di Cinematogra）。"

《综艺》杂志还报道了我要去交换的消息。但不久消息传来，罗塞里尼的学校倒闭了。都是命运的安排，我注定不能去那儿。不过还是很高兴能认识他。

我需要钱，于是托尼说："你可以给这个叫艾德·帕罗内（Ed Parone）的家伙实习，他正在马克·塔普尔剧院（Mark Taper Forum）排演《芭芭拉上校》（*Major Barbara*）。"于是我去那儿实习了。作为实习生，我的工作是给艾德·帕罗内倒咖啡。话剧主演是大卫·伯尼（David Birney）和布莱斯·丹纳（Blythe Danner），也是理查德·德赖弗斯（Richard Dreyfuss）第一次登台——他抢走了所有人的风头。我讨厌那部话剧，也不喜欢那个导演。他对我不太友善，也许我给他倒的咖啡不够好喝吧，谁知道呢。我态度很差，对戏剧也没有兴趣。不过布莱斯·丹纳挺好的。

托尼知道我会做东西，所以接着在犹他州给我找了份工作，给斯坦顿·凯的电影《寻宝》做道具。到那儿之前，我就听说了很多关于斯坦顿·凯的事儿，比如只有把他逼上梁山他才答应指导；他从不准时，他什么都不在乎之类的——反正他就是很怪。我到了犹他州，开始为《寻宝》制作财宝。我当时做了阿兹特克神像和金砖，一切从零开始，而且只有我和一个叫"快乐"的家伙，每天待在地下室里做个不停。快乐在马戏团工作，是嘉年华员工，我叫他"乐乐"。我原本应该在那儿待一周，等到两周过去了，我想回家，于是说："我哥们杰克也能做。"所以杰克来了，见到了很多人，大家都发现他很棒，这也给他打开了今后的大门。我觉得对杰克来说，那是个人生转折点。

美国电影学院第二学年开学第一天，我发现自己又被放到了一年级的课堂里，好像留级了一样。而且那时我浪费了整整一年，怒火蹿到脑顶。我从没这么生气过，感觉都很不真实。我冲到楼下大厅，吉尔看见了我和我脸上的表情，他说："大卫，停下！停下！"他在后面追我，但我还是径直冲到了弗兰克的办公室，不顾他助理米尔卡（Mierka）的阻拦，走进去说：

"我退学！"我又冲了出来，跑去找艾伦，他说："我也不干了！"于是我们俩去了哈姆雷特汉堡店，发了一通牢骚，喝了几杯咖啡。几个小时后我回了家，佩吉看到我后说："怎么回事？学校打电话来了，他们很不高兴你就这么走了。"于是我又回去了，弗兰克说："大卫，如果你想退学，那一定是我们做错了什么。告诉我你想做什么？"我说："我要拍《橡皮头》。"他说："好，那你就可以拍《橡皮头》。"

开始筹备《橡皮头》后我就再没去上过课，但我会时不时上楼去看个电影。美国电影学院大放映室的放映员是个资深影迷，假如他说"大卫，这部片子一定得看看"，我就知道那一定是部与众不同的电影。他放过一部《野兽之血》（Blood of the Beasts），是部法国片。电影在法国小镇街头上散步的一对情侣和一家老式屠宰场之间不断切换镜头。屠宰场里有鹅卵石铺就的院子，大铁链，还有其他钢铁器械。人们牵来一匹马，它鼻孔中冒出了烟。他们把一个东西放在马额头上，砰！马倒下了。蹄子上的铁链把它拉向空中，他们不一会儿就给它扒了皮，血流到了路面上。然后又切换到情侣散步的画面。真是有点意思。

我开始给《橡皮头》寻觅演员。我想到我在美国电影学院的同学，现在已经是戏剧导演的大卫·林德曼。我给他描述了亨利这个角色，问他认不认识合适的演员人选。他给了我两个名字，其中之一是杰克·南斯，于是我决定见见杰克。为《橡皮头》面试演员的过程中，我见的第一个人，就是最后的人选——每一个角色都如此。不是说我选人很随便，而是他们每个人都很完美。

多希尼宅邸（即石灰宅邸）建在山上，地上有两层，一层下面还有地下室，其中的房间都被改造成了办公室。宅邸里还有一条保龄球道，以及多希尼一家人用来洗衣服的洗衣房。因为衣服只有晒太阳才能干，他们围了个从街上任何角度都看不见的小院子。院墙高大概5米，就是个简单的露天小院，用来晾衣服。如此漂亮的小院，有水泥墙，还有用来进出院子的几级不错的台阶。我在那儿建了暖气片女士表演的舞台。舞台在院子里摆了很久，因为花了很长时间才建起来，也许也是因为我没什么钱。

　　言归正传，杰克·南斯和我在地下一层的一间办公室里见了面。他进屋的时候脾气很不好，就像在想：这学生电影是个什么狗屁玩意儿？我们坐下聊天，但对话很生硬，谈得不太好。聊完后，我说："我送你出去。"我们一言不发地穿过大堂，经过几扇门后到达了停车场。我们走到停车场，杰克看着停在那里的一辆车说："这个车顶行李架挺酷的。"我说："多谢。"然后他说："是你的车？我的天哪！"

　　他突然间变了个人。我们立刻开始讨论起亨利这个角色，我说："亨利的表情很困惑。"于是杰克做了个困惑的表情。我说："不对，不对，不是这样。这么说吧，亨利看起来很失落。"杰克做了个失落的表情，我说："不对，也不是这样。也许应该说他在考虑问题。"于是他做了个考虑问题的表情。我又说不对，最后我抓住他的双肩，说："就是一脸茫然。"他一脸茫然，我说："杰克，就是这样！"那之后杰克到处跟人说："亨利就是一脸茫然。"我把他带回家介绍给佩吉，佩吉背着他竖起了大拇指。然后我又把他带回了美国电影学院。杰克各个方面都很完美。我曾经想过还有谁能扮演亨利，我想遍了自那之后我认识的所有地球人，发现没人能行。这就是命中注定。杰克是个完美的人，就像夏洛特说的，杰克不怕等待。他会坐在那儿，脑袋里想各种各样的问题，也不在乎身边有谁。

　　我认识杰克时，他留的是非洲式发型。我不希望他的头发在电影里看起来很做作，所以在开拍前大概一周，我把一位理发师叫到马厩。他把杰克带到了干草棚里，给他剪了头。我喜欢他的发型，两边短，中间长——那个样子才对，而且那个样子非常重要。出于某种原因，我从小就喜欢这种发型。这次理发对塑造杰克的形象很重要，但直到开拍第一天晚上夏洛特给他梳了那个大背头，他的形象才真正到位了。我一个人肯定想不到要把他的头发梳那么高，所以在创造亨利这个角色的过程中她起了关键作用。

日落大道最东头有家了不得的工作室要倒闭了，于是我租了辆十几米的平板卡车，在一个多云的日子和杰克一起去了那儿。他们真是什么都卖。我们走的时候卡车上装了 3 米多高的东西，有布景屏、几桶钉子、电线、一块约 9 米乘 12 米的黑色背景布，以及放在亨利房间里的暖气——各种各样的东西。我们问："多少钱？"店里的家伙答："100 块。"我用这些背景屏做出了电影中的每个场景。日落大道那一带还有家地毯店，看起来像家老加油站，或者修车店。它是栋灰泥建筑，挂着块褪色招牌，里面像地狱一样又黑又脏，一摞摞地毯放在布满灰尘的地上。你得一摞摞查看，一边走一边翻起地毯，直到找到一块喜欢的。店里的家伙就会从黑暗中钻出来，把那张地毯拉出来给你卷好。如果你说不喜欢，他们就把它重新扔到那一摞的最上面，灰尘就会飞来飞去。电影里所有的地毯都是在那儿买的。所有感光胶片则是从华纳兄弟的垃圾箱里找出来的，他们的垃圾箱里装满了一卷卷扔掉的胶片。艾尔和我取出了大众汽车的后座，驮着几百卷用过的感光胶片离开了。把感光胶片放到消磁器里，就能二次使用，艾尔就是这么干的。不过我不想接近消磁器，因为它就是块大磁铁。你得把胶片放到消磁器里，以某种方式转动消磁器，这样就把分子重组了，接着用某种方式把它拿出来，它就干干净净了。

没人用美国电影学院的马厩，所以我在那儿建了个面积相当大的工作室，一待就是四年。学校里有些人在开拍第一晚下来看热闹，之后就再没来过。我太幸运了——就好像我已经死了，去天堂了。第一年里那儿只有几个演员，有多琳·斯莫尔、凯瑟琳·库尔森、赫伯·卡德维尔，然后是接替了赫伯的弗雷德，还有我。需要收现场音的时候艾尔也在，但除此之外再没人来了，再也没有。四年时间里，只有少数几个周末有其他人来帮忙。但日日夜夜，出现在那里的只有演职人员。就在那儿，就是这样。

多琳·斯莫尔在《橡皮头》的拍摄过程中起到了不可或缺的作用，她的表现可圈可点。不过，我从不强迫任何人去学些什么，否则人们会说"是大卫让我去学超觉静坐的"。除非他们自己有欲望去这样做。

艾伦·斯普莱特跟我提到了一个叫詹姆斯·法瑞尔的人，他住在银湖边上的一栋小房子里，你得把车停在一个小土包上。于是我去见了詹姆斯，他是个占星师，同时也是个通灵人，而且这个家伙很不一样。他是个特殊的通灵人，能进行神奇的命运解读。你到了那儿，跟他妻子打声招呼，然后她就离开了，他开始给你算命。我没什么钱，但仍旧拜访了他许多次，因为他收费很公道——那个时候所有东西的价格都很公道。

许多年后，那时我正在拍《沙丘》（Dune），很想和他聊一聊。

他当时已经搬到了世纪城市的一栋公寓楼里。他打开门，看起来很不一样了，整个人几乎飘在空中。他说："大卫，我现在彻底是同性恋了！"成为同性恋的他那么快乐，毫无烦恼。我说这样挺好，然后他给我算了命。我让他帮我算算正在交往的几个女孩，他说："大卫，她们互相都知道彼此的存在。"这话的意思是，那些女孩不仅看到了表面，她们身体的一部分还感知到了更深刻的东西，他说这话的方式非常让我信服。和我们相比，女孩们在很多方面进化得都更超前，因为她们扮演了母亲的角色，而这种母亲的天性太重要了。玛哈里希说过，对孩子来说，母亲的存在比父亲重要十倍。如果让女人来统治世界，我认为和平就指日可待了。

那次算命后过了大概 5 年，我和马克·弗罗斯特（Mark Frost）坐在万特乐大道（Ventura Boulevard）杜帕尔餐厅的卡座里聊天。人们在旁边走来走去，有一次有个人带着个女人经过我们身边。我瞥到了这个家伙穿的裤子，他接近橙粉色的毛衣，还有棕粉色的头发。我继续和马克聊天，接着听到了硬币洒落一地的声音。我转过身，恰好那时他也转过身来，然后我说："詹姆斯？"他说："大卫？"我走过去和他聊了聊，他看起来有些奇怪。他的皮肤带有一丝橙红色调，后来我听说詹姆斯患艾滋病去世了。他是个聪明的占星师，一个了不起的通灵人，还是个真正的好人。

我在马厩的餐厅里放瓦格纳的《唐豪瑟》（Tannhäuser）和《特里斯坦

与伊索尔德》（*Tristan und Isolde*）。每天开始拍摄前，随着日落后天色逐渐变暗，杰克和我就坐在那里听音乐。我把音乐声音放得很大，还会放弗拉基米尔·霍洛维茨（Vladimir Horowitz）演奏的《月光奏鸣曲》（*Moonlight Sonata*）。我的天，这个家伙真的很会弹。他弹得很慢，我听出他能以 100 种不同的强度按动钢琴键，从最轻微的低音，直到能震碎玻璃的高音。他演奏的时候能听到音乐的灵魂穿透而出。而且贝多芬是在聋了之后写出这种好东西的！太美好了。牛心上尉（Captain Beefheart）也是位真正伟大的艺术家，那时候我也总听《鲑鱼面具复制品》（*Trout Mask Replica*）。大概 6 点钟，大家陆陆续续到达马厩。等待的时间里，杰克和我就坐在餐厅里大声播放音乐。我们身处贝弗利山最好的地段，我们坐着，看着窗外的树林和不断减弱的日光，抽着烟，听很大声的音乐。

拍摄那部电影的第一年里，我逐渐远离了家庭，但并非出于故意——我只是无时无刻不在工作。佩吉和我一直是朋友，我们在家里也没有争执，因为她也是个艺术家。她生日的时候我和詹妮弗在餐桌上给她做了个泥雕塑。我们运回一桶又一桶的泥巴，堆的泥巴山至少有一米高，占据了整张桌子。世界上有多少妻子愿意在自己的餐厅里看到这一幕呢？大概只有一个！其他人会被吓坏的！她们会说，你把桌子给毁了！但佩佩为这个泥巴山欣喜若狂。她是个很棒的女孩，放手让我做名艺术家。但很长时间里她都不得不坐在冷板凳上，我觉得她有点抑郁了。那段时间她不太好过。

《橡皮头》拍了一年后，我花光了所有钱，赫伯也离开了，但我明白为什么赫伯必须得离开。赫伯是个很有意思的家伙。他是个杰出的飞行员，会立体地思考问题，还是个很棒的机械工程师。有一次赫伯对我和佩吉说："我搞到架飞机。你们愿不愿意和我一起到沙漠里飞一圈？"我们说："太棒了。"返航时天色已经变暗，准备滑行进入跑道时他连上无线电，对指挥塔说了晚安。他对指挥塔说晚安的方式让我脖子后的汗毛都立了起来。我产生了一种感觉：在另外一个平行时空中，赫伯是位长距离宇宙飞行员。

他说晚安的方式太美了，就像他已经说了十亿年的晚安。

有一次赫伯和艾尔决定飞到东部去。艾尔眼神很不好，但他要负责导航。他们出发准备穿越整个国家，第一站要停靠在爱达荷州波卡特洛（Pocatello）。他们往那里飞去，赫伯提前告知了那里的小飞机场，飞机场的人说："我会给你们租好一辆车，把钥匙留在车里。你们走的时候把车前灯关上，锁好车。"赫伯停好了飞机，他们就钻进租来的车里，开始往波卡特洛开。他们在夜里沿着一条双车道高速公路行驶，赫伯开车，开着开着他说起话来。说着说着他的音调突然变高，开始驶离公路。艾尔说："赫伯！"赫伯于是回到高速公路上。他接着说话，声调变得更高了，又开始驶离公路，接着完全离开了公路，声音变得超级尖锐。艾尔冲着他尖叫："赫伯！！"最终赫伯清醒过来，重新回到路上，一切正常了。谁知道这是怎么回事。

有时候我们在凌晨两三点时拍完一条，这时再开始新的一条已经太晚，于是大家都离开回家。赫伯和我们一起住，但他不会直接回家。没人知道赫伯去哪儿了，接着在早上 9 点，他的车会出现在车道上。他走进屋，一句话都不说，你也知道最好什么都别问。小詹还记得赫伯每天早上的样子，他走路的速度特别慢，脾气不暴躁，但也不高兴，他会到自己偷藏巧克力早餐棒的地方摸出一根来吃，谁都不能碰他那些早餐棒。小詹特别想要一根那个早餐棒，但他从来没给过她。

赫伯为卡尔文·德弗雷尼斯工作时，有时想要参与某些政府筹拍的电影，你必须有那种高级别许可证，赫伯就有这种许可证——好多人觉得赫伯是在为 CIA 工作。赫伯找到了一份给飞机设计 16 毫米投影的工作，必须去伦敦出趟任务。他和另外几个人一起出差，那些家伙都知道赫伯非常有意思。有天早上他们约好在伦敦盖特威克（Gatwick）地区见面，于是这几个人到了盖特威克，但等了半天却不见赫伯出现。他们给他旅馆房间打电话，没人接。于是他们给他酒店的老板打了电话，让他去赫伯的房间看看。他们到了房间里，发现赫伯死在了床上。他们在伦敦做了尸检，没发现死因。他妈妈在老家北卡罗来纳办了葬礼，又做了一遍尸检，还是没发现死因。这就是赫伯的故事。

赫伯离开后，弗雷德·埃尔姆斯顶替了他的工作。电影在拍摄过程中不断发生着变化。我总在餐厅里画画，有天我在餐厅里画了个小女人，画完之后我看着她，暖气片女士就这么诞生了。我不记得自己那时是不是已经想出了《在天堂》这首歌的歌词，但那个女士确实出现了，而且我知道她住在暖和的暖气片里。我跑到亨利的房间，因为我忘了里面的暖气片长什么样，自那之后我见过无数暖气片，但没一个像我当时看的那个一样。它像个小隔间，可以住进去一个人。我真是不敢相信。你没法和这些命运的安排相抗争。亨利和暖气片女士一起拍摄的最后一幕太美了，整个画面都燃烧成了白色，都在发光。

假如需要在马厩外的室外空间里拍摄，我们就得在周五、周六和周日工作，然后在周一园丁上班前把所有东西收拾干净。

假如挡了他们的道，我们就会有麻烦。我们在美国电影学院存柴火的地方拍了来到地球的那场戏，在我家车库里拍了胎儿飘浮在空中的场景。亨利飘在空中以及地球表面的场景是在弗雷德家的客厅里拍的。我在家里做好一个长家伙，然后带到了弗雷德家，他组装出了一个漂亮的摄影机轨道，能以很大的倾斜角度向下拍摄，还能移动。所以在电影里能感到自己向地球逐渐靠近，然后插入进来，开始在地球表面旅行。弗雷德会在他家电箱上做些手脚，这样我们就能偷电，还把粗大的电缆运到了他住的地方。如果有电影特效方面的问题，我们就去找拍C级片——不是B级片，而是C级片——的人聊聊。我们认识了不少厉害的人物，每去一个地方我都能学到东西。我学到的最重要的一课是，所有东西都是常识，自己就能琢磨出来怎么做特效。

我做了一个地球，它可以在特定的地方裂开。我还想做个弹弩，可以把一大块铅或者钢铁弹到地球表面，撞击时就会引发爆炸。艾尔设想了一个完全不同的弹弩，我说："你那个不行。"然后他说："不，你那个才不行。"
所以我们俩各做了一个，结果哪个都不行。最终我只能用手往地球上扔大
厚块，但只砸烂了一半，于是我又扔了一块。最后的结果非常棒，因为有
了两次爆炸，而不像原先设想的那样只有一场。

很多场景我们都拍了两遍。比如大堂另一边的漂亮女孩：赫伯用一簇
簇强光照亮布景，但朱迪斯在这种光下显得不好看，氛围也不对。于是赫
伯重新设计了灯光，取而代之的是微风一样柔和的灯光，缓慢渗透进一片
漆黑之中，太美了。

有个周末我们拍了那场"一毛钱戏"，我清空了自己的账户，换了加起
来有 60 美元的一毛钱硬币。那场戏源于我关于土坯墙的一场梦：我抠了一
下墙面，看到了一丝银光，土墙背后是一排排的一毛钱硬币。你可以随便
挖出来！真是难以置信。

在这场戏中，亨利透过楼上公寓的窗户看到有些孩子找到了一毛钱硬
币，接着有些成年人走了过来，开始追着他们打。我弄来一大堆的土和水管，
做了一个又脏又油腻的池塘。接着必须把摄像机吊高，模仿一个居高临下
的人观察这一切时的视角。

我们真是花了好长时间，把这些沉东西搬到小山上，做好布景，而且
要在三天内完成。我记得杰克跟我说："林奇，观众们永远不会知道的。"
其实所有事都是这样。一部电影背后要发生那么多事情，观众们永远都不
会知道。你可以讲述想讲的故事，但仍旧无法确切传递那种经历。就像给
另外一个人讲梦，但不能让对方真的做梦。

所以，我们拍完了那场戏，但最终只有一小部分出现在了电影里。那
天晚上杰克喝了酒。拍完后，凯瑟琳把我拉到一边说："大卫，杰克把好多
硬币装进了他自己口袋。"于是我走过去说："杰克，你得把硬币还回来。"
然后他说："是啊，林奇，你什么都想要！"这句话击中了我。那天晚上我
下定决心，参与这部电影的所有人将来都要获得收益，因为他们一路下来

都在支持我。想法就是在那一晚出现的。

杰克对于凯瑟琳告发他非常生气，所以他对她说："滚到畜生栏里去，马脸婆！"凯瑟琳心胸比杰克宽大，她转过身，扇了他鼻子一下，手上的戒指割破了他的鼻子，杰克倒了下去。然后她就走了，剩我和杰克在那儿，我说："别闹了，杰克，咱们去喝点儿咖啡。"我们开车去了库伯·佩妮（Copper Penny），那晚进行了两个人之间最棒的一场谈话。

遇到超觉静坐之前，我一直在寻觅，也尝试过各种不同形式的冥想。艾尔很迷葛吉夫和邬斯宾斯基（Gurdjieff-Ouspensky）的冥想，但练完之后我觉得很冷。有时候艾尔和我会因为这种事情陷入严重的争执。艾尔并不是一直在喝酒，因为他没那么多钱，但一旦喝了酒就变得很爱斗嘴，很多次他都冲出片场跑回了家。我们吵了不少架。

佩吉的爸爸总是在看书，有天他给了我一本关于禅宗的书。这是他给过我的唯一一本书。我读了，一周后我们俩一起到树林里去散步。我们走着走着，他说："那本书说人生只是场海市蜃楼。你理解吗？"我说："是啊，我应该懂。"而且我确实懂。他是个非常有意思的人。住在费城时，每周日晚我们都会去佩吉父母家吃饭。那些日子我还没买车，得搭火车上下班。有个周日晚上，佩吉的爸爸说："听着，周三早上你到了火车站后，到9号站台上车。我那辆火车进站的时候，你那辆还没走。躲在火车里，9点零7分整时从车里走出来，挥挥手，然后走掉。我也会这么做。现在咱们俩对对表。"必须是周三，所以我得惦记两天。周三来了，我去了火车站，躲在了我那辆火车里，我在里面等啊等，还有20秒，等啊等，5、4、3、2、1——我走了出来，看到他从对面的火车里也走了出来，我们挥挥手，然后各自走掉了。就是这样，我真是很高兴，因为我没让他失望。

我在寻找着什么，但一直没能找到。有一天我和我妹妹打电话，她给我讲起了超觉静坐。我说："唱诵！我得学会唱诵。"挂了电话后，我对凯瑟琳说："你想和我一起冥想吗？"她说："当然。"我让她打电话问问我们应该去哪儿，她正好拨通了精神觉醒运动中心的电话。当时洛杉矶有学生国际冥想协会（Students International Meditation Society）和觉醒运动中心。我妹妹说得没错，觉醒运动中心对我来说是最完美的选择。查理·鲁茨在那里教入门课程。对我来说，查理也是最合适的导师，因为他对冥想精神性——而非科学性的一面感兴趣。多亏了查理和海伦——我爱他们俩，我从他们那儿学到好多。查理有时看到我的衬衫上有洞，就把他虽然穿旧了但依然完美无缺的衬衫送给我。他们一直照顾着我。

查理很爱玛哈里希，早期一直是他的左膀右臂。不过在遇到玛哈里希之前，查理接触过各种东西。有时候，他还会讲出很荒诞的故事，例如有天晚上他被外星人选中，从洛杉矶飞到了华盛顿特区，然后又在几分钟之内飞了回来。一天晚上讲完课后他说："你看到了吗？"我说："看到什么？"他说："我讲课的时候，教室后面一直有个巨大的天使。"他不是疯了，但跟普通人确实不在一个频道上。

搬到斯科茨代尔（Scottsdale）之前，查理和海伦到弗洛德罗普去见了玛哈里希，他对查理说："到这儿来跟我一起。"可查理说："我们还得照顾狗。"玛哈里希听到后只是轻蔑地摆了摆手。玛哈里希身边的很多人都讨厌查理，但玛哈里希没有。他也不会真的去讨厌任何人。

披头士开始冥想的时候，我还一点都没想过要冥想，但后来我好像被上了发条，怎么做都不够。开始冥想后我整个人都变了。开始后两周，佩吉见到我说："发生了什么？"我说："你指什么？"因为她可能指的东西太多了。她接着说："你的愤怒。它跑哪儿去了？"原来我早上起来脾气很不好，如果没有吃到恰好的燕麦粥，就会让佩吉过得很惨。她看到我准备起床了，就冲到日落大道上的阳光蜜蜂集市（Sun Bee Market）上去，然后带着燕麦一路跑回家。那些日子里我很不开心，把气都撒在了她身上。有次我给多琳·斯莫尔看了我冥想之前写的东西，她看哭了，因为言语间隐藏着那么多愤怒。一旦开始冥想，那股愤怒就消失了。

开始冥想前我担心会就此失去锋芒，我不想失去激励自己创作的那股火气。后来我发现，冥想只会提供给你更多用来创造的火气，会让你在创造过程中更幸福，而且变得特别有锋芒。人们认为愤怒就是锋芒，其实愤怒只是弱点，会毒害你和你周围的环境。它不健康，当然对于人与人之间的关系也没有好处。

和佩吉分手后，我搬到了马厩里，那儿是最棒的地方。我会把自己锁在亨利的房间里，很喜欢在里面睡觉。但最终我不得不离开，搬到罗斯伍德大街上的一间平房里。埃德蒙·霍恩（Edmund Horn）是我房东，我的房子就在车道的尽头，躲在他房子的后面。《橡皮头》中有一幕，一个流浪汉坐在公交站长椅上。那个流浪汉穿的就是埃德蒙的毛衣。我认识埃德蒙时他大概 60 岁，是个音乐会钢琴家，20 世纪 30 年代时曾和格什温（Gershwin）一起巡演过。他是同性恋，活了得有 100 多岁了。因为没孩子，他就购买房产，结果在西好莱坞拥有一大堆房子。他是个百万富翁，但并不在乎钱；他的衣服很脏，穿得像个流浪汉。他为人很挑剔，很可能会因为心情不好而冲你发脾气。不过我和他相处得特别好。他容忍我想要的一切，我在他眼中应该是个不错的租户，因为我会帮他做些奇怪的事情。比如我帮埃德蒙搬过好多热水加热器，而且很喜欢这个活。送报纸的时候总会有些剩报纸，我就把它们留在埃德蒙的后走廊上，他喜欢读报纸。

他房子外停着辆大众汽车，但车顶上罩着原来放冰箱的纸箱子，轮胎也瘪了，他从来不开。他去哪儿都是走路。过去他会用瓷盘子接雨水，然后把雨水端进屋里，就着雨水刮腋毛。他屋子里的每样东西都从未换过新的——全都是 20 年代的老物件——屋里挂着只 40 瓦的灯泡。他晚上看电视的时候，屋里只有那个灯泡亮着。他非常节省。有天晚上我听到埃德蒙家里传来重击声，我走出去听，发现他在用拳头砸墙，边砸边哭。"帮帮我。"他从存在的最深处呼救。他并不是在寻求人的帮助，他是在哭求头上的宇宙帮帮他。

租房子的时候一般会自带车库，但埃德蒙并没给我车库。埃德蒙，为什么我没有车库？看看车库里都是什么？纸箱子。他热爱纸箱子，最爱的是上蜡的水果箱。埃德蒙的纸箱子不是拆开放的——它们都堆在一起，从地板一直堆到天花板，全都是纸箱子。我说服埃德蒙，让我帮他建个新车库，然后把这个旧的给我——因为它面积很大。我于是给埃德蒙建了个新车库，他非常高兴，但给我涨了一点房租，而且我得把他的纸箱子从旧车库全都挪到新车库去。然后我沿着院墙搭了个 L 形的棚子以及另外一个棚子，用来储藏工具。我在院子里锯出张桌子，反复在上面喷 WD-40 除锈剂，这样它就不会锈了。我还用帆布把它盖了起来。《橡皮头》的后期就是在埃德蒙的老车库里做的。我有台很老的莫维拉（Moviola）电影剪辑机，甚至都没有工作台，我的胶片都堆在架子上，屋里还有张自制的剪辑桌和一些同步器。

艾尔去芬德霍恩的时候我还在制作这部电影，他的离开真的让我很不高兴。艾尔是个幽默的人。他还很实干，想到什么就立刻着手去做。

这样挺好。但我真的需要他帮我做《橡皮头》。可是他就这么走了。我觉得一开始他挺享受乌托邦社区的生活，但几个月后他就回来了，再次见面时我真的很高兴。回来后他就住在我的车库里，整天吃沙拉，吃沙拉的样子和干其他事的样子简直一模一样——粗暴地拌沙拉，然后粗暴地吃掉。艾尔在车库一头支起张桌子，虽然我们几乎没有音效设备，但艾尔就在那儿做出了音效。艾尔每天早上会做一件被我们称为"装上眼睛"的事情，而且每次做的步骤都一模一样。他会拿张纸巾，按照特定方式折好，用一只浅碗装上液体，再拿出隐形眼镜盒。他打开盒子，拿出一只隐形眼镜，很快地在液体里转一转，戴上，然后在纸巾上抹抹手指。接着他会戴第二只，发疯一般在液体里转动那只隐形眼镜，戴上，然后就完事了。

多希尼宅邸里有个被称为"大厅"的巨大房间，最初是舞厅，美国电影学院在那儿铺上了斜面地板，放入了一个大银幕、一间放映小隔间，把配音（dubber）安置在原先交响乐团待的楼座处。底下还有混录控制台。大厅里有架支形水晶灯，能一直升到天花板，越往上升光线越暗淡，所以在里面看电影的时候效果非常不错。有天艾尔和我在里面做混录，有人走了进来。我不希望屋里有人，于是告诉他们走开。接着另一个人走进来说："戛纳来的人在这儿呢。他们能进来看看吗？对你会很有好处的，大卫。"一般情况下我会拒绝，但我同意了，允许他们只看一点。我当时并没看清他们，只把他们想象成一群头戴贝雷帽的人。他们一共看了五到七分钟。后来有人转述他们的话给我："他比布努埃尔还布努埃尔。"我应该把电影带到纽约去，他们正在那儿给戛纳选片。

这件事让我们意识到《橡皮头》也许可以进戛纳。于是艾尔说："如果你想赶上截止日期，咱们就得加班加点地工作，你也不能再去鲍勃快餐店了。"我简直快难受死了，不得不放弃了我的奶昔。不过艾尔很可怜我，有天他说："咱们歇一会儿，去哈姆雷特汉堡店吧。"于是我们去喝了咖啡。我在橱柜里看到一角荷兰苹果派。我要了一角，太好吃了，但是太贵，不能再吃了。

有天我去逛超市，看到一整块荷兰苹果派，价钱只比那一角贵一点点，于是我买了那张派，读了说明，把它放在烤箱里烤熟了。我会每次切一角，裹在锡纸里藏在夹克底下，然后去哈姆雷特汉堡店要杯咖啡，喝咖啡的同时偷偷把派拿出来咬一口。我们及时完成了电影，赶上了戛纳的选片时间。

我常去农夫市场的杜帕尔餐厅吃饭，市场那儿有很多两个轮子的蓝灰色木头购物车，很高大。于是我找到了农夫市场的经理办公室，沿着木头楼梯走到位于一栋二层还是三层楼的一间漂亮办公室里。那个家伙请我进去，我说："我得把24卷胶片运到纽约去。我能管你借一个那边的购物车吗？"他说："听着，伙计，老有人偷这些破车，他们可不会进来征求我的意见。你能问问真好，所以当然可以借给你。祝你好运。"我有12卷画面和12卷声音，把它们都放进了这辆沉重的购物车，用胶带粘紧，作为托运行李送上了飞机。我取出了银行账户上所有的钱，买了张红眼机票，飞到那儿的时候病得很厉害，重感冒加发烧。暖气片女士的妹妹住在纽约，她给我做了早饭，然后帮我打了辆车，就这样我去了市中心一家剧院。我把胶片推了进去，有个人说："放那儿就行——那些电影都排在你前面。"他指着长长的一排胶片说。我去喝了点咖啡，吃了甜甜圈，一整天都在外边走来走去。到了下午晚些时候，放映员终于开始放《橡皮头》了。我听着门里面的动静——这电影感觉可真长！他终于说："好了，放完了。"我把胶片装车回了家。

大概一周后，我发现当时放映厅里一个人都没有，他是在对着一间空屋子放电影。我感觉非常糟糕。后来我把电影提交给纽约电影节，也被拒收了。我甚至都不准备把它提交给洛杉矶国际电影博览会了，但玛丽·菲斯科说："我开车带你过去，你必须得提交。"于是我装好胶片开车过去，心里愤愤不平。我把胶片卸下车，说："被戛纳拒了，被纽约电影节拒了——也可能被你们拒，就是这部片子。"那儿的人说："别着急，伙计。我们有自己的看法，不在乎它在哪儿被拒过。"然后《橡皮头》在洛杉矶国际电影博览会的午夜场上映了。

电影被 Filmex 接收了，我以为就完事了，但它还需要重剪——我正是在 Filmex 的放映过程中明白这一点的。那是个巨大的放映厅，他们说："大卫，坐在后面这张椅子上。摸到椅子底下有个小按钮了吗？每按一次，电影分贝就会提高。"于是我坐在那里，电影开始了，速度非常慢，我大概按了三下按钮。还是太慢，我又按了一下，仍旧太慢。我可能又按了好几下。我把声音调太大了——当亨利在玛丽家用刀子在盘子里切鸡肉时，那声音快要把前排观众的脑袋切掉了。我离开了放映厅，影片接下来的时间里，我都在大堂里走来走去。那天晚上，弗雷德开车送我回家。路上我说："弗雷德，我他妈的得重剪这部电影。"他说："大卫，别。"我说："我确切地知道应该剪掉什么，我要把它剪掉。"于是我整晚没睡，都在干活。剪的过程中不是没有犹豫——我经过了深思熟虑——但我失误地剪了合成拷贝。并不完全算是失误——我知道自己在剪合成拷贝——这么干很蠢，但我就是这么干事的。所以在 Filmex 上映的电影要比后来长 20 分钟——当时时间是 1 小时 50 分钟，现在它是 1 小时 30 分钟。

有个搞电影发行的年轻人看到了《橡皮头》，谢天谢地他意识到本·巴伦霍尔兹应该发行这部电影。他联系到了本，之后本要求看一看。本真的是个人物。他很严肃，是个生意人，但是个艺术生意人，而且他是午夜场电影放映界的教父。他跟我说："我不会做太多宣传，但我保证两个月之内，人们会在售票处排队看这部电影。"他的话成真了。

佩吉和我离婚后不久，玛丽搬到了托潘加和杰克还有茜茜住在一起。当时他们两个有点忽视玛丽的存在，她很不开心。于是我们俩开始走得很近，就这么顺理成章地发展了下去。我又结婚了，因为我爱上了玛丽。

刚一结婚，玛丽和我就前往纽约，准备在那儿继续完成电影。玛丽只在纽约待了一周——她很快就对那个城市厌烦了，而我在本的公寓里住了一整个夏天，和一个叫作精准电影实验室（Precision Lab）的公司一起工作。也许有的实验室是由一群艺术家组成的吧，但这个实验室里的人就像一群卡车司机。那是个蓝领风格的实验室，他们不敢相信我居然想把胶片冲洗得如此暗，一直拒绝实现我想要的效果。他们会说："不行，你不能把胶片冲得那么暗。"我说还得再暗点儿，但他们只会稍微再加暗一点点，我就只能说"不行，再暗点儿"。每次冲印他们都得从头到尾把底片过一遍，结果花了两个月时间才达到了我想要的黑暗程度。做了那么多版本的拷贝，真是太可怕了。我终于拿到了一卷自己喜欢的拷贝，电影于是在 Cinema Village 影院进行了首映。我没去首映式，但在周四和周五两天的首映聚会上，他们提前放了电影。来的人大多数是公司内部人士和他们带来的朋友，周六那天才是正式公映。我听说第一天晚上来了 26 个观众，第二天来了 24 个。

电影上映后我还是没什么钱，所以回到洛杉矶后，我去河滨市和我爸爸一起翻修了一栋房子。不过我并没觉得意志消沉。怎么可能！电影能够完成并进入发行，我已经谢天谢地了。当然它不能算是大获成功，但所有事情都是相对的。如果谈的是钱的层面，那《大白鲨》（Jaws）肯定很成功；如果谈的是完成一项工作后的畅快感，以及让人们有地方去看一部真正的影片——对我来说这已经算是成功了。于是我每天和爸爸一起工作，晚上回到家后，妈妈已经给我们俩准备好了晚餐。一起吃完晚餐后，我就回到自己的房间里，然后钻进被窝，写上 10 页的《火箭罗尼》或《存在之奇异力量的荒谬奥秘》（Absurd Mystery of the Strange Forces of Existence）。不写完 10 页我就没法睡觉，因为这些故事已经全都在我脑子里了。那些日子里，如果搭火车从华盛顿特区到纽约，就会经过《火箭罗尼》里的那种地方。那时候还没有涂鸦艺术家，那里都是些尚未完全破败的旧工厂和工人住宅区，太美好了。然后它们就消失在了视野之中。我从火车上看到的那个世界就消失不见了。《橡皮头》没给我挣到多少钱，但我很喜欢自己看到的那个世界，考虑着要把《火箭罗尼》拍出来。

美国小伙
The Young American

EM-5470

林奇确实给自己的作品找到了受众，但他的下一个剧本《火箭罗尼》却很难找到买家。开场画面奠定了整部电影的基调——猛烈的枪林弹雨从一个话剧舞台直射向 60 米的高空。这个故事中包含了太多超现实元素，在 20 世纪 70 年代末还很难实现，因为当时的电脑特效不过是刚刚萌芽。再看看这个剧本中的其他想法：一只扭断脖子的鸟向后翻跟头；电线像蛇一样咝咝前进；浪漫的爱情触发了爆炸，彩纸条从天而降；还有一只用后腿走路并且会说话的猪。这些同样难以实现。

《火箭罗尼》的背景是一个"被煤烟熏得发黑的黑暗城市，乌云不断从上空掠过"，让人联想起费城和《橡皮头》。不过《火箭罗尼》的叙事方式和《橡皮头》所采取的极简主义截然不同，它把两条复杂的故事线穿插在了一起。其中一个故事讲述了一位进入名为"内城"禁区的侦探，他在追踪一个偷电的坏人，这个人对电进行了改造，让它不再释放光明，反而释放黑暗。第二条故事线追踪了一位 16 岁男孩悲伤的冒险经历，他是个类似弗兰肯斯坦的怪物，只有依靠通电装置才能存活下去。林奇曾说这部电影和摇滚乐的诞生有很大关系，火箭罗尼成了一个被经济利益所绑架的摇滚明星，但本质却未腐坏。剧本中的核心隐喻是电，它出现在了各处——在电线上噼啪作响，从手指尖流出，在遍布整座城市的电车电缆上跳跃舞蹈。剧本中还穿插着经常在林奇作品中出现的元素，包括古怪的性爱、畸形的家庭和大量的暴力。

这些混杂的元素共同寓言着当时占据了林奇生命核心的精神信仰。故事中的侦探得到了一位智者的指导，告诉他保持意识觉醒的重要性；在这个故事里，失去个人意识就意味着死亡，而爱和痛苦是让人们保持意识的力量。剧本中不断出现"圆形"这个主题——侦探前去拜访一家名叫"圆环俱乐部"的夜总会，有人告诉他"事情一圈圈地轮回"，"生命就是个甜甜圈"——暗指轮回和重生之轮。电影的结束画面中，一个长了四只胳膊的人物在荷叶上跳舞，试图触碰上面的一只金蛋。印度教经文《吠陀》告诉我们，物质世界是从婆罗门的心中生发而出的，它是个金蛋，像梦一样漂浮在神圣的意识之水上。

林奇曾形容《火箭罗尼》的主题为煤炭、石油和电力，但它也是一则包裹着黑色幽默外衣的奇怪启蒙故事。令人意外的是，这个剧本确实引起了一些人的兴趣。《橡皮头》发行后几个月，林奇接到了马蒂·迈克逊（Marty Michelson）的一通电话。他是威廉·莫里斯经纪公司（William Morris Agency）的一名经纪人，对于代理林奇很感兴趣，他试图为《火箭罗尼》筹措资金，但并没得到任何回应。

此时，斯图尔特·科恩菲尔德（Stuart Cornfeld）走进了林奇的生活，正是他引领林奇走向了他的下一部作品《象人》（Elephant Man）。科恩菲尔德出生于洛杉矶，是美国电影学院制作人项目的学员，读书期间将精力集中在了推动女性工作坊这件事情上。当时女演员安妮·班克罗夫特（Anne Bancroft）也在学院读书，科恩菲尔德为她制作了一部半小时长的短片。在和科恩菲尔德合作了第二部短片《肥仔》（Fatso）后，班克罗夫特邀请他作为制作人，共同将短片扩展成了她的导演处女作。

科恩菲尔德1976年从学院毕业，同班同学中有导演马丁·布雷斯特（Martin Brest），正是他力荐科恩菲尔德到新艺剧院观看了《橡皮头》。"我一下就爱上了它。"科恩菲尔德回忆说，"大卫某种程度上打破了黑色电影的拍摄惯例，他的电影黑不见底，但最后又有一个超然的结局。他创造了一个让你坠落其中的可怕洞穴，一般情况下你肯定怕极了，但他的作品中却暗涌着一股平和气息。《橡皮头》完全突破了我的想象。"

科恩菲尔德接着说："我知道大卫也读过美国电影学院，所以就跟学院要来了他的电话号码，给他打电话说：'你的电影太棒了。你现在干吗呢？'于是我们约在了一个叫尼伯勒的餐厅见面，就这么认识了。他当时很穷，住在罗斯伍德，我记得认识不久后就去了他家。他有个剧院之声（Voice of the Theatre）牌音箱，用唱机给我播放了唱片《96 滴泪》（96 Tears）。我们每周见一次面，一起吃午餐，他总是很风趣，幽默感和我很对路。我喜欢黑暗的人文主义者。"

"他给我看了《火箭罗尼》的剧本，太了不起了。我四处拿给别人看，但却没有反响。大卫的《橡皮头》已经遭遇了好莱坞主流世界的负面评价。我跟他说：'现在最重要的是着手去做下一部电影。'"[1] 也是从这时起，林奇开始考虑拍摄别人的剧本了。

安妮·班克罗夫特介绍科恩菲尔德认识了她的丈夫梅尔·布鲁克斯（Mel Brooks），后者邀请科恩菲尔德做他的助理，参与拍摄了 1977 年的热门影片《紧张大师》（High Anxiety）。这部电影的首席助理导演是个叫乔纳森·桑格（Jonathan Sanger）的年轻新人。桑格出生于纽约，1976 年搬到洛杉矶，是他的朋友巴里·莱文森（Barry Levinson）把他介绍给了布鲁克斯，并受邀参与了《紧张大师》的拍摄。总之，科恩菲尔德和桑格在电影片场成了好友。

《象人》背后隐藏着一个充满真挚情怀的故事：桑格家的保姆凯思琳·普瑞里曼（Kathleen Prilliman）请他读了一个剧本，剧本作者是普瑞里曼的男友克里斯·德沃尔（Chris de Vore），以及他在北加州读电影时的同学艾瑞克·伯格伦（Eric Bergren）。他们俩最初都想做演员，但在一本名叫《特殊的人》（Very Special People）的书中读到象人的故事后，他们的职业生涯转向了编剧。

象人——真实姓名为约瑟夫·梅里克（Joseph Merrick）——1862 年出生于英国莱斯特城，因严重疾病导致天生畸形。他先是从事了一份残忍的工作——在余兴表演中出演怪物，后来被送到了伦敦医院的病房，由弗雷德里克·特里夫斯爵士（Sir Frederick Treves）保护并照料，直到 27 岁时去世。[在 1923 年出版的《象人及其他回忆》（*The Elephant Man and Other Reminiscences*）一书中，特里夫斯错误地把梅里克的名字记成了约翰，而不是约瑟夫。]

"我被这个剧本迷住了。"桑格回忆说，"提出以 1000 美元的价格买断剧本一年，他们卖给了我，但要求能够以作者身份继续参与整个项目。"[2] 科恩菲尔德看到剧本后也很兴奋，读完后他立刻打电话跟桑格说："我知道一个合适的导演人员。"他接着给林奇打了电话，"你必须读读这个剧本。"

《象人》是一出黑暗的浪漫剧，恰好是林奇所梦想的那类故事。

一周后林奇和桑格约在了鲍勃快餐店碰面。林奇对他说，他太喜欢这个剧本了，不知道他们是不是已经确定了导演人选。"大卫聊了聊他对这部电影的设想，"桑格说，"看完《橡皮头》之后，我觉得他拍得了。"同样也是在看过《橡皮头》后，德沃尔和伯格伦得出了相同的结论。"我们觉得：哇哦，这个家伙真的可以拍，"德沃尔说，"在世纪城的鲍勃快餐店见过大卫后，我们更加确信他有颗狂野的心，正好适合这部电影。"[3]

确定林奇为理想的导演人选后，科恩菲尔德和桑格把剧本拿到了六家电影工作室，可惜并没能见到有权力给这部电影开绿灯的人。这时候梅尔·布鲁克斯插手了。"我把剧本交给了梅尔的秘书兰迪·奥尔巴克（Randy Auerbach），她又转交给了梅尔，然后梅尔用一个周末读完了。"桑格说，"周一早上他给我打了电话——因为我把名字写在了剧本上，说：'剧本很诱人。咱们聊聊。'第二天我在贝弗利山酒店见了梅尔和他的律师。'咱们干吧。'我简直不敢相信自己的耳朵。"

布鲁克斯当时正在筹备建立一家名为布鲁克斯影业的制片公司，他计划利用这家公司筹拍喜剧之外的电影——这和他当时所在的弓弩制片公司（Crossbow Productions）恰恰相反，因为弓弩只拍喜剧。"私下里我其实是个知识分子，喜欢尼古拉·果戈里和托马斯·哈代，但我一早就被定义成了一个小丑，也知道不能越界。"布鲁克斯说，"但这不妨碍我制作严肃电影。而且我发现，只要隐去梅尔·布鲁克斯的名字，这事就能干成。"[4]

布鲁克斯认为《象人》很适合导演艾伦·帕克（Alan Parker），但科恩菲尔德告诉他："不行，必须让大卫·林奇拍，他才是合适的人选。"布鲁克斯同意见见林奇。"大卫到20世纪福克斯公司（Twentieth Century Fox）的办公室来见我，穿得像詹姆斯·史都华（James Stewart），好像马上要上台扮演查尔斯·林德伯格（美国飞行英雄，詹姆斯在《林白征空记》中曾扮演他）。"布鲁克斯回忆说，"他穿了件飞行员皮夹克，白衬衫的扣子系到最高处，头发剪得像个乡下人。他很直接，操着一口让人发狂的中西部口音。我们聊了聊剧本，他说：'我觉得这是个暖心的故事。'这个说法打动了我。我们谈了很久，他离开后我说：'就是他了，不用再见其他人了。'"

科恩菲尔德告诉布鲁克斯，在正式决定雇用林奇之前，也许应该先看看《橡皮头》。在桑格的陪伴下，布鲁克斯在20世纪福克斯大楼地下室的达里尔·F. 扎努克剧院（Darryl F. Zanuck Theater）观看了场私人放映，在此期间林奇和科恩菲尔德就等在外边。电影结束时，布鲁克斯正式雇用了林奇。

布鲁克斯说，他之所以喜欢《橡皮头》，"因为它满是象征，却又是真实的"。随后他对桑格和科恩菲尔德讲了他的筹资计划。科恩菲尔德说，他们已经接触过这些人了，他们都不感兴趣。"梅尔说：'他们对你不感兴趣。'"科恩菲尔德回忆说，"'没人愿意拒绝我，一定会有人回电话说对这个项目感兴趣的。'——他说的当然没错。剧本上写明了大卫是导演，派拉蒙和哥伦比亚都回了电话。"

当时派拉蒙的老板是迈克尔·艾斯纳（Michael Eisner）和杰夫·卡森伯格（Jeff Katzenberg），布鲁克斯把剧本给了艾斯纳。"我说：'读一读，拜托了。'"布鲁克斯回忆说，"迈克尔很快就回了电话，说：'剧本太棒了，我想拍。'"〔当时影评人宝琳·凯尔（Pauline Kael）正在帮派拉蒙评审资料，她鼓励艾斯纳拿下这部影片，接着给德沃尔和伯格伦送去了张小纸条，说他们的剧本完全忽视了梅里克的性别魅力。〕

虽然林奇指出《象人》的原始剧本非常优秀，但它毫不意外又经历了大量修改。伯格伦和德沃尔的初稿长达 200 页，于是电影公司着手做的第一项工作就是简化故事。

科恩菲尔德是这部电影的执行制片人，他回忆说："大卫和梅尔很大程度上主导了剧本的改写过程，而且梅尔对剧本贡献了许多灵感。"桑格同意他的说法："梅尔对剧本贡献很大，他把故事变得更戏剧化了。电影中的故事和真实世界中的版本不尽相同，但梅尔说：'真正发生过什么并不重要，我们只在乎它如何运转成为一部情感充沛的电影。'"

福克斯给林奇、德沃尔和伯格伦安排了一间工作室，就在布鲁克斯工作室的对面。改写剧本的两个月时间里，他们每周末都会碰一次面。"他们大声读出新写的内容，然后由梅尔给出意见。"桑格是这部电影的制片人，他说，"梅尔喜欢把所有想法都抛出来，拍喜剧的时候他用的就是这种工作方法。有时候他的意见不太奏效，但有时就像及时雨——梅尔是个很聪明的人。"

一拿到启动资金，为象人这个角色选角就成了第一要务，形形色色的备选人进入了视野之中。如果选个明星，就能借力筹措到剩下的资金——有人提了达斯汀·霍夫曼（Dustin Hoffman）的名字——但明星可能需要很长时间才能进入角色。

"我们听说了约翰·赫特（John Hurt）在《裸体公仆》（The Naked Civil Servant）中的表演。于是，梅尔和我看了看那部片子，留下了深刻印象。"桑格说，"大卫力荐杰克·南斯来扮演梅里克，但梅尔觉得大卫得和其他演员合作，这样才能走出舒适区。因此，让杰克来演是个坏主意。于是我们俩开始力推由约翰·赫特扮演这个角色。"

约翰·赫特当时在蒙大拿州拍摄导演迈克尔·西米诺（Michael Cimino）

的新片《天堂之门》(*Heaven's Gate*)。但 1979 年早些时候，他因为奥斯卡奖来了趟洛杉矶——当时他凭借在《午夜快车》(*Midnight Express*)中的表演获得了最佳男配角的提名。"梅尔给约翰的经纪人打了电话，希望他在城里的这段时间能够见个面。"桑格说，"梅尔想出个主意：把象人本人的照片放大冲洗到墙壁那么大的尺寸，挂在他办公室里，然后他本人来指挥操作整件事。梅尔说：'行了，到时候约翰会坐在这里，咱们把照片挂在那里，咱们谁都别提这些照片，就聊聊电影。'"

"所有人齐聚在那间办公室里。落座后，梅尔开始介绍这部电影。我们都能看出来约翰的眼神不断瞥向那些照片。"桑格接着说，"约翰表现得很礼貌，他的经纪人一直在说类似'听起来很有意思'这样的话。然后约翰突然打断他说：'我想拍这部电影。'大卫站起来，走到约翰面前和他握了握手，这两个人很快建立起了一种特殊关系。大卫身上的某种特质打动了约翰。他们俩性格迥异，但大卫是那种人生赢家——谁都很难拒绝他。所以他们俩从一开始就变得很要好。"

电影进程快速向前推动，林奇也做好了全身心投入的准备。"他喜欢那个项目，故事本身牵动了他心里的某种东西，但制作一部好莱坞电影对他来说是全新的体验。"玛丽·菲斯科说，"所有事进展都很快，永远有一堆做不完的事。我哥哥不知道大卫能不能做成，因为他归根结底是个艺术家。"

很显然，林奇从未怀疑过自己执导这部影片的能力——面对艺术他从来都无所畏惧——而且最初，他准备在《象人》上实践《橡皮头》那套亲力亲为的方法，想自己做特效化妆。"大卫说，如果由他来拍，就要由他来化妆。"布鲁克斯回忆说，"我告诉他：'我也算是执导过几部电影，拍摄过程中有你忙的。'但我还是放手让他试了试。"因此，赫特返回《天堂之门》片场后不久，林奇夫妇到蒙大拿州给他做了个全身模型。"做全身模型就像是场酷刑。"玛丽回忆说，"约翰整个人裹在石膏里，鼻孔里插着两根吸管出气。但他是个真正的男子汉。"

手里有了已完成的剧本初稿，还找到了男主角，林奇、桑格和布鲁克斯到伦敦开始了电影的前期制作。"我们到那儿之后天气开始转冷，"布鲁克斯回忆说，"于是我给大卫买了件蓝色外套，他拍摄的时候就一直穿着。"

　　这三个人到伦敦后去了温布利（Wembly），那是片位于伦敦西北方向、距离市中心45分钟车程的十分普通的郊区地带。温布利曾是个繁荣的工业区，但在林奇抵达的时候，除了当地的足球场，那里并没有任何值得一看的景致。约翰和贝里·李（Benny Lee）两兄弟新近在这里重装开办了自己的电视影棚——李工作室。和伦敦另外三家大型电影制片厂——谢珀顿（Shepperton）、埃尔斯特里（Elstree）和松林（Pinewood Studios）——相比，这个影棚很不起眼。但制片经理特里·克莱格（Terry Clegg）选中了它，因为觉得这样可以避免和其他大制作电影抢影棚资源。开拍前三天，布鲁克斯每天都会到片场来待半个小时，之后才返回洛杉矶。"他很开心，很关心也很支持我们，"林奇回忆说，"他说他生命中好不容易有了点空闲，想用来支持正起步的年轻人。"

　　除了安妮·班克罗夫特和约翰·赫特，影片其他选角都在选角导演玛吉·卡地亚（Maggie Cartier）的参与下在伦敦完成。安东尼·霍普金斯（Anthony Hopkins）出演另一位主角弗雷德里克·特里夫斯爵士，约翰·吉尔古德爵士（Sir John Gielgud）和温迪·希勒夫人（Dame Wendy Hiller）前来讨论电影中的配角。"我很惊讶，他们这种地位的人居然愿意来参与讨论，而且都很愿意出演这部电影。"桑格回忆说，"温迪·希勒是位让人愉快的女士，约翰·吉尔古德性格温和、谦虚，他的声音特别好听，措辞也很优雅。他喜欢自己的角色，总是你说什么就是什么。大卫说和约翰一起工作的感觉特别棒，因为他能给出你想要的任何东西。你可以跟他说，这里要多加一点情绪，然后他就按照你要求的原封不动演出来。他的演技给大卫留下了深刻印象。"

　　演员弗雷德·琼斯（Freddie Jones）后来又出现在了林奇的另外几部

　　　　　　　　　　　　　　　　　　　　　　　　　　　　梦室

电影中，包括《沙丘》和《我心狂野》(*Wild at Heart*)，不过他是个有点难搞的角色。"大卫一眼就喜欢上了他——他是个非同寻常的人，总像在做白日梦，完美地契合了大卫的世界。"桑格说，"但弗雷德说我们想让他演的那个角色太单调了，除了打败象人这个毫无防备的角色之外，他应该还有更多内涵。他并没有一口回绝，所以大卫说：'我真的很喜欢你。我会从这个角色的角度出发，再审视一遍剧本。'大卫后来同意了他的说法，认为这个角色对象人的态度应该更复杂些。所以最后的剧本中也体现了弗雷德的想法。"

电影的两个场景中出现了维多利亚时代典型的嘉年华怪胎秀，为此选角十分不容易。怪胎秀从 1890 年开始衰落，到了 20 世纪 50 年代几乎消失殆尽。而且，20 世纪医学的发展极大程度地削减了畸形怪胎出现的概率，而畸形儿正是 19 世纪怪胎秀的核心。"玛吉·卡地亚在伦敦一份报纸上登了广告，写着：'需要真人怪胎。'"桑格说，"你可不知道招来了一群什么鬼！"

诺丁汉鹅展(Nottingham Goose Fair)从伊丽莎白时代起就每年举行，其最大卖点之一就是它的怪胎秀。电影前期制作过程中，林奇听说一个和鹅展有关的男人代理了一对暹罗的双胞胎。"大卫非常兴奋，"桑格回忆说，"我们给这个男人打了电话，他说：'是啊，我这儿有对双胞胎——我代理他们。'于是我和大卫开车去了鹅展，到了之后发现那个地方是一片穷乡僻壤，停着几辆破旧的拖车。我们到那个男人的拖车前敲了敲门，一个穿着脏 T 恤的胖男人开了门，他和他妻子把我们请进了门。这个地方就像是直接从大卫的梦里复制出来的一样。这个男人说：'亲爱的，把双胞胎拿出来。'她于是走到了拖车最深处，拿着一个注满福尔马林的玻璃钟罩回来了，里面装着一对死胎。大卫很失望。"

卡地亚在伦敦找到了一家名为"丑陋"(Ugly)的经纪公司，通过他们找来了电影里出现的几个大块头和侏儒，怪胎秀里的其他角色则是林奇和他的艺术班底共同打造的。弗雷德里克·特里夫斯的侄孙在电影里客串了市参议员，剧本作者德沃尔和伯格伦也出现了。"我们在电影的第一幕里露了脸。"德沃尔回忆说，"扮演了演奏利拉琴的吟游诗人，大卫和艺术指导鲍勃·卡特赖特（Bob Cartwright）一起制作了这种乐器，琴身被做了典型的大卫·林奇式改造——附上了个类似尿袋的东西。"

电影拍摄过程中，菲斯科和林奇住在位于温布利的一栋小房子里。房子有个车库，被林奇改造成了工作室。前期制作的 12 个星期里，他都在里面做象人这个角色所需的特效面具。

"大卫是个躲在车库里独自工作的疯科学家，没人知道他究竟在里面干什么。"桑格回忆说。

不过有一个人破例越过了"禁止入内"的标志。"我在《象人》片场待了一段时间。"詹妮弗·林奇回忆说，"爸爸做面具的时候，我是他的头部模特。对此我记忆很深刻。我记得鼻子里插了吸管，有一股温暖的压迫感，还记得他在耳边说话，他发出的声音，还有他思考时大声自言自语时嘴唇翕动的样子。我觉得这是我们两个人之间的秘密。非常美好。"

不过林奇向同事们揭晓特效面具的时候可就不那么美好了。"他做了个类似真人雕塑的东西，但本质上是个面具。"桑格说，"他没直接以约翰·赫特为模特，所以这个东西当然戴不到约翰脑袋上，完全失败了。大卫很受打击。"

电影完工后林奇告诉桑格，那一刻他考虑过立刻冲上飞机回家，因为觉得自己已经失败了。"大卫一直感觉自己无所不能，因为他一直在做着独特又与众不同的事情。"菲斯科说，"虽然大卫作为艺术家很有天分，但他并不懂制作面具的知识。意识到必须重做面具后，大卫和乔纳森重新安排了时间，让剧组先拍没有约翰·赫特的戏份。他们找到了解决面具问题的方法，但大卫依旧陷入了糟糕的心理状态。他在床上笔直地连续坐了三整夜，把人吓坏了。大卫这个人看起来向来很有把握，毫无畏惧，但其实他并非一直如此。面具悲剧发生后不久，梅尔打来电话说：'大卫，你要知道我们在你背后百分之一千地支持你。'这句话救了他。梅尔真的是以不可思议的方式支持着大卫。"

霍普金斯和波·德瑞克（Bo Derek）共同主演的新片《变幻季节》（A Change of Seasons）即将开拍，他必须在约定时间离开片场，所以大卫没时间为了面具的事情黯然神伤了。桑格立即给克里斯·塔克（Chris Tucker）打了电话。塔克1946年生于英国赫特福德（Hertford），1974年时放弃了原本的歌剧生涯，成了一名特效化妆艺术家。塔克说，想完成这项工作，必须给他找来约瑟夫·梅里克原始的真人尺寸铸模，而这个铸模是伦敦皇家医院博物馆和档案馆（Royal London Hospital Museum and Archives）的永久藏品。于是林奇和桑格去摆平了首席策展人珀西·纳恩（Percy Nunn）。"最开始他对这个项目完全不感兴趣。"桑格回忆说，"他认为这部电影是某种亵渎，但和大卫谈过之后，他意识到大卫想做的是件好事。不过我仍旧觉得他不可能把梅里克的真人铸模借给我们——这种要求在今天是想都不敢想的。这个东西可是他们的镇馆之宝。可大卫只是问：'我们能借走吗？'大卫太天真了，居然真的开口这么问。不过他的魅力一下子就征服了那个男人。"

有了真人铸模后，塔克的工作就变得容易多了，但他的进展依旧很慢。光是头部面具就需要8周才能完成，头部面部由15块相互叠加的部分构成，都是用软塑料泡沫制作的，每个部分只能用一次。塔克每天都会在他库房的烤箱里重新加热制作一套新部件。上妆需要大概7个小时，因此赫特只能工作一天休息一天。他一般凌晨5点到达片场，在那儿坐上7个小时上妆。整个过程中不能吃饭，有时候他就喝点混合了生鸡蛋的橙汁，然后从中午一直拍到晚上10点。

幸运的是，演职人员第一次看到化妆效果后并没有哄堂大笑。赫特回忆说："你能听到曲别针掉到地上的声音，这给了大卫很大自信——别忘了他当时还是个很年轻的导演。那个时刻我们知道：我们真的做成了点事情。"[5]

拍摄开始于 1979 年 9 月，期间经历了圣诞节，一直拍到 1980 年年初。林奇想在大银幕上放映电影，因此采用了宽银幕比例拍摄，当时这种比例一般用于西部片和史诗片。工业革命后的伦敦有着一股古怪的氛围，让人联想起《橡皮头》和《火箭罗尼》之中构造的世界：到处都是煤灰和烟雾。正是在这种场所之中，林奇能够天才地制造出极富戏剧性的效果。电影摄像是弗雷德·弗朗西斯（Freddie Francis），他曾两次获得奥斯卡奖，很大程度上定义了英国新浪潮电影的画风。而且弗朗西斯还是那一时段好几部经典黑白电影的摄影指导。林奇所选择的宽银幕比例给了弗朗西斯很大的发挥空间，能够尝试丰富的光影效果。

梅里克的故事大部分发生在伦敦皇家医院中，他正是在那里度过了生命中的最后几年。但想去那家医院实地拍摄是不可能的——医院仍在接诊。而且，1979 年时，医院原本的维多利亚时代装饰已经被去除一空了。电影拍摄地于是选在位于哈默顿（Homerton）的东部医院（Eastern Hospital）。这家医院建于 1867 年，林奇一行人抵达时，它接诊的病人正在大量缩减。（1982 年，这家医院彻底关门，不久后被拆掉了。）医院里有废弃不用的病房，非常吻合林奇对维多利亚时代伦敦医院的设想。

电影中的少数几个场景是在伦敦东区拍摄的，维多利亚时代最可怕的贫民窟就坐落于此，那里还保留了几条破败不堪的鹅卵石小路，不过现在早就消失不见了。林奇曾说，1980 年之后，在伦敦就不可能拍出《象人》了。他恰好及时赶到了巨变之前的伦敦。

林奇很喜欢这所医院中弥漫的干冷、恍惚的气氛。医院里点着煤气灯，有铸铁壁炉、涂漆地板和精致的木质家具。医院旁边是维多利亚时代黑暗、肮脏的老工厂，这个世界就像是照着林奇的审美量身定做的一样。不过，剧组人员花了一段时间才搞明白他在视觉上的这种敏感性。"大家最初对大卫有所质疑，因为所有东西都太暗了。"桑格说，"在斯图尔特·克雷格（Stuart Craig）手下工作的艺术指导鲍勃·卡特赖特说：'我们完全看不清楚自己究竟拍了些什么。'不过大卫很清楚自己想要什么，做出决定的时候，他就已经知道成品看起来会是什么样子了。"

"大卫在片场表现得很有决断力，也很有权威。"布鲁克斯回忆说，"但隐藏在那层外壳之下的其实是很孩子气的想法：耶，我们在拍电影了！他表现得很成熟，但其实是他身体里的那个孩子在执导这部电影。"

《象人》展现了林奇作为一名导演，和演员合作的能力。大多数情况下，他和剧组中那些经过了传统训练的表演者都合作得很愉快。不论以什么标准评判，霍普金斯在这部电影中的表现都堪称他职业生涯中的最佳。"一个场景中，安东尼·霍普金斯的眼圈红了，一大滴眼泪从他眼中掉落，大卫抓住了正确的拍摄角度和光线——他完完全全抓住了。"布鲁克斯说，"大家都一下子喜欢上了大卫。不过过程中也有些争执。约翰·赫特一直很支持他做出的任何决定，约翰·吉尔古德和温迪·希勒也很专业。如果你是军队中的列兵，看到长官走过你就会敬礼；同理，大卫是导演，所有人都向他敬礼。安东尼·霍普金斯虽然没有找人炒掉大卫，但他确实抱怨得很厉害，他说：'我觉得他压根不懂应该拍什么。'"

桑格回忆说："霍普金斯没有公开表示敌意，但他非常冷漠，有天他把我叫进他的更衣室里说：'这个家伙凭什么能执导电影？他干过什么？只不过拍过一部小电影。我真搞不明白。'所以霍普金斯不是很开心。片场上唯一产生过矛盾的时刻，是我们拍特里夫斯把梅里克带回家见他妻子的一场戏。霍普金斯通过门口进入客厅，客厅墙上有面镜子，大卫想让霍普金斯走进来之后看看镜子里的自己。霍普金斯拒绝了。他说：'我的角色不会这么做。'大卫向来很直接，他想说服霍普金斯，照镜子并非不合逻辑，但霍普金斯还是拒绝。大卫最后说：'好吧，我改一下这场戏。'这件事之后再没人提过。那天结束后大卫对我说，他再也不会拍不是自己写的剧本，因为他不想别人告诉他一个角色会怎么、不会怎么样。"

菲斯科说："这部电影很难拍，大卫一直在经受考验。他就是个来自蒙大拿州的孩子，现在却在指导约翰·吉尔古德和温迪·希勒演戏，我觉得他们可能在想：这个美国人是谁？他们当时都处于事业尾声，他们愿意以这样的方式结束演艺生涯吗？我有张约翰·赫特扮成象人的照片，约翰·吉尔古德在照片底下写了行字：'我希望一切都值得。'"

"这段时间大卫很难挨。"菲斯科接着说，"但他照旧每天早上5点去上班。他的司机人很不错，去工作室的路上他们俩会一起喝杯咖啡，吃牛角面包。而且电影拍摄过程中的许多事情都让他很陶醉。大卫是个会享受生活的人。但他们工作时间太长了，一周中只有周日休息，而大卫一到周日就会精神紧张。"

在片场的那段时间里，詹妮弗·林奇发现："爸爸面对着许多荒唐的想法和有才华的人，他们都觉得自己比他岁数大，比他聪明。我知道霍普金斯当时对他不太友善，而且后来也道歉了，但我从没觉得爸爸心里有压力。现在回想起来，才发现他把所有事情运转得多漂亮，因为他看起来一点都不沮丧。他把现场操控得很好。"

"随着电影向前推动，大卫也变得愈发有能力了。"约翰·赫特回忆说，"他身在英国，非常年轻，也没有名气。人们一开始对他很警惕，甚至有些轻视，但我觉得最后他们的态度都完全变了。大卫一旦有了想法就会特别坚持。他不是个轻易打退堂鼓的人。"[6]

和过去一样，林奇拍摄过程中的生活非常简单。他每天中午吃一个芝士三明治，省下来的钱最后足够回到洛杉矶买辆车。他的片场是封闭的，很少有人参观。"大卫事先跟我说清楚了，他不想在片场看见我，希望能让自己的创作生活保持独立。"玛丽·菲斯科说，"对此我没什么问题。但他每天回家后都会给我讲当天发生了些什么，需要的时候，我就是他的参谋。"

到伦敦后不久，菲斯科和林奇就养了只狗。

"大卫喜欢杰克罗素梗，于是我去养狗的人那里抱回来一只。"她回忆说，"我们给它起名叫火花。它是个小疯子，但和大卫彼此相投。它是大卫唯一愿意亲近的狗,他还时常和它一起玩游戏。他想让火花在《蓝丝绒》里露面,所以在电影开头的场景中能看到它的身影。"

林奇工作的时候,菲斯科基本上是独自一人在异国生活。在电影前期制作时,她怀上了一对双胞胎。"大卫非常兴奋,他说:'我要给他们起名叫皮特(Pete)和瑞皮特(Repeat,重复)。'"菲斯科说。不过怀孕过程不太顺利,孕期前三个月里,菲斯科就住了三个星期院。"大卫隔一天来一次,他会在拍摄完成后的晚上来医院和我坐一会儿。他没法在 10 点前到医院,虽然 10 点后病房已经关门了,但护士们特别喜欢他,允许他进来陪着我。后来梅尔付清了所有医药费——他真是个好人。"菲斯科出院后,林奇的妈妈来和他们同住,但菲斯科还是在两周后流产了。

到了拍摄的最后阶段,林奇发现了一个距离伦敦市中心大概一小时车程的地方,特别适合拍摄发生在比利时的一场戏。但那个地方太贵了,于是斯图尔特·克雷格准备在摄影棚里重建类似的场景。不过他想做的那个布景太大了,温布利压根放不下。正好李氏兄弟刚刚买下了谢珀顿制片厂,那个地方很大,位于伦敦的另一个方位,而且还能满足电影后期制作的需要,于是菲斯科和林奇搬到了特威克南(Twickenham)的一栋公寓里,整个制作团队搬到了谢珀顿,电影最后就是在那里完成的。

当时谢珀顿有 7 个摄影棚(今天有 15 个),林奇抵达的时候,它们已被其他电影占满了。朱利安·邓波(Julien Temple)的《初生之犊》(Absolute Beginners)正在火热拍摄中,占去了一大块地方,还包括主要的室外场景。"大卫和我只能把车停在距离办公室很远的地方,因为我们现在是部只能在不起眼的地方拍摄的小电影。"桑格回忆说。

影片拍摄的最后阶段,艾伦·斯普莱特来到了谢珀顿。他和林奇两个人关在小屋里自己工作,丝毫不顾及电影已有的声效团队。"负责声效的人不明白艾伦来干吗,因为那个时候人们还不知道什么叫声效设计,电影行业里还没几位声效设计师,而艾伦是这一领域的先锋人物。"桑格如此评价斯普莱特。后来斯普莱特凭借导演卡罗尔·巴拉德（Carroll Ballard）1979年的电影《黑神驹》（*The Black Stallion*）获得了奥斯卡特别成就奖。

菲斯科回忆说："拍摄越接近尾声，大卫越觉得电影陷入了困境。我知道他追求的效果，因为我们俩一直在讨论这些问题，所以他决定让我看个电影的粗剪版本。剧组几个工作人员听说要放映也来了。看完之后，其中一个人给大卫打了电话，说他恨这部电影，要求把他的名字从演职人员表上去掉，因为没人会相信他居然会跟这种垃圾电影扯上关系。之后我只能天天鼓励大卫，他才能勉强打起精神。"

"大卫仍旧在做剪辑的时候，百代电影有限公司（EMI）在没告知任何人的情况下自己剪出了个版本，他们给梅尔打了电话，让他来看看他们剪的这版电影。"菲斯科接着说，"梅尔说：'我压根不会去看。我们要用的是大卫的版本。'那些大公司的人会在心理上压垮你，他们原本要压垮大卫的，但梅尔给了他前所未有的支持。"

电影的初剪版长达3小时，在最终版中被缩减到了2小时零6分。"很多人在长走廊中走来走去，以及其他渲染气氛的画面被舍弃了。"科恩菲尔德说，"但我们拍的大部分东西最终都出现在了大银幕上。梅尔有最终剪辑权，但他把这项权力给了大卫，而且他要求电影中任何地方都不要提到他的名字，这样观众就不会对这部电影有所预期。"

对林奇来说，休息就意味着给自己找点事做。流产之后，菲斯科返回美国接受进一步的医学看护，于是林奇给自己想出了一个新项目。菲斯科离开伦敦的那天，林奇到一家鱼铺买了一条鲭鱼，把它拿回家解剖了，然后把各个部位平铺展示在桌子上，贴上相应的标签以便重新组装，最后给这套成品拍了照片。"普通人看来很怪诞的事情对我来说并不怪诞。"林奇曾如此评价，"我很迷恋质感。我们身边环绕着如此多的化学制品，我发现自己一直在追寻质感。"他把这个鲭鱼项目叫作"鱼盒子"（fish kit），盒子中还包括一张指导手册，教人如何"把切割好的鱼放回水里，并给它喂食"。

这是一系列盒子中的第一个，之后还有鸡盒子和鸭盒子。他甚至收集了 6 只死老鼠，准备做老鼠盒子，可惜一直没时间动手，就把它冻在位于北加州威明顿家中的冰箱里——拍摄《蓝丝绒》期间他一直住在威明顿。他还很想做大型动物盒子，但没有机会。

电影导演同时也是摄影师——想要找到好的取景地点，就要具备摄影师的敏感——而林奇恰好在拍摄《象人》时发展了摄影这一兴趣。过去 38 年中，他所拍摄的照片拥有两个永恒的主题：女人和废弃工厂。他时常提起机械的力量和伟大，在英国的那几个月里，他对工业废墟产生了巨大的迷恋。"我听说英国北部有些特别棒的工厂，于是和弗雷德·弗朗西斯组成了一个小旅行团。不过我们去晚了几年。"林奇曾回忆说，"去任何地方，都发现老工厂已经被拆了。那趟旅行可真郁闷。"[7]

1980 年初夏菲斯科返回伦敦时，电影仍在后期制作中。"当时他的时间表不是很紧张，我们俩会一起在家画水彩画。"她回忆说，"我们还休息了一周，去了巴黎，那是趟很棒的旅行。不过第一晚有点糟糕，大卫是个一分钱都舍不得花的人，所以只要花钱，我就感觉很紧张，于是订了个廉价的旅馆，可把他吓坏了——旅馆周围环境也没那么糟糕啦，但他说：'打死我也不出这个房间的门！'"

1980 年 9 月，林奇带着电影拷贝返回了洛杉矶，电影随后进入了宣传阶段。当《象人》的大广告牌出现在日落大道上时，林奇和菲斯科依旧住在罗斯伍德那栋小平房里，菲斯科回忆说："刚回家时什么都没改变。10 月份电影上映之前，大卫仍旧是个默默无闻的人，我们只不过把被电影短暂打断的普通生活给接续上了。"

林奇有个非常了不起的能力：可以同时做好几件事情。一回到洛杉矶，他马上参与到了由约翰·拜勒姆（John Byrum）执导、由卡罗琳·卡萨迪（Carolyn Cassady）自传改编的电影《唤风者》（Heart Beat）中——因为这部电影是他的朋友茜茜·斯派塞克主演的。林奇在电影中扮演了一位艺术家，电影中出现的那些画正是他本人的作品。

他同时深化了自己和摄影之间的关系，给坐落在洛杉矶市中心的一个废弃油井拍了一组照片。那个是很特殊的废墟遗迹，现在早就消失不见了，而他在那里拍的照片某种程度上成了之后所有摄影创作的模板。林奇的工业摄影采取了经典构图，非常严肃，其中还带有一种无法形容的柔软感，好像它们是印了在天鹅绒上一般。照片中的白色既不干冷，也不刺眼，所有东西都模糊成了灰色。

这些拍摄于洛杉矶的早期摄影作品中，呈现了盘绕的水管、管道、水龙头以及大型蓄水池，水池边上有一排排整齐的铆钉，优雅得就像衬衫上手缝的扣子。20 年后，林奇在波兰的罗兹（Łódz）找到了自己梦想中的老工厂，而透过他在那里所拍摄的照片，仍旧能看到 1980 年拍摄于洛杉矶的这组照片的影子。

《象人》的公映日期越来越近，林奇依旧用各种项目填充着自己的生活。"大卫没去参加演职人员放映——他太紧张了。但我去了，就坐在约翰·赫特的好朋友杰瑞米·艾恩斯 (Jeremy Irons) 旁边。"菲斯科回忆说。

林奇同样设法逃过了电影首映式。"大卫太紧张了，根本不敢去，所以他留在罗斯伍德的家里，帮我照看我 6 个月大的儿子安德鲁，而我陪着爸妈、玛格丽特和诺妮姑姑——她们俩是我爸爸的姐妹——参加了首映式。"玛莎·莱维西回忆说，"大卫没跟我们透露太多电影剧情，所以我们完全不知道它是关于什么的。随着电影在大银幕上展开，我们被卷进了一场不可思议的旅程。我们惊讶得说不出话来，观众们也都被迷住了。"

1980 年 10 月 3 日，电影正式公映，之后收获了 8 个奥斯卡奖提名，包括最佳影片、最佳导演、最佳男演员、最佳改编剧本、最佳剪辑、最佳原声音乐、最佳艺术指导以及最佳服装设计。"我记得查理·鲁茨说：'大卫现在进入了一个全然不同的新世界。'"莱维西回忆说，"《象人》之后，他的生活确实发生了很大变化。"

变化同时发生得很快。"杰克和我向来都知道大卫是个很酷的人，但拍完《象人》之后，我们俩必须得和整个世界分享大卫了。"茜茜·斯派塞克回忆说，"人们一旦和大卫合作过，就想着要和他再合作一次，因为他会把自己全身心献给艺术创作，而人们渴望接近这样的火焰。有时候那种感觉像犁地，有时像坐火箭，但总是令人兴奋，大卫就能把人带上这样的心灵旅程。"

玛丽·菲斯科回忆说，得到这些提名时，林奇激动坏了。"住在罗斯伍德的时候，我有个买菜用的购物车，我会推着车从一家名叫奇森（Chasen's）的高级餐厅门口过马路，到街对面的菜市场去。"她接着说，"我一周只能花 30 美元，购完物就推着一堆食品杂货回家。有天晚上我透过窗户看奇森餐厅，发现一辆加长豪华轿车停在了餐厅门口，黛汉恩·卡罗尔（Diahann Carroll）和加里·格兰特（Cary Grant）从车里下来，看起来那么魅力非凡。就在差不多一年后，另一辆加长轿车停在了奇森餐厅门口，这回是大卫和我从车上下来，准备和一群制片人、演员、作家以及制作人一起参加《象人》的庆功宴。大卫一直是个心怀大梦想的人，但我从没见过梦想以这种方式在他身上实现。我们真的是从一贫如洗变得非常富有。"

"大卫知道有朝一日他会出名。"菲斯科补充说，"他对自己有那种设想。"

到了那一年年底，林奇的职业生涯已经获得了飞跃性进展，那时菲斯科再一次怀孕了。"大卫向我求婚时，我说我想要个完整的家庭。"菲斯科说，"他说：'等我每年能挣七万五千美元，咱们就生个孩子。'他说这话的时候甚至都没有工作，所以这个许诺听起来真是非常遥远。但七万五千元恰恰就是他拍《象人》所拿到的工资。几个月后我又提起了这件事，他说：'如果茜茜有了孩子，你也可以有孩子。'他当时觉得茜茜永远不会怀孕，因为她一心扑在事业上。结果茜茜在 1981 年 10 月怀孕了，但大卫依旧很抵触孩子。最后，我决定干脆去做结扎手术，都约好了时间。但大卫不喜欢我这么做，于是在 12 月 28 日，他对我说：'咱们今晚做爱，如果你怀孕了，那一切都是命中注定。'我果然怀孕了。"

是时候搬出罗斯伍德那栋小平房了。林奇和菲斯科开始看房子，1982 年早些时候，他们花 10.5 万美元买下了一栋位于格拉纳达山（Granada Hills）的小房子。"大卫不喜欢住在山谷地区，可我们又买不起洛杉矶市里的房子。"菲斯科说，"我们和乔纳森·桑格夫妇成了好朋友，他们住在山北边，而且查理和海伦·鲁茨这些冥想朋友也都住在山谷地区，我们就被吸引到了那里。"

莱维西说他们的新房子"很不错，但确实想象力有限，不是大卫会选的那种房子。但他知道搬新家对玛丽来说很重要，我从没听他抱怨过。他们当时正等待孩子降生，买那栋房子经过了深思熟虑，他是为了玛丽才这么做的。但那看起来不是一个属于大卫的地方"。

林奇和菲斯科并没在格拉纳达山住很久，好莱坞的光鲜世界终于开始向林奇招手了，他很快经历了一场名气的旋风，这股风不但将他带出了圣费尔南多山谷，还把他弄得头晕目眩。前来拜访的工作室老板和制作人其实并不知道该让林奇做些什么，但大家都承认，这个人具有独特的天赋。

"大卫身上有天才的色彩，这点毫无疑问。"梅尔·布鲁克斯总结说，"他明白人类的心理、情感和心灵。当然另一方面他也过得一团糟，他把自己所经受的情绪和性折磨都投射到了作品中，用这些不断吞噬着他的感受反过来吞噬我们。他在每部电影里都聪明地做到了这一点。我爱这个家伙，同时我也很感激，因为他拍出了由布鲁克斯影业出品的最好的一部电影。"

你还记得布什纳尔·吉勒在我的生命中扮演了多么重要的角色吧？你知道我们生命中都会遇到很重要的人物吧？对我来说，斯图尔特·科恩菲尔德就是另外一位重要人物。有天我回到家，玛丽·菲斯科对我说："一个叫斯图尔特·科恩菲尔德的男人给你打过电话。"光是听到他的名字就让我有了某种感觉，我开始在屋里走来走去，边走边说："斯图尔特·科恩菲尔德来电话了，斯图尔特·科恩菲尔德来电话了。"后来他又打了过来，我接电话后他说："你他妈的真是个天才。"听到这话后，我非常高兴。他想请我吃午饭，于是我们俩去了尼伯勒餐厅，他还想帮我推动《火箭罗尼》的拍摄。斯图尔特非常有幽默感，精力也很旺盛——他是个一头往前冲的男人，我很喜欢这点。

遇到斯图尔特之前，一个名叫马蒂·迈克逊的人帮过我一阵。他喜欢《橡皮头》，我觉得有段时间里他充当了我经纪人的角色，可惜一无所获。我还为了《火箭罗尼》，到一家电影工作室和电影《洗车场》（*Car Wash*）的制片人开过会。他说："好吧，小能人，说说你想干什么？"我说："我手里有个叫《火箭罗尼》的剧本。"他说："关于什么？"我说："关于一个一米高的男人，他梳红色大背头，靠60周波的交流电运转。"他说："给我滚出去。"

没人想拍《火箭罗尼》，当时我也不着急，没考虑拍摄别人写的剧本。我又结婚了，没有工作，处于游手好闲的状态中，不时接点儿小活，有钱时再做点艺术。我不是很在乎钱，玛丽也很支持我。她是个很棒的执行秘书，能在一秒钟之内找到份新工作。她看起来非常有派头，工作能力也强，每天早上都像个百万富翁一样一头扎进她的行政世界。而我留在家里，像个废物点心。我不记得自己整天都在干吗，很可能一直在想《火箭罗尼》的事。最后我的岳母对玛丽说："《火箭罗尼》没戏了，你得给这只火鸡点上火。也许他可以拍点儿别人写的东西。"

我也在考虑这件事，于是给斯图尔特打了电话，说："斯图尔特，你知道有什么我可以执导的电影吗？"他说："大卫，我知道四部你可以执导的电影——到尼伯勒餐厅来见我。"于是我去了尼伯勒，一坐进卡座里我就说："好了，斯图尔特，快告诉我。"他说："第一部名叫《象人》。"我感觉有颗氢弹在脑袋里爆炸了。"就是它了。"好像我在很久以前就已经知晓了这部电影。绝对就是它了，我压根没听另外三部是什么，也不想知道。斯图尔特说："这是剧本。"我说："我想读读。"

乔纳森·桑格买下了这个剧本，他和斯图尔特都为梅尔·布鲁克斯工作过，也是这么认识的。当时梅尔正忙着开办新公司布鲁克斯影业。不知道用的什么方法，斯图尔特找到梅尔的妻子安妮·班克罗夫特看了剧本，很幸运她很喜欢，还拿给梅尔看了。梅尔看了之后也特别喜欢，说："这将是布鲁克斯影业制作的第一部电影。"于是他把大家召集在一起，指着每个人说："你来参与。"然后他问："这个大卫·林奇是谁？"他们告诉他："他是《橡皮头》的导演。"他说："我想看看。"于是他们给我打电话说："梅尔想先看看《橡皮头》，之后再决定是不是让你拍。"而我说："很高兴能认识你们。"——因为我觉得：唉，就这样了。可他们接着说："他今天下午就要看，看完之后你得来见见他。"所以我到了放映室外的大厅等着，电影放完后，门被突然推开，梅尔向我冲了过来，拥抱了我，说："你这家伙是个疯子，我爱你！"那种感觉真的很棒。

克里斯和艾瑞克的初稿剧本很不错，抓住了象人的内核，但他们写的东西里缺乏人性的波动，而梅尔是个深谙人性的人，他说："剧本得重写。"而且我得和克里斯以及艾瑞克一起写。当时我在做送报纸之类的工作，一周挣 50 美元，突然之间我的周工资变成了 200 美元，做的还是写作这么有意思的事情！我的岳母很开心，这一切简直就像天上掉馅饼——我他妈的美梦成真了。我们在福克斯大楼里占了一间办公室，每天在食堂吃午饭，突然间我觉得自己成了电影行业的正式一员。

梅尔对重写剧本很上心。我喜欢比较抽象的东西，但剧本里需要增加张力。我不知道具体是谁想到的，但有天晚上，门卫、妓女的角色和酒吧的场景诞生了，于是剧本中出现了和象人相对立的角色。我们仨都不会打字，所以克里斯和艾瑞克轮流记录我们的想法，不用记录的那个人就在旁边玩杂耍。他们用几个小豆包袋玩杂耍，不久后我也学会了。

那个时候我还没怎么出过国，但突然间，我就得准备和乔纳森一起去伦敦了。去之前要先在纽约停留一下，见一见正给比利·弗莱德金（Billy Friedkin）的新片《虎口巡航》（Cruising）做摄影指导的一个家伙，因为也许他会愿意拍《象人》。我们到了纽约，见了乔纳森一个有钱的朋友，这个人嫁给了一位有名的电视新闻主播，住在中央公园西路。我们到了他们住的那栋楼，门口有门卫，坐上漂亮的木质电梯，电梯停下时你眼前出现的不是某个楼层的楼道——门打开时，你发现自己就站在他们巨大的公寓里。男管家前来迎接我们，带我们穿过一个个房间，墙壁上都装饰着深绿、深棕和紫罗兰色的丝绒线条。我们来到一间起居室，透过房间巨大的玻璃窗可以俯瞰中央公园。男管家端来开胃小吃和红酒，我们于是一边喝酒一边聊天。我第一次见识到这种程度的富有。与此同时，比利·弗莱德金正和我们想见的那位摄影指导在中央公园里拍《虎口巡航》，我们得去那儿才能见到他。但是我不想去，因为我从来不去其他人的片场。乔纳森一个人去了，我在中央公园里等着。公园到处散发着尿臊味，黑漆漆的小路、尿臊味，我讨厌这些东西。纽约真是要把我吓死了，你应该懂。总之我吓坏了。我们好像见到了那个摄影指导，他人不错，但没承诺任何事。第二天我们就坐上了协和式飞机。

美国小伙

3 小时 20 分钟后我们抵达了伦敦。那时是夏天，天色还未全暗，所以我们到处转了转，回到旅馆时，发现斯图尔特正在等我们。我们三个人坐在那里聊天，这时斯图尔特说："梅尔也会来，因为他不知道大卫能不能把握住电影的情绪点。"我说"什么？"，接着站起身来说"我要离开这儿"。

我上了楼，但怎么也睡不着，发了高烧，整晚疯狂出汗，就好像被鬼附身了一样。早上的时候我冲了个澡，穿好衣服，冥想了一会儿，下楼的时候我想：如果没人为此道歉，把事情说清楚，那我就回家了。电梯门打开后，我看到斯图尔特站在那里，他说："真对不起，大卫。梅尔百分百信任你。"我不明白斯图尔特为什么会说昨天一席话，但拍电影就是这样的，它对你的方方面面都是种考验。

我特别想让杰克·南斯出演象人的角色，但很早就知道没戏了。就像弗兰克·布斯（Frank Booth，《蓝丝绒》中的角色）是为丹尼斯·霍珀（Dennis Hopper）量身定做的一样，象人也是为约翰·赫特量身定做的。他出演这个角色是命中注定的，我不记得我们当时还考虑过其他人选。

我准备自己动手做象人的特效化妆，但到伦敦之后，我接连赶上了好几件怪事。当时我们住在温布利的一栋房子里，房子带个车库，我就在里面用甘油、儿童爽身粉、乳胶、橡胶和其他一些材料做面具。那是栋特别英式的小房子，到处都是花里胡哨的装饰物。有天我正从餐厅中穿过，突然有种似曾相识的感觉。通常来说，似曾相识的感觉是"哦，这件事曾经发生过"，但当我进入那种似曾相识的状态时，四周变得非常陡峭，我直接滑入了未来！我看见了未来发生的事情，我告诉自己："象人的面具一定会失败。"因为我看见了，看见了未来发生的事情。你当然也可以看见未来，但并不容易，想看的时候不一定能看到，但这种事确实会发生。当时我已经快做好面具了，但是给约翰·赫特试戴上之后他完全不能动了，不过他还是说："做法很大胆，大卫。"

肯尼迪被刺杀后，整个国家经历了黑暗的四天——怎么说，至少我自己经历了黑暗的四天。醒着的时候我无法承受生命的重量，睡着的时候则全是噩梦。我觉得可能还是自杀比较好，因为感觉灵魂和身体都要分家了。这件事造成的冲击太强烈了，我想：遭受这种折磨，一个人怎么还能承受起自身生命的重量呢？他们找来了克里斯·塔克，他到处说我坏话，让所有人都知道我就是个玩笑，而他将扮演救世主的角色。

那段日子太可怕了，我他妈的完全成了一个废物。梅尔说："我要飞过去见见大卫。"等了四天，梅尔终于来了。我进了他屋里，梅尔冲我笑了笑说："大卫，你的工作是执导电影。你不应该把其他责任放到自己肩膀上——否则太沉重了——幸好咱们找到了克里斯·塔克。"跟他聊完之后我就没事了。

那个时候的伦敦，如果你顺着某些街道走下去，会发现自己回到了19世纪。街上的人，他们的面孔、衣服，还有周遭的气氛——就像夏洛克·福尔摩斯会从某扇门中走出来，或者一辆马拉车会出现在街角，又或者开膛手杰克会突然蹦出来。简直难以置信。拍完电影后两年，伟大的摄影指导弗雷德·弗朗西斯给我打电话说，电影中出现的所有场景几乎都消失了。好像电影一拍完，伦敦就遭受了城市化改造的袭击。

这部电影的演员阵容非常厉害。本来艾伦·贝茨（Allan Bates）要出演弗雷德里克·特里夫斯，但出于某种原因他没演成，梅尔于是决定改用安东尼·霍普金斯。还有约翰·吉尔古德，他是我见过最优雅的男人之一。他抽烟，但你在他衣服上看不到一粒烟灰。烟灰都躲着他！他抽的烟是椭圆形的，是伦敦一家商店专门为他制作的。

《儿子与情人》（Sons and Lovers）是我很喜欢的一部电影，它某种意义上抓住了《象人》想要呈现的感觉。那也是部黑白电影，我喜欢迪恩·斯托克维尔（Dean Stockwell）在其中的表演，温迪·希勒夫人也参演了那部电影。而在《象人》里，她将要扮演马特尔席德夫人（Mothershead）。有天我走进一个房间，温迪·希勒夫人正在屋里。她看着我，然后用手抓住了

美国小伙

我的脖子。她个头很小，拉着我满屋子散步，捏着我的脖子，说："我不知道你是谁。我会好好观察你的。"她现在去世了，希望她能永远安息。但我爱她，就像我爱弗雷德·琼斯一样。他就是很对我的脾气。你跟某些人在一起的时候就特别有感觉，弗雷德对我来说就是这样的人。他太逗了，我喜欢和他在一起。弗雷德·琼斯原本要出演《内陆帝国》（*Inland Empire*）的，就是哈利·戴恩·斯坦通（Harry Dean Stanton）最终扮演的那个角色，但弗雷德从家出来到洛杉矶的路上倒在了机场里。我接到了一通电话，电话里说弗雷德来不了了，他现在正在接受医院监护。我不知道具体发生了什么，但弗雷德这个人生命力很顽强，他一直都活着。

我们还在伦敦的时候，玛丽怀孕了，而且是双胞胎。

《火箭罗尼》里有两个角色，分别叫鲍勃（Bob）和丹（Dan）。所以我希望这对双胞胎都是男孩，这样就可以给他们取名为鲍勃和丹。他们会穿着锃光瓦亮的圆头黑皮鞋，梳着油亮顺滑的头发，总之是两个整洁干净的小家伙。我对这两个孩子的到来特别激动。有天晚上回到家，我发现玛丽正在出血，出于某种原因——谁知道是怎么回事？我们从温布利出发，去了远在温布尔登（Wimbledon）的一家天主教医院。我不知道到那儿花了多久，但我在医院一直待到了凌晨，然后又早早离开去上班了。早上我到了片场，一个女人走过来对我说："安东尼·霍普金斯想见你。"于是我穿过长长的走廊来到他的房间。我整晚几乎没睡，脸色苍白。结果一进屋他就开始和我对峙，说了很多不好听的话，其中之一就是我没权利执导这部电影。我说："托尼（安东尼的昵称），很抱歉让你有这种感觉，但我确实是这部电影的导演，而且会继续执导下去。"说完我就走了。很奇怪，霍普金斯其实是对的——我没权利执导《象人》。我来自蒙大拿州米苏拉，而这是部维多利亚时代的戏剧，里面都是巨星，可我只拍过一部大概只有 10 个人看过的小电影——简直疯了。可我站在了这个地方，这部电影就像是场火焰洗礼，很难相信接下来发生的事情。

电影开拍不久后的一场戏中，特里夫斯医生让象人到医院来，于是象人就坐着马车来了。当时医院大厅里有很多人，两个女人正在打架，互相撕扯着衣服。与此同时还有许多事正在上演，而马特尔席德夫人坐在前台。她从没见过象人，所以此刻的她打量着穿斗篷、戴兜帽的象人。大厅中的其他人也看着他，因为他身上有股怪味，但马特尔席德夫人一点都不在乎这种气味。接着，特里夫斯医生就该下楼来接象人了。我们准备先彩排一下，安东尼·霍普金斯从楼上下来了，几乎是一阵小跑着冲过来，飞快地抓住了象人。我于是说："等一下。"我把托尼拉到旁边跟他说："你下来得太快了。"而他故意用很大的声音回答我——这样所有人就都能听见："告诉我你到底想干吗？"我的火气一下就蹿了起来，这种情况在我一生中只发生过少数几次。火气腾起的速度简直他妈的难以置信——我都没法模仿当时自己喊叫的声音，因为会弄破自己的嗓子。总之我冲他尖叫了一通，接着吼出了我想让他做的事情。温迪·席勒转身冲向托尼，静静地说："要是我就照着他说的做。"于是他照做了。但午饭时他给梅尔打了电话，说："我他妈的要炒了这小子。"梅尔劝他平静了下来。托尼是这部电影的完美之士，他绝对是个伟大的演员。但拍摄期间，他情绪一直都很阴沉。这就像我经历过的那四天黑暗的日子。那种东西在你身体里，有时候它突然喷涌而出，而你自己爱莫能助。托尼当时只是对生活非常不爽。

我们开始寻找合适的医院场景，于是来到了东部医院。那是伦敦一家已经被遗弃的医疗场所，但所有东西都原封不动地留着，简直再好不过了。到处都是鸽子屎、破碎的窗玻璃，得收拾干净才能开拍。病床还留在房间里，还有漂亮的小壁炉和煤气灯——那时医院已经通电了，但用煤气的设备依然留着，以备不时之需。有天我站在医院走廊里，望向病房，一股风吹了过来。我突然就明白了生活在维多利亚时代的英国是怎么一回事。就是知道了，就以这种方式。没人再能把这种感受从我身上夺走——我他妈的就是知道了。所有人都有可能对某事着迷并了解某事，不论你来自何处。

流产之后，玛丽就很想养只狗，于是我们就养了火花。我总说火花是我一生最爱——你压根想不到它是多好的一只小狗。我们发现火花喜欢咬水，就那么咬水——只要把水龙头开着，火花就会跑过去咬。在《蓝丝绒》的开场画面中你能看到它咬水的样子。

拍摄完成后，艾尔过来做音效。然而艾尔也是个外人。英国人有自己的音效部门，他们觉得自己在音效方面最有发言权，对吧？弄完《象人》之后艾尔说："我他妈恨死英国人了！"有天我和艾尔在谢珀顿做混音，制作团队里的一个人突然走进来说："大卫，我们想到个好主意，你应该先把电影放给演职人员看。"我说："呃，是啊，但我还没完工呢。"结果他说："他们会理解的——只是迫不及待想看看。"于是我给他们放了一场，大家都来看了，结果谁都不喜欢。还有些人专门给我写信，告诉我他们有多不喜欢这部电影，这部电影到底出了什么问题，以及他们有多么失望。之后不久，我迅速结束了电影的全部工作，把这些负面评价和不快乐的事情抛在了脑后。

……

玛丽和我飞回了家，我带着一卷拷贝过了海关，因为梅尔想第一时间看到电影。约翰·赫特当时也在洛杉矶，他周围也有一群想看这部电影的人。于是大家决定在福克斯大楼搞一场放映。我对艾尔说："我不去，但你得保证声音没问题，好吗？"到了电影应该开场的时间，我接到了艾尔的一通电话，他说："大卫，电影甚至不是单声道的！声音全坏了。只能听到最糟糕的效果——太可怕了。"他们就这样放完了整部电影，接着约翰·赫特——他可真是个好人——说："能参演这么一部电影我真骄傲。我喜欢它。"所以大家的反响不错。也是从这个时候起，这部电影的命运发生了转折。后来它开始受到影评人热情的夸赞——甚至可以说有些夸大其词了。大家都很爱这部电影。类似《象人》这样的片子，每四年就该出来一部，因为这样的电影能让世界变成一个更美好的地方。它是个优美的故事，带给人美好的体验，它穿透了时间。

我得去欧洲参加媒体宣传，大概再一次坐上了协和式飞机，虽然那时候我大部分情况下会选择环球航空公司。环球航空公司提供头等舱，那些日子里啊，坐头等舱真是难忘的体验。一架巨大的波音747飞机，你坐在机头处，上飞机前他们已经在那儿等你了，然后会一直为你提供服务，直到飞机降落后目送你远去。银质餐具分量很重，晚餐上来之前，他们就已经开始为你准备全套餐具——真是美好舒畅的头等舱服务。

我就这么去了德国，认识了一个叫亚历山大（Alexander）的人。他为一家电影制片兼发行公司工作，他爸爸在当地开了家旅馆。他想让我住在他爸爸的旅馆里，于是我去了。很不错的旅馆，还给了个巨大的房间。不过我差点在房间里被冻死，第二天一早，我来到楼下，冻得屁股快掉了。我说："你们德国人真够硬朗的。"有人问："你这话什么意思？"我说我的房间里特别冷，然后他说："你打开电暖气了吗？"原来在屋里的时候得自己打开电暖气，但因为暖气藏在窗帘后面，我没看见。在德国的时候有个女记者采访我，聊天的过程中我画了张象人的小画，因为我们俩刚好聊到这里。采访结束后她说："那张画能给我吗？"我说当然了，然后把画给了她。亚历山大的眼睛真像天线一样尖。我快离开的时候他问我："大卫，你能也给我画张那个小画吗？"我说："当然了，没问题。"但后来就给忘了。

很长时间之后，亚历山大的一个同事到洛杉矶来，我和他在马尔蒙庄园酒店（Chateau Marmont）碰了面。他说："亚历山大让我转告你，你答应过给他画一张象人的小画像。"我回答说："没错，我答应过他。你会在这儿待多久？"于是我又画了一张画，托这个人转交给了亚历山大，他高兴坏了。那之后不久，亚历山大在过马路的时候被一辆公交车撞了，然后去世了。听到这个消息后，我很庆幸自己最终没有食言，给了他那张象人的小画。

后来我又到了巴黎，喜欢上了当地的Pommes Frites——薯条，对吧？采访过程中，他们给我点了一大堆薯条，还有美式酱——不过我管这东西叫番茄酱。我正在吃薯条时电话响了，我到卧室去接电话，是玛丽打来的。她说："大卫，你拿到了 8 个奥斯卡提名。"我问："都是谁拿到的？"她说："你拿到了两个，但是弗雷德一个也没拿到。"我听了之后说："你糊弄我呢吧？"这可不对！弗雷德为这部电影做出了不可估量的贡献，他一直支持我，是最忠诚的朋友。

参加奥斯卡颁奖典礼很有意思。马丁·斯科塞斯（Martin Scorsese）因为拍了《愤怒的公牛》（Raging Bull）也到了现场，就坐在我后面。那个时候在世界上——好吧，应该说直到今天，世界上也没有哪个人能像当时的罗伯特·雷德福（Robert Redford）那么红，他因为执导了电影《普通人》（Ordinary People）也到了颁奖现场。我参加了导演工会奖颁奖典礼，罗伯特·雷德福也来了，但从他脚踩到台阶上的那一刻起，狗仔队就开始不停地拍照。他都得求他们别拍了。我从没见过这种阵势，他实在太红了。所以《普通人》拿到了所有奖，而我和马蒂只能空手而归。

和《象人》有关的这些事发生的时候，我仍旧住在那间平房里。但现实情况是：如果只有我一个人，那没问题，理论上我还会继续在平房里住下去。我现在有了更大的空间，这挺不错。但我喜欢那间平房的朴素感，而且我可以在那里做东西。就比如，我给埃德蒙建了那个车库——建造过程太有意思了。我还可以紧挨车库再建个大房间，还可以再建各种各样的东西。你知道有些老工厂铺的是木地板，但不是橡木，而是那种软木地板吗，我的一个房间就是这样的。我想在地板上钻些洞，把油倒进洞里，这样洞周围就会变成深颜色。我还喜欢管道装置，准备做些铜管道，但不用那种发亮的新铜管——必须得用老铜管。我会给管子接上各种不同的水槽、管道和龙头。我完全不懂这些东西为什么对我有吸引力，但只要看一眼，只要看到它们的设计，我就觉得很刺激。管道装置的用途是引导水流，而控制水是很刺激的事情。

后来我们就搬去了格拉纳达山，搬进了一栋挺小的社区住宅，但它毕竟是独栋住宅啊，而且很便宜。我就是从那时候开始动笔写《蓝丝绒》了。我在后院给自己盖了间大概 3 米乘 7 米的简易棚，这样就有地方工作了。简易棚盖好后，我们又给后院加上了露天平台，所以从房子出来后，你稍微往下走几步，穿过平台，再往上走几步，就能直接进入简易棚了。非常不错。因为地面被平台垫高了一点，院子里的橘子树现在距离地面更近了，而火花非常喜欢水果。有一次我听到一阵惨叫，赶快跑了出去，发现火花正悬在树上，牙挂在了一只橘子里。它跳起身来咬橘子，结果挂在那儿荡来荡去，没法脱身。那个场景太逗了。我其实不太介意住在格拉纳达山。我有了自己的一块地方，而且我很喜欢山谷地区的地方在于，我的邻居们经常自己做东西。他们的前院里摆着摩托车，也会自己修车——他们都是蓝领。在那个地方你可以随心所欲。这点非常重要。

沉迷

MesMeriZed

1981 年开始后没几个月，瑞克·尼奇塔（Rick Nicita）开始代理林奇，他是当时美国最有权威的娱乐公司——创新艺人经纪公司（Creative Artists Agency）的一名经纪人。"是杰克·菲斯科把我介绍给大卫的，他的妻子是茜茜·斯派塞克，而茜茜从 1974 年开始就是我的客户。"尼奇塔说，"第一次见大卫是在我的办公室，他进来时脖子上挂着根绳子，上面荡着支钢笔。我问：'那是什么？'他说：'是支用来记笔记的钢笔。'我问：'你经常记笔记吗？'他说：'不，从不。'"

"和其他人一样，大卫给我的第一印象是完美、有趣、聪明、独特。"尼奇塔接着说，"有时候人们问我都代理谁，我提到大卫的名字时，他们会挑起眉毛。大家都猜想他是个消沉、阴暗、总穿着黑斗篷的家伙，但事实恰好相反。"[1]

认识尼奇塔的时候，林奇已经开始接到各种邀约，但好莱坞可不是一个天上掉馅饼的地方。很多制作人都想再要一部《象人》，但没人想再要一部《橡皮头》。"拍完《象人》后，大卫想拍《火箭罗尼》，但谁都不感兴趣。"玛丽·菲斯科说，"乔纳森和梅尔想让他接下杰西卡·兰格（Jessica Lange）的电影《红伶劫》（*Frances*），剧本作者仍旧是艾瑞克·伯格伦和克里斯·德沃尔。大卫很感兴趣，但出于某种原因他没能执导成。之后有人邀约他拍摄《绝地归来》（*Return of the Jedi*），他的经纪人说：'这部电影能让你银行账头上多出 300 万美元。'于是他去和乔治·卢卡斯（George Lucas）聊了聊，但感觉并不太好。"

林奇不情愿地把《火箭罗尼》暂时放在了脑后，但他当时手里还有个原创剧本《蓝丝绒》，这一时期也在推动这部电影。从 1973 年开始，这部电影的想法就零零碎碎出现在他脑中，并且在他心里的分量变得越来越重，可惜也没人愿意投钱拍摄这部电影。

这时候尼奇塔给林奇带来了《沙丘》。《沙丘》是人类历史上最为畅销的科幻小说，它描写了一个发生在遥远未来的故事，故事很成熟，作者是弗兰克·赫伯特（Frank Herbert），首发于 1965 年。林奇拿到的是根据六卷本《沙丘》中的第一卷改编的剧本。这个故事非常复杂，很多电影导演都尝试拍摄，但都失败了。

1971 年时，赫伯特把这本小说的电影改编权卖给了亚瑟·P. 雅各布斯（Arthur P. Jacobs）。雅各布斯是位独立电影制片人，然而不久之后他就因为心脏病发作去世了。三年后，让-保罗·吉邦（Jean-Paul Gibon）旗下的一家法国财团买下改编权，并雇智利导演亚历桑德罗·佐杜洛夫斯基（Alejandro Jodorowsky）进行拍摄。后者准备把它拍成一部长达 10 小时的故事片，由汉斯·鲁道夫·吉格尔（H. R. Giger）担任美术设计，并由萨尔瓦多·达利（Salvador Dalí）主演。在花掉 200 万美元，进行了两年的前期制作后，这个项目流产了。[2013 年的纪录片《佐杜洛夫斯基的沙丘》（*Jodorowsky's Dune*）讲述了这场宏伟的闹剧。]

1976 年，迪诺·德·劳伦蒂斯（Dino De Laurentiis）花 200 万美元买下了改编权，并委任赫伯特亲自操刀剧本改写。但赫伯特提交的剧本实在太长了。1979 年，德·劳伦蒂斯又雇鲁迪·沃利策（Rudy Wurlitzer）再次改写剧本，电影将由雷德利·斯科特（Ridley Scott）执导。但项目进行到第七个月时，斯科特离开去拍摄 1982 年上映的黑色科幻电影《银翼杀手》（*Blade Runner*）了。这个时候，德·劳伦蒂斯的女儿拉法艾拉（Raffaella）介入进来——看到《象人》之后，她觉得应该由林奇来执导《沙丘》。

"大卫创造了一个完全真实可信的世界，这点让我印象深刻。"拉法艾拉·德·劳伦蒂斯说："我们之前找的都是类型片导演，但一位真正的好导演应该能执导各种类型的影片，而且我确信他能应付得来《沙丘》。"

"父亲和大卫见面那天我也在场，我一眼就喜欢上了他。"她接着说，"那时我和大卫还是两个孩子，一起度过了一段美好时光，大卫几乎成了我们家的一员。我父亲热爱导演，他觉得大卫像费里尼一样棒。他是大卫作品的狂热粉丝。" [2]

如果说林奇和德·劳伦蒂斯家族的结识是天意，他们的合作却给斯图尔特·科恩菲尔德的工作泼了冷水。"和大卫认识时我们俩是准备拍《火箭罗尼》的，但一直没成功，因为大家那时候都觉得大卫是个疯子。"他回忆说，"但拍完《象人》后情况变了，我们有机会实现《火箭罗尼》了。有天我和大卫一起去吃午饭，他告诉我迪诺·德·劳伦蒂斯邀约他拍摄《沙丘》，还给他开了笔大价钱。大卫那个时候已经 30 多岁，是个很棒的艺术家，但拍的电影还没得到任何收益。所以当迪诺说'我会给你你想要的所有东西'时，他当然决定放手一搏。"

2010 年，德·劳伦蒂斯以 91 岁高龄去世。在此之前，他扮演着一位强硬的角色。对他来说，这显然不是件难事。他是个不同凡响的人物，把林奇带入了魅力非凡的国际电影市场。德·劳伦蒂斯 1919 年出生于那不勒斯，是意大利战后新现实主义电影的重要推动者；他制作了费里尼的早期作品《花街春梦》(*The Nights of Cabiria*) 和《大路》(*La Strada*)，后者获得了 1957 年奥斯卡金像奖最佳外语片。德·劳伦蒂斯触角极广——他还制作了罗杰·瓦迪姆 (Roger Vadim) 的《太空英雌芭芭丽娜》(*Barbarella*) 和英格玛·伯格曼的《蛇蛋》(*The Serpent's Egg*)。在 70 年的职业生涯中，他制作及合作制作的影片有 500 余部。虽然在外人眼中是个臭名昭著的强硬商人，但德·劳伦蒂斯显然广受爱戴，并且在林奇生命中扮演着重要角色。"迪诺是个现象级人物，是个促成交易的大师，而且他真的很喜欢大卫。"菲斯科说。

把《沙丘》搬上大银幕，就相当于要把一顿感恩节大餐浓缩成一场电视做饭节目。但德·劳伦蒂斯很有说服力，他成功劝说林奇签了份三部曲合约。《沙丘》弥漫着大制作、大投资电影的种种诱惑，但大卫心里想的并不是'我拿完钱就回家'，他永远做不出这样的事情。"尼奇塔说，"他对故事感同身受，故事呼应了他心里的某种东西。"

　　故事主人公是位名叫保罗·亚崔迪（Paul Atreides）的年轻英雄。在小说里，他被描述成一位"必须苏醒过来的沉睡者"。出于许多原因，这让林奇很有感触。林奇同样很喜欢创造其他的世界，而《沙丘》中出现了三个全然不同的星球，其间充满丰富的质感，梦境般的剧情，以及隐蔽的地下工厂。林奇接下它完全不出乎意料。

　　改编剧本又花了一年时间，而且还要接受父母指导收看评级。所以在落笔之前，林奇已然面临重重限制。之后他又为了要讨德·劳伦蒂斯欢心大伤脑筋——德·劳伦蒂斯讨厌《橡皮头》——他最初尝试和写作《象人》时的老同事克里斯·德沃尔和艾瑞克·伯格伦一起工作。"大卫慷慨地邀请艾瑞克和我一起工作，于是我们仨去了汤森港（Port Townsend），和弗兰克·赫伯特待了一段时间。"德沃尔回忆说。

　　"我们一起在环球电影公司大楼的一间办公室里写作，完成了两个版本的草稿，但迪诺觉得我们的剧本太长了，而这部电影不可能拍成上下部。"德沃尔接着说，"大卫也觉得剧本可以更短，但我们很担心故事会变得和赫伯特的原著出入太大。大卫觉得忠实原著很重要，但他也想往剧本里加一些原书中没有的情节。但我们不能这么做。不过我们觉得大卫应该在创作上忠于自己，所以告诉他：不管怎样，放手做吧。"林奇后来又改了五版草稿，终于在 1983 年 12 月 9 日完成了 135 页的终稿。虽然林奇今天说他"出卖"了《沙丘》，但改写剧本的过程中，他对其他事情并不知情。

　　"大卫很想挣钱，但他并未妥协，也绝不会妥协，所以《沙丘》最初并没有走样。"尼奇塔说，"大卫的剧本很纯粹。这个行业中有很多诱惑，他的成功之中也孕育出了试图腐化他的力量——很多人请他去拍大片，能很快发大财，但他都拒绝了。最开始人们觉得他会按照他们的意思办事，所以很喜欢来找他。但当外界明白他是个真正的刺头后，这些人就全消失了。大明星也都想跟他合作，但他对明星并不感兴趣。大卫是个艺术家，不喜欢牛气哄哄的大牌在眼前晃来晃去。"

1982 年 9 月 7 日菲斯科即将生产时，林奇正待在格拉纳达山的家里踏实写《沙丘》的剧本。"大卫一直在产房里陪我，没有他的话我肯定熬不过来。"她如此谈及儿子奥斯汀（Austin）的诞生，"我在产房里待了 36 个小时，他在旁边逗我开心，还推我的后背，因为医生说胎儿胎位不正。"现在林奇有两个孩子了。在家的时候，他也经常是手头同时进行着好几个项目：那些年里他在做香托和细长的饰扣式领带——这种领带要在喉咙处系紧，装饰着黑点或者白点。"他的好多朋友都有这么一条波点领带。"雷维回忆说。

1982 年晚秋时节，选角经纪人伊丽莎白·勒斯蒂格（Elisabeth Leustig）飞往几座美国城市，寻找一位能在《沙丘》中领衔主演的年轻不知名演员，期间遇到了凯尔·麦克拉克伦（Kyle MacLachlan）。麦克拉克伦刚刚从华盛顿大学的表演学习班毕业，勒斯蒂格抵达西雅图时，他正在空剧场（Empty Space Theatre）排演莫里哀的话剧《伪君子》（Tartuffe）。

"她四处打听有没有符合年龄要求的男演员，有人说：'你得去见见凯尔。'所以我们那年 12 月底在四季酒店见了面，她给我录了像。"麦克拉克伦回忆说，他随后于 1983 年初飞往洛杉矶，见到了林奇和拉法艾拉·德·劳伦蒂斯。

"我看过《橡皮头》，不知道该对那部电影作何评价。"麦克拉克伦说。"我的品位还停留在类似《三个火枪手》那样的好汉电影上——很老派，所以不清楚见到大卫后会怎样。我们约在了环球电影公司园区里的一间平房中。我记得独自坐在那儿，等着他从鲍勃快餐店回来。他开了辆帕卡德老鹰（Parkard Hawk），他很爱那辆车。他进来后，我们俩聊了聊在中西部长大的事情和红酒。然后他说：'剧本在这里。记住这几场戏，哪天回来咱们试拍一下。'"[3]

几天后麦克拉卡伦再次回到洛杉矶，在特效艺术家约翰·戴克斯特拉（John Dykstra）的顶点制作公司（Apogee Productions）进行了试镜。"他们很费劲才弄好我的头发，这可是我职业生涯中最要命的地方——从《沙丘》开始我的头发就不听话了。"麦克拉卡伦笑说，"我站在一个巨大的空间里，周围有无数人，面前的摄像机就像是我这辈子见过的最大的东西。但一见到大卫，我就觉得踏实又有着落了。我们试拍了几场戏，其中一场我还要对着摄像机喊话，我说：'大卫，我不知道自己能不能行。'他说：'你肯定会做得很棒！'他很会鼓励人。"

林奇和麦克拉克伦成了朋友——他称后者为"小凯"（Kale）——这也是他职业生涯中最关键的一段友谊。他们共同合作了林奇最喜欢的两部作品——《蓝丝绒》和《双峰》（Twin Peaks）——麦克拉克伦甚至被形容为林奇在大银幕上的另一个自我。他们在很多地方都很相像。两个人都开放豁达，性格乐观，在外界不干涉的情况下都表现得很幽默。他们身上都散发出快乐的能量。

"我回到酒店，发现桌子上有瓶靓茨伯庄园红酒。"麦克拉克伦继续回忆他和林奇的这次会面，"和大卫聊红酒的时候，他提到这是他的最爱。我觉得他实在太友善了，居然给我送了一瓶。他们看试镜效果的时候我就在酒店里等着，然后他们打来电话说：'我们很喜欢，但想给你换个发型再试一次。'然后我就和他们一起飞到了墨西哥。"

"那是1月份，电影仍在前期制作之中，我在那儿的时候正好赶上大卫过生日。他们给他办了场生日派对，我也参加了。我记得当时想：这些人可真好——希望能和他们一起工作。之后我正在楼下大堂里喝啤酒，接到了一通电话：'你拿到这个角色了。'大卫一决定和我合作，我立刻就百分百信任他，相信他能指导我顺利完成电影。"

《沙丘》这部电影阵势很大，演员阵容也不例外，电影中一共出现了39个有台词的角色。何塞·费雷尔（Jose Ferrer）、琳达·赫特（Linda Hunt）、杰克·南斯、迪安·斯托克维尔（Dean Stockwell）、马克斯·冯·赛多（Max von Sydow），以及德·劳伦蒂斯的第一任妻子、意大利影星西尔瓦娜·曼加诺（Silvana Mangano），都在电影中露面了。还有几位演员显然毫不畏惧他们即将出演的奇特角色：肯尼思·麦克米伦（Kenneth McMillan）竭尽全力塑造了故事中的反面角色，费雷德·琼斯和布拉德·杜里夫（Brad Dourif）则完美扮演了两位古怪的法庭顾问。

"见到大卫时我的第一反应是：这家伙是我见过最像大学预科生的人。"杜里夫回忆说，"宽松长裤配夹克衫，衬衫系到最上面的一颗扣子，说话声音像是来自费城的彼得·洛（Peter Lorre）。我走过去跟他说：'嗨，我是布拉德。'他说：'我知道。我得问你个问题：你能接受在演员身上做手术吗？'他当时想在一名演员的脸颊上钻个洞，这样就能插根小管子进去，完成从牙齿中喷烟的特效。我不知道他是认真的还是在开玩笑，但我听到他跟拉法艾拉说：'可为什么不行呢？'她回答说：'不，就是不行。'"

"我之前没看过《橡皮头》，直到他在墨西哥专门为我们放映了一场。"杜里夫接着说，"电影开始前他站起来说：'这是我拍过的一部片子，我希望大家看过之后不会调头就走。'我完全不知道自己看的是什么，结果突然间我意识到，这部电影就是一场超现实探索，关乎男性对女性心理和人格的恐惧。这是部让人难以置信的电影。"[4]

电影的演员阵容里还包括歌手斯汀（Sting），他当时正在探索表演之路，遇到林奇之前已经出演过四部电影。"大卫在伦敦为《沙丘》选角，我和他在克拉里奇酒店（Claridge's Hotel）见了面。"斯汀回忆说，"我是《橡皮头》的狂热粉丝，原本以为他看起来会像是电影中的主人公，没想到他非常正常，非常中西部，会用类似'绝顶优秀'（peachy keen）这种词。我从没把自己视为演员，当然了，我是演过几部电影，而且他看上去很喜欢我，他说：'你能来墨西哥吗？'我说：'当然。'当时我正在制作警察乐队（Police）后来被视为最重要的一张专辑《同步》（*Synchronicity*），但夏天时可以休息，于是到墨西哥穿了几个月的橡胶西装。"

斯汀扮演的角色名叫费德-劳撒·哈科南（Feyd-Rautha Harkonnen），是个长相极为俊美的杀人机器。出场时，斯汀从一堵蒸汽幕墙后现身，浑身潮湿反光，除了被他形容为"橡胶内裤"的东西外什么也没穿。"大卫给我看了那条内裤，我说：'不，我才不穿。'他说：'不，你得穿。'我的出场画面后来引发了不少争议，因为在那之前我从没把自己和同性恋符号联系在一起，但看着那条像翅膀一样几乎要自己飞走的内裤，我不知道这一幕还能怎么演。大卫也同意我的看法。"[5]

在墨西哥忙里忙外的 6 个月后，前期制作终于完成了。1983 年 3 月，林奇在片场安顿了下来。此前已经进行了两个月的排练。到了 3 月 30 日，电影正式开拍。《沙丘》在花销上可谓大手笔，它拿到了 4000 万美元的预算，在当时是一大笔钱。电影演职人员一共有 1700 人，四个摄制小组同时工作。电影的 80 个场景填满了 8 个摄影棚，外景则在奇瓦瓦州华雷斯城的萨马拉玉卡（Samalayuca）沙丘地区拍摄。沙丘气温高达 48 摄氏度，电影的最初几个场景都是在那里拍摄的。大家在那儿待了两个星期，还派 300 个人提前清理了垃圾，并且尽量把沙子扫成一堆。美术指导安东尼·马斯特斯（Anthony Masters）——《2001 太空漫游》（*2001: A Space Odyssey*）中的布景就出自他之手，也加入了电影团队；还有特效艺术家卡洛·兰巴尔迪（Carlo Rambaldi）——《异形》（*Alien*）和《外星人 E.T.》（*E.T.*）中的生物是他的作品。这部电影阵势庞大，最初的拍摄经历也非常有趣。

项目早期，林奇到迪诺·德·劳伦蒂斯位于阿巴诺泰尔梅（Abano Terme）的别墅去拜访过他几次。那是座距离威尼斯一小时车程的城市，给林奇留下了深刻印象。"大卫很喜欢意大利，为了那部电影我们好像总去欧洲——我忘了具体原因，可能是为了选角吧。"拉法艾拉·德·劳伦蒂斯回忆说，"大卫那时候吃素，但他爱上了肉酱，我记得他总是在吃鹅肝酱。"

一次拜访过程中，迪诺·德·劳伦蒂斯送给林奇一本有关威尼斯建筑的书。事实证明，这本书后来在很大程度上启发了这部电影。电影情节围绕皇室家族针对自然资源的抢夺战争展开，很多场景发生在装饰繁复的宫殿庭院里，画面中还出现了许多雕饰复杂的木刻以及漫长的台阶。电影中还出现了一个令人毛骨悚然的地下工业世界，那里到处是四处侦查的无人机，让人想起默片《大都会》(Metropolis)。还有公会领航员 (Guild Navigator)，它们是身材巨大但没有定型的神谕传达者——林奇称其为"活的大蚱蜢"，它们通过令人不安的、类似生殖器一样的孔说话。电影里还有许多令人惊讶的细节。

亚崔迪家有只哈巴狗，陪伴他们经历了种种冒险；宇宙飞船每次进入新星系时都要穿过钥匙孔。这些元素间的组合体现了典型的林奇风格。

"大卫能花几个小时在墙上画圆点，或许因为这个，他再也不想拍类似《沙丘》这样的大制作电影了。"德·劳伦蒂斯说，"有天我们在华雷斯的沙漠里，身边有 200 多个穿着橡胶套装的演员，时不时有人晕过去。此外还有众多摄制组工作人员，我们费了很大力气才一路跋涉到这里，结果他却在拍一位主角的眼睛特写！我说：'大卫！咱们回去在摄影棚里也能拍！可周围这些景都是费时费力搭出来的，你能不能拍一拍！'他很聪明，那时就意识到细节是他个人语言中重要的组成部分，他之后拍的电影都强化了这一特点。"

执导《沙丘》对林奇来说是个重大飞跃，斯汀回忆说："我很惊讶，大卫从那么一部小小的黑白电影直接跨越到了这种鸿篇巨制。而且他对此十分镇静，让我印象深刻。我不记得他崩溃过，现场每个人都喜欢他。他从头到尾表现得都绝顶优秀。"

沉迷

詹妮弗·林奇也在片场待了几个星期，负责操纵公会领航员的左手和下颌。"我至今还记得那个宏大的制作阵容。"她回忆说，"那可能是我第一次意识到，爸爸面对的是一个体量巨大的东西。他花了那么多钱，雇了那么多人。"

如果不在情场中四处狩猎，那林奇就不是林奇了。他那个时期的情感生活变得尤为复杂。也是在那时，伊娃·布兰德施泰因（Eve Brandstein）进入了他的世界。布兰德施泰因生于捷克斯洛伐克，在纽约布朗克斯区长大，20 世纪 70 年代后期搬到洛杉矶后，在诺曼·利尔（Norman Lear）的公司找了份电视剧选角和制作的工作。1983 年，当时她的朋友克劳迪娅·贝克（Claudia Becker）正在墨西哥处理《沙丘》的选角工作，她和利尔在墨西哥会合，准备去巴亚尔塔港（Puerto Vallarta）度假。

"有天晚上克劳迪娅说：'咱们去一号画廊（Galeria Uno）参加个艺术展吧。'不知道为什么，我并不知道参展艺术家究竟是谁。到了那里后，我和大卫隔着屋子看到了彼此，整个晚上都在相互打量。不过那时我还不清楚他究竟是谁。开幕式结束后，我和一群朋友去了家名叫卡洛斯·奥布莱恩之家（Carlos O'Brian's）的酒吧。在那儿坐着的时候，大卫跟他的一群朋友也来了，他坐在了我旁边。那晚余下的时光充满了魔力，我们俩一整晚没睡，一直在沙滩上散步聊天。第二天一早我就得回洛杉矶，他则要返回墨西哥城，我们又在机场撞见了彼此。他飞的是国内航班，我是国际航班，所以我们在不同区域，之间隔着一道帷幕，我们走到帷幕旁亲吻起来。事情就是这么开始的。"[6]

林奇的天赋之一就在于他能专注于手头所做的事情，因此当那架从巴亚尔塔港飞往墨西哥城的飞机一降落，他脑袋里想的就只有《沙丘》了。"大卫拍摄《沙丘》的方式和他拍摄其他电影一样，他要保证现场每个细节都完美无缺。"麦克拉克伦回忆说，"从枪支到制服，再到色彩和抽象元素，乃至美术设计和特效，大卫事必躬亲。他的艺术敏感性无时无刻不强有力地体现在各个层面。"

"1983 年 3 月到 9 月之间我都在墨西哥，度过了一段愉快时光。"麦克拉克伦接着说，"我住的房子位于富人区，整天都有人开派对。德·劳伦蒂斯一家常在他们的房子里举办晚宴，我总会参加。"不管从什么角度看，那都是个放纵的片场：《沙丘》是部让人筋疲力尽的电影，演职人员也需要宣泄他们的疲惫。"片场非常狂野。"斯汀说，"我周边都是些伟大演员，而我只是个在那里玩得很开心的摇滚明星。"

玛丽·菲斯科很清楚林奇正置身于他从未经历过的环境之中。他正在执导自己的第一部大预算好莱坞电影，台前幕后，这都是十分复杂的生意。"我们刚结婚的时候，大卫是乖乖仔先生，不抽烟也不骂人。"菲斯科说，"但拉法艾拉是个派对女孩。有一次我给他打电话，发现他正在外面喝伏特加吉姆雷特鸡尾酒，我吓坏了。那群人非常疯，我觉得他也加入了派对。他喜欢自己住的那家酒店，被巨量的工作驱动着前进，他活在了一个气泡里。"

林奇是个多任务处理大师，总是在同时进行好几件事。在墨西哥期间，他还完成了"鸭盒子"（不过他认为这个盒子失败了，因为照片拍模糊了）和"鸡盒子"，其中鸡盒子里的组装指南是双语的——有英语也有西班牙语。电影拍摄过程中，他还开始连载《世界上最愤怒的狗》(The Angriest Dog in the World)——一系列四格漫画，描绘了一只被拴在柱子上的狂吠的狗，总是想摆脱锁链。漫画先是在《洛杉矶读者报》上连载，后来换到了《洛杉矶周刊》(L. A. Weekly)上，一直刊登了 9 年。9 年间画风丝毫未变，林奇会在每周一打电话告知这周对话气泡里的新内容。

"漫画中的幽默感来自让人怜悯又恶心的不快乐和悲惨状态。"林奇解释说，"无知的挣扎中有种幽默色彩，人们在感到极端绝望的情况下仍旧不断挣扎，这之中有种英雄主义色彩。"

制作《沙丘》的过程中，林奇还需要照顾他新建立的家庭。"大卫拍《沙丘》的过程中，我基本上扮演了单亲母亲的角色。"菲斯科说，"在那里照料新生儿非常困难，因为我当时还在哺乳。我去过那里几次——有一次还带着奥斯汀的教母玛莎·邦纳——奥斯汀在大卫的注视下，在他旅馆的房间里走出了第一步。我和大卫经常打电话聊天，但我们面临的仍旧是长距离分居，我很不开心。"

1983 年秋天，当时林奇的拍摄已经进行了 6 个月，菲斯科买下了弗吉尼亚州的一块地产，然后卖掉了格拉纳达山的房子，带着奥斯汀搬到了美国的另一边居住。"算是我哥哥说服了我搬家。"菲斯科说，"他和茜茜住在那里，我找到了一栋占地约 465 平方米的房子，有点破旧，但那块地非常漂亮，大卫说：'买吧——我相信你。'所以我在大卫都没看到房子的情况下自己买了下来，然后花 6 个月时间进行了修缮。"

如果说林奇从容接受了搬家的事实，他女儿则感到非常不安。"他搬到弗吉尼亚州的时候，我真是吓得像是跌进了地狱。"詹妮弗·林奇说，"在那之前，爸爸一直在我身边，我们非常亲密。我记得有次写信到弗吉尼亚对他说：'我害怕再也见不到你了。'他说：'开玩笑吗？咱们总是在聊天啊！'没错，他会在晚上任何时候给我打来电话，只为了聊聊。但我依然很害怕，很伤心。不过我见他的机会也确实比玛丽和奥斯汀多，因为他人总是在洛杉矶。"

1983 年 9 月 9 日，《沙丘》大部分的画面拍摄结束。林奇又在墨西哥待了 4 个月，完成了模特和特效部分的拍摄。到了这个时间点，电影本身巨大的规模开始释放出负面能量。"拍摄过程中我从没感受到大卫不开心，但你必须知道，当时我是个只有 24 岁、以自我为中心的年轻人，我对身边人的感受和今天并不相同。"麦克拉克伦说，"在我看来一切进展顺利。对他来说，和演员一起工作很愉快——这点我能观察得到，而且直到今天也是如此。但我确实记得他说：'这是个大摊子。'而且我觉得他很累。我完工后很久，大卫还在那儿进行第二和第三组的拍摄工作。"

林奇终于在 1984 年 2 月初离开墨西哥，搬进了位于西洛杉矶一栋简

　　　　　　　　　　　　　　　　　　　　　　　　梦室

朴的小公寓中。电影剪辑期间，他在那里住了6个月。那段时间里，布兰德施泰因在他生活中扮演着重要角色。她回忆说："大卫认为我过着一种艺术人生，他渴望那种人生——对他来说，成为创作者并创造艺术意味着一切。我们的聊天大部分围绕艺术和精神展开，他让我觉得作为艺术家很棒，还推动着我在那方面更进一步。不过这段关系在我们俩心中都矛盾重重。大卫觉得他伤害了玛丽，他不喜欢这种感觉。他一直在试图平衡两段感情，因为哪个他都不想丢弃。他想要充满激情和欲望的感情，但也渴望家庭生活的安逸——那种中西部农场男孩想要的东西。他需要同时拥有两者，这也奠定了他一生的框架，是他创造力的源泉。只要他说，我立刻就会嫁给他，可他不能说。我在这段关系中感受到一种空虚，所以在1985年遇到另一个人后，我很快就摆脱了出来。"

在林奇的生命中，女人对他来说就像是猫薄荷。"爸爸是个毫无恶意的人，他做的事情也并非出于自私——完全不是这么回事。"詹妮弗·林奇说，"他就是深爱着秘密、伤害和性，而且他很顽皮，他真的就是深爱着相爱的感觉。如果他爱上了你，就会对你付出世界上最多的爱。他会非常快乐，变得飘飘然，脑袋里满是点子，非常有创意，这整件事就是这么无可救药的浪漫。"

菲斯科一直很清楚林奇的这一面，但她还没准备好处理发生在洛杉矶的事情。"剪辑《沙丘》的过程中，大卫一直在弗吉尼亚和洛杉矶之间来来回回。那时候他跟我说，他很为我们的婚姻担忧。"菲斯科回忆说，"我哥哥说，他觉得大卫出轨了，但我不愿意这么去想。我去洛杉矶参加了一场演职人员派对，他周围环绕着好多女孩。我记得自己当时想：真是太怪了。但我之后意识到事情也只能如此。"

《沙丘》的第一个粗剪版本——林奇只在墨西哥放映过一次——长达5小时。根据第七版的剧本，林奇理想中的剪辑版本时长应该在3小时左右，而最终放映的拷贝只有2小时17分钟。不需多说，他想放入电影中的许多内容最终都被遗落在了剪辑室的地板上。剪辑过程中他被迫做出了许多让步，后来他承认非常后悔这样做。在洛杉矶度过的那几个月对他来说非常艰难。"《沙丘》已经进行了一年半，我有了一种深深的恐惧感。"林奇曾说，"但通过它，我学到了很多电影制作的事情，也了解了好莱坞做生意的方式。"在 2001 年英国广播公司（BBC）的纪录片《最后一位电影大亨》（*The Last Movie Mogul*）中，迪诺·德·劳伦蒂斯承认"我们在剪辑室里毁了《沙丘》"。考虑到德·劳伦蒂斯拥有电影的最终剪辑权，可以认为他所说的"我们"其实指的是"我"。

"假如大卫拥有最终剪辑权，它就能成为一部更好的电影——我看过他剪的那个版本。"拉法艾拉·德·劳伦蒂斯说，"它有 5 小时长，每分钟都无可取代——假如你能醒着看完的话。"

"我们犯的最大错误是过于强调忠于原著。"她补充说，"我们觉得：我的天哪，这可是《沙丘》啊——我们怎么能瞎胡闹呢？但电影和书不一样，你从最开始就应该明白。"

环球影片是电影的发行方。1984 年 12 月 3 日，《沙丘》在肯尼迪艺术中心（Kennedy Center）进行了首映。"阵势非常大。"菲斯科回忆说，"迪诺帮我们拿到了白宫的邀请函，我们去参加了国宴，见到了罗纳德·里根（林奇很崇拜这位总统）夫妇。安迪·威廉姆斯还在晚宴上献唱。这是关于《沙丘》美好的记忆。接着电影评论家们盯上了《沙丘》，不仅把它贬得一文不值，还连带上了大卫。"评论空前一致，全是负面的。罗杰·伊伯特（Roger Ebert）和吉恩·西斯科尔（Gene Siskel）称它是"本年度最烂影片"，《时代》周刊的理查德·科利斯（Richard Corliss）说它"像期末考试一样难"。《沙丘》上映时，林奇手中的《沙丘 2》剧本已经进行了一半，但在第一部大败之后，续集立刻被叫停了。

不过这部电影也收获了一些重要的支持者。科幻作家哈尔兰·艾莉森（Harlan Ellison）就很喜欢。在 1985 年出版的短篇小说集《眼睛》（*Eye*）

的序言中，弗兰克·赫伯特写道："随着《沙丘》开场，展现在眼前的是一场视觉盛宴，而且从头到尾你都能听到我写下的对白。"莱维西回忆说："大卫和弗兰克·赫伯特关系非同一般。他对大卫诠释这本书的方式非常开心，对电影给予了认可，这对大卫来说非常重要。"

麦克拉克伦——他几乎出现在了电影每一帧的画面中——对于自己在大银幕上的首次亮相百感交集。"我看了自己的表演，感觉很难为情，因为我在摄影机前的表演太稚嫩了。"他说，"但某种程度上这种表演很有效，因为我扮演的角色正是从年轻孩子气的阶段开始，然后经历了试炼，必须成长为一名领袖。我猜他们在正确的时候找到了我，因为我当时真的只是个电影新手。"

"不过我认为大卫创作了一部伟大的电影。"麦克拉克伦补充说，"归根结底，谁也不可能活灵活现地重造弗兰克·赫伯特笔下那个错综复杂的世界，因为在书里有太多事情同时发生了。但我可以在观看《沙丘》的时候只是单纯享受它的视觉冲击，而且大卫可以在这些东西上烙上他自己的痕迹。哈肯尼家族（Harkonnen），驶入宫殿的火车——我的天，真是天才的想法。我管它叫一部有瑕疵的大师之作。"

回顾这部电影，斯汀说："把整本书挤进一部电影可能是个错误，在大银幕上看的时候，我感觉有点承受不了。但很奇怪，在小屏幕上看感觉就很好。不管怎样，大卫的电影总是很吸引我。就像戈雅和弗朗西斯·培根，他的视角不总让人感觉舒服，他创作的所有东西都给人带来他者的感觉。他有一套自己的视角，很严肃，一点都不轻佻。我喜欢看到他在这个世界上做着自己喜欢的事情，也很高兴自己能成为他大部队中的一员。"

《沙丘》上映后，林奇回到了位于弗吉尼亚州夏洛茨维尔（Charlottesville）外阿尔伯马尔县（Albemarle County）的家——之前菲斯科买下的那栋房子，开始全神贯注于他笃定实现的下一部电影。"他说：'我不想谈《沙丘》。'所以我们就不谈。他开始继续向前，写了《蓝丝绒》的最后一稿。"菲斯科如此说，她还提到林奇的剧本是听着肖斯塔科维奇（Shostakovich）的《A大调第 15 号》交响曲写出来的。"大卫是个极其自律的人，这也是他为何成就斐然的原因之一。他会坐下来连写两个小时，虽然有些日子里出产不多，他还是会在那里坐两个小时。然后他会再画两个小时画。他总是立刻从一个项目转移到下一个项目，这可能和他父母的教育以及在鹰级童子军中接受的训练有关。大卫在处理事情上很有天赋。"

林奇渴望把《沙丘》抛在脑后，但他和德·劳伦蒂斯一家人的关系依旧很紧密。"大卫痴迷身体器官。拍完《沙丘》后，我必须得接受子宫切除手术。"拉法艾拉·德·劳伦蒂斯回忆说，"大卫说：'你要切除子宫吗？你的子宫可以给我吗？'我说：'当然了，为什么不呢？'然后我要求医院把子宫还给我，但他们看着我的样子就好像是我疯了，拒绝了我。所以我让我继子到屠夫那儿要来了一个猪子宫，把它泡在福尔马林罐子里，然后把我住院时的身份手环贴在上面，送给了大卫。有人告诉我他把这东西放在冰箱里保存了许多年，有一次还抱着罐子过了海关，后来可能被他的某一任妻子给扔了吧。"

至于迪诺·德·劳伦蒂斯，虽然《沙丘》遇到了不少问题，但他从未对林奇失去过信心。等到电影上映后一切尘埃落定，他问林奇接下来想拍什么，林奇回答说想拍《蓝丝绒》。林奇曾经把《蓝丝绒》的一版剧本作为提案拿到华纳兄弟，当时华纳兄弟原本准备启用转手条款将剧本版权卖给其他人，但没能谈成，于是剧本的所有权又回到了华纳兄弟手中。德·劳伦蒂斯给工作室负责人打电话买回了版权。林奇要求事先明确：如果一起合作，他必须拥有最终剪辑权。德·劳伦蒂斯则说前提是林奇同意工资和电影预算都减半。"大卫爱迪诺，"菲斯科说，"因为迪诺给了他机会拍《蓝丝绒》。"

　　我和瑞克·尼奇塔签了约，因为我很喜欢他这个人。他并不是个典型的经纪人，而且还代理茜茜，所以我很信任他。我记得在我手写完成《火箭罗尼》后，正是他的秘书帮我用打字机打了出来，所以在他成为我经纪人之前，我们就认识很久了。瑞克从未在任何层面上强迫过我。

　　拍完《象人》之后，我原本可能拍《火箭罗尼》的，因为梅尔给我拉来了一笔资金。但钱不够，远远不够。我忘了自己为什么没拍《弗兰西斯》——那部关于影星弗兰西斯·法默（Frances Farmer）的电影。那时候乔治·卢卡斯正在筹备他的第三部《星球大战》（Star Wars），有人打来电话，问我愿不愿意来见见乔治。华纳兄弟制片厂附近有个叫鸡蛋公司（Egg Company）的地方，他们让我到那个地方去，在那儿会拿到一个装有信用卡、钥匙、飞机票以及其他东西的信封。于是我飞到旧金山机场，开着辆租来的车到了个叫"齿轮"（Sprocket）的地方，那可能是乔治·卢卡斯的某一家公司吧。我走进去，见到了乔治，结果他开始跟我聊《星球大战》。我确实挺受宠若惊，但并不知道他为什么要叫我过去，因为《星球大战》显然不是我的菜。无论如何，他跟我说着，然后我脑袋就疼了起来，还疼得越来越厉害。我们又聊了一会儿，然后坐着乔治的法拉利去一家沙拉店吃沙拉。那个时候我已经觉得有人在猛击我的脑袋，简直等不及从那里逃开。我在机场给瑞克打了电话——我感觉心烦意乱，必须在上飞机之前跟他通上话。我说："瑞克，我做不了！我感觉有巨大的压力逼迫着我答应乔治，但是我做不了！"他说："大卫，没关系，你不是非做不可。"然后我给乔治打了电话，对他表示了感谢，告诉他我希望还是由他自己来执导这部电影，因为那根本就是他的作品。乔治是有史以来最伟大的创作者之一。

他有股特殊的格调，而且他本人也非常独特，但《星球大战》真的不适合我。

一个叫理查德·罗思（Richard Roth）的制作人找到我，想让我把一本叫《红龙》（Red Dragon）的书改编为电影。被我拒绝之后，他说："你手里还有什么？"我说："我有个叫《火箭罗尼》的电影。"但他不感兴趣，于是又问我："你手里还有什么？"我说："还没完工，但我有个想法。"然后给他讲了《蓝丝绒》。他听了说："哦，这个听起来挺有意思。"他把我带到华纳兄弟，让我当着一个家伙的面做了提案。我忘记是谁了，我觉得这个人当时应该给了我一笔钱让我写剧本，要不然剧本的所有权怎么会到了华纳兄弟手里呢。我给他们写了两稿，他们都非常厌恶，也怪不得他们——那个故事还没讲完呢。

然后我听说迪诺·德·劳伦蒂斯想和我见面聊聊一个叫《沙丘》的片子。我以为他说的是"六月"*，因为我对《沙丘》一窍不通。但我的朋友全都说："我的天哪，这可是全世界头号科幻小说。"所以我想：好吧，我就去见见迪诺。那之前我听过不少关于他的传闻，觉得见面后自己肯定会非常头疼。于是我去了那间位于贝弗利山的办公室，前台非常漂亮，对我也很友善。随后我走进去见到了迪诺。迪诺说："你好。"坐下的时候，我用眼角瞥到一旁的阴影中坐着另一个人，那是迪诺·康蒂（Dino Conti）——迪诺的众多好友之一。我不知道他为什么也在场，但这两个人对我的态度都特别温和，还给我做了杯世界上最棒的卡布奇诺。有个叫恩佐（Enzo）的家伙是迪诺的理发师，恩佐的妻子孔切塔（Concheta）那天为我们做了很多小零食。恩佐过去总给迪诺理发，等到迪诺在威尔希尔大道（Wilshire Boulevard）建

---

* June，发音与 Dune 相近——译者注

梦室

起办公室时，他同时在隔壁开了家理发馆，所以我也可以去那里找恩佐理发。他是世界上最棒的理发师，绝无仅有。他是在意大利学的理发，很"别具风味"。

后来我和迪诺逐渐熟识起来。迪诺并非出生在一个富裕之家，而且他最初是想当演员。有天他去参加试镜，被告知需要穿西装，要看起来非常精神。他有套西装，但没有好鞋。走路去搭火车参加试镜的时候路过一家鞋店，他走进去跟老板说："我要去参加试镜，我没钱，但需要一双鞋。"这个家伙回答说："好啊，你可以拿走一双。"终其一生迪诺都在持续给这个男人寄钱。

20世纪五六十年代的时候迪诺在罗马工作，到了周末——想象一下这幅画面——他搭上火车一路向北，到了意大利和法国的交界处向西拐弯，然后在某站下车，去地中海边上一栋漂亮的小住所。沿途都是罗马松，他沿着漫长蜿蜒的车道一直走，直到抵达海湾边上的一栋房子。柯布西耶就是在这个海湾去世的。简直疯了。我去看过柯布西耶的墓地，就位于这一区域。墓地是他自己设计的，坐落在一座能俯瞰地中海的小山丘上，非常漂亮。不管怎么说，在罗马从事电影，然后在蒙特卡洛（Monte Carlo）或是什么地方拥有这么一栋房子。想象一下这种生活方式，真是太美好了。

回想起刚认识迪诺的那段日子，我总感觉自己当时好像被催眠了。迪诺就像一辆意大利的马克卡车（Mack truck），只会一路向前。他有无穷的精力，还是个万人迷，过着优质的生活，被顶尖的食物、最漂亮的地方、最棒的旅行方式以及最热切的工作激情所环绕。所以，迪诺的诱惑在于，你也想生活在他的世界里。但别误会我的意思——我很爱迪诺和拉法艾拉，还有西尔瓦娜·曼加诺，以及他们的女儿维罗妮卡（Veronica）和弗朗西丝卡（Francesca），有段时间我就像这个家庭中的一员。我和迪诺唯一不合的地方就是电影品位。迪诺热爱电影，但不是我拍的那种电影，所以他不知道该拿我怎么办。他说："林奇这个家伙拍了《橡皮头》，我恨这部电影；

但他也拍了《象人》，我爱这部电影。"他想要的是拍出《象人》的那个我。

有一次迪诺正在他位于意大利阿巴诺泰尔梅（Abano Terme）的家中，西尔瓦娜正在那里接受泥浴治疗。这个泥浴啊，我跟你说：你走进浴室，里面有巨大的浴盆，配着好多完美无瑕的漂亮水龙头和水管，还有穿着白色制服的护士到处来走去。就像到了《八部半》（8½）的场景之中——呃，也不全是，因为里面没有克劳迪娅·卡汀娜（Claudia Cardinale）。不管怎么说，迪诺打电话让我过去一趟，到了之后他说："大卫，我带你去威尼斯。"于是我们钻进了一辆车，车里有拉法艾拉，坐在中间的我，迪诺，还有拉法艾拉的前夫。司机是个没有脖子的矮胖子——就像直接把一顶礼帽戴在了肩膀上——他双手紧握方向盘，一路上都没有关左转向灯。他的脚是铅做的，我的意思是，一直把油门踩到底。如果前面有车，他就以120迈的速度超过去。我们就这么一路飞到了威尼斯，风从车中呼啸而过，因为拉法艾拉晕车了，必须把脑袋伸出窗外。我们沿着迪诺熟悉的小街开到了圣马可广场，接着，开阔的广场中心就在我们眼前展开了。然后我们搭船去了海明威曾经住过的地方，一个神奇的地方，在一家餐厅的海明威雕像旁吃了饭。回程路上，运河的水一片漆黑，那些意大利房子就像是直接从水里升出来的一样。我就是从这里获得了《沙丘》布景的不少灵感。我告诉了托尼·马斯特斯（Tony Masters）自己在那儿看到的一切，因为真是太难以置信了。

《沙丘》是个关于寻求启蒙的故事，这是我想要拍摄它的部分原因，但我也知道接下《沙丘》有某种命中注定的理由。虽然我不清楚这理由究竟是什么，我还是接下了。我让克里斯·德沃尔和艾瑞克·伯格伦来与我一起写剧本，因为我们曾经共事过，我很喜欢他们俩，而且他们也是这本书的狂热粉丝。克里斯、艾瑞克、迪诺的儿子费德里科（Federico）和我一起，到汤森港和弗兰克·赫伯特待了一天。弗兰克和他妻子贝弗利（Beverly）都很和善，我们聊了很久。我都不记得当时是不是聊到了这本书。越深入这本书，我发现它越复杂。但是迪诺这个那个都不想要，我就知道很难让

　　　　　　　　　　　　　　　　　　　　　　　　　梦室

这个故事自圆其说。这儿有个屏蔽墙，那儿有个屏蔽板，然后是来自这种文化的一些元素和来自那种文化的一些元素，与此同时还发生了圣战和其他好多事情，非常复杂。不过，和弗兰克·赫伯特待在一起的那天很不错。那天晚些时候，我搭飞机回洛杉矶，费德里科则要从西雅图转机去阿拉斯加。我的飞机先起飞，所以他一直陪我走到舱门，真是很好心。他们说，费德里科那么帅，女人看到他就被迷死了。在去阿拉斯加的路上，费德里科认识了一位命中注定要认识的飞行员，那年7月，他们俩就在一场空难中共同丧命。

一旦开始和克里斯以及艾瑞克共同创作剧本，我很快就意识到我们仨头脑里对《沙丘》有着全然不同的概念。那时候我已经知道了迪诺喜欢什么，不喜欢什么。而且我知道，如果按照克里斯和艾瑞克的方式写剧本，我们最终只会空忙一场，因为迪诺绝对不会同意。迪诺不懂任何的抽象概念和诗意——他就想要大量的动作场面。克里斯和艾瑞克离开的时候我感觉很糟，因为他们都指望着能靠《沙丘》赚一笔钱，但我还是自己一个人继续把剧本写完了。

除了喜欢和"我看不懂"之外，我不记得迪诺还对剧本发表过任何其他意见。他绝对不会提出创意，他只会对既存的事情有所反应。迪诺想挣钱，对此我也没有意见——迪诺就是这么个人。

我们先是在洛杉矶和纽约寻找扮演保罗·亚崔迪的演员，但没找到合适的人选。于是迪诺说："好吧，现在咱们得在二线城市找了。"西雅图的一个女人推荐了凯尔，还寄来一张照片。一来二去，凯尔来了，在我见过的所有人中数他最为出众。事情就是这样。凯尔是个很棒的人，同时也是个很棒的演员。凯尔兼备这两项优点。之后他到贝弗利山酒店九号"片房"（boongalow，平房的意大利口音发音）见迪诺。他总是住在同一间房里，那是个巨大的"片房"，迪诺总是这么叫它。见面后，迪诺测试了凯尔，他表现得很不错。接着他又让凯尔脱了上衣，测试了几个打斗动作，想看看他打斗时的样子——你知道的，意大利动作片，男子健美照那一套。凯尔照做了，然后他就拿到了这个角色。

拉法艾拉和我当时正在查看墨西哥丘鲁武斯科制片厂（Churubusco Studios）。她雇了个中东人，开直升机带我们四处查看，寻找能拍摄电影中外星风景的场地。那架直升机非常大，他带我们到了一个地方，目之所及全都是黑色火山岩，其中星星点点钻出些绿色仙人掌。那儿真的很古怪，但怪得很漂亮。

我们在丘鲁武斯科制片厂的时候，我在餐厅里见到了奥尔多·雷（Aldo Ray），觉得他是扮演格尼·哈莱克（Gurney Halleck）的完美人选。我跟他聊了聊，告诉他我想让他出演这样一个角色，他非常高兴。迪诺听说我想用奥尔多·雷后却说："他就是个酒鬼。"我说："咱们让他来试一试——他真的是个完美人选。"于是奥尔多带着他儿子艾瑞克来了，那时候艾瑞克差不多17岁。[演员艾瑞克·达·雷（Eric Da Re）后来出演了前两季《双峰》。]那天早上到了制片厂，有人告诉我"奥尔多在化妆间里"。于是我就过去了。当时差不多是早上八点半或者九点，奥尔多瘫在沙发上，因为他喝了一晚上酒，而可怜的艾瑞克羞愧地坐在房间另一头，低垂着脑袋。我拿了把椅子坐在奥尔多面前，问："奥尔多，你能演吗？"然后他说："不能。"

我们勘察了许多景，想找一个适合拍这部电影的地方，最终迪诺找到了最便宜的选择，也就是墨西哥。那些日子里的墨西哥真是个完美的地方。墨西哥城是这个世界上最浪漫的城市。亲眼见到之前，没人会相信我说的话，但一旦亲眼见到，他们就会说：没错，你说的对。首先，城里的光线和色彩那么梦幻。到了晚上，天空一片漆黑，而小灯泡照亮着漂亮的绿色、粉色或黄色墙壁。墨西哥的建筑都是彩色的，还带有一种经由岁月洗刷的光泽感。到了晚上，所有东西都是黑的。但光照在墙上的地方，会产生许多长方形的小彩条。那真是个充满诗意的城市，那里的年轻画家们也创作着不可思议的东西。毒品集团还没产生，人们善良又随和，虽然他们的政治领袖不可一世，正折磨着他们，偷走他们所有的钱。如果一位总统在选举中失利，他就会把所有的钱卷走，在西班牙盖一座城堡，然而大家好像都接受了这样的现实。

我不知道迪诺究竟来没来过丘鲁武斯科——我不记得在现场看到过他——但拉法艾拉代替他在片场发号施令，因为他们俩那么像，就像用同一块布料剪裁出的两件衣服。拉法艾拉真是个人物。她超级聪明，不说废话，也不瞎胡扯，是个强大的制片人，就像女版的迪诺，我爱拉法艾拉。工作人员来自天南海北，有意大利人、英国人、德国人，还有一些西班牙人——各种各样的人，片场还有很多酒鬼，当然少不了派对。有一次我回到家已经特别晚了，得给玛丽打个电话，但我醉得太厉害，不知道为什么穿着衣服躺进了浴缸。我不记得自己为什么坐在浴缸里，但我后背靠着浴缸沿，抱着电话，必须全神贯注才能拨下每个号码。然后我闭上眼，必须非常集中精力，才能让自己和玛丽说话的时候听起来不是一摊烂醉。我搞定了，但挂电话之后就吐了。

查理·鲁茨告诉我，在墨西哥洗澡的时候，应该先啜一口伏特加，把酒留在嘴里，然后去冲澡，冲完后再把伏特加吐出来。要不然冲澡时水会流进嘴里，你就会不知不觉把水喝掉。我每天早上都照做，一次也没生病，其他人却全生病了。拉法艾拉说，每天都会有半个摄制组的人请假，因为总有人在生病。

丘鲁武斯科当时有 8 个巨大的摄影棚——现在其中 4 个已经让位给了住宅和其他建筑——我们的人可是这些的两倍。丘鲁武斯科占了很大一块地，于是我找了辆三轮车。我很喜欢它，每天骑着车在片场间穿梭查看拍摄情况。我总是跑个不停，因为有四个摄制组在同时工作。简直疯了。那些现场布景太他妈漂亮了！墨西哥的手艺人很了不起，布景从背面看上去就和从正面看上去一样好。他们是用雨林中的柳安桃花心木搭建的——真是难以置信。至少有 80 个布景，有些制作得非常精细。托尼·马斯特斯干得真漂亮。他会从零开始，像变戏法一样做出件神奇的东西。他想让布景设计看起来更有科幻感。那次威尼斯之旅对我影响很大。我总是对托尼讲起那次经历，逐渐地，布景风格也开始往那个方向转变。电影中的飞船是一顶一地棒。它们某种程度上把青铜、银、紫铜、黄铜和铅锡锑合金融合在了一起，再混上点金子，真是让人震惊。卡洛·兰巴尔迪设计了公会领航员。我想让他看起来像只巨大的蚱蜢。我在剧本里就是这么写的，而且最初也是和卡洛这么交代的。但人很奇怪：如果看看外星人 E.T. 的脸，你能从上面找到卡洛·兰巴尔迪的影子。人们总是在塑造他们自己，所以公会领航员的脸看起来也有点像卡洛·兰巴尔迪。

迪诺雇了个叫巴里·诺兰（Barry Nolan）的人做特效摄影。巴里很不错，因为他清楚自己在做什么。考虑到他拿的那点工资，可以说他相当完美地完成了任务。在巴里之前，迪诺面试了好多人，只有巴里要价最低——没准迪诺还对他施了压，进一步压低了价格，所以巴里从头到尾可能几乎没赚到钱。迪诺能把人的血都榨干，只剩下一把骨头。

设计哈肯尼的世界太有意思了，因为他们居住在一个工业世界里。哈肯尼人不建屋顶，可以直望进宇宙的一片漆黑之中，火车停在上面的站台上，非常酷。哈肯尼男爵能飘起来越墙而过——而且是飞过非常高的墙。有一次我们正在拍哈肯尼男爵的一场戏，摄影棚里大概有 60 个人，现场还竖立着至少有 30 米高的巨大墙壁，真的非常大。那是个真刀实枪的大场面。两个镜头之间的休息时间里，大家正在四处乱逛，突然传来了一声巨大的撞击声！几个大钳子从空中的窄道上掉下来了，如果砸到人会出人命的。然后我们听到头顶很高处有人逃跑的声音——因为他们知道自己会被炒鱿鱼的。

我们要拍摄一场需要动作控制的戏，意思是同一个镜头必须拍好几次，每次都要一模一样。有专门用电脑和机器做动作控制的人，这样就可以直接复制镜头，保证每次都一样。但我们身在墨西哥城，身边没有这样的人。

梦室

我们要拍的这个场景需要用到一辆移动的手推车和一个摇臂，我回过头去看他们准备的动作控制装备，就像是放在滑轨上的儿童车一样。断断续续的滑轨，地板上布满灰尘，那辆小儿童车则是用创口贴、电灯线和裸铜丝做的。摇臂也是穷人那一套——泡泡糖、橡皮筋和几根棍子，这就是我们的动作控制摇臂！效果还不错，但在你想象中，一部400万美元制作的电影可不是这样的。

布拉德·杜里夫说的没错。在一场戏中，我确实希望尤尔根·普洛斯诺（Jürgen Prochnow）能动个手术。我跟尤尔根说了，但他应该想都没想就拒绝了。但你知道，我摸了摸自己的脸颊，觉得那儿没多少肉，穿个小孔不算什么特别极端的事吧！但听听接下来发生的故事。莱托公爵，也就是尤尔根，躺在桌子上，他嘴里有颗毒牙，只能通过打破毒牙释放毒气来杀死哈肯尼男爵。但此时他正病着，神志不太清楚。我们做了个小摇臂来拍这个场景，但只能从一个固定角度拍，因为有跟管子沿着尤尔根脸颊的一侧升上来，接着拐了个弯进入他嘴里，然后再拐个弯，沿着另一侧脸颊下去，整个装置用胶条固定在了他脸上。我们只能从看不到管子的一侧拍摄，但你能看到毒气腾起，就这么拍完了第一条。他躺在那里，蜷缩起身体，接着喷出了彩色毒气。这条挺不错。但刚拍完，尤尔根立刻跳了起来，尖叫着撕掉了脸上的东西，然后冲出了片场。他跑进自己的拖车里，怎么也不肯出来，快要气疯了。原来从管子里喷出的蒸汽还是烫的，管子被弄得更烫，烧坏了他的脸。我只能跑到他的拖车里劝他冷静下来，一再向他道歉。不过他说什么也不肯拍第二次了，所以我们最终用的就是第一条。

电影拍摄完成后，我又在墨西哥待了一阵，总共在那里待了一年半的时间，然后我们回到洛杉矶做剪辑。剪辑《沙丘》的6个月中，我在西木区（Westwood）找了三四个住处。我也不知道自己为什么总在不停地换地方。我一点都不讨厌墨西哥，回到洛杉矶后我反而有点发疯了。因为一到剪辑室，我们就发现墙上已经写了清楚的剪辑说明。太可怕了，真的很可怕。

必须剪出一部符合 2 小时 17 分钟时长要求的电影，那就像是场噩梦。许多东西被截短了，还加上了絮絮叨叨的画外音，因为他们都觉得观众可能会看不明白。有些画外音真的不该加，有些特别重要的场景也被舍弃了。可怕，但事情就是这样的。对迪诺来说，这部电影存在的目的就是赚钱。这是在做生意，假如长于 2 小时 17 分钟，电影院就会相应减少放映场次。这就是他的逻辑，你必须按照这个时长要求来剪，别管剪出来的是不是垃圾。我很爱迪诺。迪诺这个人很棒，他对我就像对自己的亲生儿子一样，我喜欢这家人，也喜欢和他们待在一起。但他考虑事情的方式和我完全不同，就像是你花很大功夫画了幅画，结果有人进来把画剪掉几块扔了，那它就不再是你创作的那幅画了。同理，《沙丘》也不是我的电影了。

电影最终剪辑完成后，我们举行了一场派对，玛丽也来参加了。派对上有几个女孩打了起来。我不知道有多严重，但真的是动手了。后来电影在白宫上映，我和玛丽·菲斯科、拉法艾拉以及拉法艾拉的丈夫一起去了白宫。玛丽和我见到了南希和罗纳德·里根，里根对《沙丘》真的很感兴趣，和我聊了半天电影以及其他事情，后来我们都开始跳舞。我屏蔽了坐在那里看完整部电影的记忆，也没读过任何关于电影的评论。

过了不久，他们想让我剪辑一部电视版《沙丘》，但我拒绝了。我没看过那一版，也不想看——只知道他们又加入了一些我拍的画面，配上了新的画外音。我曾经想过，如果我有机会看完我拍摄的所有镜头，并剪出我自己的《沙丘》，它会是什么样呢？

但我自始至终都知道迪诺拥有《沙丘》的最终剪辑权，所以在开拍之前，我其实已经出卖了这部电影。我知道他会喜欢这个，不喜欢那个，我都是按照他的喜好拍的。想想真可悲，但只有这样我才能生存，因为我签了合同。《沙丘》三部曲，原本还要拍两部续集的。假如第一部大卖，我们接着拍下去，我就会变成"沙丘先生"。

我拍《沙丘》的时候，玛丽带着奥斯汀搬到了弗吉尼亚，她这么做很有道理。玛丽的妈妈是做房地产的，她找到了一栋特别划算的房子。而且杰克和茜茜的农场也在那附近，我又不在家，我猜玛丽是想住得离她妈妈近一点吧。那个地方挺棒的，拍完《沙丘》后我们就住在那里。到弗吉尼亚的时候，我整个人非常虚弱——经历了那么多让人神经紧张的时刻，经历了那么多失败。我记得有天我们在草地上散步，看到了一些植物。它们不算是野草，样子介于野草和树木之间。它们成簇生长，每簇直径大概2.5厘米，有三四米高，瘦弱的小东西。我不喜欢这种植物，于是从我们坐着的地方站起身来，抓住一根往外一拉，就把它连根拔出来了。我想着应该可以把这些东西全部拔掉，于是抓住两根，又拔出来了。接着我抓住了五根，用力一拉的时候，我感觉到后背有什么东西撕裂了。那五根没拔出来，我放弃了。当时并没有觉得很疼，我还坐回去继续和玛丽聊天，但聊完天后，我发现自己站不起来了。那天晚上玛丽想让我去和奥斯汀说晚安，我撑住后背，几乎是把自己推出了房间，穿过门厅来到奥斯汀的卧室，看见他已经躺在了床上。我把自己推到床边，躺在地板上给他讲了个睡前故事。然后我又把自己推回卧室，在让人龇牙咧嘴的疼痛中钻进被子里，之后四天没下床，因为我动不了了。第二天来了个医生，他告诉我拉伤了一组背部肌肉，要很长时间才能痊愈。这部电影真是在许多方面消耗了我。不过，虽然《沙丘》是场噩梦，但能借此认识迪诺和他的家人也算值得。而且，没有这部电影，就不会有《蓝丝绒》。

沉迷

一段不同寻常的郊区往事

A suburban romance,
only different.

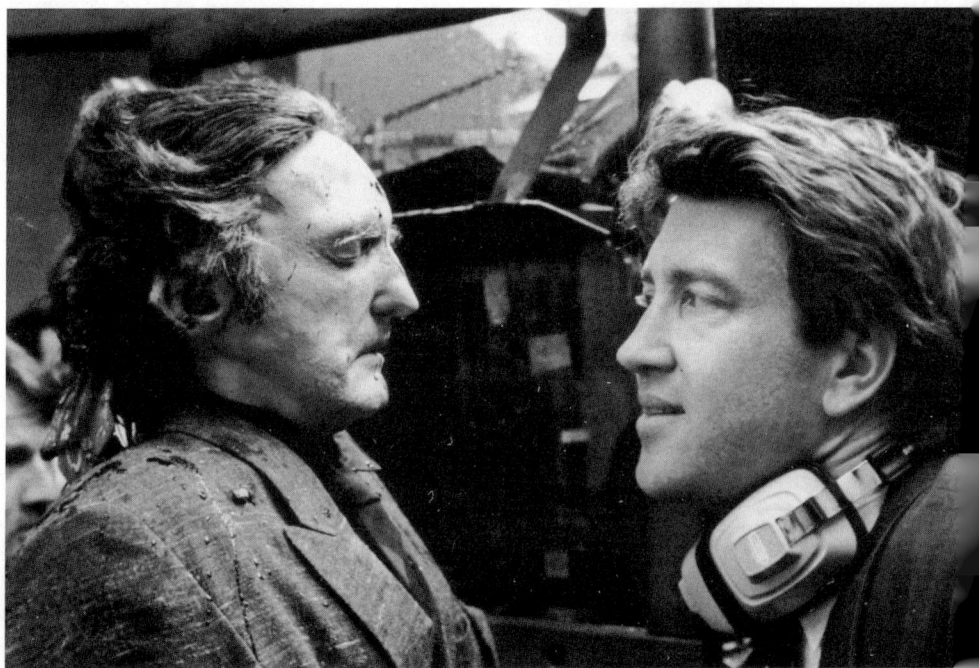

　　归根结底，《沙丘》是个不适合林奇的项目，它使得他第一次向现实屈服了。"我猜有时候你就是得经历些坏事，《沙丘》对我来说就是最糟糕的事情。"林奇曾如此评价说。林奇的天才之处，其一就在于他能够深钻进微观世界之中，他能在日常生活最细微的层面探知奥秘和超现实元素，他几乎能聚焦在任何事物上——从一小搓泥土，到一堆纺织品。"有些人进到房子里之后喜欢打开窗，但我更喜欢室内陈设，我不关心窗户。"他说，"我喜欢钻到房子最深处去，寻找掩盖在事物之下的事物。"很明显，单纯从空间角度考虑，史诗级别的战斗场面和空旷的沙漠景致就不适合林奇。至于外太空和遥远的未来，还是留给别人去做吧。

　　然而，在林奇的艺术进化之路上，《沙丘》扮演着关键性的角色，因为它帮助厘清并明确了林奇作为一位电影导演的个人语言。林奇的首要身份是位美国艺术家，虽然他作品中的主题具有普世性，但故事的发生地永远是美国。正是在这里，他拥有了童年时期难以磨灭的种种记忆，而这些记忆都转化为他作品中的标志性元素；也是在这里，他在年轻时体味了狂热的爱情。所以在电影里，他总是把浪漫的爱情故事描绘为一种狂喜的状态。这个国家塑造了他：西北部太平洋沿岸淹没一切的森林；中西部的市郊社区，每到夏日夜晚都低吟着昆虫的叫声；洛杉矶，在这里电影产业会啃噬掉一个人的灵魂；还有费城，那个令人恐惧的大熔炉——然而在 20 世纪 60 年代，他的审美敏感度正是在这里形成的。墨西哥城那几个月严酷的时光告一段落之后，他决定自此只忠实于自己熟悉的这些地方。

《沙丘》的折磨并没有削弱林奇不屈不挠的艺术创造力。即便在电影拍摄期间，他也从未停止过思考未来。"拍《沙丘》的时候，大卫给了我一份《蓝丝绒》的剧本，说：'看看这个。'读的时候我非常兴奋。"凯尔·麦克拉克伦说，"它很古怪，很有力，我被杰弗里所经历的一切迷住了。出于某种原因，我很理解这个故事，对它感同身受。"

　　《蓝丝绒》讲述了一个极端个人化并富有黑色幽默感的故事，它正是林奇注定要拍的那种电影，并且划定出了一片他今后将持续探索的区域。"电影的氛围是小镇式的，社区式的，让人感觉到在表象之下隐藏着什么。"林奇曾说，"它不是个特别让人快乐的故事，充满梦幻色彩，关注的是人们所拥有的那种阴暗的幻想。它比《橡皮头》更开放，但还是有着幽闭的气氛。"

　　拍过《沙丘》之后再回看《蓝丝绒》的剧本，林奇意识到剧本中已经有了他想要的阴暗，但缺乏必要的光明，看起来很不完整。拼图的最后一块在于如何为故事安排一个高潮性的结局。结果，他有天在梦中得到了答案。林奇梦到了多萝西·瓦伦斯（Dorothy Vallens）——《蓝丝绒》中悲剧性的致命女人——的公寓客厅，梦中场景涉及一把装在黄色西装外套里的手枪，以及警用电台。林奇就是用这些简单元素串联出了电影结局，他在 1985 年 7 月 24 日完成了最终的拍摄剧本。

　　林奇手中有了满意的剧本，但距离电影真正拍摄完成并在大银幕上上映还有漫长的路要走。"《蓝丝绒》是个非常难启动的项目。"瑞克·尼奇塔回忆说，"大卫是导演，还拥有最终剪辑权。如果想和他同床共枕，你就不能提那么多条件——你要么进入他的视野和轨道，要么干脆躲得远远的。对于潜在投资者来说，这一点既有吸引力，又让他们反感。1984 年，环球影片公司的汤姆·波洛克（Tom Pollock）上道了，还有上帝保佑的迪诺·德·劳伦蒂斯——他是最棒的，他赞助了电影所需的全部（或者大部分）资金。"

　　德·劳伦蒂斯的钱为《蓝丝绒》放行后，他找来了制作人弗雷德·卡罗素（Fred Caruso）。卡罗素从 20 世纪 70 年代早期开始做临时助理制片，借此进入了电影行业。"我参与了迪诺在美国的第一部电影《大时代》（*The Valachi Papers*），后来又跟他合作过很多次。"卡罗素说，"迪诺对我说：'我想和大卫·林奇一起拍部电影，但不知道能不能拍成，因为只有 1000 万美元预算。'但是迪诺正在筹建他位于威尔明顿的工作室，于是他说：'过来见见大卫，看你能做些什么。'我读了几遍剧本，告诉迪诺：'完全看不明白，但能一起拍挺好的。'我很擅长做预算，最后把预算削减到了 400 万美元，于是迪诺说：'拍吧。'"[1]

弗雷德·埃尔姆斯回忆说："迪诺决定拍《蓝丝绒》之后说：'你们得用当地人，这样我就能省钱。'他们俩之间的约定是，大卫花的钱越少，迪诺的干涉也就越少。大卫很高兴能达成这种协议，因为迪诺特别爱管闲事。"

1985 年 5 月，林奇离开弗吉尼亚，前往威尔明顿进行《蓝丝绒》的前期制作。那个地方距离他家大概 5 个小时的车程。卡罗素抵达的时候，林奇已经在那里了。"第一次见他的时候，他穿了双黑色运动鞋，但那双鞋黑得非常奇怪。"卡罗素回忆说，"后来我才知道他原本买的是白色运动鞋，然后自己用喷桶漆成了黑色的。我跟大卫说我一点都看不明白这个剧本，然后他就开始给我解释。我在心里对自己说：我还是不懂啊。"

"解释"《蓝丝绒》很需要技巧。1987 年和《影痴》（*Cineaste*）杂志谈起这部电影的缘起时，林奇说："最初的想法只是一种感觉，还有标题《蓝丝绒》。第二个想法是一只被割下的耳朵躺在野地里的画面。我不知道为什么一定得是耳朵，只知道应该是身体上的某个开口，能够通往其他地方。耳朵在脑袋上，直通心灵，所以感觉很完美。第三个想法是鲍比·温顿（Bobby Vinton）的那首《蓝丝绒》。"

大概有上千篇大学毕业论文论述过林奇的《蓝丝绒》。然而，你没法把它简单地削减为几个弗洛伊德式的符号——虽然很多人这样尝试过。这部电影中的元素太复杂了，层次太多了，干净利落的概述不适用。而且，假如林奇完全搞懂了这个故事——而且希望观众能够很容易地将电影中出现的元素连成线——那他可能就不会拍这部电影了。林奇更喜欢在奥秘的操控之下工作，正是这种奥秘将日常现实与被人类想象力及渴望所占据的奇幻王国区分开来，而且他追求的是无法解释或搞懂的东西。他希望人们感受并经历他的电影，而不是"看懂"。

"大卫的作品总是围绕着某种类型的奥秘展开。"多萝西·瓦伦斯的扮演者伊莎贝拉·罗西里尼（Isabella Rossellini）说，"他说过的一段话很大程度上帮我理解了他的作品。他说：'在生活中你也并非什么都知道。你走进一间房，人们坐在里面，空气中有某种气氛，你立刻就知道自己应该说话小心翼翼，还是应该很大声，或者干脆沉默，要么表现得很顺服——你立刻就能知道。你所不知道的是接下来会发生什么。在现实生活中，我们不知道故事后来会如何发展，甚至不知道一段对话下一分钟会进行到哪里。'大卫的这种觉察力是他电影的关键。他对于环绕万事万物的奥秘非常敏感。"[2]

《蓝丝绒》的叙事情节相对简单。大学生杰弗里·博蒙特（Jeffrey Beaumont）——由麦克拉克伦扮演——得知父亲生病后，回到了家乡小镇。他在野地里发现了一只被割下的耳朵，之后尝试解开它背后的奥秘，结果遭遇了恶魔弗兰克·布斯——由丹尼斯·霍珀扮演。与此同时，他闯入了自己之前并不知道的性欲禁地。大多数人在一生中都没机会经历这样一系列特殊事件，我们得以借此发掘自身隐藏的复杂性欲。然而在《蓝丝绒》中，四位主人公中的三位——杰弗里、多萝西·瓦伦斯和弗兰克·布斯——都发现了他们不为己知的一面。

"性爱中的某些东西令人不安——它可以用作武器，或者当它以某种变态的方式呈现时，则是在剥削其他人。"林奇说，"性爱之门通向如此有力和神秘的事物，但电影总是用一种扁平的方式呈现它。露骨的镜头也不能撬开奥秘之门。这些东西很难用电影呈现，因为性爱实在太神秘了。"

性痴迷无疑是《蓝丝绒》的核心，也是林奇其他作品的基础。然而从更长远的角度看，很明显，他作品中首要探讨的议题是我们生命中的双重性，以及我们试图调和矛盾的努力。《蓝丝绒》在欢快蓝鸟的纯洁和精神病患者弗兰克·布斯的野蛮之中剧烈摆荡，电影同时暗示出：生命的双重性有时并非像我们希望的那样容易辨识。弗兰克·布斯无疑很残暴，但听到一首伤感的流行歌曲时他居然会流下眼泪。他一边看多萝西·瓦伦斯唱歌，一边轻抚一块蓝丝绒布，他脸上的那种渴望和挣扎让他充满了人性。杰弗里·博蒙特一方面是电影中具有悲剧色彩的男主角，也是个窥私狂，总是偷走他人的女朋友。多萝西·瓦伦斯是位脆弱、令人心碎的母亲，但她很享受被男人施加暴力。纯洁无瑕的桑迪让人联想到包容和纯粹的快乐，但她也偷偷跟踪男朋友。没有人是单纯而单一的。

带我们穿越《蓝丝绒》中那时而阴暗时而光亮的世界的，正是杰弗里·博蒙特。"和大卫合作过《沙丘》后，我对他已经非常了解，能在杰弗里身上看到很多他的影子。"麦克拉克伦说，"大卫很擅长把自己生活中遇到的问题转化为艺术的一部分，他在作品中情绪层面的坦诚程度让人惊讶。至于我是否在这些电影中扮演了他的'另一个自我'，只能说在出演这些角色时，我能很轻松地吸收他的个性，并把一部分的他投射其中。"

林奇并不避讳承认他虚构的角色中有他本人的影子，他说："我确实在杰弗里身上看到了许多自己的天性，在《橡皮头》的亨利身上我也认出了自己。这两个角色对世界都很困惑。在这个世界上，呈现在我眼前的许多东西都非常美丽，但我很难搞懂它们是怎么变成这样的。可能正因为如此，我才倾向于将电影留给别人进行不同的阐释吧。"

弗雷德·卡罗素的职责之一是帮林奇找一位片场助理，于是他背地里雇了约翰·温特沃斯（John Wentworth）。20 世纪 80 年代早期时，温特沃斯是布朗大学的学生，《橡皮头》给他留下了深刻印象。1982 年搬到洛杉矶后，他听了林奇在威尼斯海滩的某个场所进行的演讲。"我喜欢他释放出的那股积极的能量。"温特沃斯回忆说，"非常有魅力，并非虚张声势，而是真诚又动人。当时我想：天啊，我真想为这个人工作。"1983 年到 1984 年间，在美国电影学院读书的温特沃斯认识了小乔治·斯蒂文斯——美国电影学院的创办人，他让斯蒂文斯帮忙在林奇面前美言几句。接着，到了 1985 年早些时候，他接到了卡罗素的电话。"弗雷德告诉我，假如我能在一周之内到威尔明顿去，他们就让我当大卫的助手。"温特沃斯说，"去那儿之前，我和大卫通了电话，他说他正在为《蓝丝绒》手工设计标识，需要用到点棉屑。作为助手，我的职责包括普通的跑腿、安排会面时间，但也有独具大卫特色的项目，比如找棉屑。"

"到威尔明顿后不久，大卫有了个'拉椅子'（Chair Pull）的想法。需要找几个年轻女人、一些旧家具，以及一长段绳子。"温特沃斯接着说，"我的任务是找到家具和女人。然后我们在其中一个摄影棚里摆放好家具，女人们开始把它们拖来拖去，另外一群人出于某种原因拍摄着这一切。我经常接到这种任务。大卫几乎能用任何东西创造出艺术，为他工作，就像在为某个极具眼光、充满灵感的人工作。他很清楚自己在干什么，也很享受其中的疯狂。"[3]

虽然《蓝丝绒》即将在 7 月开拍，但当剧组人员于当年春天抵达威尔明顿并开始搭建布景时，影片选角仍在进行中。出发去威尔明顿前，林奇见了选角导演约翰娜·雷（Johanna Ray），她后来成了他电影团队中的主力人员——认识她之后，林奇再没用过其他选角导演了。雷出生于英国，1960 年搬到美国，并和演员奥尔多·雷结了婚。两个儿子出生后，他们却于 1967 年离婚了。从那时起，她开始追逐自己作为选角导演的事业。1984 年时，她拿到了第一份重要工作：为马克·莱斯特（Mark Lester）所导演的电影《凶火》（Firestarter）选角。这部电影正是迪诺·德·劳伦蒂斯制作的，改编自斯蒂芬·金（Stephen King）的小说。那之后，他又聘请她参与了另外三部电影的选角，《蓝丝绒》就是其中之一。

梦室

"迪诺的女儿拉法艾拉打来电话说：'你要不然来见见大卫·林奇。'"雷回忆说，"他当时在山谷地区某个偏僻的办公室里剪辑《沙丘》，我们聊了聊电影中的角色以及他的期待。他说这句话的时候我爱上了他，'多萝西·瓦伦斯的扮演者，我不想找个身材完美的女演员'——这句话让我喜欢上了他。"

"他最开始是个挺难打成一片的人，我觉得是因为他很害羞。"她接着说，"我也很害羞，所以他才会喜欢我吧，因为我没有很强势。最终我们成了亲密的朋友，我发现自己能够很轻松地信赖他。我们对彼此都很有感情。"[4]

劳拉·邓恩（Laura Dern）——演员布鲁斯·邓恩（Bruce Dern）和黛安·赖德（Diane Ladd）的女儿——在此之前出演过两部影片：《面具》（Mask）和《甜言蜜语》（Smooth Talk）。第一次和林奇见面讨论《蓝丝绒》的时候，她刚刚 17 岁。"我被剧本吓坏了，但同时也觉得它很了不起。"邓恩说，她在电影中扮演了桑迪·威廉姆斯（Sandy Williams）。"我的角色并不属于故事中阴暗的部分。大家总爱谈论大卫电影中的暴力和残酷，但他同时也是人性虔诚的信徒，我在他电影里所扮演的那些角色都是在这样一个光明的世界里徘徊。作为演员，我接触到的是大卫的这一面。"[5]

林奇花了不少时间才找到演员丹尼斯·霍珀出演弗兰克·布斯一角。威廉·达福（Willem Dafoe）来聊过，林奇也去找过哈利·戴恩·斯坦通，后者说"我可不想踏上这么暴力的旅途"，然后拒绝了。20 世纪 80 年代时，霍珀在电影领域还没什么建树，他名誉不太好，使得公众早就忘了他还是个极富才华的演员。"提到他的时候人们会说：'我的天哪，他是个疯子！'"温特沃斯回忆说，"但他那时刚戒了毒。他出现在片场，对大卫说：'你看，我戒了，现在很清楚自己在做什么。'事实证明他演得太棒了——丹尼斯真的进入了弗兰克·布斯这个角色之中。"

霍珀在《蓝丝绒》中的表演重塑了他在人们心中的职业形象，他出演的每一幕都可谓精彩绝伦。准备暴揍杰弗里·博蒙特时，他用口红抹脏了自己的脸，连连亲吻杰弗里，接着低声说出这几个词——"永远，在梦里"，当时的他看起来那么恐怖。林奇干涩的幽默感时不时从影片中迸发而出。被打之后，杰弗里第二天早上才恢复意识，醒来时发现自己正躺在萧瑟的锯木厂外泥泞的碎石路上。他跌跌撞撞地走开时，镜头中出现了一个路牌，告知观众他正离开"麦德巷"（Meadow Lane）。电影中其他地方也提到过这个地名。林奇曾说，在他心里，"很多事情都会在这个重要的地方发生"，但此时还没人知道"很多事情"指的具体是什么。

其他演职人员花了不少时间才习惯和霍珀相处。"大卫的工作方法是，准备好拍摄一场戏时，他会先清空摄影棚，和演员单独对戏，然后再把我叫进来，告诉我这场戏准备怎么拍。"埃尔姆斯回忆说，"我的天，拍丹尼斯和伊莎贝拉的第一场戏时我吓坏了。丹尼斯的表演带来的震撼，远超过大卫剧本文字的效果。"

"了解丹尼斯之后我立刻喜欢上了他，他也成了现场最有责任心的演员。"埃尔姆斯接着说，"拍《蓝丝绒》时他刚摆脱老习惯，行为非常检点。事实上，他会因为其他演员记不住台词而生气，迟到的人都上了他的黑名单。"

霍珀以严肃的态度对待林奇给予他的这次机会，他知道在人生的那个关口，他所做的任何事都举足轻重，而且这个角色确实很不错。"这是部很不同寻常的电影。"霍珀在威尔明顿的一次对话中说，"虽然普通的恐怖片受众可能不会喜欢《蓝丝绒》，但它其实并不是部简单的恐怖片。可以从另一个角度理解，它描述的是整个美国患上的精神分裂症，如果观众能够放轻松，跟着电影的节奏走，我觉得他们会在大银幕上意识到某种集体性的噩梦。"[6]

"对我来说，弗兰克·布斯是每个美国人都很熟悉的家伙。"林奇说，"我敢说，几乎每个人都遇到过弗兰克这种人。你不一定和他握过手或一起喝过酒，但只要和他交换过眼神，你就知道自己一定遇到过这样的人。"

伊莎贝拉·罗西里尼扮演多萝西·瓦伦斯纯属巧合。她是演员英格丽·褒曼（Ingrid Bergman）和导演罗伯托·罗西里尼（Roberto Rossellini）的女儿，几乎是在父亲独自一人的看护下在罗马长大。1972年她搬到了纽约，开始为意大利国家电视台担任驻外记者，随后在70年代末开始了职业模特生涯。在纽约遇到林奇之前，罗西里尼只在一部美国电影里露过面。

"我和几个女性朋友正在餐厅吃饭，其中两个人是迪诺的员工。"罗西里尼回忆说，"我们在的那家餐厅也是迪诺开的，名字叫'啊喽啊喽'（Alo Alo）——迪诺就是这么说'哈喽哈喽'的。大卫当时和德·劳伦蒂斯家的另一位成员也在餐厅里，好像是拉法艾拉的前夫吧。于是我们把桌子拼在一起，大卫和我就这么认识了。我提到自己刚刚和海伦·米伦（Helen Mirren）拍完一部叫《飞越苏联》（White Nights）的电影。他跟我说，他特别希望能请海伦来出演一部叫《蓝丝绒》的电影。第二天他把剧本寄给了我，上面附了张纸条：'也许你愿意试试这个角色。'"

"我问马蒂［马蒂·斯科塞斯（Marty Scorsese），他在1979年至1982年间是罗西里尼的丈夫］大卫这个人怎么样，他让我去看看《橡皮头》。马蒂具有非凡的艺术眼光，是我见过最棒的电影学者，他非常崇拜大卫。我看过《象人》，没想到它和《橡皮头》之间差异这么大。那时我就明白了大卫是个很有才华的导演。于是我给大卫打了电话，告诉他我愿意和凯尔试试戏，看看我能否抓住角色的感觉。于是大卫给了我和凯尔很长的排练时间。那幕戏并非是我们俩在床上滚来滚去或者亲吻，而是场对话戏。我该怎么引诱他？如何用行动让他感到意外？我如何描述这么一个女人，她既是受害者，也是始作俑者。我们俩的讨论可算是最难的一场戏了。试戏过后，大卫就录用了我。我自信能够胜任这个角色，因为只是个简单的试戏，大卫都给了我那么多时间。"

罗西里尼不仅胜任了这一角色，她灼热的表演分毫不差地回应着霍珀火山般的情绪，而最初她接近霍珀时则充满了恐慌。"所有人都知道他去过戒断中心——我记得还待了好几年。和丹尼斯见面之前我向大卫打听他，结果大卫说：'（和他在一起）就像坐在定时炸弹旁边。'"

"大卫想让我们最先拍电影中那场仪式性的强奸戏，这样大家心里的一块石头就落地了。可我想：最开始就要拍这场戏吗，太可怕了。"罗西里尼接着说，"我当时还没见过丹尼斯呢。于是我让第一助理导演帮我问问他，是否可以在第二天去片场前一起吃个早餐。我们碰面吃了早餐，可是他特别冷酷，看起来还很生气，就像在说：你要干吗，咱们只是在拍电影而已，你没必要和我有私交。没错，我们要拍一场很难的戏，但我们不就是干这行的嘛。他吓坏我了，当时我想：也许职业演员不会要求在拍戏之前私下见个面。现在回想起来，他一副冷冰冰的样子，可能因为他和我一样害怕。他当然害怕了，刚刚戒完毒重返演员岗位，然后大卫一上来就让他演这么难的一场戏。"

"在第一场戏中，我得坐在丹尼斯面前撇开双腿，他爬过来看着我的阴道，陷入一种疯狂的崇拜。"她接着说，"然后他打了我一拳，我就摔倒了。但往后倒的时候，我的袍子松开，可以看到里面穿着内衣。大卫让我把内衣脱掉，于是我跟丹尼斯说：'对不起啊，但他让我脱掉内衣，要不然往后倒的时候会露出来。'拍第一条的时候，他爬过来盯着我的阴道看，我小声说：'对不起。'他抬起头来看着我说：'我又不是没看过。'这句话让我笑了出来。看到我笑的样子，我知道他开始喜欢我了。后来我们俩成了好朋友，他告诉我他曾经病得厉害，完全丧失了神志，那种经历特别恐怖。结果他扮演的角色又是个因为吸毒完全失控的人。对他来说太难了，我后来才明白。"

"顺便说一句，拍那场强奸戏时大卫从头笑到了尾！我说：'大卫，你笑什么？我们做了什么荒唐事吗？'不知道为什么他一直在笑。《蓝丝绒》确实有有趣的一面，很多年后重看，我发现里面有种天真感，让电影染上了轻微的喜剧色彩。但我还是不知道大卫在笑什么！"

在这场仪式性的强奸戏之外，罗西里尼还被霍珀饰演的角色暴力袭击过几次。这些场景中最有力但也最让人困惑的一点在于，她所扮演的角色很享受被打。不过罗西里尼能理解这种感觉。"年轻时我交过一个爱打人的男朋友，我记得自己在被打时感到非常惊讶。"她回忆说，"他打我时，我并不觉得疼。我记得自己当时想：天哪，我就像动画片里唐老鸭被打时那样看见了星星。我把这段经历和多萝西联系在了一起。被打时她特别震惊，顷刻间连痛苦都消失了——有时候身体上的疼痛能中断心理上的痛苦。"

和拍《橡皮头》时一样，《蓝丝绒》的预算也很有限，难以长期维继。"大家都在跨部门工作，而且人手很少。"卡罗素说，"原本需要四个电工，我们缩减到了三个，片场的理发师前一天还在威尔明顿一家商店里理发。我们雇了不少威尔明顿的当地居民，他们可喜欢我们了。"

《蓝丝绒》拍摄时，德·劳伦蒂斯位于威尔明顿的电影制片厂还在建造中。对当地人来说，有人来拍电影仍旧是件了不得的事情。虽然电影大部分是在夜间拍摄的，感兴趣的旁观者还是会风雨无阻地出现。有天他们要拍摄一场情绪非常暴烈的戏，需要罗西里尼憔悴地在街头徘徊，脸上带着被吓坏的表情，而且全身一丝不挂。那天整个小城的人几乎都出动围观了，还带着野餐和凳子。"大卫告诉我，他小时候，有天和弟弟一起走路回家，看到一个全身赤裸的女人迎面走来，当时他就意识到这个女人身上肯定发生了很糟的事。"罗西里尼说，"这场戏就是基于那段回忆创作的，而不是为了引发人的性幻想。"

助理导演警告围观群众：接下来这场裸戏可能会引发不快。"但他们依旧留在那儿，好像在想：哦，这可是最精彩的部分！"罗西里尼回忆说。第二天警察告知制作部门：绝不允许再在威尔明顿的街道上拍摄《蓝丝绒》中的任何一场戏。德·劳伦蒂斯一直很支持林奇，还帮他渡过了几次难关。"迪诺有时候会看拍摄素材。"卡罗素回忆说，"我会问他：'迪诺，你感觉怎么样？'他就只耸耸肩。但迪诺已经许诺过，电影的最终剪辑权在大卫手中，他是个说话算话的人。"

罗西里尼颇为无畏的演出也影响了剧组中的其他人。"我有点儿敬畏她。"麦克拉克伦回忆说,"而且,当然了,开拍前我得知要和她一起拍些露骨的裸戏,真是非常惊恐。有一幕,我必须得在伊莎贝拉面前全裸,拍的时候我就一直在对自己说:'你不在这里,你此刻正身在别处,只是一具躯体而已,千万别去想你没穿衣服。'"

"另一幕戏中,伊莎贝拉要求我打她,我想:我做不到啊。"麦克拉克伦接着说,"我并没真的打到她,但一想到必须装成打她的样子就很不开心。后来杰弗里一个人待在家中卧室里,他突然意识到发生了什么,然后就崩溃了,那场戏也很有挑战性。我信任大卫,相信在他的指导下能够顺利完成。"

虽然电影中暴力重重,林奇本人却保持着阳光,总在片场骑一辆粉红色的自行车,车把上飘扬着彩条装饰带,口袋里塞满了 M&M 花生巧克力豆。"大卫快乐得那么真诚,这是他天性中不同寻常的地方——我从没见过像他这么无忧无虑的人。"罗西里尼说,"我记得曾对他说:'你早上一起床就非常开心。'他是否有什么特别的基因?"

"大卫常说,冥想是他快乐的源泉。"劳拉·邓恩说,"我确定这是实话。他很清楚自己冥想前后的样子,对此最有发言权。但我需要补充一点,我认为他快乐的部分原因在于,他从不为自己的创意设限。我们的文化中有很多自我评判和羞耻的元素,但大卫身上没有这些。创作的时候,他从不去想别人会如何评价,也不想他'应该'创作什么,或者当下的时代潮流需要什么。他创作的都是直接从他脑袋里冒出来的东西,这就是他快乐的原因。"

林奇位于威尔明顿的小办公室里到处都是塑料玩具,纸片上画满了草稿,还有很多管装颜料。墙上挂着两张未完成的画,一个俗气的挂钟上刻着"兰伯顿钓鱼俱乐部"(Lumberton Fishing Club)的字样。地板上摆着一盒盒爆米花,还有张他在墨西哥拍的"鸡盒子"照片。窗台上整齐地摆放着一排玻璃杯，里面装着发芽的马铃薯。

"《蓝丝绒》讲述的是纯洁无辜，以及它的不可能性。"布拉德·杜里夫在电影中扮演弗兰克·布斯的密友雷蒙德（Raymond），他说，"我和大卫一起工作的时候，他真的是个很天真的人。他的天真表现为一种巨大的狂热——他能盯着一双球鞋看很久，显得非常兴奋，他对女人的想法同样很天真。"

卡罗素回忆说："片场气氛欢快，因为大卫能散发出很棒的气场。所有人——包括所有剧组工作人员在内都喜欢他。大卫每日一次的冥想显然有助于营造他的气场。每天下午结束冥想后回来，他周身都围绕着一圈能量环，他会把你带入其中，你也就变得很平静。"

麦克拉克伦说："大卫的领导才能不会让任何人感到不好受，如果有人不理解，他就用幽默的方式来解释。想要激发出演员身上的某种东西时，他总爱用那么几句话——'这里需要再吹点风'，他能彻底改变你的表演情绪，对此我很受用。大卫从没给过我令人费解的指令。"

对罗西里尼来说，大卫的执导方式是非语言性的。"有时候拍特写，他距离摄像机非常近，虽然我闭着眼睛或者正看向其他方向，我也能感受到他的存在，知道他想让我再加点火候还是减点。凯尔很会模仿大卫执导时的样子。他通过表达不同程度的热情来执导。"

杜里夫说："迪恩·斯托克维尔唱《在梦里》的时候，我在后面跳了点舞，那是即兴表演——大卫欢迎各种各样的新想法。他是个画家，给出指令的方式也很微妙。他画画时落笔很精准，对某些镜头的微调也很精确。"

"你在片场也能感受到爱。"杜里夫补充说，"我坐在那儿，眼看着大卫和伊莎贝拉坠入了爱河。她唱《蓝丝绒》的时候，他被彻底迷住了，她也被彻底迷住了。"

和过去一样，詹妮弗·林奇也到父亲的片场帮忙，这次她的身份是制片助理。"当时我17岁，前期筹备阶段都在场，但只跟拍了一小段，因为

一段不同寻常的郊区往事

后来就得回学校了。"她回忆说，"我看得出来，爸爸在拍摄期间又坠入爱河了，但他这个人就是在不停恋爱或者寻找爱情，而且总能找到。"温特沃斯同意说："拍这部电影的时候大卫的婚姻摇摇欲坠，到了最后，很明显他爱上了伊莎贝拉。"

"对我来说，我们俩之间存在一种相互理解。"罗西里尼说，她后来和林奇展开了一段长达五年的"跨海岸恋情"。"他既幽默又贴心，而且我完全明白他想追求的电影效果——就好像能读懂他的心。我真是大错特错！但那时我真的觉得自己懂他，我感受到一股前所未有的亲密感，它逐渐转变成了爱情。我爱大卫爱得那么深，到了不顾一切的程度，但回想起来，这段关系肯定狠狠地伤害了玛丽·菲斯科。"

罗西里尼说的没错。"大卫和我每天都打电话，我没感觉婚姻出了危机，直到在片场见到了他的女主角。"菲斯科回忆说，"想一想：有多少妻子会允许丈夫和一个穿黑色蕾丝内衣的女人一起工作呢？我看到火车残骸沿着铁轨奔驰而来，虽然直到 8 月才东窗事发，但看到伊莎贝拉的那一刻我就明白了——虽然大卫还一直对我说他爱我。他们两个都不无辜，但他们之间发生的事情，我猜可以称为化学反应吧。"

林奇电影的样貌很大程度上取决于他看待时间的独特视角。在时代风格方面，他完全不忠于所谓的历史现实。在林奇的王国里，美国就像一条不断向前流淌的河流，将一个时代中七零八碎的东西带到下一个时代。这些东西混杂在一起，模糊了我们用来标记时间的那一条条清晰的分界线。《蓝丝绒》被设定在一个并不清晰的时空范围之中，时间体系似乎在这里彻底崩塌了。多萝西·瓦伦斯在慢速酒吧（Slow Club）里表演时，她用的是一支 20 世纪 20 年代的复古麦克风，而她位于深水公寓（Deep River Apartment）的住处则填充着类似电影《瘦子》（*The Thin Man*）中的艺术装饰风格的布景。不过，她的电视有着 50 年代的兔耳朵天线。杰弗里和桑迪在其中密谋的那家餐厅"艾琳之家"(Arlene's),同样让人想到 50 年代,但杰弗里的耳洞和桑迪的衣服又绝对属于 80 年代。桑迪看起来绝对是个生活在 80 年代的年轻人,但她卧室墙上却贴着蒙哥马利·克利夫特(Montgomery Clift)的海报。与此同时,兰伯顿街道上行驶的也都是经典美国车。

从某种层面看,林奇在塑造视觉造型方面可谓随心所欲,但每一幕画面中的每一样东西都有其意图和含义。"一半的拍摄都在夜里进行,这种情况下的照明很复杂。"埃尔姆斯在回忆林奇如何用灯光制造氛围时如此说,"仔细看看桑迪家外人行道旁的树,它们不光是一簇簇树木,还是带有质感和细节的绿树,被街灯照射着,这都是我们精心布置出来的。当时那条街上没有街灯,我们特意找来了电力公司——现在想想真是不可思议,他们居然答应了!他们帮忙竖起了电线杆,我们则用电线串起路灯。光线营造出了我和大卫想要的丰富感。"

林奇的电影中通常会出现一些特殊道具,而且是他在片场亲手做的。《蓝丝绒》中出现了一块挂在墙上的牌匾,上面用小木块拼出了"兰伯顿"的字样;兰伯顿警察局外还有块看起来很笨拙的手绘标志牌。杰弗里卧室的墙上挂着的古怪的雕塑,他监视弗兰克·布斯住所时用的针孔摄像机,还有兰伯顿警察局角落里那个古怪的模型——一座落满雪的山,山脊上立着一株株孤零零的树。这些都是林奇做的。

"有场夜景戏中,背景里出现了一栋红砖建筑,油井架吊杆的影子在旁边上上下下。"卡罗素说,"大银幕上看起来很壮观,实际上是大卫用剪刀和硬纸板做出来的迷你吊杆,硬纸板被胶带和订书针固定在一起,然后拴在绳子末端模拟上上下下的样子。"

《蓝丝绒》的剪辑师杜维因·邓纳姆(Duwayne Dunham)记得,有次林奇手脚并用,仔细抹匀多萝西·瓦伦斯公寓暖气底下的积尘。"以防被摄像机拍到——当然我们从未拍到过。"邓纳姆说,"但大卫就是能把故事讲述到这种程度。"[7]

1975 年从电影学校毕业后，邓纳姆被乔治·卢卡斯雇为剪辑师，并为卢卡斯工作了七年。"大卫计划在卢卡斯山庄剪辑《蓝丝绒》，那是个小圈子，所以他认识了我。"邓纳姆回忆说，"我飞到洛杉矶，在罗利制片厂（Raleigh Studios）见到了大卫，告诉他我觉得《蓝丝绒》的剧本很难懂，不是我的菜。他说：'你必须得相信我。'我一直在推脱，最后他打来电话问：'我明天就出发去北卡罗来纳了，我得知道你究竟来不来。'很幸运，我最终决定去了。我很荣幸能处理他拍摄的素材，因为他创造出来的都是神奇的原材料。"

林奇似乎很享受解决电影拍摄过程中出现的创意性难题。有一次他们要为了最后一幕中出现的知更鸟想办法。知更鸟及其巢穴都受到《候鸟法案》保护，不是说抓来放进电影里就行的。但林奇需要一只知更鸟。

"弗雷德·卡罗素找到位驯鸟师。驯鸟师说自己手里有只听话的知更鸟，但带到片场后我们才发现它糟透了。"埃尔姆斯回忆说，"那只褪了毛的知更鸟被关在笼子里，看起来特别可悲；而且这世界上压根不存在所谓听话的知更鸟！当时拍摄快结束了，大家都紧张起来。接着有一天，一只知更鸟很离奇地撞到一辆校车上，跌落下来死了。我们派了探子去打听知更鸟的事情，他们带回了这个消息。"

"几个孩子看到了这只知更鸟，觉得学校生物组可能会用得上。"埃尔姆斯接着说，"于是他们把它做成了标本。从剥制师那里回学校的路上，他们到片场绕了个圈子。大卫把知更鸟放在窗台上，还给它嘴里塞了只活虫子，现在我们有了个不会动的知更鸟标本。然后大卫把单丝线绳拴在鸟头上，这样就能控制它的摆动了。他藏在窗户底下的灌木丛里，控制着丝线。他蹲在那里问：'它看起来对吗？'我说：'我觉得你把这只小木偶控制得挺好，不过它看起来还是很僵硬。'他说：'没错，没错，就要这个效果！'那只知更鸟有着无生命的质感，我觉得他很喜欢这种不自然的感觉。"

艾伦·斯普莱特和林奇一起，为《蓝丝绒》创造了狂野的听觉效果。

多萝西和杰弗里做爱时，我们能听到一阵呜咽的咆哮声，它慢慢变为火焰燃烧的声音；弗兰克·布斯怒气冲天时，我们会听到尖锐的金属摩擦声；镜头摇向一只腐烂人耳的内部，不祥的风声包裹了一切，并愈演愈烈。"大卫能够将图像和声音完美地结合在一起。"埃尔姆斯说，"一幕戏中，凯尔被打后，第二天一早醒来，第一个画面是他脸卧在水坑里的特写。你只能看到泥和水，听到一种重复着的古怪声音，但不知道自己此刻置身何处。接着镜头后拉，你发现他正躺在一个锯木厂中，你听到的是洒水装置不断喷湿一堆木材的声音。那个声音的质感真是奇妙。假如配的是鸟叫声，可能就不会有太多联想，但那种无法解释的机械声让整个场景都变得特别了。大卫知道如何把不同的东西结合在一起，带给人纯粹的感官触动。他也知道该如何摆弄声音和画面，直到它们能够互为补充。"

林奇极富开创性的声效和对他来说非常特殊的电影音乐交织在了一起。从《蓝丝绒》开始，音乐成了他创造过程中不可或缺的一环。《蓝丝绒》中出现的歌曲就像电影中的角色，推动着叙事的发展。

尤其是罗伊·奥比森（Roy Orbison）1963 年的那首流行歌曲《在梦里》，悲伤地吟唱着渴望和失去，就像是打开弗兰克·布斯激荡不安的潜意识世界的钥匙。

多萝西·瓦伦斯是个专门演唱伤感情歌的女歌手，因此罗西里尼需要重新演绎鲍比·温顿的《蓝丝绒》，林奇雇了个当地乐队为她伴奏。"他们听不懂我对歌曲的阐释。"罗西里尼说。卡罗素只好给自己纽约的朋友安吉罗·贝德拉曼提（Angelo Badalamenti）打了电话。"我跟他说：'安吉罗，你得过来帮帮这个不会唱歌的女孩。'所以他就到威尔明顿来了。"

罗西里尼回忆说："我跟安吉罗解释，多萝西·瓦伦斯唱歌时被传送到了另一个世界——我觉得大卫给她起名叫多萝西就是在致敬《绿野仙踪》。唱歌时，她就被传送到了彩虹那边的世界。所以我必须唱得非常慢，这样才能仔细品味彩虹那边的世界。安吉罗立刻明白了我的意思。我五音不全，于是安吉罗这里拿个音节，那里取个词，编辑成了你在电影中听到的版本，他做的可太不可思议了。那首歌太美了，电影放映后人们会打电话问我：'你能来晚宴唱歌吗？'"

贝德拉曼提在罗西里尼身上施展出的才华，为他和林奇之间建立了一段林奇艺术生涯中最为持久的合作关系。那之后，贝德拉曼提几乎在林奇拍摄的全部电影和电视剧中担任了作曲，还在《蓝丝绒》和《穆赫兰道》中客串了角色，和林奇一起写作并表演了许多曲目。"我不是一个受过职业训练的音乐家，但安吉罗——他是个伟大的音乐家——和我立刻建立起了对话。"林奇说。

他们之间的合作从林奇写在餐巾纸上的《爱的奥秘》（*Mysteries of Love*）歌词开始，这首歌也出现在了《蓝丝绒》中。"有天伊莎贝拉拿着块小黄纸来找我——我把它裱了起来——大卫在上面手写了《爱的奥秘》这个标题，以及全部歌词。"贝德拉曼提回忆说，"我看了之后想：这玩意儿太糟了。给我这个能干吗呢？根本写不成歌。我给大卫打电话说：'伊莎贝拉给了我你写的歌词，你想听到什么样的音乐？'他说：'让它飘起来，无穷无尽，就像夜晚的海浪。'然后我就在钢琴边坐下来，写出了《爱的奥秘》的曲子。"[8]

贝德拉曼提随后给茱莉·克鲁丝（Julee Cruise）打了电话，她是个歌唱家。20 世纪 80 年代初时，他们二人曾在明尼阿波利斯剧院公司共事。"我们俩很投缘，"克鲁丝如此回忆她最初认识贝德拉曼提时的情景，"我告诉他，如果需要，可以随时给我打电话。这首歌是安吉罗和大卫一起写的，他在给我解释想要的表演风格时说：'要非常轻柔；用最高的音调，但把音量放低。'他想要非常纯洁的感觉。"

"很多人误以为大卫是个古怪的人，但其实他一点都不怪——他是世界上最风趣、最有魅力的男人。"克鲁丝接着说，"《爱的奥秘》一曲收录在了《蓝丝绒》电影原声中，因为这个我拿到了华纳兄弟唱片公司的合约。大卫让我走出了职业生涯的第一步，和安吉罗以及大卫的合作经历也让我找到了自己的道路。"[9]

贝德拉曼提对《蓝丝绒》的贡献并未止步于此。"大卫想用一支肖斯塔科维奇的曲子，但他买不起。"贝德拉曼提说，"于是他问我：'你能写肖斯塔科维奇吗？'我告诉他我可不敢自比于他，但我能给他写出俄罗斯风格的曲子。"林奇意识到他能在贝德拉曼提身上挖出金矿，因为贝德拉曼提的音乐造诣宽广又深厚。

1985 年 11 月《蓝丝绒》拍摄结束时，电影的剪辑阶段也随即顺利开始了。林奇是个靠直觉行事的电影导演，但他并不任性。卡罗素说："大卫并没拍一大堆素材，因为他很清楚每个场景应该是什么样的，他清楚摄像机拍摄的角度，镜头该是什么样。一旦拍到自己想要的画面，就会马上转到下一个场景。"虽然林奇很有效率，但《蓝丝绒》的初剪版本长达 3 小时57 分钟。"那个长度也很不错，"邓纳姆说，"给大卫放映之后他说：'很棒，但现在咱们有个问题：电影时长必须减半。'有些戏份得全部删掉，初版和最终版之间的差异很大。"

埃尔姆斯觉得那些被丢弃的片段一点都不重要。"我们拍摄的某些场景并没出现在电影里，但看过大卫剪辑的版本后，我意识到保留它们也没什么用。他在大银幕上呈现的故事线索已经非常清晰了。他好像把我们拍摄的所有镜头进行了浓缩升华，我完全被折服了。"

林奇和贝德拉曼提随后前往布拉格录制电影原声音乐。"当时布拉格还在高压控制之下，我们抵达时正是冬天。"贝德拉曼提回忆道，"街上的行人、音乐家、主扩调音师——我们碰到的每个人都不敢随便说话，他们脸上也都没有笑容。实在是太奇怪了。我们旅馆的房间被监听了，吃饭的时候也被监视，还有穿黑外套的男人尾随我们。我们踏着结冰的马路到工作室去，工作室门口摆着大垃圾箱。我们随后进入一条昏暗的走廊，里面闪烁着暗淡的灯光，爬上长长的楼梯后，就到了一间更为昏暗的工作室。人们的心态，那些建筑，还有那份深沉的静谧感，这都为录制《蓝丝绒》中的音乐提供了绝佳的氛围。大卫爱死那里了。"

"我们在那里的时候大卫说：'安吉罗，我想让你录些声音，我管它们叫"柴火"，我可以用它们做声效设计。用声音低沉的乐器，比如大提琴和低音提琴，录些又长又慢的音乐片段。'"贝德拉曼提接着说，"我写了整整十分钟的音乐，让它们保持非常慢的速度，其间还点缀着撩拨琴弓的声音。用到这些音乐时，大卫有时会半速播放，或以四分之一速度播放。他把这些"柴火"垫放在其他声音底下，后来我们常用这招。"

电影完工后，林奇在伯克利租了间公寓——电影正在那里进行后期制作。"那段时间火药味很浓。"菲斯科回忆说，"圣诞节时，我送了他一块装在皮旅行包里的煤炭。那时候我们还在尝试维系婚姻，大卫和我一起过了圣诞节，然后和伊莎贝拉一起过了新年。对于正在发生的一切我们很坦诚，我告诉大卫，他可以自由自在地生活，我们也可以不离婚——或许不久之后难题就会迎刃而解。我尝试过保持现状，但是做不到。我的心真的碎了，我看起来失魂落魄，似乎每走一步都在滴血。我失去了最好的朋友。"

"不过我们一直没断联系。"她补充说，"父亲的角色在我成长过程中是缺失的，所以我不会让我儿子重蹈覆辙。我在家里另外拉了条电话线，用作大卫和奥斯汀的专线，这样他们就能随时通话了——他们每天都要打电话。大卫一直在身边——他并没抛弃我们俩，反而一直在照顾我们。我的成长环境很古怪、很受限，在这个层面上我亏欠大卫许多，因为正是他教会了我生命中许多东西。他真的是个好人，我永远对他充满感激。"

电影首映时，林奇的个人生活仍处于一片混乱中。这次放映的地点是德·劳伦蒂斯位于贝弗利山佳能大道（Canon Drive）的总部。和他的生活一样，电影首映也颇为波折。"到场人数不多。"卡罗素回忆说，"有迪诺，迪诺的左膀右臂弗雷德·赛德沃特（Fred Sidewater），大卫，还有其他几个人。我们放映了电影，它演完了，灯光重新亮起，现场却一片沉默。大家互相对视，最后迪诺开口了：'没人会发行这部电影，我只能组建自己的公司自己发行了。'迪诺支付了全部的发行、拷贝和广告费用。"

电影接下来进行了几场试映。"我记得自己去了圣费尔南多谷的一场试映，那是我见过最糟的试映了。"瑞克·尼奇塔说，"所有角色粗糙得都像还没塑造完成——伊莎贝拉的表演尤其不成熟，看起来就像场噩梦。有人不是提前退场，而是提前跑了出去！我记得人们小跑着离开了电影院！第二天，大卫、我、拉法艾拉、迪诺和其他几个人坐在迪诺的办公室里看评论卡片（cards），大家都愁云满面。评论包括但不限于'杀了导演。谁拍了这个玩意儿？可怕！'我们正在读卡片的时候，迪诺左右看了看，说：'靠！他们都错了。这是部杰出的电影，我们一帧都不会剪，就原样放映。评论家肯定会喜欢，也绝对会有人来看。'迪诺真是个了不起的家伙。"

德·劳伦蒂斯当然没错，不过《蓝丝绒》用了很久才找到自己的受众群。1986 年 9 月初，电影在特柳赖德电影节（Telluride Film Festival）上映——这里汇集了全美国最时髦的观众。当时劳拉·邓恩和林奇以及麦克拉克伦共同参加了首映典礼，她回忆说："人们不知道该放声大笑，还是该从座位上逃跑。现在的观众可能马上就会觉得某些不寻常的东西很荒谬或者很有意思，但大卫所呈现的事物对那个时代的观众来说是前所未见的。大卫之前，没人拍过能让人同时感到悲伤和风趣的东西，或者既可怕又荒谬、既性感又古怪的东西，但《蓝丝绒》具备了这一切特点。电影一开场，你就立刻被扔进了另一个世界，那里既真实又超现实，万事万物都很完美，但你却觉得难以置信，接着就跌入了四面楚歌的境地。开场就让人大惊失色，现场观众根本没准备好。"

1986 年 8 月，电影作为蒙特利尔国际电影节（Montreal World Film Festival）的竞赛影片正式公映。1986 年 9 月 19 日，电影正式上了美国院线市场，在 98 家电影院同时上映。虽然很多观众觉得这部电影让人心神不宁，几乎难以忍受，但《蓝丝绒》还是帮林奇揽获了当年的奥斯卡最佳导演提名。此外，它还重塑了丹尼斯·霍珀的演艺生涯，并成了世界各地电影学校的分析样本。

电影一经放映，还搅起了不小动静。"我不知道这部电影会这么有争议。"罗西里尼说，"大家的评价很不好听，而且我觉得自己背了不少黑锅。喜欢这部电影的人会把荣誉都归于大卫——这没什么可指摘的，这部电影完全是大卫的个人表达。可是不喜欢这部电影的人，往往会指责我不过是个模特，因为是英格丽·褒曼的女儿而徒有虚名，接下这个角色完全是自毁形象，我不过是在闹叛逆，如此种种。很多影射不过是出自人们的想象。"

影评人罗杰·伊伯特对这部电影尤为恼火。伊伯特指责林奇为厌女症患者，断言"罗西里尼自我贬低，自取其辱，好不害臊，还在镜头前一丝不挂。假如非要让一名女演员忍受这一切，你至少要保证她出演的是部重要电影"。伊伯特的评论看起来如此不成熟，尤其是和宝琳·凯尔相比。凯尔是当时影评界的女性领袖，《纽约客》的专职影评人。她把林奇形容为一位"平民超现实主义者"，赞美麦克拉克伦献出了"现象级"的表演。她总结说，《蓝丝绒》是一场"深入'庸常'，挖掘奥秘与疯狂"的探寻之旅，并评价"林奇完美使用了那些超越理性的原材料，让我们得以从潜意识层面解读他的画面"。[10]

卡罗素回忆说："电影引起这么大轰动真是出人意料。我们不觉得这部电影会是场灾难，但也没觉得它能在几十年的时间里在人们心中构筑出经久不息的话题。不过刚放映的时候，大多数影评人很喜欢它，我觉得那些写负面评论的人可能压根没看懂。《蓝丝绒》是那种需要看好几遍才能体察到全部细节的电影。"

"《蓝丝绒》可能是大卫最伟大的电影。"杰克·菲斯科说，"他摆脱了《沙丘》带来的恐怖回忆。作为某种安慰，迪诺说：'你可以拍一部自己想拍的电影。'林奇的心里压抑着许多想要表达的东西，《蓝丝绒》把它们一次性释放了出来。"

几十年后，麦克拉克伦在一场公益活动上主持了《蓝丝绒》的现场放映。他回忆说："我好像从电影拍完之后就再没看过，当时心里有点忐忑，结果看的时候我完全被故事迷住了。我觉得这是部完美的电影。"

DL

我病了，拍完《沙丘》之后我又病又绝望。冥想救过我好几次，这就是其中一次。那是段黑暗时光。我手头还有其他剧本，也在思考接下来该做些什么，这都让我觉得好受些，但我很难不去想自己在《沙丘》上浪费了多少时间。当你无法自由拍摄自己想要的东西，最后还拍出了一堆垃圾时，你就会觉得你从一开始就出卖了自己，现在不过是咎由自取，而我就是这样。我知道迪诺喜欢看什么，也知道自己没有最终的剪辑权，所以一路都在妥协——真是太可怕了。

我体会了失败，某种意义上来说失败是很美好的东西，因为当一切尘埃落定，你无路可走，只能继续向上，这就是自由。你没什么可失去的了，但你还能获得。你很低落，所有人都知道你很低落。他们还知道你搞砸了，你是个失败者。这时候你只需要说"好吧"，然后继续工作。

我脑中会产生些想法，很多时候我不知道它们是什么意思，也不知道该如何处置，但我会把它们都写下来，一来二去剧本就产生了。所以某种意义上我并没有做什么，只是忠于那些想法罢了。我可能写了四稿《蓝丝绒》的剧本，它们并非全然不同，但我在其中寻找着恰当的方向。拍《沙丘》时，我给凯尔看了其中一版未完成的剧本。

《蓝丝绒》这首歌刚出来的时候我并不喜欢。它不是摇滚乐，当时摇滚乐刚刚诞生，充满了力量。而《蓝丝绒》是首感伤情歌，一点都没触动我。后来有天晚上我再次听到了这首歌，它和夜空下的绿色草坪，以及隐藏在车窗后的女人的红色双唇结合在了一起——当时一道光照亮了她煞白的脸，

一段不同寻常的郊区往事

249

以及那双红唇。这两样东西，还有那句歌词"我仍旧能透过泪眼看到蓝丝绒"，这些东西触动了我，它们恰好结合在了一起。

如果一个角色产生了，而你恰好是当时唯一一个在旁边写作的人，他们就会向你做自我介绍，这样你们就认识了。然后他们开始和你说话，你了解得越深，越感觉惊讶，因为每个人都掺杂着善良与邪恶。几乎所有人的身体中都游动着各种各样的东西，我觉得大多数人并没意识到自己也存在黑暗的一面。人们会欺骗自己——我们都觉得自己还不赖，犯错的都是其他人。但凡人都有欲望。就像玛哈里希说的，更强的欲望是内嵌在人身体之中的，这些欲望总会把你带回原地。每个人最终会找到自己的路。

《蓝丝绒》中一个关键情节是在我的梦中产生的，但我是在醒了挺久之后才重新想起这个梦的。这样吧，你想象一下，做完那个已经被遗忘的梦后第二天，我因为某种原因去了环球影片公司。我到那里去见人，走进了秘书办公室，我要见的那个人坐在秘书身后的房间里。秘书桌子旁边有个沙发还是椅子，因为我要见的那个人还没准备好，于是我走过去，坐在那把椅子上等他。坐着坐着，我想起了自己的梦。我管秘书要了张纸，还有根铅笔，写下了梦中出现的两样东西：警用电台和一支枪。这样就够了。我总说我并不追随夜晚的梦，因为我喜欢的是白日梦。不过我喜欢梦自有的逻辑。任何事都有可能发生，而且发生得有道理。

于是，理查德·罗思和我一起去了华纳兄弟公司，向他在那里工作的朋友提案了《蓝丝绒》。我给这个家伙讲到有人在野地里发现了一只耳朵，还有故事中的其他几个情节，结果他转过去问理查德："他是在胡编吗？"我不管不顾，继续写了两版剧本，然后给华纳的这位先生看了第二版。他讨厌它，说它太可怕了。

当时我有自己的律师，可他没告诉我，向华纳兄弟的人提案《蓝丝绒》就相当于把版权卖给了他们。如果他们不想拍，还有权启动转手条款，我必须得做些什么才能把剧本买回来。我不清楚究竟发生了什么——对我来

梦室

说这是个恐怖故事。我去墨西哥拍了《沙丘》，那个时候我想着：我有《蓝丝绒》和《火箭罗尼》的剧本，它们完全属于我。结果当《沙丘》尘埃落定，我和迪诺以及瑞克·尼奇塔坐下来商量接下来的打算时，才发现不知道怎么的，华纳兄弟成了《蓝丝绒》的所有者。我痛不欲生。于是迪诺拿起电话给华纳兄弟的老板打了过去——据说露西·费歇尔（Lucy Fisher）一路小跑着穿过大厅，想阻止老板卖掉剧本——但迪诺还是买了回来，事情就是这样。可以说这部电影是迪诺还给我的，没有他我根本拍不成。他还给了我最终剪辑权。但实际上迪诺和这个剧本的故事就到此为止了。理查德·罗思也跟进了一段时间，但他最终决定还是让位于迪诺。但我把理查德列为了电影的执行制片人，因为他确实做出了贡献。而且是理查德想出"慢速酒吧"这个名字的，酒吧就是多萝西·瓦伦斯唱歌的地方。

弗雷德·卡罗素是《蓝丝绒》的制片人，我爱弗雷德，他有副好心肠。有些人光是说话的方式就让你觉得放心又安全，弗雷德就是这样的人。他非常镇静，非常意大利。他就是有那种做事风格，总能让我平静下来。弗雷德经常对我说："我不知道你在干吗。"但他确实是个好制片人。

我们去了威尔明顿，当时迪诺正在同时拍摄13部电影。我们规模最小，最不重要，但却拿到了最好的拍摄时间。我们也是制片厂里最穷的影片。但对我来说，拍《蓝丝绒》就像从地狱回到了天堂，因为我拥有无尽的自由。在预算被砍的情况下，我并没有放弃很多东西，因为我总能随机应变。那些日子里电影行业还没那么多规矩，现在规矩可多了，想省钱越来越难。他们逼着你现在要么放弃，要么一枪爆了自己的头。

我们度过了一段欢乐时光，彼此间都很亲密。我们待在一个偏远的地方，每天一起吃饭。每天都见面，而且每个人在片场待的时间都很长，这种情况现在可很少见了。人们现在来去匆匆，从不一起吃饭。我不知道究竟是什么发生了变化，好像每个人都面临着巨大的压力，拍摄也必须进行得很快，很难受。《蓝丝绒》是5月开机的，一直拍到了感恩节，能这么慢悠悠拍电影的日子早已结束了。

我记得开拍第一天，迪诺来看了拍摄素材。那天我们就是举着斯坦尼康稳定器上来下去，拍摄通往多萝西公寓的那段楼梯。胶片冲洗回来后，弗雷德意识到摄像机镜头坏了，拍出来的东西黑乎乎一片，几乎什么都看不见。迪诺看见后尖叫起来，我说："迪诺，冷静点。镜头坏了，我们重拍就是了。"

凯尔扮演了杰弗里·博蒙特，因为他就是那么个纯净无辜的人，他身上有种正宗美国制造的味道，让你联想起《哈迪男孩》（*Hardy Boys*）。杰弗里天性好奇，他是个侦探——每个人某种意义上都有做侦探的潜力，但他把这种潜力发挥了出来。他喜欢女人，也喜欢奥秘。认识劳拉·邓恩之前，我见过不少女演员，她是扮演桑迪的最佳人选。桑迪很聪明，天性顽皮。她是个好女孩，但内心里……她内心里游荡着梦一样的东西，某种好奇的东西。她是一位侦探的女儿。劳拉演绎出了这么一个女孩：杰弗里最初和她是好朋友，后来就爱上了她，而且他们之间的爱一点都不阴暗，他们的爱很纯洁。

丹尼斯·霍珀是个伟大的演员，我真的很喜欢他在《巨人传》（*Giant*）、《无因的反叛》（*Rebel Without a Cause*）以及《美国朋友》（*The American Friend*）中的表演。有人告诉我千万别找丹尼斯演戏，他们说："别，千万别这么做——他会搞得一团糟，永远演不出你想要的效果。"但我就是很想找丹尼斯，我知道他是扮演弗兰克·布斯的完美人选。我和其他几位演员聊了聊这个角色，过程中接到了他经纪人的电话，告诉我说丹尼斯戒毒了，清醒了，而且刚拍完一部电影，那部电影的导演可喜欢他了，愿意为他在我面前美言几句。后来丹尼斯自己打来电话说："我必须演弗兰克·布斯，因为我就是弗兰克·布斯。"我告诉他，这是个好消息，也是个坏消息。其实我并没有一早就下定决心非他不可。

对我来说，丹尼斯就是酷的代名词。他是那种梦幻般的叛逆人物，既浪漫，又是个硬汉，简直完美。那是种 20 世纪 50 年代的风格，只有 50 年代才能产生和酝酿出来。一幕戏中，丹尼斯看着唱歌的多萝西，然后哭了。他演得太完美了。那是 50 年代叛逆人物柔情的一面，那时候的男人也可以哭泣，完全没问题，然后下一分钟他就会把另一个人打得满地找牙。现在的男子汉不苦了，很不真实，真的，而 50 年代男子汉的身体中就游荡着这种诗意。

丹尼斯拍弗兰克·布斯和多萝西的第一场戏时，我一直控制不住地笑，部分原因在于我实在太开心了。弗兰克的紧张感，他着魔的样子，还有那股冲动——这个角色就该如此。人们如此着魔，在我看来就有种幽默感，我真喜欢那副样子。他惟妙惟肖地表演了出来。从开机第一秒起，丹尼斯就变成了弗兰克，直到拍摄最终完成。

本来应该由丹尼斯演唱《在梦里》，但非常奇妙，后来我们决定改由迪恩·斯托克维尔演唱。迪恩和丹尼斯认识很久了，两个人早就是朋友，当时迪恩正准备帮丹尼斯练习这首歌，他们俩正在排练。迪恩坐在这边，丹尼斯坐在那边，我们放上音乐，迪恩的口型对得很完美。丹尼斯开始跟得也不错，但他的脑子让毒品毁得够呛，根本记不住歌词。我看到了丹尼斯注视迪恩的样子，当时我想：太完美了，换一下就行。电影这行中牵涉了太多运气。事情为何会照此发生？你可以坐在那里绞尽脑汁想上一百万年，但直到事情在你眼前真实发生时才恍然大悟。

所以我们那个时候意识到，这首歌应该由迪恩来唱。弗兰克说："糖果色小丑。"然后放入磁带，一束光照到了迪恩身上。那束光不是帕蒂·诺里斯（Patty Norris）（美术指导）打的，也不是我打的。那是一盏工作灯发出的光束，绝妙地扮演了麦克风的角色。无可匹敌。我太喜欢了。拍那一幕戏前后，我们在街上发现了条死蛇。布拉德·杜里夫捡回了它，迪恩唱《在梦里》的时候，布拉德就站在背景中的沙发上鼓捣这条蛇。对我来说，这一点都不成问题。

我是 7 月 3 日在纽约一家餐厅认识伊莎贝拉的，那晚真是古怪，特别古怪。当时我和拉法艾拉·德·劳伦蒂斯的前夫在一起，我们打算到一家俱乐部去，乘坐了一辆超长轿车。我置身于迪诺的世界中，总是坐协和式飞机，到哪里都有超长轿车可坐。事情不知不觉就变成这样了。当时我们正在迪诺的餐厅里，迪诺这个人有个特点，只要吃意大利餐，他就会保证让大家吃到最棒的。我们看见餐厅里还有几个迪诺办公室里的人，离开时顺道过去打了招呼。我们不知道怎么又坐了下来，我看到和他们在一起的一个女孩，我说："你可以做英格丽·褒曼的女儿了。"有人说："呆子！她就是英格丽·褒曼的女儿！"所以这就是我和伊莎贝拉说的第一句话。

接着我们俩聊了起来，我在心里想着她，观察着她。在那之前，我和海伦·米伦讨论过出演多萝西的事情，但她不想演，她还说："大卫，有点不对劲。多萝西应该有个孩子。"她说的很有道理。海伦·米伦是位伟大的女演员，这是她对电影贡献的想法。虽然有些女人不需要身为人母，就会自然做出多萝西对弗兰克·布斯的举动——她们有点愿意扮演受害者，而弗兰克又是个高超的操纵者，于是她们很容易变得和多萝西一样。但如果多萝西是个希望保护孩子的母亲，大家就能更轻松地搞懂她的所作所为。

伊莎贝拉是出演《蓝丝绒》的完美人选——我真的很幸运。她是独自在异乡的外国人，已然很脆弱，很容易被人操控，伊莎贝拉身上已经有了这种特质。她还拥有难以置信的美貌，这是她身上的另一种特质。但你可以从她眼睛里看出来，她也是个麻烦重重的人。她眼神中还有一丝恐惧。所有这些结合起来，让她成了扮演多萝西的最佳人选。我知道我们认识时她只拍过一部电影，但我不在乎，因为我知道她能行。在电影里，人们已经习惯了看到某种程式化的英俊与美丽。但是你走在大街上，看到那些真实的面孔，会发现他们其实更有故事。也许他们没法挑起一部电影的大梁，但至少可以扮演个角色。

我们在一间公寓里拍摄了迪恩·斯托克维尔的戏份。公寓楼下有家酒吧，名叫"就这样吧"(This Is It)。我们到这家酒吧去勘景，发现那里的歌舞表演女郎被关在笼子里跳舞。我见到了其中一个名叫邦妮的舞者，特别喜欢她。她打扮的样子和说话的样子——真是难以置信。我问她是否愿意出演电影，最终她在弗兰克的车上舞了一曲，跳舞的样子真是太完美了。这就是妙手偶得的东西——我在威尔明顿酒吧里发现的一个女孩。我太爱她了。

到片场的时候，我心里并没有百分百的把握。我喜欢先排练，边排边想，然后告诉摄影导演我想要的画面。弗雷德·弗朗西斯过去常说，他会观察我排练时坐的位置，然后就知道了摄像机该如何摆放，他说的没错。在片场的时候，你第一次亲眼看到剧情在眼前上演。演员们都穿戴整齐，化好妆。接着大家排练，这时头脑里的抽象想法才变为现实，你才能找到表达的途径。

所以排练是最重要的。每个镜头我拍的条数并不多——四到六条。我和人交流的方式很简略，如果你恰好听到我对演员说的话，你可能会说：什么玩意儿！但如果你真的认真观察某个人，你们之间就会产生一种不寻常的沟通方式，演员和音乐家都能理解这种沟通。这种方式正合他们心意。我不知道为什么，但只要说上只言片语，或做个小动作，下一次他们就会表现得更好，再下一次就近乎完美了。

我们拍摄时一些当地人在旁边晃来晃去，但我没看到他们。我眼里只有演员，并不在乎身后发生的事情。说实话，要是看到了他们，我肯定会发疯的。我必须全神贯注做事情，就是这样。其他的都是狗屁——只会让我发狂。我屏蔽了一切，你应该紧盯着甜甜圈，而不是它中间的那个洞。

人们总是对伊莎贝拉演唱《蓝丝绒》的事有误解。事情其实是这样的：一位指导她唱歌的老妇人给了她一张乐谱，伊莎贝拉就是按照那张乐谱学了这首歌。但她学的并不是鲍比·温顿的版本。我找了个当地乐队——并不浮夸，都是很棒的音乐人——但伊莎贝拉学的终究是错误的版本。完全是鸡同鸭讲，大家手忙脚乱。我对弗雷德·卡罗素说："弗雷德，坚持一下就能重新录好。"但弗雷德说："大卫，没用的。让我把我朋友安吉罗叫来吧。"我抗争了一下。我说："我就要重新录。"但最终知道不过是白费功夫，于是我说："弗雷德，把你朋友安吉罗叫来吧。"弗雷德给安吉罗打了电话，他第二天就来了威尔明顿。伊莎贝拉住在提供食宿的家庭旅馆里，大堂里有架钢琴，安吉罗就在那里和她一起工作。同一天我们拍摄博蒙特先生遭受袭击的戏，我的狗火花——它是我一生所爱——也出现在了那幕戏中。吃午饭时弗雷德带安吉罗沿着车道走来，我和安吉罗打了招呼，他用自己的随身听给我放了他弹钢琴、伊莎贝拉演唱的录音，我说："安吉罗，我们现在就可以把这段剪到电影里去，太美了。超乎想象。"

我想把尘世纷扰（This Mortal Coil）乐队的《塞壬之歌》（*Song to the Siren*）放到这部电影里。我想要那首歌，就是想要。我告诉弗雷德："你去给我搞定。"弗雷德说："大卫，有很多障碍。"主要就是钱的问题——钱，钱，钱。于是弗雷德说："大卫，你总是在纸上写来写去的。你干吗不给安吉罗写几句歌词，然后让他配曲呢？"我说："弗雷德，首先，这个世界上有无穷首歌。我其他都不想要，只要那一首。我想要尘世纷扰的《塞壬之歌》。我不觉得我在纸上瞎写点什么，拿去给一个我几乎不认识的家伙，他就能写出超乎我期待的东西。一百万年都不可能。认真点，弗雷德。"

但是安吉罗和弗雷德都是狡猾的意大利人。弗雷德清楚，如果歌词是你自己写的，那你一定在其中倾入了心血。而当某样东西是你帮着一起创造出来的时候，你就有很大可能会喜欢它。这是他们俩的小把戏。有天晚上在外面时我突然有了想法，于是把它们写了下来，拿给了安吉罗。他看到的时候哈哈大笑起来。他说："这是我见过最差的歌词！不押韵，也不讲规矩！"安吉罗在这方面很老派。他想了又想，还和一位歌手合作创作出一个版本，但并不具备我想要的质感。我告诉他这首歌的曲调挺不错，但需要听起来更缥缈些。于是他让茱莉·克鲁丝来演唱，又一遍遍修改，一遍遍录制。茱莉做得很棒，安吉罗做得也很棒，我不得不承认自己挺喜欢这首歌。也许是因为歌词是我写的吧，我不知道，但我真的挺喜欢。

但我还是很犹豫，因为我想要《塞壬之歌》，可这种执念没有结果。虽然我真的很喜欢《爱的奥秘》，但《塞壬之歌》是伊丽莎白·弗雷泽（Elizabeth Fraser）唱的啊。我听说她是个隐士，超级注意保护隐私，但她确实不同凡响。我记得弹吉他的是她男朋友，他使用了一波波混响，像疯了一样，吉他和歌手一同召唤出了魔法。它像是某种存在于宇宙之中的东西。而《爱的奥秘》更温和，而且需要双人合唱。它也有某种身处宇宙之中的特质，但更温和。

最终我还是用上了《塞壬之歌》——用在了电影《妖夜慌踪》（Lost Highway）里——《爱的奥秘》也成了一首极为贴合《蓝丝绒》的歌曲。你从来不知道事情会怎样发展，而安吉罗——保佑他的好心肠，他是最棒的。他就像我的亲兄弟，能写出那么美的音乐。这就是命运吧，我只能如此解释。和安吉罗一起工作太有意思了。

安吉罗和我去布拉格给《蓝丝绒》录制配乐，那里真是不可思议。房间墙壁使用了某种特别的木材，能制造出独特的听觉效果，我管这叫"东欧氛围"，它会直钻进麦克风里。它是种特定的声音，也是种感觉，并不悲伤，古老又优美。我和安吉罗去布拉格的时候共产党还在当政。走在路上向一间服装店里望去，你能看到一排排深色木质衣架，但上面大概就摆着三件毛衣。里面空空荡荡的，而且很黯淡。街上没人说话。走进旅馆，就看到大堂里靠墙站着两排妓女，太梦幻了。你还觉得到处都是摄像头和监听器，就是会产生这种感觉。我会躺在床上，看看自己能不能听到监听器的嗡鸣声。我爱死那里了。有天我们登上一座小山远望，就像在看一幅彼得·勃鲁盖尔（Pieter Bruegel）的画作。

《蓝丝绒》里到处都能看到帕蒂·诺里斯的痕迹。帕蒂是个服装天才，万里挑一。大家从试衣间里出来，弗兰克变得更像弗兰克，杰弗里变得更像杰弗里，桑迪也变得更像桑迪了——简直无可匹敌。帕蒂和我从《象人》开始合作，拍《蓝丝绒》的时候，她问我能不能同时担任美术指导，我说没问题。她思考房间的方式和她思考服装的方式一样——她真的会思考。

我们什么都聊，有时候我有了主意，她会在其中再加上她的见解。比如多萝西的公寓——色彩完美，但最开始里面的沙发完全选错了。他们选的是独立摆放的沙发，而我想要嵌入式的。于是我们自己重新做了设计，做出了我喜欢的样式。帕蒂干得很不错。

在杰弗里·博蒙特家的电视上，你会看到双脚在楼梯上走动，以及一只手里拿着手枪的画面，那都是我们自己拍的。我们还拍了"拉椅子"，也想用在电视里，但最后没用成。你知道人们是怎么参加奥运会的吗？大家会跑步，有 100 码短跑，50 码短跑，1 英里长跑，还有接力跑。"拉椅子"就和这些类似，像是奥运会比赛。我们找了些涂着厚重油漆的椅子，把绳子捆在上面，再留出一长截。参加比赛的女孩都穿舞会礼服，每个女孩面前有道粉笔画的起跑线，她们都在线后站好，身后拉着椅子，比赛长度是50 码。发令枪响，比赛开始，最先把椅子拖过终点的人获胜。拍摄那天气温高达 38 摄氏度，湿度很高，太热了，不适合拍这个东西。但我们还是拍了，其中一个女孩晕倒了，还找来了医生。这个想法是我原创的，就叫"拉椅子"。

艾伦·斯普莱特是个声音思想者，我当然希望由他来制作《蓝丝绒》的声音。他真的来了，一个人在他位于伯克利的房间里工作。但有天他突然停下了。艾伦这个人身体里有只倔牛，他来找我说："大卫，我没法再弄这部电影了。我受不了它。我也受不了弗兰克·布斯，我不干了。我想吐。"我说："哎呀，艾伦，你不要这样。"但也只能如此。当时电影音乐做了一半，我和艾伦的团队一起做完了另一半。

电影在感恩节时杀青。大约收工前一周，杜维因·邓纳姆在伯克利安顿好了剪辑室，我在伯克利找了间公寓，开始了后期制作。感觉后期做了很长时间。我每部电影的初剪版本基本上都有 4 小时长，但我不记得《蓝丝绒》被舍弃的镜头都是什么了。我失去的可能是某种节奏吧，那种在这里或那里多停留一会儿的悠闲感。奥斯汀来伯克利看过我几回，他那时候三四岁。他究竟是怎么过来的？

我觉得迪诺看懂了《蓝丝绒》。第一次看的时候是在洛杉矶的一间小放映厅里，现场大概有 30 人。迪诺看完后超级开心地从椅子上起身，脸上带着笑。他觉得这可能会是部有所突破的电影，所以想面对普通观众进行规模稍微大点的试映，看看大家是否买账。当时凯尔和劳拉一起住在布莱克本大街（Blackburn Avenue），我和他们同住了一段，随后在西木区找了个住处。在西木区我也搬过几回家——不知道我为什么总是动来动去。我其实挺喜欢最后一个住处的。那是栋新房，我个人的东西很少，所以房间都很干净，空荡荡的。当时我在那儿画了几张小幅黑白油画。言归正传，试映地点在圣费尔南多谷，那天晚上我待在凯尔和劳拉家，没去参加试映。不过劳拉的妈妈和她的一位女性朋友去了，瑞克·尼奇塔也跟着创新艺人经纪公司的几个经纪人去了。试映结束后，瑞克从车上打电话给我，感觉他要尖叫起来了。"太他妈棒了，大卫，太棒了！"后来劳拉的妈妈和她朋友回到家，她们坐在餐厅里一言不发，是那种充满焦虑的一言不发。第二天早上我给迪诺打电话，接通电话后我说："嗨，迪诺，怎么样？"他说："我让拉里（Larry）跟你聊。"拉里当时负责电影发行。拉里说："大卫，很抱歉这么说，但这可能是我去过的最糟的试映了。"我说："你开玩笑！瑞克给我打电话了，他说很不错。"然后他说："一点都不好。你应该读读评论卡。我们让看电影的人写下他们最喜欢的部分，他们写的都是'小狗火花'，或者'结尾'。"于是我和瑞克去见了迪诺。他可真好，他说："这电影可能不适合某些人，但一切都会好的。"

如果没记错的话，在迪诺当时拍的 13 部电影中，只有《彩虹小马》（My Little Pony）和《蓝丝绒》引发了较大的回响。我觉得迪诺也很为《蓝丝绒》骄傲。我最敬佩迪诺的一点在于，如果他支持一件事，他就压根不在乎别人是怎么想的。《蓝丝绒》可能不是他的菜，但他应该很高兴自己拍了这部电影。

我不知道我是从什么时候开始不在乎其他人的想法的，但这是件好事。事实是，你爱上了某种想法，就像是爱上了某个女孩。也许你并不想把这个女孩带回家见父母，可你也不在乎别人对你们的看法。你坠入爱河了，那感觉很美，你也忠于自己的感受。《吠陀》有句话说：人只能控制行为，而不能控制行为的结果。换句话说，你尽自己全力，但事情最终如何收尾并不在你的控制之中。结局好的话，那很幸运，我也跟着一起好；结局差的时候，我也跟着一起差。每个人都有过类似的经历，但那又如何呢？如果你出卖自己，言不由衷，那你就会死两次。《沙丘》就是这样。你因为出卖自己死了一次，电影完全失败时你又死了一次。《与火同行》也非常不成功，但为了那部电影，我只死了一次，因为我很喜欢它。只要忠于自己的感受，你的自我感觉就会非常完美。

　　史威夫蒂·拉扎尔（Swifty Lazar）邀请我去参加他在斯帕戈（Spago）办的奥斯卡晚宴，因为我凭借《蓝丝绒》获得了最佳导演提名，但最终输给了奥利弗·斯通（Oliver Stone）的《野战排》（Platoon）。我和伊莎贝拉一起参加了晚宴，出席的人都拿着他们刚得的奥斯卡奖杯，这时安杰丽卡·休斯敦（Anjelica Huston）走过来说："大卫，我知道你认识我父亲。"因为我在墨西哥的时候见过约翰·休斯敦。当时我在巴亚尔塔港办了个艺术展，约翰·休斯敦也去了。弗雷德·弗朗西斯也在场，而约翰拍电影《白鲸记》（Moby Dick）时，弗雷德正是辅助摄像。于是我们仨很高兴地聊了一晚上。他真的很和善。言归正传，安杰丽卡说："我父亲在另一个房间里，你要不要过来打个招呼？"我说："太好了。"于是我打开了一扇通往私人房间的门，约翰正坐在里面，和他同一张桌子的还有乔治·汉密尔顿（George Hamilton）和伊丽莎白·泰勒（Elizabeth Taylor）。我太爱伊丽莎白·泰勒和她的那部《郎心如铁》了。她给蒙哥马利·克利夫特的那一吻，是史上最佳的银幕之吻。在《后窗》（Rear Window）中，格蕾丝·凯利（Grace Kelly）主动靠近詹姆斯·史都华，献上的一吻也很不错。

那天晚上，伊丽莎白·泰勒颁发了最佳导演奖。现在我们俩都在台下的这间私人房间里。她说："我爱《蓝丝绒》。"我的心开始狂跳起来。我很惊讶她居然看过这部电影，而且还很喜欢。我告诉她："真希望我能获奖，因为你把奖颁给奥利弗·斯通时，他吻了你。"然后她说："到这来。"于是我走过去，她坐着，我站着，伊丽莎白·泰勒的脸就在我眼前。我弯下腰去，看见了一对紫罗兰色的眼睛和这张脸庞。我冲着那双嘴唇吻了下去，她的嘴唇仿佛深不见底。真是难以置信。我吻了她，太美妙了。然后我和约翰·休斯敦聊了两句就离开了。我第二次吻她是在戛纳。我和她同桌，提醒她说我在斯帕戈曾经吻过她，然后询问能否再吻她一次。我是和玛丽·斯威尼（Mary Sweeney）一起去戛纳的，伊丽莎白后来给我房间打电话，想知道我结婚没有。她喜欢和别人结婚，结了七八次吧，但是我并不想和伊丽莎白·泰勒结婚。后来我在 amfAR 慈善晚宴上又吻了她一次，我们俩还一起吃了午饭，她给我讲了很多故事。那是我最后一次见到她。

包裹在塑料袋中

Wrapped in Plastic

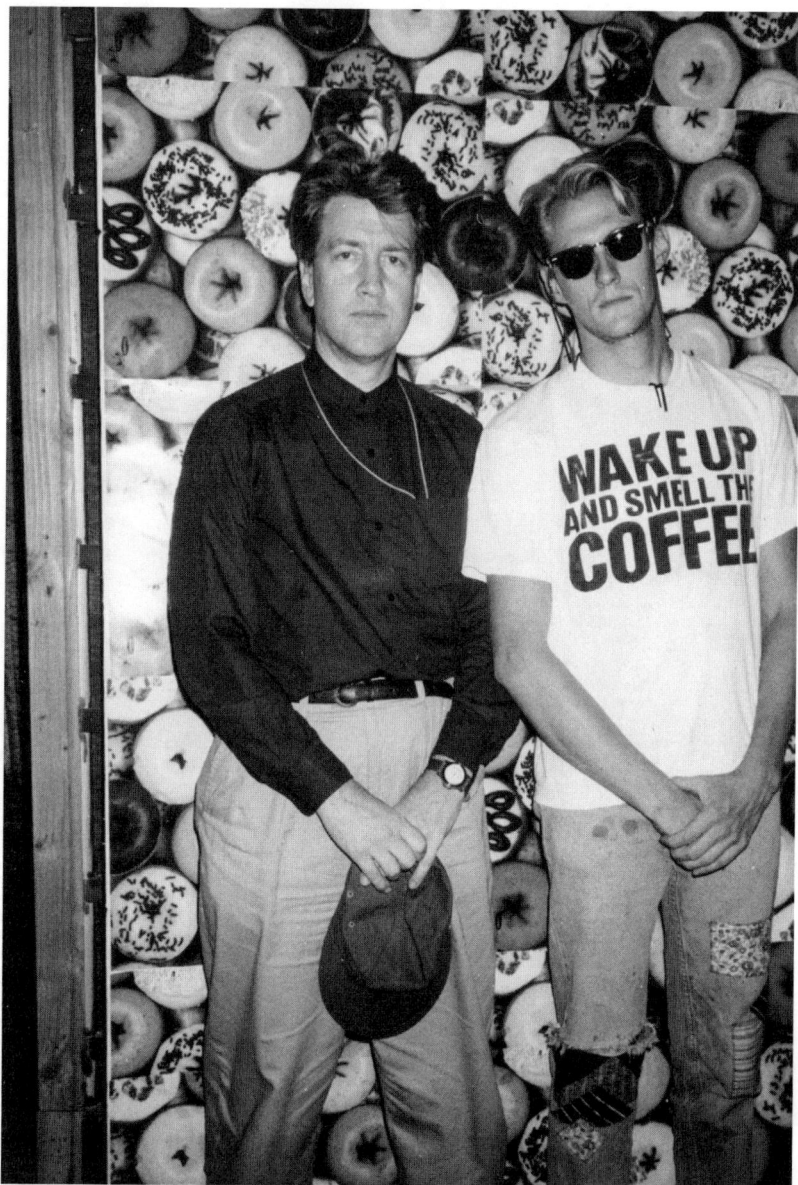

1986 年对林奇来说是不错的一年。《蓝丝绒》使他跻身最具个人风格的电影导演行列。与此同时，另一件发生在他生命中的巧遇也同等重要：那年春天，他认识了作家马克·弗罗斯特（Mark Frost）。弗罗斯特 1953年出生于纽约，在明尼阿波利斯度过了青少年时期，在当地的格里恩剧院（Guthrie Theater）找到份工作，随后到卡内基·梅隆大学（Carnegie Mellon University）学习表演、导演和剧本写作。1975 年毕业后，他去了洛杉矶，先后找到了几份电视剧本写作的工作。1981 年，他成了史蒂文·布奇科（Steven Bochco）备受好评的电视剧《希尔街的布鲁斯》（Hill Street Blues）的编剧之一，一直为这部电视剧工作到 1985 年。第二年，他认识了林奇。

"创新艺人经济公司的一个经纪人把我们俩凑在了一起，共同为联美公司（UNITED ARTISTS）创作一部名叫《女神》（Goddess）的专题片。"弗罗斯特回忆道，这个项目讲述的是玛丽莲·梦露人生中最后几个月的故事，改编自安东尼·萨默斯（Anthony Summers）的著作《女神：玛丽莲·梦露的秘密生活》（Goddess: The Secret Lives of Marilyn Monroe）。"大卫给我的第一印象是非常直率，很幽默。在这个层面上我们俩一拍即合——我们总能逗得彼此咯咯笑。我很喜欢他的友善，我们俩就是相处得很好。1986 年时，大卫在迪诺位于威尔希尔大道的地方拥有了自己的工作室，我们就在那里一起写《女神》。我们俩都想在现实主义之外对故事进行扩充，放入抒情——甚至幻想的元素，随后我们俩培养起了同步工作的节奏。"[1]

265

这部剧本又名《坠落的维纳斯》(*Venus Descending*),它于 1986 年 11 月创作完成,其中暗示了罗伯特·肯尼迪和这位女演员的死有关。但是这个项目很快就被遗弃了。"《女神》是很棒的题材,我们也写出了好剧本。"弗罗斯特说,"不幸的是,联美公司和雇用我们的制作人伯尼·施瓦茨(Bernie Schwartz)没看出来书中影射了肯尼迪一家。虽然今天我们对此已经司空见惯了,但在当时,这还是件很大胆的事。我们在剧本中也涉及了这些故事,然后就没有然后了。"

这一时期,林奇收到了许多执导邀约,但他对于大制作电影毫无兴趣。"大卫和我经常开玩笑说,他想拿丰厚的工资,拍低预算的电影。"瑞克·尼奇塔如此描述林奇,后者已然从《沙丘》中吸取了教训。林奇想让德·劳伦蒂斯投资拍摄《火箭罗尼》,但又说:"迪诺找不到共鸣。"不过德·劳伦蒂斯依然很信任林奇,也在寻找可以合作的机会。《湖畔》(*Up at the Lake*)是个选择,拍《沙丘》的时候林奇曾和拉法艾拉·德·劳伦蒂斯聊过这个项目。她鼓励林奇去和她父亲聊聊,后者提供了一些启动资金,但最终这部电影也没有拍成。

这一阶段发生在林奇身上的关键性事件之一,毫无疑问就是他买下了一栋被称为"粉屋"的房产。这是栋 20 世纪中叶的现代风格房屋,装饰着阿兹特克风格的 V 形图案。它位于好莱坞山,是弗兰克·劳埃德·赖特(Frank Lloyd Wright)的儿子劳埃德·赖特于 1963 年设计建造的。劳埃德·赖特的儿子艾瑞克(Eric)又为林奇进行了整修,房屋内装使用的是紫罗兰色灰墙,屋里只是零星点缀着几件家具。生平第一次,林奇拥有了一处完全按照他的喜好打造的住所。因此,这栋房子对于他来说非常重要。他再没离开过这里,后来还买下了邻近的两处地产,打造出一片完整的建筑区,并一直在这里居住和工作。

生活方式的其他层面也发生了变化。也是生平第一次,林奇发现自己需要组建一支团队。这支团队的规模逐年扩大,现在囊括了一位主管声效工作室的工程师，一位内部剪辑师，一位全职勤杂人员，一位负责管理他艺术品和展览的档案管理员，一位内部制片人，以及一位私人助理。最开始，这一切只需要两三个人来打理。林奇能够取得如此高成就的原因之一，就在于为他工作的人能力都很强，而且很忠诚。1987年黛比·特拉特尼克（Debby Trutnik）出任了工作室经理一职，约翰·温特沃斯则成了他身边的万事通。

《女神》拍不成了，但弗罗斯特和林奇仍旧想找机会一起工作。弗罗斯特说："有天我们俩坐在康乃馨奶品咖啡馆里，大卫说：'我构想了一座安全研究机构，位于虚构的堪萨斯州小城牛顿威尔（Newtonville），两个白痴在那里工作。其中一个大笑了一声，然后一个泡泡从他嘴里跑了出来，沿着走廊飘浮，在转角拐了个弯，进入了一间放满精密设备的房间，触动了设备。然后镜头切换到室外，一个带有射线枪的卫星开始扫射，接着开始了倒计时。'这就是大卫最初的想法，我们把它延展成了一部名为《一个唾液泡》（One Saliva Bubble）的幻想喜剧片，敲定了由史蒂夫·马丁（Steve Martin）和马丁·肖特（Martin Short）出演。结果距离开拍只有六个星期时，迪诺向我们透露他没钱了，公司将撤出原本准备投拍的所有项目。"

《一个唾液泡》就这样夭折了，但生活在其他方面继续着。到了那年6月，林奇遇到了画商詹姆斯·科科伦（James Corcoran）——洛杉矶詹姆斯·科科伦画廊的主人。这次会面使得他作为画家的职业生涯发生了飞跃。"那时大卫住在西木区的一间小公寓里，我去那里见了他。"科科伦回忆说。第二年，他为林奇举办了个展。"大卫精神饱满，我立刻就喜欢上了他——他是个非常体面的人。当时他正在创作大幅彩色蜡笔画，这些作品触动我的一点在于，和我当时代理的画家相比，比如肯·普莱斯（Ken Price）和爱德华·鲁沙（Edward Ruscha），它们在风格上非常黑暗。"[2]

林奇的展览在作品销量和艺术评论层面都收获了不错的反响。《艺术论坛》杂志形容这些作品"极为动人，同时具有值得回味的古怪感"，《洛杉矶时报》(*Los Angeles Times*)则称它们"真诚又新鲜"。伊莎贝拉·罗西里尼随后把林奇的作品介绍给了米兰的画廊老板碧翠丝·蒙蒂·德拉科尔特(Beatrice Monti della Corte),后者又让传奇画商利奥·卡斯蒂利(Leo Castelli)看了这些画。1989年2月,卡斯蒂利在纽约为林奇举办了第一场展览,科科伦随后在洛杉矶为他举办了第二场。

这些展览中展出的作品让人很明显地感受到,如果说林奇的灵魂中盘旋着一抹黑暗色彩,那么他的艺术就是将其直接抒发出来的通道。诸如《穿过我房屋的扭曲的手的影子》(*Shadow of a Twisted Hand Across My House*)、《风夜,一个孤单的身影走向巨大的小丑屋》(*On a Windy Night a Lonely Figure Walks to Jumbo's Klown Room*)及《噢天,妈妈,狗把我咬了》(*Oww God, Mom, the Dog He Bites Me*)——三幅画都创作于1988年——得以让人一窥这些作品的风格。大块的灰、棕、黑色颜料被潦草地涂抹在画布上,让画作呈现出凶险恐怖的感觉。画中还有仔细描绘出的血色条块,暗示出人的存在,但其中出现的所谓人物不过是草率画就的火柴棍小人儿,那些血色条块看起来更像是伤口。画中充满了吓人的场面。

和罗西里尼在一起的那些年里,林奇一直奔波于东西海岸之间,一半时间和她一起待在纽约,另一半时间待在洛杉矶。1987年,他和菲斯科离了婚。"我不想走法律程序,也不想翻旧账,那样只会把事情弄得一团糟。"菲斯科说,"我们结婚的时候没有律师介入,离婚的时候也不需要,只希望能又快又简单地把事情办完。不过离婚对我来说还是很痛苦。离婚协议办好当天,我就在《名利场》(*Vanity Fair*)杂志上读到了一篇关于大卫和伊莎贝拉的文章。"

1987年,林奇遇到了制片人蒙蒂·蒙哥马利(Monty Montgomery)——1981年,他和凯瑟琳·毕格罗(Kathryn Bigelow)联合执导了独立邪典电影《无爱》(*The Loveless*),两人之间发展出一段非常重要的友谊。"我先是认识了一个叫艾伦·明德尔(Allan Mindel)的人,他在洛杉矶经营一家名为'轻击'（Flick）的模特代理公司，那时候正尝试进入其他领域——我是在拍摄音乐录影带时和他产生了交集。"蒙哥马利说，"艾伦是伊莎贝拉的经纪人，他向她和大卫引荐了我，然后我就去了大卫家。大卫坐在空荡荡的房间里，屋里大概只有一件家具吧，看起来非常友善。我们在电影和想法方面很有共同语言，他也很坦诚——总之我们俩一见如故。刚认识的时候，我们常去穆索和弗兰克（Musso & Frank）餐厅吃午饭，路上会经过好莱坞大道上镶嵌的那些人名。'不知道这个人有什么样的故事'——他对什么都很好奇。"

"认识我时，大卫刚拍完一部广告片，需要做些后期制作。"蒙哥马利接着说，"（制作公司）政令宣达电影公司（Propaganda Films）正在全力开展影像业务，所以我帮他们牵上了线。这次合作挺不错，我们俩就这么开始合作了。"[3]

蒙哥马利并不是政令宣达公司的合伙人，但在林奇与该公司合作的所有项目中，他都起到了关键作用。建立政令宣达公司的想法是在1978年萌芽的，当时来自冰岛的制片人乔尼·西弗瓦特森（Joni Sighvatsson）正在美国电影学院读书，在那里遇见了学院的制片项目研究员史蒂夫·高林（Steve Golin）。他们开始共同制作项目，然后于1983年和另外三位制片人一起成立了政令宣达公司。高林和西弗瓦特森是在80年代中期与蒙哥马利认识的，当时他们共同竞得了一个项目。"史蒂夫和我很喜欢理查德·哈拉斯（Richard Hallas）1938年出版的小说《你要黑牌，但红牌总来》（*You Play the Black and the Red Comes Up*）。但某个得克萨斯州的家伙也在考虑改编拍摄这部作品，于是我们给这个家伙打了电话，他就是蒙蒂。"西弗瓦特森说，"我们于是一起制作了这个项目，我们仨第一次拿给林奇看的就是这个故事。他很喜欢，但不太想拍历史片，而且当时他正努力推进拍摄《火箭罗尼》。我们于是参与到了那个项目当中，有好几次钱都差不多到位了，最后还是无疾而终。然后大卫就开始和马克一起写《双峰》了。"[4]

这一阶段，林奇持续深入地探索着其他领域，他与音乐之间发生了更为深刻的关系。罗伊·奥比森刚开始很犹豫是否要授权《蓝丝绒》使用他的歌曲《在梦里》，但最终同意了，并于 1987 年 4 月录制了由林奇和 T-本恩·本内特（T-Bone Burnett）共同制作的新版本。接着，到了 1988 年，林奇受《费加罗报》（Le Figaro）和抒情诗电影公司（Erato Films）之邀，为法国系列电视《……眼中的法国人》（The French as Seen By ...）拍摄一部短片——他自写自导了《牛仔和法国人》（Cowboy and French）。短片时长 24 分钟，罗列了关于美国人和法国人的陈词滥调。短片主演是制片人弗雷德里克·高尔沉（Frederic Golchan），他扮演一个茫然的法国人，戴着贝雷帽，手提满是异味的奶酪和法棍面包。他从天而降，来到一个度假牧场，在那里遇到了一群一脸茫然的牛仔，一个西部乡村风格的三人合唱组，以及一位系着缠腰布、头戴羽毛头饰的美国当地人。

短片中的牛仔由哈利·戴恩·斯坦通扮演，他和林奇一共合作过七次，这是头一次。"我一直对大卫的电影印象深刻，我们俩很投缘。"斯坦通回忆说，"我们理解彼此。我们会聊道教、佛教和冥想，因为对东方哲理的共同兴趣而彼此欣赏。"[5]

高尔沉说："约翰娜·雷给我打电话说：'有位导演正在找法国演员，你有没有兴趣和他见一面？'我告诉她我不是演员，但很愿意见一面，于是她安排我到大卫家去。我记得那里空荡荡的，屋里好像只有两个音箱和两把椅子，彼此还离得特别远。屋里怪吓人的，不过他本人很温暖也很友善，我不管说什么他都哈哈大笑。他说：'我觉得你是最佳人选。'三天后我们就开拍了。开始我心里挺害怕的，但大卫会带着你前进。拍摄过程太有趣了，我很快就不担心了。"[6]

剧本监制科里·格雷泽（Cori Glazer）也是第一次和林奇合作，她后来成了林奇团队中的重要一员。她以 50 美元的日薪被聘为制片助理，自此开启了职业生涯。"我记得当时自己想，假如这辈子只能为一位导演工作，这个人就是他了。"她如此谈及林奇，"我爱上了他的创造力，他也是我认识的人中心胸最宽广的。我记得伊莎贝拉来片场看他，他给她送了颗绿色的 M&M 豆过去。他总是很快乐，每天结束的时候还会感谢大家。他能记住所有演职人员的名字，包括级别最低的制片助理。如果有人给他送了杯咖啡，他就会看着这个人的眼睛说：'谢谢，约翰尼（Johnny），非常感谢。'"[7]

同一年，林奇开启了自己的演员生涯，在蒂娜·拉思伯恩（Tina Rathborne）执导的电影《莎莉与我》（Zelly and Me）中扮演了第一个重要角色。这部电影讲述了一个成年的故事，关于一个小女孩在虐待她的外婆和爱护她的女家庭教师——由罗西里尼扮演——之间的辗转挣扎。林奇扮演了女教师的神秘男朋友威利（Willie）。"蒂娜（她后来执导了《双峰》的第三和第十七集）拍过一部电影，讲述了一位生病的已婚女人的故事，我觉得非常美。所以后来见面讨论《莎莉与我》时，我很感兴趣。"罗西里尼说，"我扮演一位临时照顾孩子的家庭教师，她有个男朋友。我们面试了好多人，但感觉都不对。这个故事能唤起人们许多关于 20 世纪的回忆。那时候，人们还不会急于付出感情，而我们面试的那些演员太现代、太性感了。大卫温柔又礼貌，他的试镜让蒂娜觉得很有说服力。"

这部影片于 1988 年 1 月 23 日在圣丹斯电影节（Sundance Film Festival）首映，4 月 15 日在大众院线上映。对于自己在这部电影中的表演，林奇感觉很复杂，所以很少谈起。但这个新角色似乎让他感觉很舒服。他开始出名了。

"我还记得我们俩在一起时，第一次有人管他要签名的情景。"玛莎·莱维西说，"那是 1988 年前后，我们在丹尼家庭餐厅（Denny's）或者类似的地方吃饭，两个人拿着张餐巾纸走了过来，让他在上面签个名。他很从容，说：'太好了，有人开始认出我了。'对此他好像并没有什么复杂的感受，只不过在陈述某种现实。对于这些人，他总是表现得很亲切。爸妈就是这么教我们的。"

很快，林奇就变得非常有名了。托尼·克兰茨（Tony Krantz）是创新艺人经纪公司的一名年轻经纪人，1981 年时他从公司收发室干起，很快爬到了经纪人的位置。他觉得林奇讲故事的方式非常符合电视剧集的结构要求。"听说大卫正在和《希尔街的布鲁斯》的一位资深编剧合作时，我想：也许能有合作的机会呢！我想拍一部热门剧集，我在他身上看到了机会。于是我约他们俩见面，说服他们尝试一下。他们拿出了一个叫《利莫里亚人》（The Lemurians）的剧本，讲的是利莫里亚大陆的故事，那里罪恶横行。这片大陆沉入了海底，只留下几个幸存者。电视剧讲述了一位使用盖革（Geiger）计数器的联邦调查局探员，他的任务是找出并杀死这几个幸存的利莫里亚人。我们拿着剧本见了布兰登·塔提科夫（Brandon Tartikoff），他是美国全国广播公司（NBC）的头儿。他觉得这个故事适合拍成电影，但大卫不想拍电影，因为他觉得这是电视剧剧本。所以虽然我们把剧本卖出去了，但并没拍成。"

"大卫和我经常一起吃午饭。"克兰茨接着说，"有天我们在尼伯勒餐厅吃饭，我看了看四周，说：'大卫，这是你的世界——这些人，洛杉矶的各种起起伏伏。你应该拍一部与此相关的电视剧。'我租了《冷暖人间》（Peyton Place）放给大卫和马克看，然后说：'《冷暖人间》讲的就是你的世界，大卫。'"[8]

虽然林奇很讨厌《冷暖人间》，但据弗罗斯特回忆，从那时起，他和林奇开始"尝试起新东西。我们和美国广播公司（ABC）的几位决策人开了碰面会，其中包括 ABC 电视剧部门的负责人查德·霍夫曼（Chad Hoffman）。我们聊了聊当时的想法——最初给它取名为"西北往事"（Northwest Passage），他们非常感兴趣"。

林奇和弗罗斯特这次成功的提案发生在 1988 年 3 月。紧接着，编剧工会开始大罢工，罢工一直持续到了 8 月份。"因为罢工的缘故，这件事停滞了大概一整年，所以和 ABC 的人见面后就没了下文。"弗罗斯特说，"罢工

梦室

结束后他们打来电话说：'我们想继续你们提案的那部电视剧。'但到了那个时候，我们俩谁都想不起来当时到底说了什么！我们俩回想了一下，又和 ABC 的人见了一面，然后就开始写剧本了。这部电视是关于返校节皇后（Homecoming Queen）的一起谋杀案。我们脑海里出现的第一个画面是一具被冲上湖岸的尸体。"

《双峰》讲述的是发生在小镇中的一场大型密谋，和《蓝丝绒》一样，它也被设定在了模糊的时空中。《双峰》的叙事轨迹很清晰，这个故事同时很有包容性，能够容纳随时蹦出的新想法，因此才会出现探员戴尔·库珀（Dale Cooper）在双峰警局中讲解这件事的场景。

这是部反传统的电视剧，它之所以能出现在电视中，部分原因在于弗罗斯特很清楚这个世界的运行规则。弗罗斯特是位老练的电视剧编剧，他明白这种媒介的节奏和局限，因此为林奇扮演了领路人的角色，两个人在不同层面贡献着灵感。"最初，我的贡献部分在于我比大卫更清楚电视剧行业的底线。"弗罗斯特说。据林奇回忆，弗罗斯特办公室里有个沙发床，就像是精神病专家诊室里的沙发。他会躺在上面，然后他一边说，弗罗斯特一边打字。

"我们会把想法抛到空中，然后拿球拍循环往复地击打，就像在打乒乓球。"弗罗斯特说，"有些场景会自己生长出来，我们只负责把它们捶打出模样。针对某些角色，我们俩中的一个总是更有发言权。结构可能是我的强项，而大卫在氛围、角色塑造、细节和角色行为方面的构想太强了，非常独特且无可取代。大卫的趣味也远比我黑暗，有时候我们会因此产生分歧，但总能想到办法解决。我们俩从没说过'这样不行'，然后分道扬镳。"

"我们俩特别兴奋，像疯了一样，就像是：就是它了！"弗罗斯特如此形容写完时长两小时的试拍剧本时的感受。"这么形容可能更贴切：我们觉得自己又尝试了一样新事物。试拍剧本写得很快——应该不超过一个月——第一版就是最终版。我记得大卫和我一起坐在办公室里，我打印出了两份剧本。大卫拿着一份回家读了读，晚上给我打来电话说：'我觉得咱们写出了了不起的东西。'"

林奇画了份双峰镇地图（现在挂在克兰茨的办公室里），给 ABC 提交剧本时把这份地图也带了过去，一边讲述剧本中描绘的世界，一边在地图上指给大家看。美国广播公司娱乐集团董事长布兰登·斯托达德（Brandon Stoddard）被迷住了，要求在 1989 年秋季试播第一集。

"然后他们打电话来让我们参加评测会。"弗罗斯特回忆说，"我记得一位决策人从口袋里掏出张纸，上面写了不少意见，说：'你们感兴趣的话，我想分享一些意见。'结果大卫说：'不，我们其实不感兴趣。'那个家伙只好乖乖地把清单塞回口袋，脸上满是局促不安的表情。这次会面奠定了我们的合作基调，就像是：想要与众不同，你们就别瞎掺和！后来他们果然很少干预。"

回首那段时间，蒙哥马利记得"很多项目都在同时进行。大卫可以同时做很多件事，但《双峰》前期制作时他并没投入太多精力。不过那辆火车显然在离开站台时就马力十足。于是我告诉大卫：'要不然你到政令宣达公司来？'当时我们刚搬了新办公室，有很多空房，我建议他给马克·弗罗斯特安排间办公室，并让约翰娜·雷在那里完成选角"。

和林奇制作的其他影片一样，《双峰》的选角也带有一丝随缘的意味。迈克尔·J. 安德森（Michael J. Anderson）在其中表演了舞蹈，并反着说出句子。林奇其实是 1987 年在曼哈顿的玛戈夜总会遇到他的。当时安德森穿了一身金色的衣服，正在拉马车，林奇立刻就把他和火箭罗尼联系在了一起。副警长安迪·布伦南（Andy Brennan）的扮演者是哈利·古茨（Harry Goaz），林奇去参加罗伊·奥比森的追悼会时恰好雇他当了司机。凯尔·麦克拉克伦扮演电视剧的核心人物戴尔·库珀探员，林奇形容说："凯尔天生注定扮演这个角色。"麦克拉克伦确实献上了绝妙的表演。他扮演的库珀是个纯净的圣人，他时常惊异于世界的美妙，同时试着理解其中最为黑暗的奥秘。

　　　　　　　　　　　　　　　　　　　　　　　　　　　梦室

麦克拉克伦擅长把握喜剧节奏，他演的库珀迷人又风趣。

利兰·帕尔默（Leland Palmer）的角色由演员雷·怀斯（Ray Wise）扮演，他观察到："对大卫来说，选角就是一切。他很靠直觉行事，出于这样或那样的原因他会对某个人很有感觉，并且知道该把你当作拼图的哪一块。同时演员也能感受到他的信任，这鼓励大家放下自我约束，随着场景尽情发挥。"[9]

利兰·帕尔默悲伤不已的妻子莎拉·帕尔默由格蕾丝·扎布里斯基（Grace Zabriskie）扮演，她和林奇合作过五次，这是第一次。莎拉·帕尔默似乎承担着整个小镇的悲伤，每次出现在镜头里，扎布里斯基都要呈现最为极端的情绪。她的表演既气势磅礴，又让人感觉备受折磨。"我记得有天在片场，大卫问我：'你还能再来一遍吗？'我回答说：'大卫，17 条之前我就已经到极限了！'"

"遇到那个不希望你再限制自己的人之前，你都意识不到你在多大程度上限制了自己的表演。"扎布里斯基说，"我可以把脑袋里出现的任何怪想法告诉大卫，如果觉得有用，他就会用。和他一起拍的片子都特别有意思。我们俩之间有种默契，正因如此，合作才显得更为可贵。"[10]

《双峰》开启了几位演员的职业道路，这些被发掘的新星对林奇充满了感激之情。"第一次见大卫时我那么年轻，那么紧张，我把手压在屁股下面，因为它们抖个不停。"劳拉·帕尔默的扮演者雪莉·李（Sheryl Lee）说，"但大卫的做事风格是那么和善温暖，能立刻让你放松下来。他问我，假如给我浑身涂上灰色颜料，包裹在塑料袋中，放到冷水里，我会作何感受。我回答说：'没问题！'"[11]

纳丁·赫尔利（Nadine Hurley）这一角色落在了温蒂·罗比（Wendy Robie）身上。纳丁原本只是个次要角色，但其重要性在拍摄过程中不断增长。罗比说："我和大卫以及马克聊得不错，然后大卫说：'你的一只眼睛要被射瞎。'我说：'哦？哪一只？'他哈哈大笑，很喜欢我的回答。一位在大卫办公室工作的朋友告诉我，我走了后大卫说：'这就是纳丁了。'"[12]

梅晨·阿米克（Mädchen Amick）扮演了女服务生和被虐待的妻子谢莉·约翰逊（Shelly Johnson）。约好试镜的那天她迟到了。"我晚上11点才赶到。"她回忆说，"大卫居然还在等我！约翰娜、艾瑞克·达·雷和马克也在。艾瑞克和我一起读了剧本，然后大卫说：'所以，你想拍电视剧喽？'我回答说：'是的，我想！'"[13]

《双峰》的演员阵容里还包括几位已经很久没露面的老演员，其中包括鲁斯·谭柏林（Russ Tamblyn）、派珀·劳瑞（Piper Laurie）、佩吉·利普顿（Peggy Lipton）、理查德·贝梅尔（Richard Beymer）和迈克尔·昂吉恩（Michael Ontkean），他们都是通过不同途径参与到这部电视剧中的。

"1986年1月，丹尼斯·霍珀为大卫办了场40岁生日派对，当时我和迪恩·斯托克维尔住在一起，迪恩带我一起去了。"谭柏林说，"我是大卫的粉丝，派对中有个环节是拆生日卡片，大家都围到了他身边。其中一张卡片上画着几个男人，正围着名裸女。他转过身来对我说：'嗨，鲁斯，你是不是也想成为这样的男人？'这是他对我说的第一句话，我回答道：'大卫，我更想和你一起工作。'然后他说：'下一部电影。'"

"好莱坞有很多心口不一的人，但大卫并非如此。"谭柏林接着说，"两年过去了，他在为《双峰》选角的时候联系了我。我永远忘不了见到他时他说的第一句话。他说：'鲁斯，我想让你扮演的这个角色是这样的……'当时我满脑子想的都是：他都没说让我为这个角色试镜，他直接说想让我演。"[14]

1961年，谭柏林凭借在经典音乐剧电影《西区故事》中扮演主角，一举成为家喻户晓的明星。当时在那部电影里和他演对手戏的是理查德·贝梅尔，无独有偶，后者也被纳入了《双峰》的演员阵容。

"我对大卫的第一印象，是他似乎随时准备好了帮助别人。"贝梅尔如此回忆他在政令宣达公司和林奇的第一次会面。"他和其他导演很不一样。会面氛围很放松。我离开后只有几个小时，约翰娜·雷就打来电话说：'他想让你扮演雅各比医生（Dr. Jacoby）的角色。'然后她又打电话来说：'不对，他想让你扮演商人本·霍恩（Ben Horn）。'当时我想：雅各比听起来有意思多了——但我其实拿到了一个很有趣的角色。"[15]

加拿大演员迈克尔·昂吉恩小时候就是电视童星，并于1977年和保罗·纽曼（Paul Newman）共同主演了影片《火爆群龙》（Slap Shot）。他对和林奇的第一次见面印象深刻。"他的头发又厚又高，有种后现代乡村摇滚风格。而当时我的二女儿刚刚出生，整个人神采飞扬。"他回忆说，"那是个黄昏，正值深秋时节，在洛杉矶某个烟雾弥漫的房间里，但我感觉我们正置身于缅因州或俄勒冈州的户外。大卫穿了件很酷的钓鱼背心，我不断左顾右盼，觉得能找到一箱打开的钓具，以及一篮活蹦乱跳的鳟鱼。"[16]

电视剧选角进行得很顺利，与此同时林奇也在忙着其他事情。"大卫去纽约和安吉罗一起做音乐了，这边《双峰》的工作还在继续。"蒙哥马利回忆说，"他们雇了位西雅图的制片人，负责电视剧的预算、排期和勘景，我则不时查看一下事情的进展情况。有天我对大卫说：'我觉得他们对前期制作不太认真。'他让我调查一下，深入了解后我才发现，要是不及时叫停，非得火车出轨不可。我向大卫汇报了调查结果，他说：'我想让你当制作人。'"

"所以整个拍摄期间我他妈都和他在同一条战壕里，有几次他甚至让我替他去拍摄，真是闻所未闻。"蒙哥马利接着说，"他不想去拍，但又找不到替代人选。不论下雨、下冰雹、下雾还是下雪，我们都一刻不停地拍摄，时间很紧张，就像在参加野战军。拍摄要求很高，也很有野心，大卫做得非常完美。"

试播集预算为400万美元，用了二十二天半拍摄完成，主要拍摄地是华盛顿州的斯诺夸尔米（Snoqualmie）、北本德（North Bend）和福尔城（Fall City）。"演职人员都住在红狮酒店（Red Lion Hotel）里，我们把整个酒店都填满了。"阿米克说，"就像重回大学宿舍一样，大家到处跑来跑去，到其他人房间里去玩。"

金米·罗伯特森（Kimmy Robertson）扮演了双峰镇警局脾气古怪的秘书露西·莫兰（Lucy Moran），她如此回忆试播集的拍摄过程："就像是在天堂，每天都很快乐，我会和大卫做些看起来很傻，其实对我来说很有魔力的事。如果好好恳求他，他就允许我用手指穿过他的头发。长在那个脑袋上的头发呀，你可以通过摸头发感受到他头脑里的想法。大卫的头发很不一般，它有着某种功能，而这种功能一定和上帝有关。"[17]

试播集的外景拍摄地包括洛杉矶马里布的森林地区，内景则大部分在圣费尔南多谷的一栋仓库里完成。剧中剧《爱的邀请》(Invitation of Love)是在弗兰克·劳埃德·赖特位于洛杉矶的历史性建筑恩尼斯住宅（Ennis House）中拍摄完成的。不过，在华盛顿州完成的那些场景，才真正展现出了这部电视剧的气质。

"我记得那天特别长。"雪莉·李如此回忆《双峰》令人难忘的开场一幕——镇上的居民发现了她的裸尸，尸体被包裹在塑料袋中。"我陷入了冥想状态，我记得自己当时想：这是我的第一场戏，我得安安静静地躺在这里，表现得像块海绵。我能听到一切，知道其他部门都在做什么——扮演尸体是很棒的学习方式。"

林奇从不会给人设定限制，却能在人们身上发现他们自己尚未知觉的潜能。值得一说的是迪帕克·纳亚尔（Deepak Nayar）的故事。他 20 世纪 80 年代末从印度来到美国，在莫谦特和艾佛利电影公司（Merchant Ivory）找到了一份工作。纳亚尔参与过电影拍摄，但在《双峰》片场，唯一适合他的职位是林奇的司机，他依然接受了。

"我记得自己坐在一间办公室里等，他走了进来，精神百倍，伸出手来对我说：'很高兴认识你，迪帕克。'"纳亚尔回忆说，他在之后的十年里又和林奇合作过很多次，并联合制作了 1997 年的电影《妖夜慌踪》。"我们聊了聊冥想，还有我印度人的身份，随后事情便尘埃落定。他雇我做制片助理和司机，简直太棒了。"

"他管我叫'能人'（hotshot），我们俩总是打一美元的赌。"纳亚尔接着说，"有天我们在铁轨旁拍戏，一群人在旁边等着，大卫扔起了石头。我说：'赌一美元，大卫，你打不着那边那根杆子。'他果然没打中，然后说：'敢不敢赌赢了一分钱不付，输了付双份。你也打不中。'结果我打中了。他却责怪我故意挑了块大石头！他太有意思了，在片场也是个好导演，从来不发脾气，不大声说话，最重要的是——从不离开片场。《双峰》中有些让人难以忘怀的镜头，都是他在场的情况下拍摄的。发生难以预料的事情时，他总能凭借超凡的创造力予以回应。"[18]

林奇的天赋就在于他流畅的想象力：他依据身边既有的事物创造出一个世界，同时在其中寻找现实中不存在的东西。和他一起工作的人都对这一点赞赏有加。"大卫教会我最重要的一课就是绝对地直面当下。"雪莉·李说，"他关注周遭发生的所有事，可以把任何事改造成艺术，因为他凡事都不会想当然。因此和他一起在片场工作非常刺激，片场氛围也总是很活泼。"

理查德·贝梅尔回忆说："大卫对待剧本的态度很严肃，我们当然得记住自己的台词，但他也常根据突然而至的灵感做出改变并有所发挥。有天他们拍摄的时候我来到片场，站在后面等着。那天我穿了双有点紧的新鞋。小时候我学过踢踏舞，所以跳了一小段，想让鞋松快一点。他看见后走过来问：'你会跳舞？'我说：'小时候跳过一段时间。'然后他说：'下一幕你跳段舞吧？'我说：'大卫，可在下一幕里我会讲到自己是怎么杀人的。'但他说：'太棒了！这样吧，你站在桌子上跳。'"

林奇确实很尊重《双峰》的剧本，但与此同时这部电视剧也在不断发展，人物深度随着拍摄不断加强。"大卫不会明确告诉你你扮演的是怎样一个人物。"梅晨·阿米克说，"他任由我自己探寻谢莉这个角色，看着我潜入她的灵魂深处，然后再对此做出反应。"

几个角色远超过了最初的简单设定，这往往是因为林奇喜欢演员的演绎。"我觉得我明白大卫为什么给了纳丁·赫尔利更多戏份。"温蒂·罗比说，"拍摄一幕戏时，摄像机被架在了街对面，正对着赫尔利家的大落地窗。我在屋里反复拉窗帘。没有对话——你只能看到有人在窗户里来来回回摆弄着窗帘。拍摄过程中，我能听到一位制片助理身上的对讲机中传出的大卫的笑声。大卫让摄像机一直拍下去，他也笑个不停，所以我只能继续拉窗帘，手都流血了。"

……

阿米克形容林奇在片场的风格为："凡事都亲力亲为。有场戏中，我和我的男朋友鲍比（Bobby）一起开车，拍摄过程中大卫就躺在汽车内的地板上，说着类似'好了，现在用鼻子轻抚他的脸'之类的话。另一场戏中，我正在打电话，大卫突然对我说：'梅晨，我想让你的眼神非常缓慢地飘向天花板。慢慢地飘上去，继续飘，再飘，再飘。'——然后'卡！'我问：'大卫，这么做的目的是什么？'结果他说：'就是很好看。'"

"他从演员身上挖掘出想要的东西就像变戏法一样。"阿米克接着说，"我记得有场戏中，谢莉对她老板诺玛·詹宁斯（Norma Jennings）坦白了一些痛苦的回忆，大卫知道我必须深陷到某种情绪中才能表演出来。我们试了几次，然后他走到我身边，把手放在我胳膊上，看着我的眼睛，叹了口气，随后走开了，就好像把这场戏需要的情绪注入了我身体中一般。虽然一句话没说，他却给了我我需要的东西。"

谭柏林也很惊讶于"大卫执导时坐在距离我们特别近的地方。一幕戏中，雅各比医生在医院里告诉库珀探员和杜鲁门警长，他听到雅克·雷诺（Jacques Renault）在旁边的一张病床上被人谋杀了。拍摄时，大卫对我进行了最为古怪的指导。我们先拍了一条，大卫说：'鲁斯，咱们再来一遍，这次不要去想你所说的话，也别想它到底是什么意思，就想着鬼魂。'这是典型的大卫式执导风格，对于这一幕非常奏效"。

"大卫能够营造出事情发生时的氛围和基调。"雷·怀斯说,"他能用恰当的话语指导你走向正确的方向,这方面他的能力无与伦比。某种意义上,这些人物都像是撕开的伤口,需要自我表达,而在表达方式上没有任何限制。他将我们打开,允许我们做到百分之一千,你可以在他的所有作品中观察到这点。看看他从丹尼斯·霍珀身上挖掘出了怎样的表演!他允许演员勇往直前。"

在演员们抵达极致的路上,他也愿意等待。"在从业的 40 年时间里,大卫是唯一要求我慢下来好好体会的导演。"迈克尔·昂吉恩说,"时过午夜,杜鲁门警长仍旧监视着超维度黑屋(Black Lodge)那片令人畏惧的深渊,期待着,祈祷着能找到好兄弟库珀的踪影。我们拍了五六条,一条比一条慢。期间唯一的声音,就是大卫用清晰而可怕的低语,告诉哈利他应该更慢一点,好像永恒也不过是弹指一挥间。"

金米·罗伯特森如此回忆她的片场时光:"大卫执导时有一套自己的流程。他让你坐下,然后他的能量在你们两人周围建造起一片寂静的空间,然后开始描述即将拍摄的这幕戏。我拍的第一场戏是露西把电话转接给杜鲁门警长,大卫说:'有人打进了一通重要的电话。露西很有效率,一丝不苟,她很在意屋里的每一个人,希望没人误解她的意思,她的手指下牵动着整个小镇的脉搏。这种情况下露西该如何说出——这是你的电话?'"

一幕戏中,林奇本人扮演的联邦调查局探员戈登·科尔(Gorden Cole)亲吻了她扮演的角色,这场戏给她留下了非常甜蜜的印象。"真荣幸我是被他亲吻的那个人!其他女孩都有点嫉妒,好像在说:看哪,老师的宠儿。"那一吻如何?"充满爱意,非常温柔。"金米·罗伯特森坦白说她也曾亲吻过林奇。"那是在很长时间以前的一次收工派对上。那可能是他生命中唯一的一天身边没有环绕着其他人。我们随着一首歌唱亲吻的歌曲跳舞,我亲了他,然后就跑掉了。"

美国广播公司的合约中要求林奇另外拍摄一个终结式的结尾,这样试播集可以作为故事片在欧洲上映。他们因此根据合约拍摄了电视剧中发生在红屋(Red Room)中的最后一幕。那里类似满是奥秘的阴间,谜题被呈现,秘密被揭晓。红屋里的人用相反的语序说话——林奇 1971 年就构思出这个想法了,当时他让艾伦·斯普莱特录了一句反着说的"我想要铅笔",想用在《橡皮头》里,但是那幕戏最终没有拍成。以红屋结尾的加长版《双峰》作为电影光碟直接在英国销售,此时距离试播集在美国开播还有 5 个月时间。

"从大卫踏入片场的那一刻起,他就知道所有东西的确切模样,甚至包括桌子上的一只玻璃杯该如何摆放。"西弗瓦特森说,"他就是知道。我们建好红屋的那天,他一到片场就疯了,因为屋里的门是向右开而不是向左开的。我说:'大卫,谁会在乎啊?'但他在乎,他坚持让我们重建,因为他已经在脑海里见过这个场景,他拍摄的画面必须吻合头脑中的样子。"

试播集惊艳了几位圈内人。"试播集节奏很缓慢,氛围很安静,前半个小时里几乎只能看到悲伤的镇民和不断袭来的坏消息。"弗罗斯特说,"它具有现实主义色彩,还有种人们不太习惯的节奏感——不慌不忙,虽然讲述了一个复杂难懂的故事,但丝毫没有炫技的意味。其中的奥秘元素带着人们进入另外的王国,但依旧脚踏实地。大卫的精神信仰和电视剧本身的能量有很大关系,它有种庄重的纯洁感,甚至能比拟罗伯特·布列松(Robert Bresson)的《乡村牧师日记》(Diary of a Country Priest)。"

罗比指出:"在《双峰》之前,你在电视上看不到多层次的作品。你看的要么是喜剧,要么是剧情片,要么是恐怖片,但绝对看不到综合了这些元素的电视剧。你可以很快察觉到《双峰》的幽默感,但在不失掉幽默的同时,大卫也将痛苦、恐惧和性呈现在你面前。每次去片场之前,我都觉得自己很了解当天要拍摄的内容,但大卫总能比我看到更多东西。"

布兰登·塔提科夫是试播集的决策人,但他于 1989 年 3 月离开了美国全国广播公司。当时《双峰》刚刚开拍一个月,项目执行人罗伯特·艾格（Robert Iger）接过了他的接力棒。"拍试播集的时候我们就知道这个东西很与众不同，"雷·怀斯说，"我记得第一次是在导演工会看的放映，看完后我想：哇哦，太了不起了。但是美国全国广播公司的观众能接受吗？我不清楚。"

艾格很喜欢试播集，但他花费了许多口舌才说服美国全国广播公司的高层，最终对决在一场跨海岸的电话会议中展开，由艾格对阵一屋子的纽约决策者。艾格赢了，1989 年 5 月，《双峰》作为年中剧集开播。ABC 随后又订购了后面 7 集，每集预算为 110 万美元，剧本在试播集开播前就全部完成了。

"大卫和我一起写了第一季的前两集，然后我招募哈利·佩顿（Harley Peyton）和罗伯特·恩格斯（Robert Engels）加入了写作团队。"弗罗斯特说，"新编剧加入时会被告知一些基本准则，还会拿到详细的故事线，我们也会讨论每一集的具体内容和基调。我们把讨论会的内容录在磁带上交给编剧，这样他们在写作过程中就能有所参考。"

此时林奇的参与已经很有限了——ABC 决定播出《双峰》后一个月，他就前往新奥尔良，开始拍摄自己的第五部电影《我心狂野》。林奇很擅长同时启动好几个项目。1989 年秋天《我心狂野》收工后不久，他马上抵达纽约，开始和贝德拉曼提共同录制这部电影的原声音乐。

很显然，林奇想着既然他已经在纽约了，不如再做个舞台剧出来。于是在 11 月 10 日，他和布鲁克林音乐学院（Brooklyn Academy of Music）合作呈现了《工业交响曲一号：心碎的梦想》（Industrial Symphony No. 1: The Dream of the Brokenhearted）。这部舞台剧是在极短的时间内和贝德拉曼提一起制作完成的，它在交互推广方面可谓典范，在 45 分钟内呈现了一系列纷繁的元素：有《我心狂野》的电影片段——该影片由尼古拉斯·凯奇（Nicolas Cage）和劳拉·邓恩主演，描绘了一对通过电话分手的情侣；演员迈克尔·J. 安德森扮演了一个名为"樵夫"的角色，一直在舞台上耐心地锯一块木头；茱莉·克鲁丝表演了她 1989 年首张专辑《漂移入夜》（*Floating into the Night*）中的四首歌曲——这张专辑于两个月前发布，其中的歌曲全部由林奇和贝德拉曼提创作，他们还是专辑的制作人。

约翰·温特沃斯是布鲁克林音乐学院这场舞台剧的制作人，他记得这是"非常了不起的经历。为《我心狂野》制作音效的同时我还在兼顾《双峰》的工作，然后突然之间我们又开始做《工业交响曲一号》了——布鲁克林音乐学院给大卫提供了一个空档，他就答应了下来。到纽约的时候他甚至都不知道我们要做些什么，但他突然有了灵感，我们用两个星期完成了整部舞台剧的制作。制作规模也很宏大。现场有来自拉斯维加斯的歌舞女郎，还有踩高跷的人、侏儒，以及割草机——真是疯了。大卫的所有项目都很棒，但这个舞台剧在其中显得最为特殊，因为糅合了他所感兴趣的全部艺术形式，一经上演就引起了轰动"。

舞台剧中最为重要的表演者茱莉·克鲁丝说："我真的没法告诉你《工业交响曲一号》讲了怎样的故事。我绑着威亚，穿着舞会裙，戴着一项可怕的非洲式假发在空中荡来荡去。大卫在现场以突发奇想的方式指挥彩排，看起来焦虑得不行。我们彩排得很快，之后演了两场。现场非常混乱，但真的很有意思。"（政令宣达公司联合出品了这场舞台剧，后来还发行了DVD。）

林奇通过茱莉·克鲁丝的专辑《漂移入夜》正式打入了音乐行业，其背后推手是创新艺人公司的音乐经纪人布莱恩·劳克斯（Brian Loucks）。劳克斯是在《蓝丝绒》制作阶段联系上林奇的，当时他想协助制作这部电影的音乐。"大卫说：'我有安吉罗了。'"劳克斯说，自那之后他定期和林奇保持联络。[19] 接着，到了 1987 年，林奇告诉他，他想和茱莉·克鲁丝共同制作张专辑，劳克斯于是帮他签约了华纳兄弟唱片公司。

这一时期，林奇以令人惊眩的速度制作着新项目。就在舞台剧上演前几天，他为克里斯·艾塞克（Chris Isaak）最新单曲《邪恶游戏》（*Wicked*

Game）拍摄的音乐录影带也播出了，这首歌被收录在了《我心狂野》中。这一年结束前，他还给 CK 香水拍摄了四部广告，并在达拉斯 "N. No. N. 画廊"（N. No. N. Gallery）举办了一场艺术展。

与此同时，《双峰》试播集由于电视台的举棋不定陷入了困境。过了整整一年，它才终于在 1990 年 4 月 8 日晚 9 点首播了。到电视剧真正播出的时候，它的受众已经就位了。"有几场前期放映会，一些看到的作家为它发狂，所以在正式开播前已经有人在大肆吹捧这部电视剧。"弗罗斯特回忆说，"真正开播时，人们对它抱以极大期待，不计其数的人在电视机前看了第一集。"

"整件事发展得非常快。"弗罗斯特继续说，"《双峰》就像坐在了龙卷风风眼上，让参与其中的每个人都头晕目眩。被那么多双眼睛审视的感觉很荒唐，而且还不光是在美国——是在世界各地。第二年，它成了众人讨论的娱乐话题。虽然我们拍的是部电视剧，但它同时具有了另一维度的生命，成了个文化现象，而这两种特性有时不免相互冲突。"

这部电视剧在全球范围内播出，获得了巨大成功。1990 年 10 月林奇干脆登上了《时代》周刊的封面，杂志文章称他为"怪诞沙皇"（Czar of Bizarre）。《双峰》的周边产品也形成了不小的产业，有领结、人偶玩具、立体画、泼了咖啡的 T 恤、靠枕、钥匙链、咖啡杯、海报、贺卡、托特包、首饰等各色商品。詹妮弗·林奇写了《劳拉·帕尔默的秘密日记》（The Secret Diary of Laura Palmer），这本书于 9 月 15 日出版，正好在第一季和第二季的播放间隙之中。仅仅几周时间，它就登上了《纽约时报》最畅销平装虚构作品榜的第四名。约翰·索恩（John Thorne）和克雷格·米勒（Craig Miller）创办了面向《双峰》狂热分子的爱好者杂志《包裹在塑料袋中》（Wrapped in Plastic），它发行了长达 13 年时间。

然而，ABC 似乎已经决意杀掉这只生了金蛋的大鹅。从一开始，推动这部电视剧不断向前的疑问就是"谁杀了劳拉·帕尔默？"。这个悬念让每一集的叙事都充满张力。但第二季播出一半时，电视台坚持要求揭开凶手身份的谜底。从那时起，这部电视剧就走上了下坡路。"我们抵抗了一阵，想保住这个悬念，但遭受到了来自电视台的许多压力。"弗罗斯特回忆说，"ABC 刚刚被大都会通讯公司（Capital Cities）收购，后者是这个国家诞生以来最为保守的媒体公司。我觉得这部电视剧让他们感觉非常紧张，非常不舒服。所以到第二季时，他们把播出时间改到了周六晚上。这是个非常糟糕的决定，尤其是考虑到这部电视剧已经给他们赚了那么多钱。"

林奇编剧并执导了第二季的第一集和最后一集，还执导了另外两集。但当时《双峰》的风头已经完全过去了。"凶手身份被揭露，就好像轮胎漏了气。"弗罗斯特说，"电视台那时候都被海湾战争的消息绑架了。播出的八周时间里，我们有六周都因为要播放战况新闻而被迫延期。这部剧的故事非常复杂，如果只能断断续续地收看，很多人就会跟不上剧情。"

播出时间不好，播出过程又断断续续，这显然不利于《双峰》收获好口碑。但这部剧本身也有问题。"第二季故事的某些地方比较弱，"弗罗斯特承认，"大卫去拍《我心狂野》了，我也签约拍摄了一部叫《故事村》（Storyville）的电影。我们的精力被撕扯得太分散，而且我们还很愚蠢地听信了经纪人的话，把另一部叫作《美国史》（American Chronicles）的电视剧卖给了福克斯电视台。一天只有寥寥 24 小时，怎么可能同时把这么多事情做好呢。"

演员也意识到，在拍摄第二季时，这部电视剧已经变得四分五裂。"大卫离开的时候，我觉得他抛弃了这部剧。"金米·罗伯特森说，"这不怪第二季的工作人员——他们做了自己应该做的。说实话，我也不知道到底该怪谁才好。我只知道自己不喜欢他们隔几天就带个新女演员加入剧组，也不喜欢他们抛弃原先的故事线。人们会到片场来，把一支万花筒放在摄像机上，说：'哦，看看这多有林奇风格。'大家都不喜欢这部剧的发展方向。"

"我记得有天坐在更衣室里，等着拍下一幕戏——露西又对哈利生气了，她总是在没完没了地生他的气。"罗伯特森接着说，"他们那样写她，因为她已经不再被视为这部剧的重点。大卫和马克很珍惜露西,除非他们俩合作,要不这部剧就拍不好。"

"大卫能和上帝,和宇宙,和创意大道连接,他的脑袋里有好多驶入和驶出的匝道,通往不同的档案、房间和图书馆,他能同时想到无数个主意。"罗伯特森补充说,"马克就是他头脑中的图书管理员。他在里面来来回回地查看,然后说:'不行,你不能一次性把这些东西都拿出来,咱们可以按顺序来。'除非他们俩一起工作,否则这部剧就拍不好,而拍第二季时他们俩已经不是一个团队了。"

1991 年 6 月 10 日,ABC 无限期叫停了《双峰》。此前一周,第二季的第 15 集在观众评分中惨败——共有 89 部电视剧参与了评分,它排在了第 85 名。"电视台对待这部剧的态度非常差,观众也纷纷弃剧。但大卫以出色的方式重写并重新定义了最后一集,让红屋在这集中再次登场。"弗罗斯特说,"最后一集实在太出色了,这让电视台的人不忍心拒绝投拍第三季——最终他们也确实拍了。但那时大卫和我都觉得,我们已经尽了最大努力,是时候做点其他事情了。"

回忆起这部电视剧的中途易手,克兰茨说:"我不知道大卫决定离开去拍《我心狂野》时,是否清楚之后会发生什么。不过他很了解电视行业,知道这部剧必须一刻不停地拍下去。虽然需要他施以魔法,但假如等不及,他们也不会停止制作,必须一直向前。"

虽然《双峰》第二季的团队中人才济济,但不容置疑,此时林奇和弗罗斯特之间出现了间隙。"他们关系很紧张,部分原因在于马克很泄气,因为这部剧被称为是大卫·林奇的《双峰》。"克兰茨说,"但这部剧其实是他们两个人共同创作的。马克贡献了剧中的叙事方式,离了他,大卫的艺术就不可能呈现在电视上,这点很关键。他们谁都离不开谁,共同组成了完美组合。但马克觉得大卫揽走了全部功劳,他的自尊受到了伤害。"

"第二季让马克收获了他所渴望的认可,他独揽大局,终于有机会拍了马克·弗罗斯特的《双峰》。"克兰茨接着说,"他和哈利·佩顿为第二季创作了全新的故事,引进了新人物,抛弃了原有的常规故事线。不过大卫不太满意这个剧本,很多故事情节甚至没获得他的许可。就像是'嗨,等一下,你们好像误读了《双峰》第一季中的那个梦境,有了这个梦,这部剧才能那么棒。你们不过是在模仿,拍的是个山寨货'。"

"紧接着,电视台又强迫他揭露杀死劳拉·帕尔默的凶手的身份,他抵抗了一阵,这么做很对。"克兰茨补充说,"这无疑是 ABC 的错,但第二季的失败也存在其他原因。总有人得为电视剧的整体创意负责,而大卫和马克先前形成的创意小组已经不复存在了。大卫、马克和我过去常去一家名叫缪斯(Muse)的餐厅。有天我们仨又去了那里,我说:'你们两个家伙刚刚拿到了 17 个艾美奖提名。'然后我拉住他们的手,把两只手握在了一起,说:'你们得拉紧彼此,成为一个团队。'"

林奇和弗罗斯特之间的关系显然没有结束,但他们也需要各自冷静一段时间。林奇于是将注意力转移到了其他事情上。"我们一起拍了几部广告,还给纽约市拍了部防治鼠疫的公共服务宣传片。"蒙哥马利说,"我觉得大卫拍得很开心——他拍什么都觉得开心,如果你把他和一些材料放进一间屋子里,他就能聪明地拍出很有独创性的片子。大卫可以依据条件限制不断调整自己,很多人都做不到这点。"

与此同时,《双峰》跌跌撞撞走向了终点,《我心狂野》也经历了从无到有,走向成功的过程。然而,林奇对于他和弗罗斯特共同创造的那个世界的爱并未磨灭,他在《双峰》演员身上留下的印记也永远不会消失。

"在大卫执导下做出的表演总是感情充沛。"昂吉恩说,"总感觉我们像是个草根马戏团,却被他变成了反传统的异教团体。《蓝丝绒》证明,大卫就是古代的炼金术师,能用卑微的原材料创造出丰厚而经久不息的气氛。除非大卫向你显明,否则你绝对看不到他手中的线绳或者兔子。"

雪莉·李说:"我过去常开玩笑说,我好像被他催眠了,大卫会带着你走向某个方向。一开始你觉得毫无逻辑，但他让你慢慢放下防备。结果你发现自己来到了一个完美的世界里，不再顾虑重重。和大卫一起踏进片场的那一刻你就会明白：你将呈现出前所未有的表演。这种感觉真的很刺激。"

　　林奇帮助《双峰》中的演员开启了演艺之路，同时也在个人层面触动了他们。"大卫对别人有着深切的关怀，知道和他合作的每个人拥有怎样的生命，这点非常触动我。"梅晨·阿米克总结说，"我觉得真幸运，这颗美丽的星星曾经划过我们的星系，我也很珍惜这段关系。他引导我上路，告诉我要把自己的标准设得高高的。但最难忘的,还是和大卫共度的那些日子。"

拍完《蓝丝绒》后我并没接到许多拍片邀约。不过我确实拒绝了一部名为《温柔的怜悯》(*Tender Mercies*)的片子,主演是罗伯特·杜瓦尔(Robert Duvall)。这部电影后来反响不错,但我觉得不太适合自己。瑞克也没强迫我做任何事——这方面他一直非常好。

拍完《蓝丝绒》后,我开始过起在东西海岸间不断奔波的日子,我不喜欢这样。当然,我喜欢和伊莎贝拉一起待在纽约,也喜欢和她一起去欧洲,但我这个人太恋家了。如果总是四处跑来跑去,你就什么也做不成。不过,这段时间还是发生了很多特别酷的事情。有一次,我和伊莎贝拉一起去意大利,她要在那里拍摄某位俄罗斯导演执导的电影。西尔瓦娜·曼加诺(Silvana Mangano)也参演了那部电影,我和她很熟悉。他们在罗马南部拍摄,那是这座城市最具魔力的地方。那里地势抬升,变成了高原,上面有着以极简风格建造的梦幻般的意大利住宅,台阶通向美丽的露台——真是太迷人了。

有天晚上,西尔瓦娜请我和伊莎贝拉去吃晚饭,我们来到一家灯光闪烁的露天餐厅。正好是收获蘑菇的季节,所以整个晚上我们吃的都是蘑菇菜肴——主菜中的那块蘑菇又大又厚,像牛排一样,其他蘑菇吃起来也味道各不相同。饭桌上有西尔瓦娜、我、伊莎贝拉,还有马塞洛·马斯楚安尼(Marcello Mastroianni)。不得不承认我有点迷弟心态。他和西尔瓦娜认识很久了,是好朋友。他是我见过最和善的人,一直在讲故事——这个夜晚真是棒到让人不敢相信。吃到一半时我告诉他,我和费里尼的生日是同一天，我也是费里尼的粉丝，我最喜欢的电影是《八部半》，但也爱《大路》，这两部电影都好得不得了。第二天早上我走出旅馆，看到一辆奔驰，司机告诉我："我要带你去罗马电影城（Cinecittà）。马塞洛安排让你和费里尼待一天。"于是我们开车进了罗马市区，费里尼正在那里拍摄《访谈录》（Intervista），他对我表示了欢迎。他拍摄时我一直坐在他旁边，我们也因此成了朋友。

很久以后，大概几年后，我在伊莎贝拉位于长岛的家中——我记得那个地方叫贝尔港（Bellport）——有天晚上我们俩一起坐着她朋友的小船出海。那是艘轻便小船，有点像木质的吉普车。我很喜欢那艘船，于是问他们是在哪儿买的。他们说："从斯蒂恩·梅尔比（Steen Melby）那儿买的。"于是我去见了斯蒂恩·梅尔比，很厉害的一个家伙，修船工，博学得要命。他说："我有艘船可以卖给你——它叫小印第安号。"我看到这艘船后，感觉太漂亮了，非它不可，就买下了。那是艘 1942 年出产的菲茨杰拉德 & 李牌（Fitzgerald & Lee）小船，设计者是约翰·海克（John Hacker），他们把这种船当作纽约千岛湖地区的出租车。

有天伊莎贝拉说："我们去抓螃蟹吧。"我们计划的是她乘坐她朋友的船，他们会在她家附近接上她。我则自己驾驶小印第安号，和他们在抓螃蟹的地方会合。他们告诉了我该如何抵达那里。那是个难忘的下午，非常美，我特别兴奋。于是我坐上小印第安号沿河向上，穿过了一个类似圣路易斯拱门的地方。那个时候我已经开出了很远，开始能看见浮标。他们告诉我："沿着浮标走，然后浮标不见了的时候右转。沿着另外一列浮标走，接着向左转，就能看到我们了。"

我差不多用了半个小时到达那里，然后就开始抓螃蟹了。他们拿了些金属笼子，放进水里，螃蟹就会抓住笼子，然后你把笼子提上来就行。我心想这些螃蟹怎么会这么傻？我觉得有些人也如此，坚持着某些本不该坚持的事。

到了差不多五点半的时候，我们觉得可以收工了，开着各自的船回家。离开时天气还很晴朗，但行驶到那列浮标尽头时我向左拐，随后就仿佛进入了阴阳交界的地方，直接从晴空高照变成了黑天，还下起了暴雨。就在转瞬之间。我必须得在船上站起身，因为大雨瓢泼直下，我看不到挡风玻璃外的情况，船上引擎的最高时速只有 32 公里，浪越来越大。然后我想起自己忘记在开船前查看汽油量了——驾驶船的时候永远不要忘记提前查看汽油量。我在风浪中前行，忘记了已经路过多少个浮标。后来我开到了一艘巨大的渔船后边，那艘船有两三层高，通体亮着灯。我开到了它的航迹中，风浪平息了下来，我就边开船边享受这种在大船航迹中行驶的感觉。接着大船向左转去，我想：这艘船要出海了，但我可不想出海。于是我向右转，浪又变大了，四周一片漆黑，只有雾和风暴。突然之间我看到了岸边的灯光，有个通向河口的拱门，我穿过去，把船停了下来。对于水手来说这个故事简直不值一提吧，但对我来说却是让人汗毛倒立的经历。

拍完《蓝丝绒》后我住在西木区的一间公寓里，我喜欢现代建筑，想要一栋属于自己的现代房屋。我听说应该去找克罗斯比·多房地产公司，于是给他们打了电话，一个叫詹的人负责接待我。他带我看了几个地方，但我都不喜欢，后来我就离开去纽约了。到纽约后没多久，我接到他的电话，他说："我想我找到属于你的房子了。"我回到洛杉矶，他接我去看那栋房子，路上告诉我房子是粉色的。我们在好莱坞山中来来回回穿行，然后我看到了它，看到的第一秒我就知道自己必须买下它。我说："就是它了。"当时我激动得浑身都在抖。我们进去见了房子的主人威尔，他在墙上挂满了白色长毛地毯，但我不在乎。我知道这房子是怎么回事。威尔说："我想卖给大卫，我开这个价。"然后我说："没问题。"我在 1987 年 6 月搬了进去。搬进粉屋后我在地下室建了工作室，在那里画了许多画。

我能买得起这栋房子，没错，但我并没觉得自己很有钱。我从没觉得自己有钱过。说实话，我住在罗斯伍德的时候买下这栋房子时还更有钱呢。搬到罗斯伍德时，我的房租是 85 美元一个月，房间很大，中间隔着堵墙，我有单独的卧室，还有客厅、厨房，以及带浴缸和淋浴的卫生间。

我在外面建了个小棚子，存放所有的工具。我自己做了张用来画画的桌子。我有台电冰箱，有炉子，还有洗衣机，并在屋顶平台上架起了晾衣绳。我有汽车，有电视，有椅子、台灯和电话，我可以去圣莫妮卡和圣文森特大道上的"干吗花更多"（Y-Pay-More）加油站，花 3 美元给车加满油。

钱是有趣的东西。赚钱的目的就是获得自由，相对而言，我现在有点钱了，可我从没感到过自由。这是最怪的。我从没真的感到过自由。我和佩吉刚刚决定分居的时候，我感受到了一股幸福愉快的自由感。我记得当时开了辆敞篷轿车，驶在洛杉矶市中心的路上，有那么一阵我感觉自己冲上了天，有那么一两秒钟时间，我觉得自己真自由啊。这可能就是我对自由最强烈的感受了。我不知道自己被什么所禁锢，但我知道自己身上有责任，我并不真的自由。

这段时间还发生了许多特别的事情。我出演了蒂娜·拉思伯恩的电影《莎莉与我》，我忘了是怎么答应她的，但就是演了，而且我并不后悔。那是蒂娜的故事，她就在电影描绘的世界里长大。伊莎贝拉喜欢蒂娜，想让我参与。

拍完那部电影后，我紧接着认识了蒙蒂·蒙哥马利，我们俩成了朋友。蒙蒂是个特别亲切的人，总是请我去这儿去那儿，而且很有个性。那段时间我拍了第一部广告片，是圣罗兰的"鸦片"（Opium）香水，过程很有意思。蒙蒂说我什么都喜欢拍，差不多是对的。一般来说，拍广告是为了挣钱，但我总能从中学到点新东西，因为广告中会使用最新最先进的技术，你能了解世界的发展动向。拍摄时你还能学习广告片所需要的搞效率，那些广告讲述的故事短小，有些非常动人。皮埃尔·埃德尔曼（Pierre Edelman）帮我接到了那则广告，蒙蒂帮我做了后期，我们就是从那时开始合作的。

我认识了一个叫詹姆斯·科科伦的画商，他想展出我的作品。詹姆斯是个很优秀的家伙，他是极简主义先生，认识艺术圈里的所有人，他能喜欢我的作品真是我的荣幸。我也喜欢利奥·卡斯蒂利。他是伊莎贝拉的朋友，都是意大利人，是她介绍我们认识的。刚认识时我们压根没聊艺术，只是随便聊天，一起出去玩，我不知道他是在哪儿、如何看到我的画的。他给我办了展览，不过我怀疑他这么做只是为了伊莎贝拉，或者只是想表达友善。不管怎么说，我有了场由利奥·卡斯蒂利办的个展！而且办得很成功。

　　当时维京唱片公司（Virgin Records）有个叫杰夫·阿尤罗夫（Jeff Ayeroff）的人。《蓝丝绒》上映后，他想让我给《在梦里》拍摄音乐录影带。但我发现罗伊很讨厌我把他的歌用在《蓝丝绒》里。那首歌对罗伊来说很特别，因为和他的第一任妻子克劳德特（Claudette）有关。克劳德特1966 年在一场摩托车事故中去世，虽然他是在事故三年前录制的《在梦里》，但对他来说，那首歌不知怎么就意味着妻子的去世。罗伊的一个朋友对他说："罗伊，你得再去看看这部电影——超级酷。"作为伟大的罗伊·奥比森，他自然重新看了一遍，说："你说的没错。"一来二去我和罗伊见了面，他喜欢做木工活，我们俩聊起了车间、锯和其他东西，我真是太喜欢他了。他是个脚踏实地的好人，超级温柔。

　　拥有他全部歌曲版权的公司破产了，这些歌因此陷入了法律纠纷之中，他无法再从中获得收益，于是决定重录一遍，卖给午夜电视节目。还记得那些在凌晨两点播放的广告片吗？杰夫去找他，跟他说："罗伊，维京唱片帮你做。你不用自己做——我们来出制作唱片的费用。"不过那时罗伊已经完成了重录，杰夫于是把它们寄给了我，听起来不怎么样。我给杰夫打电话说："不能发布这些歌，它们和原版差得太远了，绝对不行。"杰夫说："太晚了，他已经准备这么做了。但如果你想重录《在梦里》还来得及。"我说："我说的不是这个！任何人都不应该重录！"他说："我知道，但如果你和罗伊一起做，结果可能会不一样。"于是我们和 T-本恩·本内特一起进了录音室。

我们录的那版没有原版的质感，怎么可能有呢？

罗伊说："大卫，过去录音的时候，总会有个像你一样的导演在旁边说："加把劲，罗伊，再强一点！想一想你为什么写这首歌，带点情绪！""于是我开始指导起罗伊，过程很有意思。有天很晚了，波诺（Bono Vox）和鲍勃·迪伦走了进来。波诺那时还不是大明星，刚刚出道，但我想：既然和迪伦在一起，他将来一定会很出名。那次我并没和迪伦打招呼——我其实是后来和丹尼斯·霍珀一起时，才正式和他打了招呼。我和丹尼斯一起看了鲍勃·迪伦在希腊剧院（Greek Theater）的演唱会，结束后去了鲍勃·迪伦的更衣室，回想起来有点诂媚。鲍勃说："哦，嗨，大卫。"好像他认识我似的，那感觉很好。鲍勃·迪伦是一等一的，是最棒的。

言归正传，波诺、鲍勃·迪伦和罗伊聊了会儿天。他们离开后，我问录音棚工程师是否有可以冥想的空屋。他说："当然了，我给你找个安静的房间。"芭芭拉·奥比森走过来问我："你做什么冥想？"我说超觉静坐，然后她说："罗伊和我也做超觉静坐！"于是芭芭拉、我和罗伊在一个房间里一起冥想。能和伟大的罗伊·奥比森一起冥想太难得了，他可是伟大的奥比森啊。

这一年我还拍了《牛仔和法国人》。弗雷德里克·高尔沉不是演员——他是个制作人——但他是出演《牛仔和法国人》的完美人选。他的眼神里有某种疯狂的东西，而且他是法国人，演得很不错。哈利·戴恩·斯坦通也参与了，而哈利·戴恩有哪点不是独一无二的呢？他是这个世界上最完美的家伙，我爱他的每丝每毫。我可以在他旁边坐好几个小时，他说的每句话都那么自然，毫无矫饰，有条不紊，特别优美。他拥有这个世界上最善良、最温柔的灵魂。他有点忧郁，也有自己的精神世界。他永远不会做超觉静坐的，他说生活就是他的冥想。而且他还很会唱歌。一个叫索菲·胡贝尔（Sophie Huber）的女导演给哈利·戴恩拍了部叫《半是虚构》（*Partly Fiction*）的纪录片。预告片里，哈利·戴恩和朋友在他家里，朋友弹起了吉他，哈利·戴恩靠在沙发上。镜头中最开始是他的脸部特写，表情丰富。他唱起了《大家都在议论》(*Everybody's Talkin'*)——被哈利·尼尔森 (Harry Nilsson) 唱红的那首歌。看到那个画面时，我简直要泪如泉涌。他唱歌的样子，我永远不会忘掉。太难以置信了。真不敢相信他已经离开了……

如我所说，当时我同时在做许多事情。刚拍完《我心狂野》，我就去了纽约，结果在那儿做了《工业交响曲一号》。我们只有两周的筹备时间，我写了个在类似工厂的地方发生的故事，画了几幅素描，想让帕蒂·诺里斯过来。但她说："大卫，你不能用我，因为那是纽约，如果我闯入他们的世界，会被围攻的。你得找个当地人。"于是我找了个在新泽西州拥有自己工厂的女人，她做出了最漂亮的舞台布景。

安吉罗和我写了几首新曲子，但电影里面用的主要是茱莉·克鲁丝专辑里的四首歌，现场还投影了我和尼古拉斯·凯奇以及劳拉·邓恩一起拍的《我心狂野》。我和约翰·温特沃斯一起制作了这部舞台剧。大多数声音都要用录放装置播出。演出当天早上，几个家伙搬进来一台像艺术装置一样的巨型数码录放机。我们想检查一下它的声音，于是开始彩排，结果它卡壳了。我说："这个东西压根不能用。"他们重新启动，然后它又卡壳了，所以我们知道确实不能用。约翰和我都有台小型松下磁带播放器，我们说："不管那么多了，我们要用磁带播放器伴奏。"我们在剧院最高处靠墙的地方支起张小桌子，约翰、我以及布鲁克林音乐学院的一个人围在桌子旁边。约翰和我的磁带播放器都放在桌子上，我们同时按下播放键——假如其中一个坏了，另一个还能接着播——它们播起了音乐，同步得非常完美。这两台小机器发出的声音填满了剧院，你都不敢相信。

我们只有一天的彩排时间，就是演出当天。大家忙来忙去，一个小时过去了，我们还没开始！然后我有了个主意，拯救了整场戏，以后我肯定还会再用这个办法。你可以拍拍每个人的肩膀，盯着他的眼睛，说："看到那边那个东西了吗？那件事发生的时候，你就到那里去，做这个动作，然后再做那个动作，做完后朝那个方向跑。听明白了吗？"跟下一个人也这么说，只须告诉每个人他们在特定时间需要做什么，而他们只记住这一件事就可以了。整场戏从头到尾演了两遍，我必须同时安排 20 个人完成演出，结果他们做得都不错。

戏中有个角色是由约翰·贝尔（John Bell）扮演的，是一只被剥了皮的鹿，它有三四米高。他要顶着大鹿角，穿上缠着橡胶的高跷——看起来就像是裸露皮肤的四肢，高跷底端还有鹿蹄，不过不用穿皮毛，因为那是只被剥了皮的鹿。现场工作人员自制了全部道具。真是难以置信！

两台医用的带轮病床被拴在了一起。一开场，剥了皮的鹿要躺在床上出场。伊莎贝拉的女儿埃莱特拉（Elettra）当时还很小，她看见了这个躺在床上、一动不动的东西，知道到了一定时候它就会动起来，害怕极了。

约翰·贝尔是高跷杂技演员，由他来扮演这头鹿再合适不过了。于是他穿上戏服，躺在那儿，里面很暖和。突然间一些头戴安全帽的工人冲了出来，挥舞着黄色灯泡在鹿周围乱转。鹿于是醒过来，站了起来。它身材巨大。鹿开始走动，迈克尔·J.安德森在底下拿着盏探照灯给它照明。高跷上的这个男人忍受着刺眼的灯光，因为之前躺了太长时间，血一下冲上了头。他摇摇晃晃，栽进了交响乐队待的乐池。打小军鼓的人接住了他。一半观众被吓坏了，另一半以为这是演出的一部分。到了第二场开场的时候，那头鹿怎么也不肯出屋。我得从那张小桌子一路跑回后台，再一路下到位于半地下室的更衣室求他出来。舞台上有个巨大的贮水池，我告诉他："你可以挨在贮水池旁边。"然后他说："好吧，能挨着贮水池的话我就做。"于是他上场了。很有戏剧性。舞台剧挺刺激的，除了那头鹿一切都好。

最开始认识马克·弗罗斯特的时候，我并不知道是否能和他合作，但愿意试一试。《女神》把我们俩绑在了一起。像其他几千万人一样，我也喜欢玛丽莲·梦露，于是我们开始合写这个剧本。很难说玛丽莲·梦露究竟哪点吸引人，但她身上那种"陷入麻烦的女人"的特质肯定是吸引力之一。但不光是那个麻烦把你拉向她身边，有些女人可能就是充满神秘吧。《女神》没拍成，因为其中影射了肯尼迪家族——到最后玛丽莲·梦露成了个我行我素的人，他们必须想办法摆脱她。但我很爱这个故事。你可以说劳拉·帕尔默就是玛丽莲·梦露，《穆赫兰道》也是关于玛丽莲·梦露的。所有事情都可以是关于玛丽莲·梦露的。

《女神》泡汤后，马克和我开始写《一个唾液泡》，写的过程简直让人笑掉大牙。虽然我们俩性格南辕北辙，但写起东西来相处得很融洽。那个剧本特别有意思，它坚固了我们的友谊。很快我和史蒂夫·马丁成了朋友，因为他喜欢《一个唾液泡》，想和马丁·肖特一起出演。我觉得史蒂夫后来生我的气了，因为我问他是否愿意买下剧本——他真的特别生气。但在这之前，他带我去了他位于贝弗利山的房子，看了他漂亮的艺术收藏品，非常令人难忘。

托尼·克兰茨是个炙手可热的电视经纪人，他总缠着瑞克·尼奇塔，想和我聊聊拍电视剧的事情。在我看来，电视剧很恐怖，而且在那时候很可悲，总是被广告打断——电视台播放的电视剧不过是上演荒谬之事的舞台，像野兽一样凶残。但一来二去，托尼说服马克和我写了个电视剧剧本，名叫《利莫里亚人》。剧本写作的过程中伴随着许多欢笑，但这个也拍不成。据我所知，我们从没把它卖出去。

托尼对《双峰》的记忆可能说明了《双峰》在他头脑中产生的过程，但和我的记忆不一样。但我还是得说，托尼帮了我很大忙。正是他让我拍了《双峰》，而且我很爱《双峰》。我喜欢其中的角色、那个世界、那种幽默感，还有层层叠叠的悬念。

我把试播集视为一部电影。对我来说，前两季中唯一真的是《双峰》的只有试播集，其他的都是舞台布景戏，和普通电视剧的拍摄手法一样，只有试播集真正抓住了《双峰》的氛围。这和实地拍摄有很大关系，场地本身至关重要。实地拍摄总是有点冒险，但那个地方真的很美，有种自由的感觉，因为 ABC 的人管不了我们。他们送了几次字条来，说语言不文明，要求我修改对白，而我新编的对白恰好比 ABC 不喜欢的原对白更好。

《双峰》的演员阵容也是最棒的。见到雪琳·芬（Sherilyn Fenn）的时候，我就知道她可以扮演一个类似奥黛丽·霍恩（Audrey Horn）的女孩。虽然派珀·劳瑞已经出名了，但我知道她也可以隐藏在凯瑟琳·马泰尔（Catherine Martell）这个角色之后。

完全出于巧合，演员阵容中的派珀、理查德·贝梅尔、佩吉·利普顿和鲁斯·谭柏林都是同代人，演艺生涯也很类似。能找到鲁斯多亏了丹尼斯·霍珀，因为丹尼斯给我办了庆祝 40 岁生日的派对，鲁斯也在场。要给雅各比医生选角时，我脑袋里出现了"叮"的一声，他就成了雅各比医生。

在试播集剧本的一幕戏中，库珀和杜鲁门警长一起坐电梯。电梯门打开后，库珀留意到一个只有一只胳膊的男人向远处走去。艾尔·斯特罗贝尔（Al Strobel）就是那个男人。这是他在《双峰》中唯一的戏份，拍完就可以回家。然后我听到了艾尔·斯特罗贝尔的声音，难以置信的声音，我觉得有必要专门为这个声音写点什么。当时迪帕克正在开车，我记得很清楚我们正置身何处。我们正驶离高速公路，沿着斜坡向下开。这句话自己钻入脑海，落在笔下："穿过未来过去的黑暗，魔法师渴望看见。"于是我加了幕新戏，艾尔和库珀在他房间里碰面，艾尔说出了这句话。我们拍完后，把它送去给正在做剪辑的杜维因。当时已经很晚了，杜维因正准备回家，突然收到了新的素材，他说："这什么意思？"但艾尔参与的这幕戏又开启了许多线索，被带入了剧情之中。

理查德·贝梅尔比我更早开始冥想，也追随了玛哈里希很长时间，但选他扮演本·霍恩时我并不知道这一切。最初见面时，我们压根没聊过冥想——我就是很喜欢理查德。伊莎贝拉本来也要参与《双峰》的，但她后来不想拍了。于是她本该扮演的那个角色变成了乔西·帕克德（Josie

Packard），由陈冲扮演。陈冲很漂亮，和伊莎贝拉一样，她也是个外国人，完美演出了乔西·帕克德的感觉。我知道20世纪60年代时佩吉·利普顿是当红电视明星，因为她演了《雌虎双雄》（The Mod Squad）。但我从没看过，因为它播出的时候我不看电视。我选了佩吉，因为她就是诺玛·詹宁斯。《双峰》里的每个演员都是如此。除了他们，没别人能出演其中的角色。你想一想，只有凯尔能演库珀探员啊。我一直想让凯尔演，但最开始马克说："他是不是太年轻了？"后来他绕过弯来，其他就按下不表了。

库珀探员的灵感来自很多地方。

1973年起，我就开始围绕凯瑟琳·库尔森构思木头女士（Log Lady）的角色了。木头女士最初住在杰克和凯瑟琳住的地方——洛杉矶比奇伍德大道旁一栋西班牙风格公寓楼的二层。我想象着木头女士的故事从那个房间里开始——壁炉被木板封住了，她丈夫死于一场森林火灾。他的骨灰装在壁炉架上的骨灰盒里，旁边放着他曾抽过的烟斗。她总抱着一块木头。她有个小儿子，5岁左右。她会参加电视节目《你可以问我的木头各种问题》（I'll Test My Log with Every Branch of Knowledge）——类似知识类答题节目。她不会开车，所以总是坐出租车。去看牙医的时候她也抱着木头，牙医会把木头放在椅子上，再给它戴上个小围嘴，然后开始寻找被虫蛀掉的牙，速度很慢，这样在一旁的小孩就能学会点牙科知识。他会讲解腐蚀，他们如何以及用什么填上虫洞，还包括刷牙和保持口腔卫生的重要性。在某几集中，他们会去一家固定的餐厅吃饭。两个人挨在一起，她抱着木头，小男孩坐在她旁边。他们会点些吃的，然后一直坐着。在我心里，一些有意思的支线剧情可以发生在餐厅里。凯瑟琳和我会时不时讨论一下这些想法。

很多年后，我们正在拍《双峰》试播集。有一幕发生在市政厅里，库珀探员和杜鲁门探长将共同告知大家谋杀案的事情。我想：好了，机会来了。于是我给凯瑟琳打了电话，告诉她："你要抱着木头，你的任务是反复开关电灯引起大家注意，然后开始说话。"凯瑟琳说："很棒。"于是她飞了过来，我们给她找了块木头，她拍了这一幕，一来二去又发生了后面的事情。木头就是有这样的特质，人们渴望了解她背后的故事。她出现得毫无道理，又非常有道理，每个小镇上都有她这样的人，人们接受了他们的存在。对于双峰镇来说，她是个特殊角色。

我扮演的戈登·科尔是这样产生的。一幕戏中，库珀探员需要给他人在费城的老板打电话。我决定出演电话那头的声音，这样看起来更真实，从没想到真的会用上。我说话的声音非常大，好让凯尔能听见我，这时这个角色产生了。戈登·科尔的名字来自《日落大道》——电影中的他是派拉蒙工作室的那个男人，给过气演员诺玛·德斯蒙德（Norma Desmond）打电话，想要租用她的车。人们起名字的方式各不相同，但想着戈登·科尔这个人时，我对自己说：对，开车去派拉蒙，比利·怀尔德（Billy Wilder）要先经过戈登大街，然后是科尔大街。我很确定这个名字是这么来的。因此，我在《双峰》中扮演的这个角色，他的名字是为了纪念好莱坞和比利·怀尔德。

试播集剧本里原本也没有鲍勃这个角色，他是我们在位于华盛顿州埃弗雷特（Everett）帕尔默家房子里拍摄时想出来的。出于某种原因，当时我正在二楼，手脚并用地在风扇下的地板上爬着。这时我背后有个女人的声音说："弗兰克，别把你自己锁在房间里。"弗兰克·席尔瓦（Frank Silva）是现场布景，四处挪动房间里的东西时，他把一对抽屉推到了门口。她当时是想和他开个玩笑，但在我脑海里，我看到弗兰克被锁在了劳拉·帕尔默的房间里，突然有了种感觉。我问："弗兰克，你是演员吗？"他说："怎么啦，是啊，大卫，我是。"我说："行了，我要把你拍进去。"

我们在劳拉·帕尔默的房间里拍摄慢镜头，先拍了三条没有弗兰克入镜的。然后我说："弗兰克，去床脚蹲下，假装藏在那里，抓住床脚的栏杆，然后直视镜头。"于是弗兰克走到那里，我们又拍了一条带弗兰克的

梦室

镜头。当时我完全不知道为什么要拍这个。那天晚些时候，我们在帕尔默家的客厅里拍摄。莎拉·帕尔默绝望地待在那里，因为她的女儿被人谋杀了。她痛苦地躺在沙发上，然后在心里看到了某样可怕的东西，闪电般坐起来开始尖叫。就是这么个镜头。摄像师是个英国人，叫肖恩·道尔（Sean Doyle），拍完这一幕后我说："卡！"格蕾丝·扎布里斯基是有史以来最优秀的女演员之一，我说："完美！"然后肖恩说："不行，大卫，不完美——镜子里反射出人影了。"我问："是谁？"他说："镜子里反射出了弗兰克。"那一秒，鲍勃诞生了。

有些想法就是以这种方式产生的。它们从何而来？只能说是可遇不可求。弗兰克人很好，认识他的人都告诉我，他一点都不像鲍勃，但他演活了鲍勃。他的脸，他的头发——他整个人完美诠释了鲍勃，而且他理解鲍勃。

《双峰》最初阵势很大，但 ABC 一直不太喜欢这部电视剧。有人开始写信来问："什么时候才能揭晓杀害劳拉·帕尔默的凶手？"他们就强迫我们写出来，大家得知真相后就不再看了。我告诉他们，如果揭晓凶手，一切就完了，一切真的就完了。与此同时还发生了其他事情。有一段时间，观众能接受开放式的故事，会一直看下去，但广告商插进来说："如果错过几集就追不上了，人们就会弃剧，所以我们必须拍封闭式结尾。"这也改变了作品的气氛。我觉得都是钱惹的祸。罗伯特·艾格过来跟我们说"你们得解开谜题"时，我已经无所谓了。

拍完《我心狂野》回来之后，我不知道《双峰》到底怎么了。我记得自己当时想：它就像辆脱轨的列车，必须一天 24 小时、一周 7 天加班加点地工作才能让它继续前进。如果每集都是马克和我一起写，那就没问题。但事实并非如此，他们只好找来了其他人。我不是想说其他人的坏话，但他们不了解我的《双峰》，把它弄得面目全非。回来重拍某集时，我试着改变某些东西，把它变成我想要的样子，但之后它就又脱轨了，变得一塌糊涂。一点都不好玩了。之后电视剧的播出时间又从周四晚上挪到了周六晚上，也不是什么好事。我不知道播出时间为什么变了。

我猜你会说《双峰》让我变得更有名了，但所有事都是相对的。什么叫有名？猫王曾经很有名。而且真的，出名这整件事都很荒谬。今天，如果梅尔·布鲁克斯走在大街上，任何 25 岁以下的人都不会知道他是干吗的，想到这个我就难受得要命。所有真正了解他、知道他有多厉害的人都死了。你懂我的意思吗？等你老了，周围所有人就都不记得你做过什么了。

大概 10 年前，我和艾米丽·斯托弗（Emily Stofle）——我 2009 年和她结了婚——去了埃及剧院。她的一个朋友在那里放映她的电影。

有一回，我正站在外面抽烟，一个女人——我觉得她是个妓女——走过来，开始没完没了地聊《内陆帝国》！她对这部电影一清二楚。名气，或者随便你管它叫什么，真是怪东西。

90 年代末的时候，我起诉了一家制作公司，因为他们想违约。于是，我和当时与我住在一起的玛丽·斯威尼，以及精力充沛、趾高气昂的年轻律师乔治·海吉斯（George Hedges）和汤姆·汉森（Tom Hansen）一起去了市政厅，因为法庭在那儿。法庭建筑可真漂亮，建造于二三十年代——真的是老东西。我们进去等法官，因为玛丽·斯威尼要宣誓作证。法庭的人告诉我们可以走了，我们就都晃着走出了前门。我们站在那里聊着法庭策略之类的事情，因为挺长时间没有聚在一起了。这时，我看到很远的地方有个女流浪汉，推着辆装满破烂的购物车。她穿着一身紫衣服，推着车越走越近，越走越近。终于，她从我们面前经过，看着我说："我喜欢你的电影！"我们都要笑破肚皮了。这就是对名气最完美的阐释。真不可思议。我爱那个女流浪汉。

《双峰》的巨大成功对我来说没有任何意义。我总说失败不是最糟的，因为你失败后无处可去，只能一路向上，反而能从失败中获得一丝自由感。成功可以毁了你，因为你开始担心从现在的位置摔下去。可人不可能总是待在同一个地方。事情就是这样。你应该感激成功，因为它意味着人们真的很喜欢你做的东西，但他们喜欢的只是你的作品。

最终，人们不再喜欢《双峰》了，还好它有了个不错的结尾，因为我创造了一个红屋。我不能说红屋到底是什么，但我记得这个想法刚刚产生时自己有多激动。它为《双峰》打开了一个开口，可以同时通向更多的地方。试播集，红屋，它所通向的地方——把这些东西组合在一起，你就看到真正的《双峰》了。它是件非常美丽又精致的东西，很多事情在眼睛看不到的地方上演着，空气中飘浮着神秘的气息。

大多数人的生命中都充满了奥秘，但今天事物的发展速度太快了，没什么时间坐在那儿做白日梦。留意生命中的各种奥秘。在这个世界上能让你在夜空中看到星星的地方越来越少了。

离开洛杉矶走上很远，会遇到一片干涸的河床，在那里你才能再看见它们。有一次，我们到那儿去拍广告，到了凌晨两点，我们关上所有的灯，躺在布满沙尘的河床底向上看。几万亿颗星星，那么动人。因为再也看不到这些星星，我们也忘记了整场戏有多么宏大。

包裹在塑料袋中

在地狱中寻找爱

Finding Love in Hell

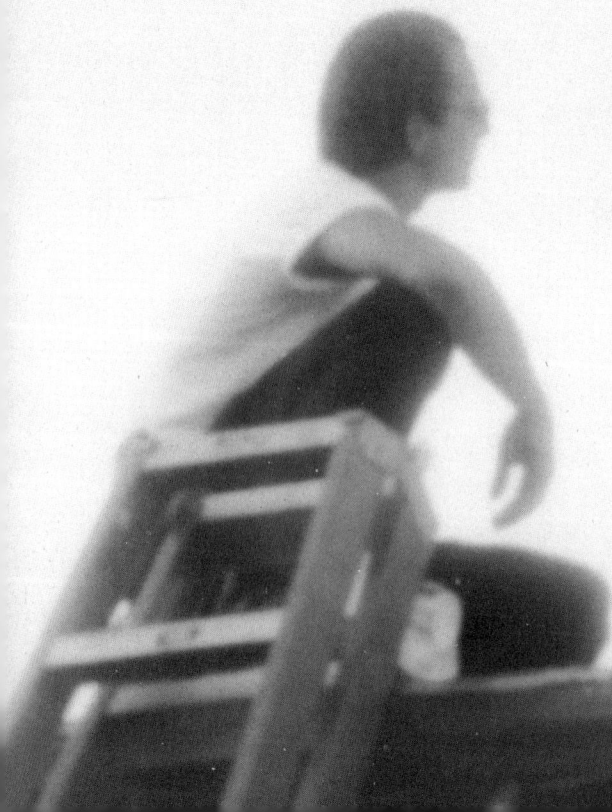

KM

　　1989 年，《双峰》还在后期制作时，史蒂夫·高林和乔尼·西弗瓦特森找到林奇，让他根据一部 40 年代的黑色犯罪小说改写剧本。大概同一时间，蒙蒂·蒙哥马利拿到了巴里·吉福德（Barry Gifford）小说《我心狂野：塞勒和卢拉的故事》（*Wild at Heart: The Story of Sailor and Lula*）的手稿。"巴里是黑蜥蜴出版社（Black Lizard Press）的编辑，那里专门再版过去那些庸俗的黑色小说。有天他把自己的书寄给了我，并告诉我这本书没出版过。"蒙哥马利回忆说，"我读完后给巴里打电话说：'我准备改编这个故事，自己当导演。'"

　　蒙哥马利随后联系了林奇，问他是否愿意做这部电影的执行制片人。当林奇表示他更想自己执导这部由小说改编的电影时，蒙哥马利就把这个项目让给他了，他和高林还给林奇找来了启动剧本的资金。"好像所有人都希望这部电影能尽快投拍，它很有势头。"蒙哥马利回忆说，"我们听说大卫之前已经开始排演了，宝丽金唱片公司（Polygram）筹齐了资金。"

　　突如其来的事情让《双峰》的剪辑师杜维因·邓纳姆倍感意外，他原本以为林奇已经对他下了逐客令。"我们快完成《双峰》的试播集时，大卫告诉我他准备休息一阵。"邓纳姆说，"结果一个星期后他又走进了剪辑室，告诉我他准备执导《我心狂野》，想让我来剪。这是 5 月中旬的事情，接着他告诉我，虽然手头甚至连剧本都没有，但他计划 7 月开拍。我告诉他我已经另有安排了，做不了。然后大卫问：'想让你剪《我心狂野》的话有什么条件？'我告诉他，如果能有机会做导演，我就给他剪。他说：'行吧，

在地狱中寻找爱　　　　　　　　　　　　　　　　　　**311**

他们又续订了 7 集《双峰》，你可以导演第一集，也许还能多导几集。现在你能剪《我心狂野》了吗？'我说：'算我一个。'"

林奇用一周时间就完成了一版剧本草稿，但他觉得那一版很阴郁且毫无亮点。于是在第二版中对故事做了较大改动。他调整了事情发生的顺序，在故事各处埋下《绿野仙踪》的影子，还增加了新角色。最后得到的结果是，这成了一首关于无限的年轻之爱的音乐诗，讲述了这种爱多么强烈，又多么宽广。尼古拉斯·凯奇和劳拉·邓恩扮演了一对逃跑的情侣，电影围绕着他们毫无约束的性欲展开。这也是部暴力的公路电影，一部喜剧，一个爱情故事，其中发生的事情超越了现实的限制。电影的大背景是一个不断萎缩的世界，可以说是林奇拍过的最为流行的一部影片。电影色彩强烈，不断出现火这一主题，影片名称也在一片愤怒的火墙中浮现出来——林奇终于拍了他原本为《火箭罗尼》设计的这个开场画面。

"大卫觉得，我扮演过的角色都无法真正体现我的性感，而卢拉这个角色能做到这一点，因此非常兴奋。"劳拉·邓恩回忆说，"我记得与他坐在政令宣达公司的一间会议室里讨论塞勒和卢拉，他突然说'我需要泡泡糖'，那一刻这个角色便活灵活现地产生了。他还感觉凯奇和我会是绝配，他的直觉没错——我们俩凑到一起的那一刻，塞勒和卢拉就活了。"[1]

音乐在这部电影中扮演了重要角色，原声音乐中有大乐团演奏的摇摆乐、速度金属乐、经典摇滚乐、African Head Charge 乐队的重鼓点，还有《薄暮时分》（Im Abendrot）——理查·施特劳斯（Richard Strauss）在人生的最后时刻所写就的曲子之一。凯奇扮演的角色，其灵感或多或少来自埃尔维斯·普雷斯利（Elvis Presley），并且凯奇在电影中惟妙惟肖地重新演绎了普雷斯利的两首经典歌曲。与此同时，伟大的布鲁斯歌手可可·泰勒（Coco Taylor）献唱了林奇和贝德拉曼提一起写的《在火焰中》（Up in Flames）。这首歌在录制时音调就非常高。

《我心狂野》中的角色都很极端，怪人也比其他地方的更为古怪。卢拉母亲的扮演者戴安·拉德（Diane Ladd）献上了历史性的表演，令人联想起谢莉·温特斯（Shelley Winters）在《洛丽塔》中的表现。拉德也因为这个角色收获了一个奥斯卡奖提名。格蕾丝·扎布里斯基扮演一个邪恶的雇佣杀手，用拉长调子的路易斯安那法语口音说话。还有一个角色名为驯鹿先生，由 W. 摩根·谢泼德（W. Morgan Sheppard）扮演，他坐在马桶上发出了杀人指令。

伊莎贝拉·罗西里尼扮演了一个布下陷阱的恶人佩蒂塔·杜兰戈（Perdita Durango），她解释说这个角色的灵感源自很久很久之前。"拍《我心狂野》前许多年，大卫和我在一家书店里，我看到了一本关于弗里达·卡洛（Frida Kahlo）的书。那时候她还未被流行文化发现。我把大卫叫了过来，说：'看看这个女人。'她既吸引人，又让人厌恶。有时候她的自画像里有明显的伤口，有时候她长着小胡子，眉毛连在一起。她的审美很不同寻常，我说要是能创造一个和她一样的角色就太好了。很多年后大卫说：'我觉得我找到那个角色了。'佩蒂塔·杜兰戈的形象部分构建于卡洛之上——那个眉毛肯定是在向她致敬。"

威廉·达福也出现在了这部电影里，扮演了一个精神不太正常的越南老兵，这也是林奇创造出的最让人难忘的角色之一。"大卫为《蓝丝绒》选角时，我在迪诺·德·劳伦蒂斯位于曼哈顿的"海湾和西部大楼"的办公室见到了他。"达福说，"和大多数人一样，他的礼貌对我非常受用。他甜美、可爱、像小男孩一样的兴奋表情真的会让人卸下防备，我们聊得很不错。离开之后我想：如果他现在不用我，将来也会用我。几年后他果然联系了我，说：'你想参与这部电影吗？'我说：'当然了。'他们不费吹灰之力就让我接受了这个角色，因为剧本写得太棒了，我也很喜欢大卫。"

"大卫特别棒，把片场搞得特别有趣，《我心狂野》是我拍过的最没压力的电影。"达福接着说，"我可以任意发挥，呈现出一个扬扬得意的疯子罪犯。我知道这个人的头发应该是什么样的，也想象得出他那一抹小胡子的模样。但这个角色的关键在于他的牙齿。剧本里写得很清楚，他有一口烂牙。我以为他们会在我的牙上装些恶心的东西。结果在第一次和大卫聊天讨论这个角色时，他说：'那么，你什么时候去找牙医呢？'我说：'你什么意思？'他说：'弄出那口牙啊！'我从没想过这样做。结果我定做了一副完全包裹在我牙齿外面的假牙，这副牙直接促成了这个人物的诞生。不过牙有点大，我的嘴总得张开一点，看起来有些淫荡。不过这也让这个角色的脸上多出了一股愚蠢且不明就里的表情，对于人物塑造很关键。这副牙是大卫的主意。"[2]

克里斯平·格洛弗（Crispin Glover）扮演了戴尔表哥——一个着迷于古怪仪式、情绪极端不稳定的独行客。格洛弗是一年前《一个唾液泡》选角时认识林奇的。"我和大卫合作过两次。"格洛弗回忆说，"第一次是《我心狂野》，第二次是《宾馆客房》（Hotel Room），两次的执导风格完全不同。拍《我心狂野》时，我见识到了一种最为精确的执导风格。有一幕戏中，我扮演的角色做了个三明治，大卫连每一个制作步骤用的时间都安排好了。"

格洛弗还清楚记得自己 14 岁那年作为私立中学的学生，参加了在新艺影院举行的电影项目活动，在那里第一次看到了《橡皮头》的预告片。"我不知道那部电影是什么，但我对自己说：只要到了能开车上路的年龄，就马上来看一看。幸运的是，我年满 16 岁时，这部电影仍在新艺上映。之后几年中，我至少开车看了 12 遍《橡皮头》。1980 年时，新艺的夜场电影没多少观众。我记得有时候人们会发疯一样冲着银幕大喊大叫，然后就离开了。其他时候，观众则非常安静和专注。在电影院银幕上看 35 毫米的《橡皮头》拷贝非常具有实验性，它成了一部对我而言非常重要的影片。大卫这些年来也真的很支持我。"格洛弗如此谈及林奇。大卫也是格洛弗导演处女作《这是什么？》（What Is It?）的执行制片人。"很难表达我的感激之情，一个我如此崇拜的人能在身边如此帮助我。"[3]

邓恩非常喜欢格洛弗扮演的角色，她回忆说："我喜我躺在那儿讲戴尔表哥的那幕戏。拍那幕戏时，我们笑个不停，'我们'指的是整个剧组。那幕戏拍了好几个小时，只能不断重来，因为总有人笑场。大卫只能在他脑袋上围了块印花大手绢，这样就没人能看到他在笑。他还把手绢围到了剧组其他成员脸上。我们最终拍到了没人笑场的一条，就是你在电影里看到的那条。"

《我心狂野》于 1989 年 8 月 9 日开拍，先是在新奥尔良，然后去了得克萨斯和洛杉矶。预算是 1000 万美元，制片人是高林和西弗瓦特森，还有蒙哥马利——他从头到尾都待在片场。"开拍之前，我和大卫在新奥尔良勘景。我记得有天晚上和帕蒂·诺里斯一起去了加拉特瓦餐厅（Galatoire's Restaurant）。"蒙哥马利说，"回家路上我们穿过了法兰西区，所有脱衣舞俱乐部都在那里。我们经过一个地方，上面有块牌子写着'现场做爱'。大卫说：'咱们去看看这个。'对他来说这是种研究，里面发生的事情和牌子上写的一模一样。他特别感兴趣，不过这种兴趣和一名医生对他刚切开的人体感兴趣无异。大卫接近每样东西的态度都如此。"

林奇非常敏感，对于复杂的人体很痴迷。这构成了《橡皮头》的核心，在他的画作和电影中都有不同程度的表现，也必然是《我心狂野》的一部分。"他们拍鲍勃·雷·莱蒙（Bob Ray Lemon）被杀那场戏时，我正在片场。凯奇把那个家伙扔下了楼梯，他应该开始流血。"巴里·吉福德回忆说，"拍完后大卫说：'血不够黑！我想要黑色！必须再黑一点！'他们搞了一会儿假血，然后他说：'不行！还要黑！还要黑！'大卫对于血有非常具体的设想，片场的一切也绝对在他的掌控之下。"[4]

蒙哥马利说："没错，大卫是个很有效率的导演，但有时他也会分心。有时候拍摄一幕戏的元素全部到位了，演员到了，关键的剧组人员也到了，你很明确地知道自己的职责是什么。然后你去喝了杯咖啡，回来之后一切都变了。大卫开始干另一件全然无关的事情了，或者专注在了某个细枝末节上——比如一只爬过地板的甲虫。《我心狂野》中有幕戏，大卫希望地上出现老鹰飞过的影子。对大多数导演来说这都是次要镜头，但我们用了差不多一天时间拍那个影子，演员就在旁边无所事事地等着。没错，也是这些细节赋予了大卫电影特有的味道，他必须追寻直觉，我也绝少干预。"

自由对林奇来说至关重要，其他任何东西——道具、台词、角色——都必须筹备得合他心意，这样他才能工作。"他过去很讨厌电影制作会议。"迪帕克·纳亚尔回忆说，"我记得他来到会场就说：'行了，我来了，你们看到这个剧本了吗？'然后他会把剧本扔进垃圾桶里。"

因为拍摄电影的方式如此独特，林奇经常会让和他一起工作的人倍感意外。"我记得有天在片场，大卫正在拍凯奇和戴安·拉德在卫生间里的一幕戏。我想：我们干的事太奇怪了。"西弗瓦特森回忆说，"后来我看到了工作样片，真是太了不起了。大卫从不偏离剧本，他严格按照剧本上写的东西拍摄。但我在银幕上看到的东西却和纸面上写的完全不一样。和其他导演一起工作时，我从没有过这种经历。他在别的方面也很独特。很多导演喜欢冲突，但大卫绝不容忍他的片场上发生任何冲突事件，如果他觉得某人没起好作用，第二天你就见不到他了。"

塞勒和卢拉的故事似乎逃不开命运的掌控。故事发展到某一点，一股邪风吹来，他们的运势就变了。星象排列成了不利于他们的样式，所有事开始走上错误的方向。在林奇的世界观中，命运和运气扮演着关键角色，他身边的人都很清楚这一点。"当时我住在距离大卫不远的地方，所以在洛杉矶拍摄时，每天我们会一起开车去《我心狂野》的片场。"蒙哥马利说，"在大卫根据车牌号做完数字命理学算命，并在车牌上找到他想要的首字母前，我们不能开到片场。有的时候必须开半天才能找到他想要的'DKL'车牌。字母只有在很少的情况下才会完全按照他所想的顺序出现，一旦遇到了，就意味着当天会有特别好的运气。"

林奇说过，在拍《橡皮头》之前，他就开始"查看车牌号"了。他的幸运数字是7。"典礼和仪式对爸爸来说非常重要。"詹妮弗·林奇说，"某

　　　　　　　　　　　　　　　　　　　　梦室

种层面上他的大脑就以这种方式运转：事物该按照某种方式发生，生命中存在小小的奇迹。比如他对车牌号的执念，还有在做事前要投硬币，如果头朝上就意味着好运——这些是他用来造就奇迹的策略，真的会带来改变。他总是这样。"

《我心狂野》收工时，《双峰》正全速前进，邓纳姆刚导演完他的那一集。"开始执导前我向大卫征求意见，他说：'别问我——你是导演，按照你想的来就行。'"邓纳姆回忆说，"然后他向我做了些解释。他说：'首先，清空片场，只留下你和演员。和演员一起排练、走台，进行现场调度。那场戏有了大概的模样后，把摄影指导叫过来，你们俩从这里开始精细打磨。和摄影指导商量完后，再把演员都叫来，进行最后一次排练，做出必要的调整。然后就把片场交给其他工作人员，让演员去弄头发、化妆，他们回来后就可以拍了。'"

"我们俩是同一天完成拍摄的。"邓纳姆接着说，"然后大卫去执导《双峰》的第二集。所以当时剪辑室里同时堆着我的那集《双峰》和大卫的《我心狂野》《双峰》的胶片。与此同时，新拍的其他集的胶片也在不断涌入。到处都是成桶的胶片，墙上贴满了卡片，太有意思了。我们在西洛杉矶的陶德工作室（Todd AO）剪辑，每天大概 3 点，蒙蒂·蒙哥马利会给所有人送来卡布奇诺咖啡和一包包 M&M 花生巧克力豆。"

"我们发疯一样地工作，然后大卫说：'我想把《我心狂野》送去戛纳，能做到吗？'我告诉他时间特别紧张，但还是决定试一试。"邓纳姆说，"我还没做完剪辑，大卫已经在天行者音效工作室（Skywalker Sound）做混音了——我给了他前半卷拷贝去做混音，然后继续剪辑后半卷。艾伦·斯普莱特不常去，所以大卫一个人在做混音，加入了各种各样的东西。有一次他让我去听录放，我记得自己在离开房间的时候想：这家伙可能疯了。"

"同时剪辑《我心狂野》和《双峰》太疯狂了，任何心智正常的人都不会这么做。"邓纳姆接着说，"《我心狂野》的初剪版长达 4 小时。第一次给几个人放映时，大卫把音乐放太大声了——但是，哇哦，它让你全身汗毛都倒立起来了！它是我看过的最古怪、最酷的电影。不过故事杂乱散漫，没什么头绪。于是我们找了一块大木板，上面钉满了索引卡，开始重新排列情节。在初剪版中，发生在恐怖角的打斗情节出现在故事很后面的地方，把它挪到开头后，电影一下发生了大变化。"

"某天深夜，我们在天行者音效工作室第一次放映了电影的最终版，结果扬声器坏了。"他说，"但第二天早上 8 点我们就要坐飞机回洛杉矶，当天下午飞往戛纳，我们尚不知道声音的问题是出在扬声器上还是拷贝上。我们所能做的，也只是抱着即将在戛纳上映的母带上了飞机。我们俩坐在飞机上，每个人抱了好几罐拷贝，先到巴黎做字幕。两天之后，我的助理才带着一版新的拷贝到巴黎和我们会合。所以我们就有了没问题的拷贝，也做好了字幕，但却一遍都没检查过。"

"我们是周五抵达戛纳的，每部参赛电影都有 20 分钟的时间检查声音和画面。因为我们是闭幕电影，检查时间被安排在了午夜，所以我们先去大卫·鲍伊（David Bowie）的游艇参加了派对，在约定时间坐着小船离开，计划在那 20 分钟里查看。放映当天，我还在往片头里剪东西，而且仍旧一遍都没看过！我们走进放映厅，大卫对放映员说：'我们从来没看过这部电影，所以要从头到尾看一遍。'那个家伙犹犹豫豫，于是大卫说：'听着，我们必须这么做。'我们凌晨 3 点离开了放映厅。第二天晚上电影首映，反响很不错，还拿到了金棕榈奖。真让人兴奋。"当评委会主席贝纳尔多·贝托鲁奇（Bernardo Bertolucci）宣布它获胜时，场下有嘘声也有欢呼声，但它还是拿到了金棕榈奖。

到了《我心狂野》参加戛纳的时候，林奇和罗西里尼的关系已经摇摇欲坠，不久就结束了。"玛丽·斯威尼是《蓝丝绒》的助理剪辑，所以她从电影最开始就进入了大卫的生活，是一直和大卫共同工作的人之一。"罗西里尼如此回忆两人的分手，"我不知道他们是从什么时候开始的，或者一直在和我的故事并行发生，但最开始应该并非如此。我模糊记得，在《我心狂野》片场时，我们的关系就有些紧张，后来发生的一件事引起了我的注意。有天我到的时间很晚，剧组给我安排了一个房间。我原本以为大卫会在我屋里，但他没在。我想他可能是睡觉去了。第二天早上我去化妆，通过对讲机听到大卫已经来了，但他却没来和我打招呼。两个小时之后他才出现，说'哦，你好啊'，带着一股伪装的热情。我记得当时自己想：发生了什么？后来，我和大卫因为《我心狂野》去了戛纳，他突然说：'咱们去机场接玛丽吧。'我说：'玛丽？玛丽也来吗？'他说：'是啊，她工作得很努力。'我想：居然请一位助理剪辑师来戛纳，大卫也太体贴了。当时我还没读懂这一切。"（斯威尼是《我心狂野》的场记。）

　　"大卫有种异乎寻常的温柔。但那件事发生后不久，他就把我完全踢出了他的生活，只打来一通电话，说他再也不想见到我了。"罗西里尼说，"我完全没想到，非常镇静。也许是我做错了什么，或者他看到了我身上什么不好的东西，也可能他就是对我失去兴趣了。有时候我猜想，也许因为我不冥想，他才离开了我？我尝试过一阵，但做不了。我是意大利人，在意大利我们都被天主教折磨了很长时间——梵蒂冈让我对任何精神性的东西都过敏了。不过他离开我的那段日子很难熬，我花了好几年才从中走出来。我对自己特别愤怒，因为我有女儿，有美好的事业，无法相信自己会被一个男朋友给毁了。但我深爱着大卫，也觉得他爱我，所以真的很绝望。我们在一起时确实有不开心的时刻，但我以为那和他的工作有关。其实呢，他只是爱上了另一个女人。"

　　在詹妮弗·林奇的眼中，"伊莎贝拉优雅、开朗、喜欢社交，每个人都能从人群中认出她，想要和她说话，她挺喜欢这样。爸爸也很和善，但他真的不喜欢社交型聊天，所以和她一起出去就变得很有挑战性。最开始挺好的，但之后变得很难"。在西弗瓦特森看来，他们俩分手一点都不让人觉得意外。他说："我记得大卫曾对我说：'乔尼，当伊莎贝拉·罗西里尼的男朋友可是份全职工作啊。'我也见证了他和玛丽的开始，在卢卡斯影业公司（Lucasfilm）给《我心狂野》做混音时，我就见过她偷偷溜进大卫的房间。顺便说一句，我很喜欢玛丽，也觉得她特别适合大卫。她帮大卫切断了部分社交，而这正是他所需要的。"

虽然在戛纳得了奖，但距离《我心狂野》在美国上映还有很远的路要走。电影发行方塞缪尔·戈德温公司（Samuel Goldwyn Company）花了8周时间游说，希望让它在夏末时上映。林奇向来不喜欢试映，但就《我心狂野》而言，他也承认了邀请行业外观众进行试映的重要性，因为在面向数百名观众的两场试映会中，大家都在看到同一幕时蜂拥离场了。"哈利·戴恩·斯坦通被爆了头，脑浆甩满了墙。"邓纳姆回忆说，"接着杀死他的两个人在断了的脖子旁狂笑，把手指插到模糊的血肉之中，然后直起身来疯狂地亲吻。这一幕刚出现在银幕上，就有125个人离开了电影院。我们冲了出去，看到戈德温和政令宣达公司的人都要疯了。然后我们说：'嗨，这些人是迪士尼电影的观众——给我们找大卫·林奇的观众来。'我们劝说他们，让我们几天后面向另一批完全不同的观众再做场试映。这批观众好像被紧紧粘在了大银幕上，但那一幕刚出现，又有125个人站起来离开了，而且他们还变得很狂躁。人们大喊着：'这家伙有病！他应该被关进监狱，再不许他拍电影！'"

"人们落荒而逃，就像在进行灾难演练。"蒙哥马利说，"如果有选择，大卫肯定不会剪掉那一幕——他反而会加长呢！但最终不得不剪掉，因为太过火了。"

这场戏并不是电影遭遇的唯一麻烦。"小塞缪尔·戈德温、大卫、史蒂夫·高林、乔尼和我一起在缪斯吃午饭，"蒙哥马利接着说，"然后塞缪尔说：'我喜欢这部电影，我想发行，但我受不了它的结尾。'——最初的结尾并不太美好。吃完午饭后大家都有点郁闷了，回家路上大卫说：'我给你拍个他妈的美好结尾。'他也照做了。他设计了一个充满同情心的大团圆结尾，而且做得很巧妙。"

林奇的方法，是把《绿野仙踪》里的好女巫格琳达引入了电影，让她悬在空中，唱出对真爱的赞美。"我被吊在了5米高的地方，非常恐怖。"扮演格琳达的雪莉·李回忆说，"我有点羞愧，但必须承认，我是靠说谎才拿到这个角色的。当时我正在科罗拉多探望家人，大卫打电话来问：'你恐高吗？'我其实恐高，但我说：'我没问题！'他说：'很好，因为我要用钢丝和起重机把你吊在空中。'然后我说：'哦，可以啊！'到达片场时他们已经准备好了特效组、安全气囊，全部安排妥当。我吊得那么高，大卫必须用扩音器指导我，要不然我就听不到。我记得吊在那里时，自己既害怕，又平静并充满感激。大卫能让你做些在其他任何情况下都不会做的事情。吊在线上，讲述大卫的故事，实现他头脑中的想法，我百分百要参与啊。"

电影于8月17日公映，票房反响并不算太好，但林奇总算休息了一晚。"《我心狂野》在洛杉矶上映时，凯奇、大卫、史蒂夫·高林、我，好像还有（执行制片人）迈克尔·库恩（Michael Kuhn）谋划了重要的一晚。"蒙哥马利回忆说，"我们去了贝弗利山的花园餐厅——大卫很喜欢那儿，因为每次去他们都会演奏《双峰》的主题曲。那是夏天，我们坐在外边的花园里，每个人都喝得一摊烂醉。幸运的是没人开车——我们找了代驾。吃完晚饭后，凯奇、大卫和我决定到卢斯费利斯（Los Feliz）的一家名为德累斯顿房间（Dresden Room）的酒吧去，那儿有对老夫妇用电子琴伴奏演唱流行歌曲。喝了几杯后，他们说：'今天晚上观众席里有尼古拉斯·凯奇和大卫·林奇！你们为什么不上来唱一曲？'大卫戴着猫王风格的太阳镜，他和凯奇上台唱了首埃尔维斯·普雷斯利的歌。"

物极必反是自然规律，在那之后不久，林奇感受到一股针对他和他作品的逆流正在袭来。他也知道自己无力阻止坏事的到来。影评人对《我心狂野》的评价很难听，他们指责林奇陷入了拙劣的自我重复。虽然这部电影之后经历了许多次评判，并且现在被视为林奇作品中的重要一环，但它最初上映时可没受到这么好的待遇。

不过它一直不缺乏拥护者，其中一位就是蒙哥马利，他总结说："《我心狂野》能揽获戛纳金棕榈奖，因为它是部很强的电影，在那届颁奖礼上狠狠教训了一些人。大卫给人们开拓了新的边界，虽然很多导演不愿意承认，但他们深受这部电影的影响。"

不少人也有意把它留在了时光中。"拍完《我心狂野》之后，我和大卫就再没看过那部电影。准备合作《内陆帝国》之前，我们一起看了一遍，对我们来说是非常难忘的经历。"邓恩说，"电影结束后，我们真的很感动。就好像在看一本剪贴簿，回忆汹涌而来。我最喜欢电影中的床戏。我喜欢和大卫一起拍在车里和床上的戏。你会感觉人物被隔绝在世界之外，其他事情好像都静止不动了，这样的感受只有大卫才能创造出来。"

不知怎么的，《双峰》从一部电影变成了一部电视剧。除马克和我之外的人加入进来后，我就失去兴趣了。然后我读到了《我心狂野》，我非常喜欢其中的角色。事情大概是这样的，蒙蒂来找我说："大卫，我读了本叫《我心狂野》的书，想拍成电影。你能考虑当执行制片人吗？"我说："让我也读读。"然后我开玩笑地说："蒙蒂，如果我很喜欢这本书，想自己拍怎么办？"蒙蒂说："那就让你拍，大卫。"——事情就这么发生了。

那是读这本书的绝佳时刻，因为整个世界仿佛正在逐渐分崩离析。好莱坞大道上出现了毒品交易，晚上从那儿经过都会让人胆战心惊；谷区出现了黑社会，每天晚上都会听到枪声——世界疯了，我把它视作发生在这个地狱般的疯狂世界中的爱情故事。

巴里·吉福德是个了不起的作家，我很尊重他。他的笔法干净又简练，会激发出你想象的火花。书中有些地方他只是一笔带过，却让我浮想联翩，我就会加以扩充。巴里笔下的这些人物生活在某种地下文化中，将来不会成为医生或律师，但他们很聪明。我真的很喜欢那个世界，喜欢那儿所发生的一切。那里狂野又自由，还有一丝无畏，与此同时也隐藏了对人生深刻的理解。

在我的电影中，我总喜欢探索那么几个固定区域。所有艺术家都有自己特殊的思考方式和具体的喜好，他们喜欢的想法也总是某类固定的想法。并不是说你总是在自我重复，但总是会有相似性。就像是爵士乐，有些主旋律很吸引你，虽然这个主旋律存在许多变奏，但你爱的主旋律是恒常不变的。想法产生了，并按一定的顺序排列。有时候你看到的是它不同的侧面，有时候其中会出现不同的人物，但想法本身起到了决定性作用，你的工作就是忠实于它们。

《我心狂野》的演员阵容基本上立刻就定了下来。我感觉尼古拉斯·凯奇可以演任何角色，包括埃尔维斯·普雷斯利——塞勒这个角色就部分构建在埃尔维斯之上。他是个无畏的演员，超级酷，是我想到唯一能扮演塞勒的人选。我在缪斯餐厅第一次见到了尼克和劳拉，我们见面的那一晚，街尽头那栋漂亮的装饰艺术风格老建筑——名叫泛太平洋公园（Pan Pacific Park）——着火了。

威廉·达福是蒙蒂的朋友，蒙蒂可能提到过他。威廉简直是上帝送来的礼物。一装上那个牙，天哪，鲍比·佩鲁（Bobby Peru）就活过来了。他也贡献了绝对毫无瑕疵、堪称完美的表演。不过也不仅仅是牙起到了作用。你可以把那副牙装在另外一个人嘴里，但效果绝对大不相同。这是角色和演员的完美结合，就像是，这个人能做到的事情其他人都做不到。威廉就是有那个角色所需要的东西。我也爱克里斯平·格洛弗。他演的角色出现在了巴里的书中，但可能只是一带而过。我不记得书里提到过他内裤中的蟑螂，好像也没提到他做三明治的桥段。克里斯平是扮演这个角色的完美人选，又是一场完美无瑕的表演。

我不记得书里是否出现过驯鹿先生，也不记得这个角色是从哪里来的。他就那么出现了。书里有哈利·戴恩那个角色，但不记得写了多少。书里没写格蕾丝·扎布里斯基的角色。格蕾丝来自新奥尔良，因为《双峰》第一次见到她时，她给我表演了路易斯安那法语式的语调，那个声音简直在我脑袋上烧出了一个洞。我一直记得她的表演。写那个角色的时候，好像我把她和那种路易斯安那法语式的语调联系在了一起。我知道这么写没错，格蕾丝爱死那个语调了。

雪莉·李扮演了好女巫格琳达，在影片最后她才出现。当时所有东西看起来都消失了，而她挽救了塞勒和卢拉的爱情。那些日子里，大团圆的结局会让人想吐——他们觉得导演出卖了自己的灵魂，一个东西越低落，就显得越酷。但以悲剧结束《我心狂野》感觉就是不对。

任何事都有可能发生，有时候某些事会突然而至，将一切带上正轨。这种事在人生中有可能发生。但假如你盼望着它发生，就可能会失望。

但你应该随时做好准备，因为这种事可能在任何时候发生。举例来说，电影中有一幕，一位女士从画面中穿过，挥了挥手。剧本里原本没有她，我是在一家餐厅里遇到了这位女士，让她演了这一幕。她的美丽永远留在了人们心里。

《我心狂野》中用到了很多摇滚乐。摇滚乐是种节奏，把爱、性和梦都混在了一起。虽然不光是年轻人喜欢摇滚乐，但它确实是场年轻的梦，让你沉醉于自由之中。

《我心狂野》是在洛杉矶和新奥尔良拍摄的，后者是个很棒的城市。有天晚上，我们在一家俱乐部里，里面灯光很亮，播放着音乐。在新奥尔良的任何一家餐厅中你都能找到各种各样的人，坐在我们旁边的是一家黑人。爸爸不在，妈妈带着几个女儿，好像还有个儿子，他们是从农村进城来玩的。他们丝毫不虚伪做作，只是做着他们自己，享受着生活。我们聊起天来，然后我请其中一个小女孩一起跳舞，她真是个无价之宝。她是那么纯洁。我们就在那里，山南海北地聊着，虽然我们来自完全不同的世界。她对于我的世界一无所知，而她是那么好的一个女孩。我喜欢那座城市的一点，就是不同的人能聚在一起。那还是座音乐之城，到处都是音乐、有趣的食物和法国元素。那还是个充满魔力的地方，到了夜晚就呈现出一种梦幻感。

我不记得在新奥尔良去过蒙蒂描述的那家俱乐部。但是，当然了，我们可能确实去了。我觉得人们的记忆是不同的。有时候，他们的记忆会彻底出错，但大部分情况下它们只是有所不同。不过关于新奥尔良我有许多回忆，我真的很爱那座城市。

现在我大部分时间都待在城市里，再也不怀念大自然了。我觉得我把它从我的体系中剔除出去了，也对它不再有渴望。小时候在博伊西，森林很健康也很丰茂，在树林中穿行时闻到的那股气味真是无比美妙。不过自那之后发生了许多事。

带着枪架的皮卡车和颜色亮丽的越野车在森林里横冲直撞，它们和森林一点都不协调。此外还有全球变暖和虫害的问题。天气特别冷的时候蠹虫就会死掉，但现在天气永远不会特别冷了，它们死不了，就会破坏所有的树。我爸爸告诉我，如果一棵树看上去快要死了，其实它在十至十五年前就已经走向死亡了。你发现的时候已经太晚了。他们说，大量的森林正在死去。我成长的那个自然世界其实已经不在了。很多背着旅行包和高档露营设备的人涌到森林里，那儿现在可真拥挤！过去我在森林里从来看不到任何人，一个人都没有。可能时不时会在森林里遇到几个怪人，但通常情况下都是空无一人。

所以，地方会变，但也不会彻底改变。1992年时我重回博伊西，发现那里已经不同了，但很多事情还保持着原样。特定的地势会造就出特定的气候和光线——这些东西不会改变。但其他东西都消失了。如果你是在某个地方长大的，你就会对那里产生某种感觉，你心里总会给它留个温暖的地方，一想到在那里经历的事情你就会感觉很良好。可现在它们消失了，你就无法向任何人描述这种感觉。我可以和随便遇到的某个孩子讲博伊西，可我给不了他我记忆中的那种感觉。等他变成个怪老头，想给别人讲述自己16岁时发生的事情，也会遇到同样的问题。

《我心狂野》基本上很容易拍，世界似乎也准备好了迎接这部电影。有一幕戏有点过分了，不得不剪掉。你预估不到人们会被什么样的场景吓到，因为你只能用自己的品味对事物进行判断——我也想到过那些让我自己感觉不安的东西，我不敢去探索那样的区域。当你产生了非常有力度的想法时，你必须看看周边的情况，想想世界会对它做何反应。有时候你会察觉到，不行，时机不对。

想法产生的时候，我通常很清楚它将走向何处。但有时我不清楚，而我不喜欢这种不确定的状态。有时候你觉得自己知道了，后来才意识到，不对，我错了，这样不行。就像画画一样——它是个行动与反应的过程，然后才能找到你的路。有时候要花费很长时间，但找到后你就会知道就是那样。就好像你一旦决定了我要去纽约，从那一刻起你就只能去纽约，其他地方就不在考虑范畴之内了。你做出了决定，现在要做的就是去纽约，自由意志不复存在。一旦决定要拍某部电影，它就成了一条道路，你的道路已经设定好了。你能时不时地左右摇摆，但假如偏离得太远，它就成了另一部电影。

我的想法太多，处理不过来，也不可能一一照顾到。我有了绘画的想法，但我现在不能画，因为忙着做其他事。但到了有机会画的时候，今天产生的想法却无法让我激动了。我能记住有过的那些想法，但它们已不再吸引我。没法画画的时候我总是很怀念画画。

《我心狂野》参加戛纳电影节的那年，费里尼也在那儿放映了他的《月吟》（*The Voice of the Moon*）。我太激动了，因为我拍的电影居然要紧接着费里尼的电影放映。真是难以置信。去戛纳是一段激动人心的经历，毫无疑问，我们一直忙到了影片播出前的最后一分钟。《我心狂野》放映前一天，杜维因和我很晚才到放映厅，我们顺着梯子爬进了放映室，那儿的放映机就像是俄罗斯科幻电影中的道具。它们巨大无比，我们用的是双系统，画面和声音是分开的。这是个类似磁的东西，能让拷贝转动得特别流畅。难以置信。

现在人们很少能看到正确放映的好拷贝了，真丢人。我觉得接下来会出现两种情况：家庭放映设备会变得非常好，电视屏幕能占满一面墙，还有绝佳的声音系统。想看电影的时候，你就把灯关了，把手机关掉，调大音量，然后就开始看，能够很快很好地进入电影中的世界。不过，除非邀请很多朋友一起来看，否则看电影不再是件和别人共同分享的事情，这是很重要的改变。另一件可能发生的事情是，电影能直接在手机上看到，不过效果不会太好。至于人们现在想要什么，好吧，反正他们不想再去电影院了，剧情片也丧失了诱惑力。有线电视成了新的艺术影院。

在戛纳的时候，直到最后一分钟，你都不会知道自己到底赢没赢。如果他们让你留到周日，那你就知道自己肯定赢了点什么，但具体是什么不清楚。我记得那天晚上走红毯的时候，我完全不知道自己会赢。你沿着红毯走过去，和皮埃尔·维奥特（Pierre Viot）握握手，这个酷哥从戛纳刚创办起就在为电影节工作，是当时的评委会主席。他说："大卫，这部电影符合一些人的胃口，但绝对不符合另一些人的胃口。"然后我们走进去坐下了。典礼开始之前，戛纳 2001 年到 2014 年的主席吉尔斯·雅各布（Gilles Jacob）走过来说："你获得了金棕榈奖。"

人世沉浮

PeopLe Go Up and
Then TheY Go Down

《双峰》的巨大成功和《我心狂野》在戛纳得到的认可改变了林奇的生活。从这时起，他成了一个品牌，一个形容词。突然之间你可以说一件东西"非常林奇"，其他人一下就明白了你的意思。这种级别的成功当然有好也有坏。当你完全渗透到了流行文化之中，它就会反过来想要溶解你。它开始自认为了解你，也有权利决定你所关心的东西。20世纪90年代初，想要接触林奇，从他身上获取些什么，和他分享自己，向他表述个人观点，甚至单纯和他呼吸同一片空气的人急剧增加，将他和外界隔离开的那堵墙也变厚了。流行文化偶像住在气泡里，他们除此以外别无选择，因为加诸于他们身上的需求太多了。现在这种事也轮到林奇，影响并改变了他的日常生活。他手下的工作人员越来越多，想在洛杉矶任意一家咖啡厅里见到他的机会变得极为渺茫。

林奇对于在戛纳电影节得奖这件事感到五味杂陈，但那年发生在颁奖礼上的一件事无疑令他非常愉快——他遇见了老熟人皮埃尔·埃德尔曼。埃德尔曼履历丰富，以促成大项目的能力著称。他的一生极具冒险性：因为逃脱法国军队的兵役而坐过一段牢，在时装业发了财，因为毒品迷失了自己，破过产，在杰克·尼科尔森（Jack Nicholson）家里躲了好长一段时间，还做过记者。1983年，埃德尔曼到丘鲁武斯科为一本法国杂志采访写作关于《沙丘》的文章，在制片厂餐厅里见到了林奇。"我们俩一见如故。"埃德尔曼说。见面后他一直尝试联系林奇，想为他制作几部广告片。[1]

不过政令宣达公司和林奇在这方面有合约，所以埃德尔曼无计可施。

但他想和林奇合作，他也不是个轻言放弃的人。

1990 年，法国实业家弗朗西斯·布伊格（Francis Bouygues）决定进军电影行业。作为世界最大的建筑公司之一的创办者（他在英吉利海峡隧道和戴高乐机场的修建中都扮演了核心角色），布伊格使用私人资金启动了他的工作室 Ciby2000，并开始游说世界上顶尖的导演为他工作。他向埃德尔曼咨询公司咨询应该招募哪些导演，后者起草了一份名单，其中就包括林奇。

"我在戛纳为《我心狂野》举办了场派对。派对中，我把大卫拉到一旁，告诉他，如果他能到巴黎来见见弗朗西斯·布伊格就太好了。"埃德尔曼说，"我向他解释了布伊格是谁，还说他也许能帮大卫筹拍他想拍的任何东西。他告诉我他现在想拍的就是《火箭罗尼》。不久之后，我在洛杉矶花园餐厅安排和大卫一起吃晚餐。（林奇的律师）汤姆·汉森也来了。我提前策划了一场喜剧。那之前几个月，我在圣特罗佩认识了克林特·伊斯特伍德（Clint Eastwood），我们俩成了朋友。我让克林特当天在餐厅露面，然后说：'哦我的天，是皮埃尔！'他照做了。我不知道大卫是否觉得很惊艳，但我知道他很意外。"意外与否，林奇确实去巴黎见了布伊格，并和 Ciby2000 签了三部电影合约，约定他会提交三部不同的电影提案，其中之一就是《火箭罗尼》。

"大卫向来和法国人关系很好。"玛丽·斯威尼认为。当布伊格走入林奇的生活中时，她已经正式成了林奇的伴侣。"大卫相信创造力是我们天生的权利。他热爱法国的部分原因就在于，假如拥有创造力，你就是那儿的摇滚明星，而且人们很尊重你创造的权利。"[2]

那时林奇刚和斯威尼确定关系，她后来成了林奇创意人生中的重要组成部分，和他同居了 15 年。斯威尼出生并成长于威斯康星州麦迪逊，她在纽约大学参加电影研究小组时发现自己对剪辑感兴趣。1980 年毕业后，她开始找工作。当时导演沃伦·比蒂（Warren Beatty）招募了纽约大多数的剪辑工作室，共同帮助他完成史诗巨作《烽火赤焰万里情》（*Reds*）。传奇剪辑师戴迪·艾伦（Dede Allen）负责一个 65 人的工作组，斯威尼成了她的第七个实习声音剪辑师。

　　1983 年，斯威尼在乔治·卢卡斯的"齿轮"音效公司找到份工作，搬到了伯克利。杜维因·邓纳姆在那里认识了她，并雇她为《蓝丝绒》的助理剪辑师。1985 年 11 月，她终于见到了林奇。当时他搬到了伯克利，准备做电影后期。"我还记得大卫走进剪辑室的那天，"斯威尼说，"他那么快乐阳光，非常温柔，走进来诚恳地和大家握手，毫无保留。"

　　1987 年春天，为了剪辑《蓝丝绒》的电视剧版本——合约中对林奇有这项要求，斯威尼搬到洛杉矶住了 3 个月。1989 年，她彻底搬到了这座城市，成了《我心狂野》的场记和首席剪辑助理。1990 年，她担当了《双峰》第二季第一集的场记。到了那年 9 月，作为电视剧第七集的剪辑师，她有了第一次和林奇直接合作的机会。

　　在林奇和斯威尼逐渐变得熟络起来的过程中，林奇正在准备他的第一场美术馆展览。1991 年 1 月 12 日，展览在东京都现代美术馆开幕。展览过程中同时出售展品画册。展览中出现了几幅他于 80 年代末创作的黑暗狂暴的作品——它们曾在科科伦画廊展出过。还有一系列精致的蜡笔画，创作时间都在 1985 年到 1987 年之间。这些画作呈现了出人意料的温柔感，比如一道光触碰着贫瘠的土地；在一团白雾上方盘旋的螺旋形；还有一片菱形的云，如不明飞行物般飘浮在空旷的黑色土地之上。

　　从日本回来后，他创办了自己的制作公司"不对称"（Asymmetrical），开始展开下一部电影的工作。林奇曾经说过，他爱劳拉·帕尔默这个角色。虽然 1991 年 6 月《双峰》就被电视台砍掉了，但它还没准备好离开这个世界。电视剧停播后不久，他就谈起要拍一部电影，故事正发生在他和弗罗斯特共同创造的这个梦幻小镇里。为此，他找来了罗伯特·恩格斯——他写过 10 集《双峰》。到了 1991 年 7 月，他们共同创作出了一部名为《双峰：与火同行》的剧本，按时间顺序描述了劳拉·帕尔默去世前几天发生的事情。虽然宣称要由林奇和弗罗斯特共同制片，但这部《双峰》前传并未收获演职人员一致的热情。林奇曾经说，大概有25%的演员不支持这一想法，说不的人包括雪琳·芬、劳拉·弗林·鲍尔（Lara Flynn Boyle），最重要的，还有凯尔·麦克拉克伦。最初的剧本非常依赖他所扮演的角色库珀探员。到了7月11日，林奇/弗罗斯特制作公司的首席执行官肯·谢勒（Ken Scherer）宣布，由于麦克拉克伦拒绝参与，这个项目不会再继续推进。

然而林奇是个能够随机应变的大师，他改写了剧本，加入了由克里斯·艾塞克和基弗·萨瑟兰（Kiefer Sutherland）扮演的新的联邦调查局探员，准备把电影继续向前推动。麦克拉克伦重新考虑后决定参演电影，但戏份极少。哈利·戴恩·斯坦通第一次出现在了《双峰》的故事里，出演了破旧房车公园的经理。大卫·鲍伊出演了神秘的菲利普·杰弗里这一角色，献上了令人难忘的表演。杰弗里是位说一口南方口音的联邦调查局探员，似乎经历了精神崩溃。

第一版剧本要远比最后的拍摄剧本长得多。1991年8月8日最终版剧本确定后，不少人物被从故事里完全砍掉了。那些用来平衡电视剧版本恐怖气氛的小幽默也被删光了。《与火同行》讲述了一个关于乱伦的故事，很难给人带来任何愉悦的联想。

1991年9月5日，剧组在华盛顿州开始拍摄，全部画面用了三个月多一点的时间完成。在西雅图担任宣传工作的是盖伊·波普（Gaye Pope），她是个备受喜爱的人物，后来成了林奇的私人助理和信任的密友。她在他身边一直工作到2003年4月因癌症去世。迪帕克·纳亚尔也加入电影团队，这一次是作为首席助理导演。"现在不是我开车送大卫去工作了，而是我们俩一起坐车，由凯尔的弟弟（克雷格·麦克拉克伦）开车。"纳亚尔说，"（摄影指导）罗恩·加西亚（Ron Garcia）和场记科里·格雷泽也常同我们在一起。我们会一起坐车，在路上讨论当天的工作。"

"我们在晚上拍摄——只要是拍大卫的电影，你就可以确定至少30%

梦室

的拍摄会安排在晚上——有天大卫说：'告诉我，能人，你觉得咱们周六晚上几点能拍完？咱们要在午夜前收工。'我告诉他这不可能，因为周六凌晨我们才能完成周五晚上的拍摄，不可能用那么短时间完成周转。然而周六下午2点我接到了大卫的电话，他说：'你在哪儿？我在午餐饭桌旁等你呢！你在故意浪费时间！'我说：'除了卡车司机，现场不会有别人的。'他说：'看吧！你总是搞破坏！'于是我们打了个20美元的赌，赌当天几点能拍完。那天下午到达片场后我发现自己说的没错——除了四名剧组工作人员，现场空无一人。第一位卡车司机抵达的时候，脸上的表情就好像在问：我迟到了吗？我和大卫打赌的消息不胫而走，剧组赶快忙活了起来。有那么一会儿，雪莉得离开片场去换衣服，结果大卫说：'荒唐！你们在浪费时间！把她的衣服拿到这儿来。你们这些家伙面朝外围成个圈，雪莉可以在中间换衣服！'终于，差2分钟12点时他看着我说：'你想喊收工吗，还是让我来？'我说：'大卫，你赢了，你来吧。'我给了他20美元，然后转过身去，从一位制作人手里拿过来100美元——我跟那个人赌我会输，结果大卫特别生气！他说：'你得给所有人买饮料。'然后逼着我把挣的钱都花在了饮料上。"

"有天我们从片场开车回家。"纳亚尔接着说，"大卫说：'停车，克雷格！'然后他说：'看见那边街上的女人了吗，把她的电话号码要来。'我说：'干吗用？'然后他说：'我不知道，总之要来。'于是我照做了，然后就忘了这件事。几天后他说：'记得我让你要电话的那个女人吗？她要和哈利·戴恩一起演下场戏。'她出演了一位住在房车公园的老女人，对哈利·戴恩说：'我的热水呢？'大卫喜欢扔出曲线球，然后看大家追着球跑。"

斯威尼陪着林奇去了西雅图，回到洛杉矶开始后期制作时，她怀孕了。林奇和贝德拉曼提一起做电影音乐时，斯威尼开始了剪辑工作。"作为剪辑师，玛丽能以前所未有的方式和大卫合作。"雷·怀斯说，他也出演了《与火同行》。"他们之间有种无声的语言。"

林奇和贝德拉曼提之间显然也有这样的语言，《与火同行》的音乐是他们迄今为止最为全面的合作。歌曲全部由林奇和贝德拉曼提创作，林奇、大卫·斯拉瑟（David Slusser）和贝德拉曼提演奏了乐器。对于林奇的电影来说，《与火同行》的原声音乐很特殊，因为其中没有用到其他艺术家的任何流行歌曲。林奇和贝德拉曼提不亦乐乎地从头创造出了全部音乐。

"我们正在录制一首名为《真实的迹象》（A Real Indication）的歌，大卫在录音棚里。"贝德拉曼提回忆说，"是他写的歌词，需要演唱者进行一点即兴表演。我想我豁出去了，我来唱，唱点完全不像我的东西，我要出格一回。我潇洒地唱完了整首歌，不时大喊大叫，还加入了自己的即兴歌词。大卫笑疯了，结果得了疝气，还做了手术。"

通过电影聚拢了《双峰》中的大部分演员后，林奇又召集其中几个参与拍摄了将在日本播出的乔雅咖啡（Georgia Coffee）电视广告片。接着，到了1992年5月，林奇在欧洲的第一场美术馆个展于西班牙瓦伦西亚巴勒巴杨陈列馆（Sala Parpalló）开幕。与此同时，林奇和斯威尼正前往巴黎，花几星期时间为《与火同行》在戛纳的首映做最后准备。为了向弗朗西斯·布伊格表示庆祝，有人筹备了一场派对，邀请了茱莉·克鲁丝和迈克尔·J.安德森前来演出。即将带着一部大卫·林奇的新电影登上戛纳舞台的布伊格兴奋坏了。

然而这一次，运气却不在林奇这边了，电影收获了大量不那么慷慨的评价。《与火同行》是部复杂、有挑战性的作品，雷·怀斯和雪莉·李——他们俩是电影的绝对主角——都奉上了非常炽热的表演。怀斯扮演的角色十分吓人，李则反复上演着风骚、困惑和绝望。电影放映过程中，观众嘘声不断。之后的新闻发布会上，林奇也遭遇了公开的敌意。当时在场的还有罗伯特·恩格斯、安吉罗·贝德拉曼提、迈克尔·J.安德森以及Ciby2000的制作人让-克劳德·福勒瑞（Jean-Claude Fleury）。一位法国记者问林奇，重返《双峰》的世界是不是"缺乏灵感"的结果。另一位记者宣称："很多人形容你是一个非常刚愎自用的导演，你同意这个说法吗？"

昆汀·塔伦蒂诺也在场，他说："（他）彻底消失在了自己的老路之中，我再不想看任何一部大卫·林奇的电影了。"

没能去成首映式让雪莉·李感觉很幸运。"我没法去戛纳，因为要留在纽约拍一部话剧，为此我非常不高兴。但听说了电影的遭遇后，我觉得没能去那里反而是种恩赐。"她说，"我不知道自己脸皮够不够厚，能不能顶住那些事。"

"那不是部能舒舒服服坐着看完的电影。有时候观众看完一部让自己不舒服的电影，就会怪罪于导演。"李接着说，她几乎出现在了电影后三分之二中的每一幕里。"事情可能就是这样。我不觉得大卫是有意激怒别人，但绝少有人会看完他的电影后说'哦，挺有意思'。他的作品总有种复杂性、深度和多重含义。如果观众觉得一部电影应该让人看懂，而他们又无法把它提炼成一个简单的故事时，他们就会很不高兴。"

在斯威尼看来，电影在戛纳遭受负面评价的真实原因是："人们对《双峰》上瘾了，想要更多，但他们得到的却是部大卫·林奇的电影。《与火同行》是部黑暗又晦涩的影片，它让人们很生气。"

雷·怀斯认为这部电影不需要做出多余的解释，也无须向谁道歉。"《与火同行》是大卫的杰作。"他说，"他各个层面的创造力都在其中有所体现，至于它居然是部电视剧的前传？只有大卫·林奇才会产生这种念头，并优雅地将它导演出来。"

"在电影中有一幕，我和劳拉一起驾驶着敞篷轿车，我觉得那是我拍过的最优美的场景之一。"怀斯接着说，"那天非常热，连续拍了好几遍之后我们都有点脾气不好，但我们把那种紧张感转化成了作品所需的情绪。至于拍摄电影最后 20 分钟的经历，简直就像场宗教体验。《与火同行》刚上映时人们的评价非常负面，但我觉得这部电影今天被人重新记起，得到了新的评价，它还会在人们心中停留很长时间。"怀斯说的没错。2017 年 9 月，《卫报》的马丁·孔特里奥（Martyn Conterio）写道："25 年过去了，

人世沉浮

影迷和评论家终于重新发现了这部电影，这是林奇一部未被赞颂的杰作。"

5月16日，《与火同行》在日本上映。那时，戛纳刚刚闭幕不久，电影在日本市场获得了不错的反响。日本人向来是林奇最为痴狂的粉丝。1992年8月28日，电影在美国上映，表现并不好。《纽约时报》影评人文森特·坎比（Vincent Canby）写道："这不是有史以来最差的电影，但似乎正朝着这个方向努力。"詹妮弗·林奇回忆说："《与火同行》对爸爸真的很重要，我还记得遭受误解后他那副糟糕的困惑模样。从那个时候起，他和好莱坞的垃圾之间产生了重重问题。"

在戛纳时，斯威尼产期将至。到了5月22日——电影上映几天后，莱利·林奇（Riley Lynch）在巴黎出生了。"从戛纳一回来，我们立刻到我妈妈位于麦迪逊门多塔湖附近的房子里住了五周，也开始在那附近看房子。"斯威尼回忆说，"麦迪逊是座很开明、很理想的中部小城，那儿的人也很友善。大卫可以到五金店去和人闲扯，他也喜欢我妈妈以及我们那个爱尔兰天主教大家庭。到了夏末的时候，我们已经找好了房子，1993年和1994年时在那里住了几个月。我记得大卫是在那里看的辛普森案的审判，每天都在看，边看边构思《妖夜慌踪》。"

蒙哥马利记得自己曾到威斯康星探望了这对伴侣。他说："如果不是为了玛丽，大卫绝不会做这样的事情——她把他带出了他原本的世界。他们在那儿买了栋房子，他还有艘很喜欢的古朴的木质小艇，而且他看起来非常放松。"

林奇变得更为内向，同时开始大规模整修他位于洛杉矶的房子。也是在那时，他认识了阿尔弗雷德·彭斯（Alfredo Ponce）——一个机灵的万事通，自那之后一直为林奇工作。"我在为林奇的一位邻居做景观美化，他隔着栅栏看到了我，然后打了招呼——我们就是这么认识的。"彭斯回忆说。他1951年出生于墨西哥，1973年搬到了洛杉矶。"他一直和我打招呼。后来有天他问我能不能帮他打扫一下院子，结果不知怎么的，我就开始到他的泳池别墅工作，一个项目结束后又有了另一个。"接下来这些年里，彭斯做过管道安装、景观美化，架过电线，修过机器，给林奇的地产做过灌溉系统，还在各处修出了小径。他懂得如何灌浇地基，盖房子，造家具，还为林奇在家做的电影实验做过布景。"佩吉·雷维有次说：'大卫不可能在报纸上登广告然后找到你。'"彭斯说，"大卫工作很努力，他总想造点新东西，我喜欢和他一起工作，因为他会告诉我要做些什么，然后让我自己想办法做出来。拍《内陆帝国》时他需要做个布景，他拿了根棍子，在地上画出自己想要的东西，然后说：'你能做吗？'这就是我们一起工作的方式。"[3]

彭斯全职在林奇家上班，一周五天，持续了很多年，其间见证了很多东西。"人们看我在那儿打扫卫生、扫树叶，他们并不会多想——他们不知道我了解多少。"他说，"从远处我就能闻到一样东西的气味，如果有人不怀好意地来找大卫，我一眼就能看出来。负能量——我能看到它，我也见过了许多人来来去去。大卫是个随和、善良的人，会被别人占便宜，所以我想保护他。任何在这儿工作的人都得获得我的信任。"

斯威尼记得他们在一起的前几年中，大卫在创意领域收获颇丰。"那些年里大卫总是一刻不停地画画。他找来个窑炉，做了一阵陶器，还在自己的车间里设计并制作家具。他拍了很多照片，在美国和国外办了几场展览。他好像从不会累，有很多能量，虽然他的身体并没有表现出来。我一直劝他多运动，戒烟（1973 年戒烟后，他在 1992 年又复吸了），但没成功。他对抽烟的态度就像个青少年。"

罗伯特·恩格斯的妻子吉尔（Jill）大概和斯威尼同时怀孕，她们的分娩日期只隔了一个星期。孩子出生后，恩格斯一家于是成了林奇家的常客。他们会在周六晚上带孩子来拜访，他们来的时候林奇和斯威尼就会叫外卖。但大多数时间里林奇家都没什么客人。"大卫是个隐士。"斯威尼说。

林奇筑巢的直觉非常强烈。1992 年，隔壁邻居去世后，他买下了她的房子，在距离粉屋不远处建造起一栋由劳埃德·赖特设计的泳池别墅。慢慢地，他的房子变成了一个由几栋建筑组成的大院子。"房子设计得很好。"斯威尼说，"我们俩有各自的绘画工作室，我有单独的剪辑室，大卫有间木工场房，后来他又建了个混音室。我们喜欢待在家里工作。"

林奇和弗罗斯特随后着手筹备起一部名为《正在播出》(On the Air)的电视剧。林奇本人是个通俗喜剧迷，和之前流产的剧本《一个唾液泡》及《牛犊之梦》(The Dream of the Bovine)一样——据林奇描述，后者讲述了"两个生活在圣费尔南多谷的人，它们是牛却不自知的故事"——《正在播出》中也充满了笑话、失态和放纵的蠢行。这三个项目都反映出他对法国喜剧巨匠雅克·塔蒂(Jacques Tati)的崇拜。由《双峰》中的演员伊恩·布坎南(Ian Buchanan)出演，故事设定在了1957年纽约的泽布罗尼克广播公司(Zoblotnick Broadcasting Corporation)总部，讲述了发生在直播综艺节目《莱斯特·盖伊秀》(The Lester Guy Show)中的各种悲剧。

《正在播出》的提案在ABC反响很好，算上试播集，ABC订购了六集。林奇和弗罗斯特共同写作了试播集剧本，并由林奇本人执导。各种各样的朋友也加入了：罗伯特·恩格斯写了三集剧本，杰克·菲斯科执导了两集，贝德拉曼提制作了音乐。虽然针对测试受众放映时收获了不错的评分，但ABC把已经制作完成的几集雪藏了一年之久，直到1992年6月20日才播出试播集，结果反响并不好。甚至连自称"林奇狂人"的大卫·福斯特·华莱士(David Foster Wallace)都称它为"无底深渊"。这部剧几乎没收获任何支持者。

"ABC讨厌死这部剧了，好像只播出三集就被掐了。"弗罗斯特回忆说，"它很蠢，对电视台来说太过火了，但我觉得它不过是太超前罢了。大卫和我最近看了几集，它还是能让我们大笑不止，里面有些东西实在太逗了。《正在播出》停播后，大卫和我分道扬镳了一段时间。我已经过了6年紧张的日子，想用接下来的时间写本小说。"

托尼·克兰茨促成了这部剧的播出，他对观众的反应摸不着头脑。"有

　　　　　　　　　　　　　　　　　　　　　　　梦室

段时间《正在播出》是有史以来评分最低的电视剧，但我很喜欢它，觉得它棒极了。也许是它太古怪了，或者大卫·林奇和马克·弗罗斯特这对组合的吸引力已不在——我真不明白原因，但它败得很惨。"

当然了，林奇很快着手干起了下一个项目，也就是电视剧《宾馆客房》。这是部三部曲，故事都发生在纽约铁路宾馆的同一个房间里，时间跨度长达几十年。这部剧的想法最初来自蒙蒂·蒙哥马利，林奇和巴里·吉福德在原想法的基础上进行了扩充。吉福德写了其中两集，都由林奇执导，杰伊·麦金纳尼（Jay McInerney）写了第三集，结果不久后这部剧又被叫停了。电视剧拍摄于 1992 年，林奇执导的那两集——发生在 1969 年的"把戏"和发生在 1936 年的"不省人事"——是他制作的项目中对演员依赖程度最大的。剧本非常松散，每集拍摄时间只有一天，其中运用了许多让人印象深刻的长镜头，克里斯平·格洛弗、艾丽西亚·维特（Alicia Witt）、哈利·戴恩·斯坦通、弗雷德·琼斯和格伦妮·海德利（Glenne Headly）献上了精彩大胆的演出。

"有天上午大卫一直在和演员排练，眼看到了午餐时间，大家都焦虑起来，因为还什么都没拍。"协调制片塞布丽娜·萨瑟兰（Sabrina Sutherland）回忆说。萨瑟兰出生于马萨诸塞，在加州大学圣迭戈分校学习完电影后，在派拉蒙制片厂找了份导游的工作。到了 20 世纪 80 年代中期，她已经固定从事起协调制片的工作，并在林奇的《双峰》第二季中担任了协调制片。两个人自那之后经常合作，她还参与制片了《双峰：回归》（Twin Peaks: The Return）。"吃过午餐后，大家已经吓坏了。突然之间，大卫开始了拍摄，每个镜头长达 10 分钟，一个接一个。那是我生命中最难忘的一天，如果他头脑中的想法没能在演员身上呈现，他就会不断排练，直到他们给出他想要的表演——这是我最尊重他的一点。他从不会安于某事，或者说：行了，够好了，咱们继续吧。他绝不会这么做。"[4]

1993 年 1 月 8 日，HBO 电视网将三集合并为试播集一次性播出。尽管《洛杉矶时报》赞扬这部剧为"难以置信地吸引人",《纽约时报》却描述它为"困在一间小屋里的大杂烩",像"来到了林奇风格的《阴阳魔界》(Twilight Zone)。然而一切如此无精打采,故事也不知道要走向何处"。"我们拍了三集,HBO非常不喜欢。"蒙哥马利说,"这部剧对他们来说太怪了。"

"大卫和我一直想搞点事情。"蒙哥马利接着说。他监制了迈克尔·杰克逊1991年专辑《危险》(Dangerous)的音乐录影带。1993年,杰克逊准备拍摄一则广告,用来宣传和专辑同时制作的一系列短片。此时蒙哥马利推荐了林奇,杰克逊认为这个主意很棒。

"大卫是个明星没错,但与迈克尔·杰克逊完全不是一个量级。"蒙哥马利说,"拍广告的时候,多娜泰拉·范思哲(Donatella Versace)亲自给迈克尔送来了两车衣服——可我们只准备拍他脖子以上的部分!"

"我觉得迈克尔并不明白大卫想要什么。按照计划,他会用高速摄像机拍摄迈克尔脸部的极近特写。经历了拖车中的一阵折腾后,迈克尔总算到了片场,走到大卫旁边。他们俩聊起了《象人》,彼此熟识起来。然后大卫说:'咱们拍吧。'于是迈克尔站到镜头前,必须离镜头非常近。摄像机一停下,迈克尔立即跑回拖车里去了。45分钟过去了,大卫开始很不耐烦,我只好敲了敲迈克尔的门,说:'怎么啦?'当你在那种布光下距离镜头那么近,就像在货车停车场照到了这世界上最糟糕的镜子,迈克尔看到的东西把他自己吓到了。又过了一个小时,我终于把他重新劝回了片场,但大卫那个时候已经烦透了。"

那一年,林奇执导了六部广告片。那年6月,弗朗西斯·布伊格去世后,他和Ciby2000公司的关系也变得紧张起来。10年后,他将与这家公司对簿公堂。同样是那年,林奇和年轻有为的制作人尼尔·艾德尔斯汀(Neal Edelstein)之间开始了一段友谊。接下来的10年中,他们进行了诸多合作。艾德尔斯汀出生并成长于芝加哥,1992年搬到洛杉矶追求电影梦想。"我是通过杰伊·夏皮罗(Jay Shapiro)认识大卫的,他是1993年大卫给公共事业协会（PSA）拍摄乳腺癌主题短片时的协调制片，雇我去当制片助理。"艾德尔斯汀回忆说，"对我来说，大卫是生活在另一个宇宙中的导演，能和他一起工作，看到他有多亲切和平易近人，看着他现场执导——我对他处理事情的方式充满敬佩。"

"我们认识后不久，大卫雇我参与了一则阿迪达斯广告的拍摄，是在距离洛杉矶国际机场不远的一条高速公路上拍的。"艾德尔斯汀接着说，"然后到了 1994 年，我接到了盖伊·波普的电话，她说：'大卫想和你聊聊。'大卫接过电话说：'我需要你给一个叫林佳树的日本人制作一部音乐录影带。'——他是 X Japan 乐队的队长，相当于日本的迈克尔·杰克逊。我说：'我不会制作！我只是个制片经理！'可他说：'如果你是个制片经理，那你就已经能承担起这个工作了！来我办公室，咱们一起想办法。'当时我 25 岁左右，挂掉电话后我想：哇哦，我要制作一部大卫·林奇执导的音乐录影带了。我觉得自己在任何方面都没做好准备，但大卫对我有信心，事情进行得异常顺利，大卫执导得很出色。"

"有次我们在马里布的杜梅岬（Point Dume）拍广告，拍摄时间是早上6 点。"艾德尔斯汀接着说，"大卫和我一起开车过去，到的时间有点早，太阳还没出来。大卫希望沙滩非常平整，非常有秩序，所以一些助理制片正在那里提前扫沙子。结果大卫跑了过去，开始和他们一起扫沙子！他就在那儿，一个大导演，在一片漆黑中扫沙子。这么做太大卫了，他就是这么个人，尊重其他人，喜爱亲手制作电影的感觉。关于人生、拍电影和如何对待他人，我从他身上学了太多，价值无可估量。"[5]

皮埃尔·埃德尔曼是个冒险家，是个人物，也是我的一位法国老朋友，他在我的许多部电影中出演过角色。我爱他。我和皮埃尔是在《沙丘》片场认识的，当时拉法艾拉把他赶了出去，因为她不希望我和记者聊天，而他当时正是个记者。皮埃尔认识各种各样的人，他去过世界各地，能在任何一座城市指点乾坤。真了不起。20 世纪 60 年代时他在好莱坞结交了各种人，后来靠卖蓝色牛仔裤发了财，但因为染上坏习惯变得一文不名。他还蹲过一段时间监狱，那段时间囚犯们肯定高兴坏了，因为皮埃尔把监狱变成了一个有趣的地方。他组织了蟑螂大赛，给每只蟑螂涂上不同颜色，看它们赛跑，互相之间打赌。我都能想象出他当时的样子。皮埃尔开了家叫蜜蜂娱乐（Bee Entertainment）的公司，会在衣服翻领上别枚小小的蜜蜂别针。皮埃尔本人就是只蜜蜂——他四处授粉。他会把这个人和那个人联系在一起，为无数人提供类似帮助。在戛纳的时候，正是他告诉我弗朗西斯·布伊格很喜欢《我心狂野》。布伊格开了家新公司，想和我见一面，皮埃尔做的正是这类事。他把有需要的人联系在一起。

皮埃尔是个好人，但有的人很讨厌他，因为有时他会陷入一种讽刺贬低人的情绪中，会侮辱别人。有次我们俩一起坐飞机，空姐过来的时候他对她说了些很不愉快的话。她离开后，我说："皮埃尔，我不喜欢你现在的举动，在我旁边的时候别这么做。你为什么要这样对待别人？"他和她道了歉，旅行结束时，皮埃尔和那个空姐已经成了最好的朋友。所以他其实很有魅力，但他也有自己的问题，会随便侮辱别人。

坏的行为举止会让你的整个人生脱轨。每个人都可能会被坏的事物迷惑住，从而走向脱轨，其中包括毒品、性、食物、奇怪的想法，不良的态度也会为你招致麻烦。大多数人身边都围着个小护栏，所以过得还可以，但监狱里充满了护栏破裂的人。

贝弗利山邮局的对面曾经有家很棒的意大利餐厅，名叫花园餐厅。这个地方并非很华丽，但食物好得超乎想象。有天晚上，我和皮埃尔、汤姆·汉森以及让-克劳德·福勒瑞去那儿吃饭，福勒瑞是 Ciby2000 的负责人。那天晚上我发现，让-克劳德和我的出生时间只差 10 或 11 个小时。他生在法国，而我生在美国蒙大拿。费里尼和我也是同一天生日。还有喜剧演员乔治·伯恩斯（George Burns），比我大整整 50 岁，1991 年我过 45 岁生日时，乔治和我一起抽了一根雪茄。不是同一根雪茄，而是我们各自抽了自己的一根，但是在同一时间抽的。乔治·伯恩斯身材瘦小，轻得像片羽毛，你感觉自己可以像举一张厚纸板一样把他举起来。乔治后来在浴缸里摔倒了，伤到了自己，这件事最后放倒了他。他就这么进入了生命的尾声。假如没摔倒，他应该今天还活着。

言归正传，皮埃尔总在谈论他的哥们儿，很多人觉得他就是满嘴跑火车。那天晚上在花园餐厅，他说起他哥们儿克林特一会儿会过来。晚饭吃到三分之二的时候我们抬起头来，真的看到克林特·伊斯特伍德走了进来。他来到我们桌子旁说"皮埃尔！"，还给了他一个大大的拥抱。我并不吃惊，因为那时候我已经了解皮埃尔了，预料到克林特很可能会出现。

后来我去巴黎见了弗朗西斯·布伊格，就在他位于香榭丽舍大街一栋建筑的顶楼办公室里。托尼·克兰茨、汤姆·汉森和我一起去了巴黎，他们本来也要一块开会。前一晚我们去了鱼子酱之家餐厅（Maison du Caviar），托尼一直给自己灌雪莉伏特加酒，外面还下雪了。那天巴黎的雪厚达 15 厘米，托尼在路边吐得肠子都要出来了——我透过窗户看到他一直往雪地里吐。皮埃尔还带来了好多女孩——真是了不得的一晚。结果汤姆和托尼第二天都没法去开会，我只好孤身一人赴约。桌子对面坐着布伊格先生，他两旁还各有一个在他手下工作的法国人。那两个家伙是那种最让人讨厌的人渣，他们脸上的笑容就像在说：我们会把你钉上十字架。他们不喜欢让布伊格进入电影领域，他们身上散发出的气息也特别糟糕。

过了一会儿布伊格先生说："给我讲讲《火箭罗尼》的故事。"就好像是，如果不告诉我，生意就没戏了——你知道的，证明你自己。我以为我们已经达成协议了，结果又出了这么个插曲。我开始想：好吧，我得走了，我不想沾染这群人。我迫不及待想离开这栋楼，于是起身向电梯走去。我准备打车直接去机场，跟这群浑蛋说永别。他旁边坐着的那两个浑蛋脸上带着那种法式微笑——法国人最糟糕的一点就是他们那股沾沾自喜的感觉，那种笑容说明了一切。早年，只要一提起冥想，人们就会对我露出这微笑。记者喜欢跟我聊电影，但一旦提起冥想，他们就会露出这种笑容。

言归正传，皮埃尔看到我要离开，就跑过来追我，劝我不要走。我又回到了会议室，说："我给你讲故事，前提是皮埃尔翻译。"我坐在那儿，直直地看着布伊格先生。皮埃尔站在旁边翻译，那些人一言不发。我说完后，屋里一片安静，然后布伊格先生说"Bon！"（法语：好的），事情就这么定了。协议达成了。我必须参与他们这场盛大的表演。他给《火箭罗尼》亮了绿灯，但真的尘埃落定之后，我却很害怕拍摄这部电影。剧本有什么地方不对劲，我却不知道究竟是怎么回事。而且我那时候又想到了劳拉·帕尔默。

弗朗西斯·布伊格对电影并不精通，但他很爱《我心狂野》。我觉得他是喜欢其中的力量和力度。他和妻子莫妮克（Monique）都是脚踏实地的人，我和他相处得很好，虽然做生意的时候他可能并非如此。在商界他是个狠角色，身边围绕的也都是狠人，很多人因此不喜欢他。但弗朗西斯和我彼此很欣赏对方。我们会坐着他的高尔夫球场车逛来逛去，像亲戚一样聊天。他是个聪明人，知道该怎么把事情办成。他建造了海峡隧道和拉德芳斯新凯旋门，后者位于巴黎西北部的皮托区（Puteaux）。他带着我和他的首席工程师去了施工现场，同行的还有满满 15 车保安和其他工作人员。有一次他去了加利福尼亚斯托克顿（Stockton），他太喜欢斯托克顿的当地人和那儿的工厂了，差点留了下来。但他还是回法国创办了一家巨型公司，这是天意。弗朗西斯有次问我雇了几个人，我告诉他有三个。然后他告诉我他有 30 万名员工。他拥有很大的权力。

我喜欢法国，因为他们在那儿做的所有事都是艺术。那些建筑、椅子、盘子、玻璃制品、铁路、汽车、工具、食物、饮料、时尚——每样东西都形成了自己的艺术门类，而且他们很相信高质量原材料、伟大的工艺和精彩绝伦的设计。意大利人和法国人都有这种信仰。虽然意大利人有点不同，但他们做出的东西也非常棒。我喜欢在巴黎住的旅馆，喜欢那里的人，喜欢鹅肝酱、波尔多红酒，还有库客太太三明治。我甚至喜欢那里的咖啡，虽然它还比不上大卫·林奇标志咖啡（David Lynch Signature Cup Coffee）。它有股特殊的口味，让我能感到自己身在法国，我很喜欢。

我不知道自己为什么爱劳拉·帕尔默，但我就是爱她，我想回去看看她死之前的几天都经历了什么。我想待在《双峰》的世界里，但那个时间点很不利。人们那时候已经不买《双峰》的账了，因此很难把这部电影卖出去。布伊格支持我拍了《与火同行》，但换作这个行业里的其他人，他们肯定会拒绝我。《双峰》的部分原班人马也不支持这个想法。签约电视剧意味着做出承诺，而很多演员担心人们只会认可电视剧里的形象，他们就再也接不到其他角色了。出于各种不同原因，《双峰》中的许多演员都不想再继续了。电视剧播完后他们感受到了自由，觉得从此可以去做明星或者其他什么了。

如果某人不愿意做某事，那也不意味着走投无路。你就得另想主意，我其实挺喜欢这样。我们必须得重写剧本，这样就不会过于依赖凯尔的表演。最初剧本里囊括了许多演员，最后很多东西都被删掉了。不过我不是因为剧本太长才做删减的，我删掉它们是因为它们不适合放进电影里。电影最终呈现的效果是最重要的。所以一些人被删掉了，另一些人被加了进来。我完全不知道是怎么把大卫·鲍伊拉进来的，我爱死他了。不过我觉得他好像不太喜欢电影中自己的口音，可能有人告诉他那个口音很丢人或者怎么着。某个路人甲随便发表句类似的评论，然后就把你想做的事情给毁了。不过他演得很棒，真的很棒。

红屋是《与火同行》的重要组成部分，我很爱红屋。首先，屋里有窗帘。我很爱窗帘，谁会不爱窗帘？我爱它们，是因为它们本身就代表着彻头彻尾的美丽，而且它们还能把东西隐藏起来。窗帘后总藏着什么，但你不知道是好还是坏。还有私密的空间，没有什么比私密的空间更美的了。如果不存在建筑，那各处都是开阔的地域。一旦有了建筑，就能创造出空间，可以做出很美好的空间；或者做出很可怕的空间，你在里面一刻都不想待，只想赶快逃跑。玛哈里希提到过吠陀建筑学（Sthapatya Veda），关于如何建造一所能帮你营造更好生活的房子。他们说，灵魂建造了身体，身体建造了房子，就像身体的建造应符合一定规律，房子的建造也要按照一定规律。人们今天居住的东西绝对有问题，比如朝南开的门是最糟的。朝东最好，朝北也可以——粉屋的门就是朝北开的——但其他方向对人类就无益了。房子的朝向是第一位的。想真的建造一栋正确的房子，厨房应该位于特定位置，冥想的地方应该位于特定位置，你睡觉、上厕所的地方——它们都该位于特定位置，有恰当的比例。

《与火同行》开拍之前，安吉罗和我正在录制一首名为《真实的迹象》的歌，最后用到了电影里。我们和一位技巧绝伦的贝斯手合作，他叫格雷迪·泰特（Grady Tate），安吉罗演奏键盘，他们录了段精彩的录音。我很喜欢自己写的歌词，说："安吉罗，我不知道该找谁来唱。"然后他说："大卫，我来唱。"安吉罗有时会一边演奏一边唱歌，只是那个声音可让人不敢恭维，但我说："好的，你试试。"于是安吉罗进了录音棚，在里面跃跃欲试。工程师阿蒂·波尔希默斯（Artie Polhemus）按下按钮，一切开始，没想到他唱得那么完美！他把我逗得不行，笑得都仰了过去。突然间我觉得好像一个灯泡在胃里破掉了，我就这么得了疝气。安吉罗让我得了疝气。我疼得厉害，但不知道是怎么回事，还去了华盛顿继续拍摄。

但我疼得实在太厉害，于是他们叫来位女医生——她可真漂亮。她检查后对我说："你得了疝气。"我说："但我得拍电影。"然后她说："没问题，但拍完后你得做手术。"整个拍摄期间我都得一直坐着。

言归正传。大家已经看够《双峰》了，所以《与火同行》在戛纳受到的评价并不好。那是我人生中的又一个灰暗时期。天哪，真是太恐怖，太恐怖，压力太大了，我真的恶心了。你低潮的时候，人们总喜欢补一脚。但远有比这更糟的事情。就像我说的，《沙丘》让我死了两次，因为我既不相信自己拍的东西，而且还拍砸了。但拍《与火同行》只让我死了一次，所以还不至于太糟。你不喜欢这部电影？没关系，我喜欢就行。所以你真的伤害不了我。呃，你能伤到我一点儿，但我还是很喜欢这部电影。雷和格蕾丝还有雪莉——帕尔默一家人太棒了，我爱他们的世界。

我很快从《与火同行》的遭遇中恢复了过来，重整旗鼓，又开始了工作。这和强不强悍没关系。只是因为我又产生了一些自己很喜欢的想法，于是就待在家里工作起来。我其实一直不那么喜欢离开家，现在是真的很不喜欢了。

当时还没多少人去门多塔湖，而我很喜欢那里。玛丽·斯威尼有六个兄弟姐妹，她们一家人都很不错，中部人既善良又直率。他们不会跟你耍心眼，很友善也很温和。结果我在湖边买了栋两层小楼，价格很划算，然后自己设计了顶层，找人加盖出来。约翰尼用辆拖车把小印第安号从长岛运了过来。约翰尼其实不从我这儿拿薪水，但我那时候干的每件事他几乎都有参与，他还帮我把船运了过来。我换了个大引擎，湖边还有码头，夏天时景色很美。我可以在地下室画画，还在麦迪逊的泰德版画工作室(Tandem Press)工作，和总监宝拉·潘申科（Paula Panczenko）一起制作版画。他们有台用于印刷的机器，用的是 6 毫米厚的纸板，技术高超的印刷工会在夏天手工制作这种纸板，这是很美好的事情。

1993 年夏天我待在麦迪逊时，一个叫林佳树的音乐家找我帮他拍个音乐录影带——他有支叫 X Japan 的乐队。我说："行啊，让我听听你们的音乐，看看能不能有些想法。"于是他们寄了一段音乐过来，但里面只有人说话的声音，背景中有些音乐，就像在念诗。我说"我没想法啊"，然后拒绝了。但他们着急忙慌打回电话说："但我们已经宣布了！"他们提出给我更多钱，于是我给一首叫《渴望》(Longing）的歌拍了东西，没想到非常有趣。我想让里面出现烟、火、雨，还有不同颜色的光，我们还带着造雨机去了干涸的河床底，在那儿把 10 米高的柱子点着了。

我们在干涸的河床底摆了几台会冒烟的割草机，它们制造出了巨浪一般的白色烟雾。但那天风很大，烟都被吹散到沙漠里去了。所以我们决定想点别的办法，下点雨什么的。结果突然之间——这件事真是难以置信——所有被吹走的烟雾又翻滚着回来了，就像一堵巨大的墙。有些帧的画面太美了，你都不敢相信。那个录影带里还有其他很酷的东西，但最后没能完成，我也不知道林佳树最后用没用。他希望录影带的最后，他坐在维多利亚式的桌子旁，手握羽毛笔写字，桌上还放着瓶墨水。但我觉得这和沙漠里拍摄的场景搭不上啊，所以就没拍。他雇了我，想让我出主意，但归根结底这是他的录影带，所以我把我拍摄的全部素材给他了，这件事就这么结束了。

还有一次我坐在洛杉矶家中的客厅里，电话响了，那头是迈克尔·杰克逊，说想让我给他的专辑《危险》拍预告片。我说："我不知道能不能做，我没什么想法啊。"但刚挂了电话，向前厅走去时，所有想法突然涌进了我脑袋。我回电话说："我有想法了。"然后和约翰·戴克斯特拉一起在他工作室里开始了拍摄。我们造了个微缩的世界。那是间红屋，有扇小门，屋里是古怪的现代造型的树，还有一池子银色液体。液体喷发，引燃火焰，之后迈克尔·杰克逊的脸就从火焰中显露出来。我们用的是定格动画，做了很长时间。对我来说，事情没必要非常精准，但工作室里的人最大限度地炮制出了我头脑中的世界。树被漆成了红色或黑色，进去挪动树木的人都戴着白手套，能够按照精准的线路进行挪动。这是预告片的一部分。另一部分是拍摄迈克尔的脸，我们架起摄像机，还准备了一圈灯，这样就能创造出完美的无影聚焦效果。

迈克尔只需要在这个东西前面站几分钟就行了，但他为此化了 8 个还是 10 个小时妆。怎么会有人化 10 个小时妆？那个人肯定对自己的外表要求特别苛刻。他终于准备好了，走了出来，那是我第一次见他，而他只想和我聊《象人》。他想从博物馆手里把他的骨头、面罩还有其他东西都买下来，还问了我许多问题。他是个很和善的家伙。他站在那里，我们开始了拍摄，结果只拍了一分钟他就受不了了。很显然他对这部片子也有最终决定权，如果不喜欢，可以选择不放。但它最终在电影院里播出了，看起来很酷，拍摄过程也很有意思。

《宾馆客房》最初是蒙蒂·蒙哥马利的主意。第一集"把戏"是巴里·吉福德写的，由格伦妮·海德利以及我最爱的两名演员——弗雷德·琼斯和伟大的哈利·戴恩·斯坦通出演。哈利·戴恩对所有演员来说都是灵感来源，我真不希望哈利·戴恩离开这个世界。《宾馆客房》的故事发生在铁路宾馆里，那儿的每个房间里都挂着火车照片，窗户外都能看到铁轨。故事的想法是：每个房间每年会入住几百名旅客，我们会看看某天房间里发生了什么。我们一共拍了三集，我执导的那两集都是巴里写的，我很喜欢。我不知道杰伊·麦金纳尼是怎么参与进来的——我猜是蒙蒂把他拉进来的。不管怎样，电视台恨死了《宾馆客房》。

他们也恨死了《正在播出》。那个故事的想法是有一档直播电视节目，播出过程中所有环节都会出错。比如有位愚蠢的女演员和一位外国导演，你以为竭尽全力事情就不会出错，但真是这样吗？之后你就能看到到底发生了什么。这就是其幽默所在。但没人想看这些。你知道，人世沉浮，假如他们沉下去还能再浮上来，就会拥有一种一直浮着的魔力。类似詹姆斯·史都华、亨利·方达（Henry Fonda）和克拉克·盖博（Clark Gable）这样的人，他们都经历过成功，接着失宠了一阵，然后再次站了起来。人们重新喜欢上了他们，想一直看到他们，他们就再也不会在视线中消失了。

　　不过事情会变的，而且会永远变下去。1993 年 10 月，我在罗马给百味来意大利面拍广告。拍摄在一座漂亮的广场中进行，主演是杰拉尔·德帕迪约（Gérard Depardieu）。和他一起工作很有意思，这则广告本身也很好玩。广告的摄影指导是托尼诺·德里·戈里（Tonino Delli Colli），他也是《访谈录》的摄影指导，我很久之前见费里尼时就见过他了，现在他又成了这个广告的摄影指导。广告的制片经理也和费里尼合作过。有天他们俩在一起聊天，然后说："大卫，费里尼正在意大利北部的一家医院里住院，但他最近转院来了罗马。"我问是否能过去和他打个招呼，他的侄女于是帮我们安排了周五晚上前去探望。周五白天我们就完工了，傍晚时迎来了我见过的最美的落日。我钻进了车里，玛丽·斯威尼和其他几个人与我同行——车被塞满了。我们到了那家医院，门口有数不清的人——不像是无家可归的人，都是病人什么的——躺在台阶上。医院里也非常拥挤。那位侄女从医院里走出来，探头进车窗说："只有大卫和托尼诺可以进来。"于是我们从车里出来，跟着她往医院里越走越深，一直到了一个空无一人的地方。四周只有走廊，我们沿着其中一条长长的走廊一直走，终于到了费里尼的房间门口。进入房间后我看到了两张双人床，费里尼坐在一把轮椅上，面朝着外。他正在跟一个名叫文森佐（Vincenzo）的记者聊天，托尼诺认识文森佐，于是他们俩也聊了起来。他们给我找来把椅子，我坐在费里尼的轮椅对面——他的轮椅上安着一张小桌子，然后他握住了我的手。这是我经历过最美好的事情。我们就互相握着手，坐了半个小时。他给我讲了关于过去的老故事，事情如何发生了变化，以及事情现在的样子让他多么沮丧。他说："大卫，过去我出门喝咖啡，所有学电影的学生都会围过来，我们一起聊天，他们对电影了如指掌。他们不看电视，而是去电影院。喝咖啡的过程中我经历过许多极棒的对话。现在我出门，没人会围过来。他们都看电视，再也不像过去那样谈论电影了。"探望时间结束后我站起身，告诉他世界正在等待他的下一部电影，然后我就离开了。很长时间后我又碰见了文森佐，他告诉我那天晚上我离开后，费里尼说"这是个好小伙"。两天后他陷入了昏迷，然后就去世了。

我觉得事情总会按照注定的方式发生。岁数大了之后，你会记起自己年轻时是如何做事的，然后把它和今天所发生的一切做比较，你甚至根本没法开口向年轻人解释这一切，因为他们压根不在乎。生活会不断继续下去。有朝一日，今天发生的事情也会变成他们的记忆，他们也会无法向别人解释。生活就是这样的，我觉得费里尼就是陷入了这种状态。在意大利和法国的电影黄金时期，他就是其中的国王。他非常重要，对电影如此重要，甚至都不能用"重要"二字来形容。妈的。

与黑暗为邻

Next Door To Dark

　　林奇的脑袋像一个储存着许多想法的图书馆。有时候产生一个想法，他会把它放到架子上，直到再产生另一个想法，它们就能绝妙地结合在一起，彼此激发出最大的潜能。1991 年拍摄《双峰：与火同行》的最后一晚，他有了这么个想法：一盘令人不安的录影带出现在一对夫妇的家门口，而这对夫妇的婚姻很不幸福。不过当时这个想法还不成熟，于是他把它暂时搁置了下来，同时做起了其他事情——很多事情。1993 年和 1994 年，林奇执导了六部广告片，他自己造家具，还为一部改编自卡夫卡小说《变形记》的原创剧本——故事以 20 世纪 50 年代中期的东欧为背景——找投资，但失败了。紧接着是他和罗伯特·恩格斯共同创作的一部极端讽刺的喜剧《牛犊之梦》。不过，这部剧也夭折了。

　　1995 年，林奇受邀加入了由 40 位导演共同参与的《卢米埃与四十大导》（*Lumière and company*）项目，这个项目是为了庆祝电影诞生 100 周年。参与者要使用卢米埃兄弟发明的摄像机，拍摄一部 55 秒的短片，但只能使用一个完整的长镜头来拍摄。为了模仿 20 世纪初摄像机刚刚面世时的情况，参与的导演只能拍三条，不能使用人造光，也不能剪辑，只能是一个长达 55 秒的长镜头。"卢米埃项目是典型的大卫·林奇式小任务，但它看起来和他的其他长篇电影一样让人满足。"尼尔·艾德尔斯汀如此评价林奇的《不祥之兆》（*Premonition Following an Evil Deed*）。"加里·达米科（Gary D'Amico）是个做现场特效的家伙，也是个心地善良的人。他在洛杉矶拉图纳峡谷有一大片地，于是我们在加里家前院盖了布景。那是我做过的最有趣的项目之一。大卫要同时协调处理四五个场景，每一个都要按时按点完美上演，拍起来风险很大。完成这个很酷的短片后，我们都笑得像孩子一样。"

在最终完成的 40 部短片中，林奇的作品被广泛认为是最有野心也最为成功的一部。"他们以为我们作弊了。"达米科如此回忆短片在视觉上的复杂性。达米科出生并成长于圣费尔南多谷，19 岁时在迪士尼公司找到了一份扫地的工作，随后一路打拼到了道具部门。到了 20 世纪 80 年代末，他已经是位技术高超的特效艺术家。1993 年迪帕克·纳亚尔把达米科叫到了《正在播出》的片场，让他制造一台能喷吐管道配件的机器。"我用各种零件拼凑组装成了这么台机器，大卫到我的拖车里来查看制作进展。"达米科回忆说，"但他对我手头上的东西更感兴趣，因为他是个事无巨细的人。大卫很喜欢自己动手，也热爱制造东西，我们认识那天他就给我留下了深刻印象。他求知欲特别强，很低调，也很有礼貌，像头印度牛一样安静。"

"他们筹备卢米埃项目的过程中，我接到了他办公室工作人员打来的电话。对方说：'大卫想让你参与这件事。'他们告诉了我时间，但我说：'我得拍广告，没法脱身。'我听到他助手吼道'那周加里要拍广告，腾不出时间'，然后大卫说'可没有加里我们没法拍'。于是把拍摄延迟到了我有空的时候。每个导演都应该去大卫·林奇学校进修一下，学学在片场如何对待工作人员。他非常专业，还是个很有修养的人，这个行业里没有比他更好的人了。"[1]

那一时期，林奇又开始筹备一部新剧了。1992 年时他读到了巴里·吉福德一部名为《黑夜人》(*Night People*)的小说，其中几段对话刻在了他头脑中。其中两段和他 1991 年产生的那个与神秘录影带相关的想法尤为契合。"大卫的这种特质很好，"斯威尼说，"他能把随机的东西结合在一起，创造出一个世界。"

1995 年初，林奇联系了吉福德。"大卫有天打来电话说：'巴里，我想和你合作一部原创电影，如果得自己出钱的话，必须咱俩一起做。'然后他就来了我位于伯克利的工作室。"吉福德回忆说，"他说他被《黑夜人》中的两句话击中了：一个女人说'我们只是对阿巴拉契亚夫妇，在迷失高速公路上玩疯了'，还有艾迪先生说'你和我，先生，咱们可以让那帮浑球好好出出丑，对不对？'这就是整部电影的起点。"

"大卫就住在附近一家旅馆里。"吉福德接着说，"每天早上差七分钟9点时他会打来电话说：'巴里，我八分半钟后准时到。'然后八分半钟后，他会带着一大杯咖啡走进来。我们花几周时间在便笺本上写出了想要的东西，然后黛比·特拉特尼克（Debby Trutnik）把它打了出来。"

3月，这部最后定名为《妖夜慌踪》的电影剧本二稿完成。三个月后的6月21日，最终的拍摄剧本定稿。和《宾馆客房》一样，《妖夜慌踪》的剧本写作风格极为简单，通过人们的对话，你根本不明白它究竟讲了什么故事，人物动作也十分刻意缓慢。故事中，一个男人可能杀掉了他不忠的妻子。《妖夜慌踪》探讨了妄想狂和变换身份的问题，是林奇最为经典的黑色电影，也是他最难懂、最黑暗的作品之一。

《妖夜慌踪》由Ciby2000和林奇自己的不对称公司联合制作。但早些时候，乔尼·西弗瓦特森原本想要参与。1994年，西弗瓦特森和汤姆·罗森伯格（Tom Rosenberg）以及特德·坦纳鲍姆（Ted Tannebaum）共同组建了湖景影业（Lakeshore Entertainment）。他回忆说："我想让湖景投拍制作《妖夜慌踪》，提出给大卫600万美元的预算。他已经把支票拿到手了，但开拍之前我说：'大卫，如果让一个女演员分饰两个角色，让两个演员演同一个角色的话，没人能看懂这部电影的。'他说：'你什么意思？很明显啊！'他很固执，觉得这不是问题，于是湖景就撤回了投资。"

虽然剧本确实很有违常理，但Ciby2000心甘情愿参与了这件事。有悖于寻常的直线叙事，《妖夜慌踪》类似一部存在主义的恐怖电影，被《纽约时报》的珍妮特·马斯林（Janet Maslin）总结说是"一场精心创造出来的幻觉，绝不会被误认为是其他导演的作品"。一位前卫爵士萨克斯风手变成了一个车库修理工，一位住在郊区的主妇变成了黄片影星，这是部吓人的原创电影，回荡着英格玛·伯格曼电影《假面》（*Persona*）以及罗伯特·奥特曼（Robert Altman）电影《三女性》（*3 Women*）的影子。

比尔·普尔曼（Bill Pullman）扮演了一位名叫弗雷德·麦迪逊（Fred Madison）的爵士音乐家，他正处于神游症的发病期——这是种精神病，表现为抛弃自己原本的身份，假装成另一个人。神游症是失忆的一种，在现实变得让人难以承受时，它可以让心灵保护自己，不受自己的侵害。林奇曾说，这部电影的灵感部分源自妮可·布朗·辛普森（Nicole Brown Simpson）和罗恩·戈德曼（Ron Goldman）的凶杀案，以及嫌疑人辛普森的审判电视直播——他觉得非常吸引人。和弗雷德·麦迪逊一样，辛普森似乎也说服自己相信，他和发生在眼前的这场命案毫无关联。

这是个充满罪恶的故事，但林奇的布景做得非常漂亮。"见到大卫的时候，我觉得好像见到了一位家人。"比尔·普尔曼回忆说，"我们两个同声共气。一到片场，我就发现每个人对他的感觉都一样——大卫非常擅长于讲解当天的任务，所以每个人都觉得自己是这个创意小组的组成部分。我喜欢他的幽默感，他描述东西的方式让人觉得很亲切，也许是因为他也有乡村背景吧。大卫身上有种土地赋予的慷慨，我们俩也都或多或少和蒙大拿有关联。他小时候和他祖父在那儿待过，现在他儿子莱利在我们家位于那儿的牧场工作。"

"我们给我的角色起了个昵称。"普尔曼接着说，"我不记得到底是谁起的了，但那个昵称是'走向歌舞伎'，意思是场景中发生的事情会慢慢变作某种仪式，有未知的奥秘以及面具。歌舞伎就是这个意思。"[2]

电影中扮演皮特·代顿（Pete Dayton）的是演员巴萨扎·盖提（Balthazar Getty），他 14 岁时在哈利·虎克（Harry Hook）1990 年改编自同名小说的影片《蝇王》（*Lord of Flies*）中献出了处女秀。他也是 J. 保罗·盖提（J. Paul Getty）的曾孙子。林奇是在一本杂志上看到了他的照片，然后打电话给他，邀请他来参加《妖夜慌踪》的选角。"大卫是个凭直觉做事的人。他当场就说，我是这个角色最合适的扮演者。"盖提如此回忆他们的第一次会面。

"唯一对林奇电影有整体构想的就是林奇本人。拍摄过程中，帕特丽夏·阿奎特（Patricia Arquette）和我完全不知道自己在拍什么。"盖提接着说，"最后看到电影时，我吓了一跳，完全不知道会这么吓人。帕特丽夏和比尔在走廊里进进出出，音效强烈——看剧本的时候完全看不到这些东西，而且那么多剧情都开放给观众去解读。大卫的技巧就在于让演员不断猜测，这样就在片场创造出一种气氛。"

"大卫非常重视细节、美术和服装。我记得拍某场戏前，他亲自完善布景。"盖提补充说，"他跑到房间一角，放了点东西在那儿——好像是咖啡豆什么的——摄像机永远不会拍到那里，观众更不可能看见了。但大卫有他自己的一套方法，他需要在那里放上那个东西。"[3]

参与拍摄《妖夜慌踪》时，盖提刚满 21 岁。对他来说，这部电影很有挑战性。"刚开始时，我们拍了一幕戏。皮特和他父母坐在家里，皮特要盯着他们看。"盖提回忆说，"我们拍了一遍又一遍，最终拍到大概第十七条时，大卫说：'大家休息吃午饭吧，回来之后就能拍成了。'我回了自己的拖车，绝望极了。大卫是那种让你很想取悦的人。当时我真的哭了，觉得自己太不合格了。然后他在午饭时叫人送来张纸条，上面写着：'想想你自己是个孩子，和爸爸说话的时候，你看到一只蜂鸟正绕着他的脑袋飞。那个孩子脸上会是什么表情？第一次见到火的时候会是什么表情？你会感受到怎样的奇迹和惊讶？'很直白的指导，但很有效。吃完午饭后，我们果然一条就拍过了。"

"另一幕戏中，我和帕特丽夏在一家旅馆里会面，她跟我详细说了自己的抢劫计划。"盖提接着这样描述林奇的指导技巧，"这场戏让我非常挣扎，最后大卫让我坐在自己手上演完了整场戏。演员会用手沟通，如果坐在手上，

与黑暗为邻

那你就不得不更加深入角色，完全用面孔来表演，这就是大卫的意图。"

普尔曼同样需要面对挑战，其中就包括一场疯狂的萨克斯风独奏表演，要一路飙升到最高音阶。"安吉罗写了一首曲子，然后雇了位名叫鲍勃·谢泼德（Bob Sheppard）的伴奏音乐家进行了表演。"普尔曼回忆说，"大卫说：'这个很简单。你就跟那个人待一会儿，他就会教给你怎样表演了。'我于是抓住鲍勃说：'我想把你演奏的过程录下来。'可是他说：'那种演奏我做不出第二遍了。'很显然大卫一直在录音室里，每吹完一遍他就会说：'再疯一点！我想让这首曲子听起来再疯一点！'所以他进入了某种状态，给出了大卫想要的表演，但现在他说：'我做不出来了，也不想再做了。你得靠自己了。'这是我做过最难的事情之一，表演完成后从剧组人员那里获得的掌声在我看来真是无比珍贵。"

《妖夜慌踪》里出现了两个——而不是一个弗兰克·布斯，其中之一是凶残的色情行业从业者艾迪先生，由罗伯特·劳吉亚（Robert Loggia）扮演。1996 年时，普尔曼和他共同参演了科幻大片《独立日》（*Independence Day*）。拍摄过程中，他把《妖夜慌踪》的剧本给了劳吉亚，后者立刻喜欢上了艾迪先生这个角色。劳吉亚还献上了电影中最有喜剧色彩的一幕。当一名司机不明智地决定跟踪艾迪先生时，后者把自己的车当作冲击炮，迫使那位司机停在了路边，然后一边教育他尾随的危险性，一边把他打成了肉酱。这就是林奇最为特别的幽默感。

另一个同样吓人的角色是神秘人，由罗伯特·布莱克（Robert Blake）扮演。布莱克是个童星，长大后又凭借在理查德·布鲁克斯（Richard Brooks）1967 年电影《冷血》（*Cold Blood*）——改编自杜鲁门·卡波特（Truman Capote）的同名纪实文学作品——中的出色表现而备受赞誉。在《妖夜慌踪》里，布莱克献出了古怪又超然的表演，让人感受到邪恶可以如此巧妙地侵入每个人的日常生活。布莱克的角色让人意识到，恶魔从不会在未经召唤的情况下到来。"你邀请我来的。"神秘人告诉弗雷德·麦迪逊。"我不习惯去自己不受欢迎的地方。"《妖夜慌踪》上映5年后，布莱克2001年因涉嫌谋杀妻子邦妮·李·巴克利而被捕，最终于2005年被无罪释放。《妖夜慌踪》是他最后一次在大银幕上露面，同时也是理查德·普莱尔（Richard Pryor）及杰克·南斯生前参演的最后一部影片。

1994年，林奇的另一位邻居也去世了。他于是买下了第三栋房产，计划着把它改造成带录音室的录音棚。开始给《妖夜慌踪》勘景时，林奇正准备把那栋房产拆掉重建。结果他们没能找到电影中麦迪逊家的合适拍摄地——但这又是《妖夜慌踪》中的关键地点——于是决定临时把林奇的新房子改造成拍摄地。电影中许多关键情节都是围绕麦迪逊家的房子发生的。这个房子有着特殊的建筑风格，比如建筑正立面的窗户看起来就像横竖纵横的沟槽，还有条长长的走廊，直通向黑暗。

"大卫能很具体地描述出他想要的东西。"外景制片助理杰瑞米·阿尔特（Jeremy Alter）说。阿尔特成长于佛罗里达州的劳德代尔堡（Fort Lauderdale），1989年到位于洛杉矶的加州大学洛杉矶分校学习电影。"整个拍摄期间，我都在找巴萨扎·盖提饰演的那个角色住的房子。大卫说：'我要一栋房子，透过窗户能看进隔壁院子，左侧是车库，客厅空间很大，厨房餐厅一体，后院中没有游泳池，穿过走廊才能走进房子的主要空间，卧室要大到能放下一辆摩托车。'我绝对看了得有150栋房子。"[4]

和普尔曼、阿奎特以及劳吉亚——"罗伯特·布莱克不需要排练"，林奇说——进行了为时两周的排练后，11月29日，电影在林奇的房子里开拍了，由摄像师彼得·德明（Peter Deming）掌机。德明是美国电影学院电影摄像专业的毕业生，他在1992年时和林奇产生了交集——当时他掌机拍摄了六集《正在播出》和全部三集《宾馆客房》。《妖夜慌踪》是他们合作的第一部剧情长片，之后他们便保持了稳定的合作关系。

"我读了剧本，第一天拍摄的是一场发生在麦迪逊家中的日常戏。"德明回忆说，"我布好光，但看到第一次的排练后，我转身对剧组人员说：'咱们得重头再来了。'通过看剧本，你压根不知道那场戏里会发生什么。虽然那幕戏中的对话很平庸，但充满了紧张感。对大卫来说，少即是多，通过对话和恰当的停顿，他能用极少的语言创造出丰富的含义。演员之间的对话很简单，几乎没什么内容，但他们之间的气氛却难以置信地紧张。"[5]

德明从林奇身上获得的另一项重要启示则是灯光——林奇视觉风格的关键组成部分。"大卫希望夜场戏特别暗——甚至在室内也一样——这成了我们俩之间的玩笑，我们甚至创造了一个黑暗指数。"德明说，"他会说类似这样的话：'这只是与黑暗为邻。'有一幕戏中，巴萨扎饰演的角色准备晚上出门，出去前碰到了坐在客厅的父母，他们说：'坐下，我们要和你谈谈。'当时客厅里亮了两盏台灯，大卫到片场后说：'这些灯干吗亮着？'我说：'他们坐在客厅里。你不想让他们坐在一片漆黑里吧？'对大卫·林奇来说，这是个很蠢的问题。他说：'不，但灯不应该亮在这里。这个房间应该被外面门廊上的灯照亮。'于是我们把所有东西都拆了，重新用房子前门外的一盏灯照亮了房间。"

电影的制片人是斯威尼、汤姆·斯滕伯格（Tom Sternberg）以及迪帕克·纳亚尔，后者对于在南加州城市唐尼（Downey）拍摄的一场夜场戏记忆犹新。"我们清空了一整条大街，准备好了汽车和特技小组，整场戏都要在户外拍摄。"他回忆说，"到了拍摄那天晚上 6 点，彼得·德明给我打电话说下雨了。我们当时已经拍完了那场戏之前以及之后的戏，画面里都没有雨，所以我只好给大卫打电话说：'今天是咱们的大日子，这些东西花费太高了，不管怎么样也得拍下去。咱们能不能改成拍室内？'他立刻说：'不行。咱们还是拍室外。给我找两根水管、两个漂亮的男孩和两个漂亮的女孩，我到片场之前把这些都找齐。'原来大卫想到了一个绝妙的主意，他让这四个孩子在旁边玩水管，弄得浑身湿淋淋的，因此画面中出现的水像是来自水管，而不是从天而降的雨水。"

现在大家可能已经很清楚了，每个和林奇合作过的人都惊诧于他临场发挥的能力，其中也包括德明。他回忆说："最后一晚我们拍摄的是场沙漠戏，其中出现了一栋荒废的小屋。当时我们差不多已经杀青了，但大卫转身对帕蒂·诺里斯说：'这栋小屋之后怎么处理？'她说：'美术部明天会拆掉它。'然后大卫说：'我们能把它炸掉吗？'她笑了，大卫说：'说真的，我们能把它炸掉吗？'然后他打电话把加里·达米科叫来说：'你能找到汽油吗，加里？'加里说：'哎呀，大卫，你早跟我说就好了，现在我不知道能不能找到汽油。'加里于是出发去寻找汽油，不久后他就开始往破屋里安装汽油燃爆器了。"

达米科印证了德明的说法："大卫做很多事都是临时发挥。引爆那栋破屋时我以为爆炸会很剧烈，但那天风太大了，很难让它向外爆炸，所以那东西只是像兴登堡号飞艇一样被引燃烧毁了。和我预期的很不一样，但我按下按钮的那一秒，大卫说：'这是我见过最美的画面。'"

拍摄于第二年 2 月 22 日正式结束，整个拍摄时间非常长。"一般来说，大家都会巴不得这样的电影赶紧拍完，因为太累人了。"德明说，"但杀青时每个人都很伤感，因为和大卫一起工作就像一场愉快的冒险，每天都会发生让人惊讶的事情，他也会不断激发你的潜能。"

"拍摄的时候是大卫最开心的时刻。"斯威尼说，"因为他就像在用手中巨大的机器再现自己头脑中的设想。"拍摄《妖夜慌踪》的过程中，林奇也能不慌不忙。拍摄完成后，他又进行了长达几个月的后期制作。"那是能让想法缓慢发酵酝酿的美妙时光，"斯威尼说，"《妖夜慌踪》的后期制作持续了 6 个月，放在今天根本不可能。大卫的第二栋房子变成了吵吵闹闹的工作场所，忙碌不停的工人和助理们占据了整个顶层。"

"后期制作过程中，有四五个月时间，我们每周五晚上都会办鸡尾酒派对。"她接着说，"玛丽莲·曼森（Marilyn Manson）来过，还有蒙蒂·蒙哥马利，Ciby2000 的一些销售人员——消息很快传开了，常客又会带来新朋友。我们玩到很晚，喝很多红酒，抽很多烟，大卫会用故事款待每位来宾。"

1995 年，林奇家增添了一位新成员——他唯一的外孙女西德·林奇（Syd Lynch）。"爸爸在很多方面对我都很慷慨，我能生下女儿，也多亏有他。"詹妮弗·林奇说，"那时我怀孕了，完全没有头绪，但爸爸说他会帮忙。而他也确实这么做了。"林奇是位缺席的父亲——你绝对不会在类似高中戏剧表演这样的场合看到他——但孩子需要的时候，他绝对会在身边。

1996 年 12 月 30 日，林奇失去了一位准家庭成员——那天，杰克·南斯莫名去世，年仅 53 岁。南斯是个瘾君子，但整个 80 年代和 90 年代早期他都滴酒不沾。但在 1991 年时，他的人生发生了黑暗的转折。当时他仅仅结婚 6 个月的妻子凯莉自杀了。南斯去世那天在洛杉矶一家甜甜圈商店门口和两个男人起了争执，随后因头部受伤去世。虽然警方对此进行了谋杀调查，但并未逮捕任何人。从《橡皮头》到《妖夜慌踪》，他像一味辛辣而又不可或缺的调料出现在林奇的作品中——除了《象人》，他参演了林奇的全部电影，他的早逝对林奇来说是个巨大的损失。

《妖夜慌踪》由十月影业公司发行，1997 年 2 月 21 日在美国正式上映，但票房表现并不好。和林奇的其他作品一样，它也收获了两极分化极其严重的评价。"林奇大概忘了，听另一个人讲述他的梦境有多么无聊。"《新闻周刊》的杰克·克罗尔（Jack Kroll）说。但与此同时《电影威胁》（Film Threat）杂志则盛赞《妖夜慌踪》为"探入人心病态之中，呈现出令人着迷的效果"。还有《滚石》杂志，总结它为"大卫·林奇拍过的最棒的一部电影"。一谈到林奇，好像任何人都无法保持中立了。

然而一切最终都要交由他自己评判。决定拍摄《妖夜慌踪》时，他已经被影评人判了缓刑，但他仍旧不顾一切向前冲，交出了他电影生涯中最难懂、最复杂的一部电影。电影长达 2 小时 15 分钟，观看体验并不太好。影片中充斥着黑暗，还使用了碎片化的非线性叙述，很难简单解释清楚，其中的性爱场面还让他遭受了厌女症的责难，但《妖夜慌踪》是部宣告独

梦室

立的作品。

影评人不喜欢《双峰：与火同行》，但林奇用《妖夜慌踪》告诉电影产业，他不是为了他们拍电影，而是在回应自身想象力更为权威的召唤。为《首映》（*Premiere*）杂志撰写《妖夜慌踪》现场观影感受时，作家大卫·福斯特·华莱士提出了这样一个问题，即大卫·林奇是否"真的在乎恢复自己的名誉……这种态度——不管是林奇本人，还是他的作品——在我看来既让人羡慕，又有点发疯"[6]。

和平时一样，林奇手头同时进行的可不止一部电影。1996 年，他在日本的四家美术馆进行了个人艺术展，第二年又在巴黎皮尔泽画廊（Galerie Piltzer）办了展览——巴黎后来也成了他的第二故乡。这一时期，他的画作既有力又让人不安。1996 年创作的《石头与七只眼睛》（*Rock with Seven Eyes*）中，椭圆形的黑石中随意摆放着七只眼睛，石头仿佛飘浮在芥末色的荒地上。这张画可以解读为潜意识的画像，也可以理解为不明飞行物或黑洞。1994 年至 1996 年间创作的《我的头错位了》（*My Head is Disconnected*）中，一个男性人物向观众挥着手，但与此同时，他的脑袋却包在一个方块中越飘越远。不时出现在林奇电影中的快乐蓝鸟，在他的视觉艺术作品中却极少现身。

1997 年 4 月，意大利米兰国际家具展中展出了林奇设计的一系列家具，由瑞士 Casanostra 公司进行了小规模量产。每件家具售价在 1500 至 2000 美元之间，其设计灵感来自许多地方，比如包豪斯、皮埃尔·查理奥（Pierre Chareau）、理查德·诺伊特拉（Richard Neutra）和查尔斯·伊姆斯（Charles Eames）。林奇的家具雕塑性很强，却不太实用。比如他觉得大多数桌子都太大、太高了，会引发"不愉快的心理活动"，因此他的浓缩咖啡桌（1992 年设计）和钢制小边桌的桌面都很小，只能放下一杯咖啡或一个烟灰缸。

到了林奇的家具在意大利展出的时候，他和 Ciby2000 之间的合约已经摇摇欲坠了。"对大卫来说，合约的要求很难实现，因为太具有限制性。"

斯威尼说，"合约保证了完全的创作自由，但想要获得绿灯，我们一路上必须达到各种标准。我们小心翼翼地咨询了律师，以求达到那些标准。但弗朗西斯·布伊格在拍摄《与火同行》和《妖夜慌踪》之间去世，此后事情就完全变了。"

"大卫签了份要么履行要么赔偿的合约，要拍摄三部影片，但弗朗西斯去世时他只完成了一部。到了1997年，他们说我们违约了——但我们明明是逐字逐句地履行了义务。"斯威尼接着说，"他们说自己无须支付大卫拍摄第二和第三部影片所应获得的几百万美元报酬，但我们手头有整件事的书面记录。案子在洛杉矶开庭，但他们想办法把管辖权转移到了法国。于是，大卫的律师乔治·海吉斯聪明地让法国法庭冻结了对方公司财产，直到案子审理完成才能解冻。于是，他们不得不同意庭外和解。"

电影产业中类似的小纠纷让林奇意识到了他真正向往的工作方式。如果能够选择，他宁愿自己待在工作室里，亲手制作完成一件艺术作品——不管是电影还是绘画。于是他决定在家待一段时间，不拍电影，改录音乐专辑。

林奇的家庭录音棚从1997年年底开始运转，音乐家兼工程师约翰·内夫（John Neff）成了这里的负责人。1998年8月25日林奇发表了《生动的光》（Lux Vivens），专辑由他和英国音乐家约瑟琳·韦斯特（Jocelyn West）共同完成。林奇是两年前认识韦斯特的，那时她是蒙蒂·蒙哥马利的妻子，名字还是约瑟琳·蒙哥马利。当时林奇正和贝德拉曼提在纽约一家录音室工作，她过来和他打了个招呼，结果没想到用接下来七个小时演唱录制了歌曲《还依然》（And Still），这首歌是林奇和录音室经理阿蒂·波尔希默斯的妻子埃斯特尔·莱维特（Estelle Levitt）共同写作的。林奇和韦斯特合作得不错，所以家庭录音棚刚一建成，他就邀请她来一起合作。《生动的光》中的歌曲基于希尔德加德·冯·宾根（Hildegard von Bingen）写作的独唱曲改编而成。宾根是12世纪的德国神学家、作曲家，还是位充满远见的修道院女修士，她写作的曲子中大量使用了单条旋律线。

和蒙哥马利的合作结束后，林奇又遇到了另一位对他启发很大的歌手。克莉丝塔·贝尔（Chrysta Bell）1978 年出生于得克萨斯，青少年时期曾担任吉普赛摇摆乐乐队“8½纪念品”（8½ Souvenirs）的主唱。到了 19 岁时，她已经是位独唱歌手，由巴德·普拉格（Bud Prager）代理。普拉格是音乐界的一位标杆性人物，外国佬乐队（Foreigner）就是他一手打造出来的。他和布莱恩·劳克斯见了一面，后者听了克莉丝塔·贝尔的小样后说，她和林奇或许能合作得不错。

　　“几周后，我在大卫的工作室见到了他。”克莉丝塔·贝尔说，“我们敲了敲门，大卫来开门，他叼着支烟，那个发型，那件塞进去一半的白衬衫，还有那条溅满颜料的卡其裤，令人印象深刻。他拥抱了我，说：‘克莉丝塔·贝尔！’我没想到会受到如此热情的欢迎——他让我很快放松了下来。”

　　“第一次见面我们聊了好几个小时。我给大卫放了一首名叫《很想有个人》（I Want Someone Badly）的歌曲小样，然后他说：‘我爱你的声音。’接着放了些他作的曲子，又去楼下取来了他写的歌词。大卫手里有曲子和歌词，我的工作就是用旋律把二者完美结合在一起。那天我们录了首叫《到你身边》（Right Down to You）的歌，结束时，大卫说：‘我想做个音乐厂牌，想和你做更多音乐。’但我告诉他我已经和美国广播唱片公司（RCA）签了合约，能做的事情似乎只能到此为止了。”[7]

　　事实证明，克莉丝塔·贝尔和林奇的关系并未就此结束。但一段时间过后，他们才有了再次合作的机会。与此同时，林奇即将因为其他事情忙得脱不开身。

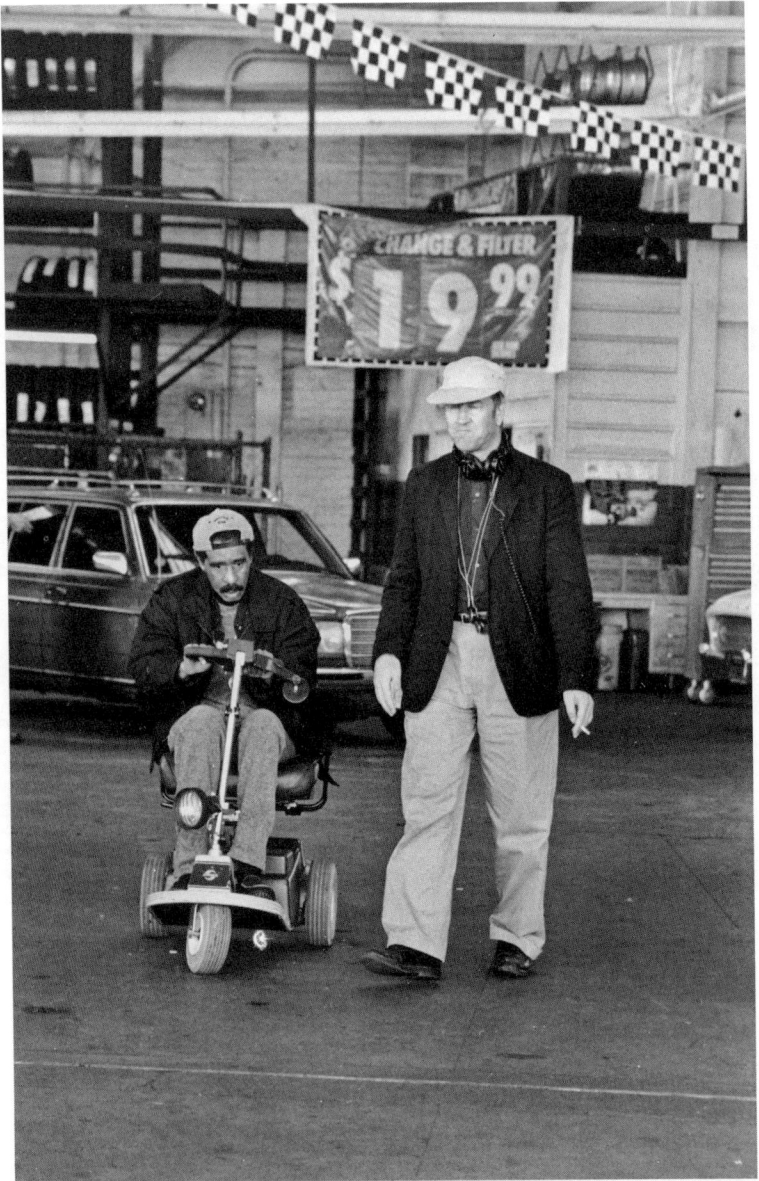

没有电影可拍的时候，我从不会感觉焦虑，就像是，哦，我应该拍电影啊。不是这样。你只能在有灵感并且有欲望的时候才能做成一件事。但假如什么都没有，你自己也没有任何想法，或者你现在的灵感都集中在绘画上，那你就去画画。我花了挺长时间才重新有了拍电影的灵感。我已经很多年没有电影灵感了。那些年里，我看着电影产业在我眼前不断变化。电影在向数字化转变，人们对电影不太感兴趣了，艺术影院就像感染了瘟疫一样纷纷死去。最终，这个世界上将不再存在电影院，大多数人只会在电脑或者手机上看电影。

那时还发生了很多事情，我也被人劝说参与了很多事。人们会来和我谈事，而我就会答应他们。虽然我并不太想做这些事，但他们就是希望我能参与。我不知道自己是什么时候学会拒绝的，但我总算学会了。我不是一家公司，我也拒绝了很多事情。

1995 年，《卢米埃与四十大导》打来电话，说全世界 40 位导演将用卢米埃兄弟最初发明的摄像机拍摄短片。那种机器是由木头、玻璃和黄铜制成的，纯手工制作，有个小小的木质底片盒，一次只能装 55 秒的胶片。我觉得这个项目听起来挺酷，但我没什么想法。后来我去了木工场，突然有了个想法：一个人被谋杀了——我现在还保留着刚有这个想法时画的素描，然后很快就开工了。我们在加里·达米科家的院子里建了条 30 多米长的摄影机移轨，由（特效工程师）菲尔·斯隆（Phil Sloan）负责操作。为加里工作的另一位菲尔造了个能包住摄像机的大盒子，一拉绳，盒子就会一下打开，便可以开始拍摄；再拉一下，门就会砰的一下关上。可以利用这个短暂的时间，把摄像机沿移轨挪动到下一个场景。我们要拍野地里的尸体；一个坐在沙发上的女人，两个身穿白衣的女人和一头鹿；加里造的一个巨大水池，里面坐着个女人；还有些男人拿着棍状的东西走来走去；然后穿过一片烟雾，出现一张燃烧的白纸；紧接着是最后一幕。一点差错都不能出，而且要在 55 秒内完成这些场景切换，真是让人激动。他们雇了个法国人看守那部摄像机——机器去哪儿他就去哪儿——我们找了六七个人负责控制移轨，现在大概有一百个人，都有事可做。坐在水池里的女人名叫唐·萨尔塞多（Dawn Salcedo），她做得很不错。她只能在水下憋气一小段时间，但所有场景必须按照精确的时间上演，拍到水池时，她就必须在水池里憋气。短片刚开始，一个坐在沙发上的女人突然产生了不好的预感。刚拍完那一幕，几个家伙就得跑上来，把沙发挪到最后一个场景中去。实在太好玩了。

拍完《与火同行》的那段时间，我尝试着拍一部名为《徒劳的爱》（*Love in Vain*）的电影。故事基于很久以前我读过的一个剧本，作者是在布鲁克林生活的一个叫艾伦·格林伯格（Alan Greenberg）的家伙。很久之后，到了2012 年，这个故事出成了一本书，名叫《徒劳的爱：罗伯特·约翰逊的美梦》（*Love in Vain: A Vision of Robert Johnson*），但最初它是个剧本。这个生活在纽约的犹太人写出了我所见过最为黑暗的故事。我给他写了信，告诉他我真的很喜欢这个剧本。之后几年，他跟几位制作人聊过几次，但最终没拍成。故事讲述了罗伯特·约翰逊人生的十字路口，原本可以拍成一部以南部为背景的虚构历史片。剧本给人这样一种感觉：这世界上存在着黑人和独属于他们的世界，白人压根不可能了解或踏足其中。它很有调调，可以从里面听到音乐，看到性，还有固体酒精、兔子脚、松树、酒吧点唱机、漫无目的的乱转，以及人物，都从故事里冒了出来。白天人们都在采棉花，但那一点都不重要。重要的是采完棉花之后发生的事情，它很美，那些小棚屋，那些女人，以及她们无声的交流方式，还有音乐所产生的魔力。故事中的

梦室

奥秘在于，罗伯特·约翰逊完全不会弹吉他，直到他在十字路口遇到了魔鬼，那之后他就像疯了一样弹吉他。有人请他到某个男人家里的聚会上演出。聚会开始了，那个男人的妻子在罗伯特演奏的时候给他送来了饮料。把饮料给他的时候，她在他身上蹭了几下。罗伯特也喝多了。丈夫看见了妻子的行为，于是在罗伯特的酒里下了毒。之后，罗伯特·约翰逊趴在草地上，在极度痛苦中死了。

那段时间我还尝试推动拍摄《牛犊之梦》。《牛犊之梦》和《一个唾液泡》有点像同一码事，它们讲的都是误解和愚蠢，但《一个唾液泡》正常一些，像是部自我感觉良好的电影。《牛犊之梦》却是个荒唐的喜剧。写这个剧本很费功夫，但我很喜欢里面的一些东西。我和哈利·戴恩一起去找马龙·白兰度，想说服他和哈利·戴恩共同出演，但白兰度讨厌这个故事。他盯着我的眼睛说："这就是装腔作势的垃圾。"然后他就给我们讲他正在推销的一种用长在盐水里的草做成的饼干。后来他又讲到他想制造的一种车，这种车底下有囊袋，能把草烤干变成燃料，车就像在一边吃草一边跑。你永远看不出来马龙是在耍你还是在认真谈事。

马龙的情况是这样，他什么都不在乎。任何行业里都能看到一些坏的行径，但电影产业的不同之处在于，见识了那么多的自高自大、谎言和背后插刀，有时候你真想去干点别的，不在这个行业里混了。很明显，白兰度对此感触最深。他参与了一会儿游戏，后来实在撑不下去了，因为觉得很恶心，于是达到了一种只想找找乐子的境界。我觉得他确实以一种特别的方式找到了乐子，和他聊天也很有意思。差不多就是这个时候他上了《拉里·金脱口秀》（*The Larry King Show*），然后在节目里亲了拉里·金。

他来过我家几次。有次是自己来的——我猜他是自己开车来的——进来的时候声势很大，你知道的，就像是白兰度大驾光临了。我有点紧张，因为不知道他为什么来，我们又该做点什么。我想着给他做杯咖啡，但他一进来就说："那个，你有没有吃的东西？"我想，我的天呀，但我说："马龙，我不知道,咱们去看看。"厨房里只有一个西红柿和一只香蕉,然后他说:"可以,这就行。"于是我给他找了个盘子,还有一副刀叉,然后我们就坐下来聊天。接着他说:"你有盐吗?"我们聊天的过程中,他就往西红柿里撒了盐,然后边切边吃。后来玛丽带着莱利进来了,白兰度说:"玛丽,把手给我,我想给你个礼物。"于是她把手伸了出来。原来他用粘在西红柿上的德尔蒙标签做了个戒指,戴在了她的手指上。

那时候马龙时不时会穿女装。马龙很想穿上女装,同时让哈利·戴恩也穿上女装,然后他们俩一起喝茶,边喝茶边即兴演出。想想那个场景吧。真是不可思议!我要做的只是打开摄像机,但马龙临阵脱逃了。这个片子会让我发疯的。他真应该拍出来!

《妖夜慌踪》是这么来的,首先是一个想法:一盘录影带出现在了一对夫妇的家门口。另一个想法源自发生在我身上的一件事。我家门铃和电话连在一起,有天电话响了,有人说:"迪克·洛朗(Dick Laurent)死了。"我跑到窗口想看看外面是谁,但外面空无一人。我想不管是谁,他肯定敲错门了,但我从没问过邻居们是否认识一个叫迪克·洛朗的人,因为我觉得我也并不真的想知道。所以我脑袋里存着这些想法,它们又和巴里·吉福德的书《黑夜人》结合在了一起。于是我给巴里打了电话,然后飞到伯克利和他见了面。我给他讲了我的想法,但他不喜欢;然后他给我讲了他的想法,我也不喜欢。于是我们俩坐在那儿,互相盯着看了一会儿。接着我记得我告诉了他一个新想法:你去参加一个聚会,一个人过来告诉你,和你说话的同时,他也正站在你家门口。巴里说:"我喜欢这个主意。"不知怎么我们俩即兴发挥了起来,《妖夜慌踪》就这么产生了。

这不是部搞笑的电影,因为其中的人物走的并非一条坦途。我相信不是所有的路都通往迷失,但人生中会遇到许多让你迷失的地方,而迷失的感觉同时让人很愉悦——就像切特·贝克(Chet Baker)说的:让我们迷失吧。

看看贝克后来经历了什么——他从窗口坠落身亡。每个人都在寻找其他人，当事情变得不再可控，你就会产生迷失并做点什么的欲望，但这时你做的许多事都会给你惹麻烦。吸毒就是迷失的一种。毒品令人上瘾，想不吸实在很难，但你得为此付出代价。相比从中获得的那点好感觉，这种代价压根不值得。

那时我在圣莫妮卡大道上有间办公室，我想找几位警探聊聊。于是这个人——怀特警长，来了我的办公室。完美的衬衫，灰白相间的头发，像电影明星一样漂亮——怀特警长走进一间会议室，我们几个人聚在那里，他开始跟我们聊天。后来他邀请我到洛杉矶警察局抢劫与凶杀部参观，我去了，他和威廉姆斯探员以及约翰·圣约翰探员坐在那儿等我。我问了他们一堆问题，其中一个问题是他们是否遇到过感到害怕的犯人。他们回答说从没遇到过。从没！这个问题甚至好像冒犯了他们，因为我居然觉得他们会害怕这些人渣——他们管这种人叫"人渣"。你会觉得自己必须有某种阵势才敢从事这份工作。那些浑蛋不会让他们害怕，只会被他们逮住。

那次会面之后，约翰·圣约翰负责接待我，他把我带到一个房间，留我一个人独自查看一沓又一沓的照片。照片中，一个凶杀受害人接着另一个受害人，都是真人真事。我和他又见过两三次面，他给我讲了不少故事，都很有趣，但没能唤醒我任何想法。它们大多数是悲伤的故事。他给我讲过一个故事，有群无家可归的人不知怎么拿到笔钱，买了罐40——40盎司一瓶的啤酒。那天是其中一个人的生日，于是他们带着啤酒找了间废屋，躲进去喝了起来。喝着喝着打了起来，酒瓶子碎了，其中一人抓住瓶颈——边缘非常锋利，把它捅进了另一人的胸部。这个家伙就在他生日这天，在一栋破屋的前院里失血至死。

约翰·圣约翰是 1947 年黑色大丽花谋杀案中的助理探员，这个案子引起了全世界人的关注，他知道我对这个故事也感兴趣。于是有天他给我打电话——这就像是你接到了克拉克·盖博打来的电话——他说："我带你去穆索和弗兰克餐厅吃晚饭。"这是莫大的荣幸。我没开玩笑。于是我和约翰·圣约翰坐在了穆索和弗兰克餐厅的一个卡座里，一起吃晚饭。吃完后他看着我，似笑非笑。然后他转过身，拿起公文包，打开，掏出一张漂亮光滑的黑白照片，放在了我面前的桌子上。那是张黑色大丽花躺在草地上的照片，保存得非常好，焦点和细节都很完美。他说："你看到什么了？"我看着这张照片，很吃惊。我研究了每个细节，想啊想。他让我看了很长时间，我知道他想让我留意到什么，但过了一会儿我不得不对他说："我没看出来。"他笑了，把照片收了起来。如果我能看出来他想让我看的东西，他肯定会很为我骄傲，而他的认可对我来说很重要，但我失败了。我一直想着这件事，就像脑袋里有块烧红的铁。突然之间我想明白了，那张照片是晚上用闪光灯拍摄的，而这一点通向了有关这一案件的诸多可能性。

我一直想要间录音棚。和弗朗西斯·布伊格签约后，我拿到了一大笔预付款，那可能是我这辈子感觉最富有的时候。于是我买下了第三栋房子，这样就能建个工作室，用来制作《妖夜慌踪》。麦迪逊家房子的灵感部分来自粉屋，但需要为了电影进行重新改造。我们安装了特定的窗户，这样从屋里就看不出前门站着的人究竟是谁；屋里还要有条长走廊，一直通向黑暗之中。我们只在那栋房子里拍了 10 天，之后艾尔弗雷德·彭斯就和工作人员一起把房子拆掉了。他们又用了整整两年时间重建，终于建成了一座录音棚。录音棚的设计师是声学建筑师彼得·格鲁内森（Peter Grueneisen），他也是巴顿工作室（Studio Bau:ton）的创始人之一。他给我设计了那块地皮所能容纳的最大的录音棚，简直太大了，各方面都很完美。录音棚里有两组厚达 30 厘米的墙壁，墙体中间夹着氯丁橡胶，三层地板，三层天花板，光是钢筋水泥就花掉了我很多钱，真是难以置信。我很高兴自己建了这座录音棚，但今天想做专辑，真的不需要这么多东西，有人在自家车库里就能混出很棒的音乐。迪恩·赫尔利（Dean Hurley）负责运营录音棚，迪恩真是无价之宝。

我们在录音棚里制作的第一张专辑叫《生动的光：希尔德加德·冯·宾根之歌》，是我在1998年和约瑟琳·韦斯特共同创作的。希尔德加德·冯·宾根创作的音乐很精致，大部分基于一个音调。约瑟琳能够以一个音调为起点，创作出一系列美好的音乐。我想让音乐听起来就像是大自然本身创造出来的，于是加入了很多其他东西，比如下雨的音效，她飘浮的歌声，以及嗡鸣声。这张专辑多亏了蒙蒂·蒙哥马利才能做出来。我不知道蒙蒂和约瑟琳是怎么认识的，但我那时正在纽约神剑工作室（Excalibur Studios）和安吉罗录一首歌。蒙蒂打来电话说："大卫，我认识了一个女孩，你介不介意她过来给你试唱一下？"阿蒂·波尔希默斯是工作室的负责人，他妻子埃斯特尔60年代时是位作词人，写的东西很不错。她不常来工作室，但只要她来，阿蒂就会让她坐在沙发上，她就会一直待在那儿。那天她正好在，而她和我正好在一起创作一首名为《还依然》的歌。我写一句歌词，把它交给埃斯特尔，然后她写下一句，再交还给我，我们就这样来来回回地写着。正好蒙蒂打了电话，约瑟琳不久后就来了，我们问她愿不愿意试试这首歌，她说："可以。"她还带来了自己的小提琴——她也拉小提琴——这首歌中的小提琴部分正是她演奏的。她的小提琴和她的歌声都那么美。

1993年弗朗西斯·布伊格去世了，但我和Ciby2000的合约依然有效，一直到我拍完《妖夜慌踪》。然后有个人——可能就是我给你讲过的那次会面时坐在弗朗西斯旁边的某个人——负责运营这家公司，决定不再投拍电影。我最后告的就是这些人，不过这是几年之后的事情了。

到了给《妖夜慌踪》选角的时候，我想到让比尔·普尔曼扮演弗雷德·麦迪逊，因为我在很多电影里看见过他。他演的都是男配角，但他的眼神里有某样东西，让我觉得他可以扮演一位古怪、强悍又与众不同的角色。

弗雷德·麦迪逊是萨克斯风演奏家，但他有点疯狂，所以他的演奏风格独具一格，尤其是在心理状况不太正常的时候。我们找了位叫鲍勃·谢泼德的音乐家，让他在国会唱片（Capitol Records）的录音室里录了弗雷德的萨克斯风独奏。鲍勃演奏完一段后我告诉他："我几乎听不见你演奏的声音，听起来像是教堂音乐。"于是他演奏得更用力了一点，我说："像是蚊子叫。一点感情都没有。你一点都不狂野。"在我的不断强迫下，他最终达到了我想要的状态，一旦进入那种状态，他就变得无人能敌了。同样的情况也发生在罗伯特·劳吉亚拍摄的那场开车尾随的戏中。我跟他说："你在自言自语吗罗伯特？你到底在干吗？一点力量都没有。"他说："大卫，我都在吼了。"我说："不，你没有！拜托！你演的是个疯子！"最终他进入了那种状态，结果很不错。

罗伯特·劳吉亚参演《妖夜慌踪》还要追溯到《蓝丝绒》。有天我为那部电影选角，正和两位演员一起试戏，罗伯特·劳吉亚在旁边等着给弗兰克·布斯的角色试镜。我和那两位演员一直试到了当天的选角时间结束，结果某个人过去告诉罗伯特·劳吉亚："不需要你了。"结果他勃然大怒。他冲进来冲我大吼了一通，像是气疯了——非常吓人。我因此记住了这个人，他也因此出演了《妖夜慌踪》中的艾迪先生一角。你看，一件事触发了另一件事，拍《妖夜慌踪》的时候我们俩就像艾克和麦克（Ike and Mike）一样好。和他在一起太有意思了。

让罗伯特·布莱特扮演神秘人是这么一回事。有天我在《今夜秀》（*The Tonight Show*）上看到罗伯特·布莱特接受约翰尼·卡森（Johnny Carson）采访，我记得当时自己想：这个家伙一点都不在乎这个所谓的电影业。他就是实话实说，完全忠于自己，我很喜欢这点。我记住了这个人，后来给《妖夜慌踪》选角的时候他来粉屋和我见了一面，我们聊得很不错。我不知道他是否和娜塔莉·伍德（Natalie Wood）约过会，但他们俩那时候走得很近。他告诉我她从不坐船，绝对不可能，因为她太怕水了。罗伯特·布莱克是个童星，是喜剧《小顽童》（*Our Gang*）第二部中的演员，我很喜欢那部剧。他三岁的时候就被父母推上了舞台，他因此很恨他们，尤其是他妈妈。我记得他说："我恨自己曾经在她子宫里待过。"我不知道他们对他做了什么，但这个可怜的家伙心里填满了对父母的恨意。不过罗伯特对我很不错。他管我叫亚哈船长（Captain Ahab），还说虽然一点儿看不懂我的剧本，但还是很愿意参演——而且演得很不错。那个角色的妆容是我的想法，但是他想到把眉毛都刮掉的。理查德·普莱尔是我在访谈节目上看到的另一位演员，当时我一眼就爱上了他。他经历过很多，因此拥有大智慧，一种伟大的感觉直接从他的身体中流露了出来。所以一有机会，我就邀请他参演《妖夜慌踪》，期待着他能答应，能和他一起工作太难得了。

《妖夜慌踪》中的音乐来自不同地方。我不知怎么认识了特伦特·雷诺（Trent Reznor），于是南下到新奥尔良去见他，他在那儿的一家殡仪馆里有个录音棚。那次他介绍我认识了玛丽莲·曼森——曼森正在那里和特伦特共同制作他的第一张专辑。特伦特是个了不起的音乐家，也是个了不起的鼓手。《妖夜慌踪》里精彩的鼓点都是他打的，他还给我做了很多音乐和声效。他有堵高 6 米、宽 9 米的墙，墙上挂满了合成器，可以做出各种不同的音乐。电影里还出现了卢·里德（Lou Reed）版本的《魔力时刻》（*This Magic Moment*），这是我听过的最棒的版本。我喜欢歌里的鼓点，也喜欢里德唱歌的方式，它们都完美契合了电影中的场景。鲍伊的歌《我疯了》（*I'm Deranged*）用在片头十分完美，歌词的感觉很对。我通过拍《双峰》认识了大卫·鲍伊，后来又和他见过两面。一次是在好莱坞高地大道的共济会会堂，我们俩都去那儿看波蒂斯黑德乐队（Portishead）的演出，还一起在后院抽了根烟。我爱波蒂斯黑德，但那个会场回声太大，音乐都混成了一团。

那段时间我还造了很多家具。我看了看身边的家具，觉得每样东西都很个人化，但我找不到能让自己灵魂感到触动的家具。于是我就想：我自己喜欢什么样的家具？我喜欢 20 世纪 30 年代和 40 年代的家具，还喜欢小家具（atomic furniture），因为它有种飘浮感，腿很纤细，能看到家具底下——现在很多家具会完全阻挡住人的视线。我喜欢弗拉基米尔·卡根（Vladimir Kagan），还有查尔斯·伊姆斯——查尔斯·伊姆斯做的家具最合我心，我爱他的家具。我在美国电影学院读书时曾经和他吃过一次午饭，他是我见过的最和善的人之一。他就像颗闪亮的明星，充满了热情，你能感受到他对自己职业的热爱。

家具和雕塑遵循许多共通的原则。但做雕塑的时候，你不需要考虑坐在上面是不是很舒服。家具不管怎么说还得实用，但我喜欢那种有雕塑感的家具。而且你家必须有足够的空间，才能摆放好家具。大多数房间，如果把某件家具放进去，你就看不到它了，因为屋里太拥挤了。房间越单纯空荡，人和家具才能更突显出来。

《妖夜慌踪》的后期制作持续了一年。像玛丽说的，这在今天根本不可能。底片的粘灰问题非常严重，看起来脏极了。我们去了洗印厂 CFI 公司，但他们处理不了，我们又去了另一个地方，还是不行。还有另一个专门做底片清洗的地方，也不行。然后 CFI 公司的丹·穆斯卡雷拉（Dan Muscarella）说："我有很多亲戚在 FotoKem 上班，你去那儿吧，我想他们能做。"他们把底片放到了温度极高的溶液里，用非常慢的速度进行手工清洗。清洗得特别干净，但花的时间也很长。

1996 年 2 月，我们完成了拍摄。但到了 12 月，电影还在进行后期制作，就在那时杰克·南斯死了。有些人以为杰克是被谋杀的，但并不是。我给你讲讲杰克身上发生了什么。我们拍《妖夜慌踪》的时候杰克又开始喝酒了，但他到片场的时候总是很清醒，工作过程中也特别愉快。在那之前他已经 9 年没碰酒了，但有天他对我说："林奇，有天早上我醒过来，对自己说：去他妈的。"然后又开始喝酒了。喝完烈酒，杰克就会变得乖戾刻薄，虽然他在我身边从不表露，但我能看出来他身体里隐藏着刻薄的一面。从某些方面来说，他和凯瑟琳是完美的一对。她一直在照顾杰克，有点像《蓝丝绒》

梦室

中的多萝西·瓦伦斯。

所以虽然我不在场，我也知道究竟发生了什么。他凌晨 5 点左右进了那家甜甜圈店，没太醉，但一直在喝酒，可能已经狂欢作乐了一晚上。他身体里仍旧隐藏着许多黑暗。他坐在店里，大概在喝咖啡，店里同时还有两个拉美人，杰克可能不怀好意地打量了他们，说"你们看什么，白痴"之类的话。那两个人离开了，但一直在店外等他，等他一出门就来了顿胖揍，我不知道揍得有多狠。然后他就回家了。杰克有两个一直照顾他的邻居——帮他洗衣服什么的——那天晚些时候他们见到了杰克，那时候他说自己脑袋疼得厉害。如果脑袋伤得很严重，只要能及时去医院，医生就会缓解内部肿胀导致的颅内压升高。但那两个邻居并不知道杰克的脑袋是怎么回事，第二天再去他家时，发现前门开着，杰克死在了浴室里。

杰克和哈利·戴恩很像。你可以一连几个小时和杰克坐在一起，一句话不说，只在那儿坐着，有时他会给你讲故事。很少有人能听到杰克讲的那些故事的结尾，因为他说话时常有长时间的停顿，大家就会以为故事已经讲完了，就走开去做其他事了。就像是电影中渐隐式的结尾，银幕全黑，你觉得电影肯定是演完了，但只要等的时间够长，他就会逐渐开启故事的另一个阶段。我记得他有天用缓慢又柔和的语调跟我说："你见过河流的冲积扇吗？"河流冲出山口时，携带的大量泥沙渐渐沉积下来，就会形成冲积扇。杰克在什么地方看到过这种景象，便提到了冲积扇，他说："但有人建起了一堵水泥墙。"然后等了好半天，真的好半天，他又接着说："墙挡住了冲积扇。"他很震惊，这堵水泥墙居然阻挡了自然的脚步。我能想象得出来，他肯定花了好几个小时研究这座山，还有它所遭遇的事情。其他人可能只是从旁边路过，什么都没留意到，但杰克不是这种人。他会慢慢研究，然后意识到：这是个冲积扇。杰克从不会急匆匆地去这儿去那儿。杰克生活在慢动作里，他会留意身边的事情，然后慢慢、仔细地研究事情的细节。如果他给你讲一只想从纱网门后冲出来的狗，他会仔细描述那扇门，乃至狗头的形状——每个小细节。他是个才华横溢的人，很聪明，读书很多，他脑袋里藏着很多东西。杰克是我的好兄弟，失去他太可惜了。《妖夜慌踪》是我们最后一次合作，但他却没能看到。

《妖夜慌踪》制作完成后，我在电影上映前给白兰度放过一次。我们租了家电影院，告诉经理白兰度要来看电影，经理激动坏了。于是我们安排好了一切，白兰度只身一人到了电影院，他们对他好一通款待。他来的时候已经带了汉堡和薯条，但走的时候衣兜里装满了糖果，还坐在电影院里一边吃汉堡一边吃糖。他后来给我打电话说："电影太棒了，但一分钱都赚不着。"感觉真好。他喜欢我的电影。

好多人觉得《妖夜慌踪》在商业上不成功，这是实话，但其实还行。西斯科尔和伊伯特都不买账，于是我找来十月影业的宾姆·雷（Bingham Ray），让他印了张大海报，上面画了两个朝下的大拇指，还配了文字："多了两个去看《妖夜慌踪》的好理由。"

月光和美人

A Shot of White
Lightning and A Chick

制作《双峰》第一季的过程中，林奇有天晚上和托尼·克兰茨吃饭时，提到了一个名叫《穆赫兰道》的新电视剧的想法。"当时的计划是，假如《双峰》大获全胜，第二季将以奥黛丽·霍恩——由雪琳·芬扮演——来到洛杉矶好莱坞闯荡为结尾。"克兰茨说，"当年夏天我们计划上映一部讲述这个故事的电影——《穆赫兰道》，这部电影将同时成为一部新电视剧的试播集，讲述奥黛丽·霍恩如何在演艺界闯出一番名堂。这个片子有点像电视剧，又有点像电影，直到今天也没人做过这种尝试，但大卫本可以做到。"他们在缪斯餐厅的餐具垫上签名，郑重地记录下了这一时刻，随后克兰茨把这张餐具垫用胶带粘在了自家冰箱门上。

这一时期，尼尔·艾德尔斯汀开始在林奇的职业生涯中扮演越来越重要的角色。"到了 1998 年，我每天都要到林奇工作室去上班，帮他筹备网站，并制作其他小东西。我留意到很多寄来的剧本和书被扔在一旁，无人问津。"他说，"我开始读这些东西，并和寄来东西的人取得联系。最终我对大卫说：'我们要不然成立家制作公司？你可以做执行制片，我负责通读所有东西，安排和各个人见面。'我知道很多人想和大卫合作，正好他那时也没有经纪人，我们就共同创办了映像工厂（Picture Factory）。原本的计划是由这家公司负责运营网站、新媒体和技术方面的东西。我会开发一些大卫能参与执行制片的项目，玛丽和我共同制作大卫的电影，所有事都能在一个盘子里进行。"

机会不断敲响林奇的大门，但面对大多数项目，他都选择了放弃。比如他曾受邀执导《美国丽人》(*American Beauty*)——这部电影最终于1999 年由萨姆·门德斯(Sam Mendes)执导拍摄。还有人找他改编拍摄乔纳森·勒瑟姆(Jonathan Lethem)的小说《布鲁克林孤儿》(*Motherless Brooklyn*),也被他拒绝了。如今,林奇半点都不记得这些项目了。还有人邀请他翻拍 1998 年的日本恐怖电影《午夜凶铃》(*The Ring*),他也不记得这件事了。后来艾德尔斯汀制作了这部电影,并邀请了娜奥米·沃茨(Naomi Watts)出演。

经历了《正在播出》和《宾馆客房》后,林奇已经决心不再碰电视剧了。但到了 90 年代末,克兰茨和艾德尔斯汀都鼓励他重新考虑一下。"有天晚上我们约在小熊餐厅(Orso)的露台上见面,大卫终于同意推进一下《穆赫兰道》。"艾德尔斯汀回忆说,"这个想法已经在他脑袋里装了好几年,但经过了这么长时间,它才真的酝酿成熟。"

和平时一样,参加小熊餐厅的那场晚宴时,林奇已经忙着做其他项目了。这一次他正开足马力,准备投拍故事片《史崔特先生的故事》(*The Straight Story*)。故事根据阿尔文·史崔特(Alvin Straight)的真实经历改编而成。他是位 73 岁的"二战"老兵,开着辆 1966 年生产的约翰·迪尔割草机走了 380 多公里,前去探望关系疏远、突然中风的哥哥。电影由林奇和玛丽·斯威尼合写并制作完成。

"1994 年,阿尔文·史崔特开着割草机上路的时候,我就已经听过他的故事。"斯威尼回忆说,"媒体大量报道,因为我本人来自中西部,对这个故事很有共鸣。查询改编权的时候,我发现雷·斯塔克(Ray Stark)已经询过价,但没采取任何后续行动,所以我一直在跟进消息。四年过去了,斯塔克最终放弃了改编权。到了 1996 年,阿尔文去世,改编权到了他继承人手里。我去爱荷华州的得梅因(Des Moines)拜访了他们,拿到了改编权。1998 年 4 月,我开始和一位来自威斯康星的朋友约翰·罗奇(John Roach)共同写作剧本。"

"我们当时并不是在给大卫写剧本——他已经说得很清楚——我也从没尝试过劝说他执导这部片子,因为这样反而会有反效果。"斯威尼接着说,"他说:'这个主意很有趣,但不是我的菜。'1998年6月时我给他看了剧本,只想让他提点意见,结果没想到这个故事触动了他。不过对此我并不意外,因为《双峰》中就出现了那种独属于小镇的吊诡感,还有温柔感。他的电影中都有种温柔,但这个剧本中的温柔对他来说可能有点甜腻了。所以听到他说'我觉得我应该拍这部片子'时,我还挺意外的。"

这部影片很快万事俱备。1998年8月,电影正在前期制作过程中,林奇和克兰茨——他已经离开了艺人经纪公司,成了幻想电视台(Imagine Television)的负责人——向美国广播公司娱乐部门总裁杰米·塔瑟斯(Jamie Tarses)和高级行政主管史蒂夫·陶(Steve Tao)提交了《穆赫兰道》。(当时幻想电视台正和迪士尼公司联合制作电视节目,而后者是美国广播公司的母公司。)林奇的提案长达两页,讲述了一位美丽女演员的故事,她在穆赫兰道上经历车祸后患了失忆症。美国广播公司很喜欢这个想法,投了450万美元拍摄试播集,迪士尼旗下的试金石电视(Touchstone Television)又加投了250万美元——不过他们提出了附带条件,要求林奇拍摄封闭式结尾。迪士尼旗下的博伟影视公司(Buena Vista International)准备将《穆赫兰道》作为故事片在欧洲上映,以收回成本。

一切准备就绪后,林奇去了中西部,开始拍摄《史崔特先生的故事》,并于10月底杀青。回到洛杉矶后,他就静下心来写《穆赫兰道》了。"大卫计划独立完成剧本,但托尼希望有人合写并加以指导,所以他雇了乔伊斯·埃利亚森(Joyce Eliason)。"艾德尔斯汀说,"大卫和她见过几面,之后分道扬镳了,因为他还是想自己写,因此可以说她对剧本毫无贡献可言。第一版剧本简直太棒了。大卫知道故事将走向何处,他也完全构思出了第一季的剧情。这个故事并非单纯向好莱坞致敬,也关乎大卫对日落大道的爱——在他眼中,这条街上充斥着破碎的梦想。"

1999 年 1 月 4 日，林奇向美国广播公司呈交了一份 92 页的剧本。第二天塔瑟斯和斯图·布隆伯格（Stu Bloomberg，他当时是美国广播公司电视娱乐部门的联合总裁）就给克兰茨打了电话，告诉他这部剧通过了。他们希望《穆赫兰道》能作为电视台的秋季剧集播出。当时他们同时订购了七部试播集，最终只能选择三到四部，而林奇拍的这一部看起来很有竞争力。

两周后，塔瑟斯和布隆伯格在美国广播公司会议室里组织了一场意见会，召集了电视台、幻想电视台以及林奇制作公司的三方代表。当时一共有 20 人参会，林奇也在场，但他拒绝详细探讨接下来准备怎么做。他向来不喜欢意见会。他只擅长上手工作，把头脑中看到的那部电影拍出来。

《穆赫兰道》的情节很复杂，但考虑到生命本身也并非遵循一条清晰的直线，你就会觉得故事情节很有道理。每天我们都经历着切实发生的事情，但与此同时，我们也在由记忆、幻想、欲望、未来之梦组成的幻境中穿行。心灵的不同区域相互渗透，《穆赫兰道》采用的就是这种动态逻辑，反映了个人意识的不同层面，同时探讨了许多主题。其中包括跃跃欲试的年轻人心中的希望和摇摇欲坠的梦想，电影产业对人产生的影响，只手遮天的经纪人如何控制从业艺术家，还有情色欲望如何化为谋杀的恨意。洛杉矶本身也是电影探讨的主题之一，电影就是在加州南部实景拍摄的。

拍《象人》的时候，林奇曾经画过一张梅尔·布鲁克斯的素描，在旁边用柔和的灰色蜡笔写下了"梦想之城"的字样，这就是他对于这座城市的看法。这座城市中充满了令人昏昏欲睡的纵欲感，其中还点缀着腐朽堕落。它是座极端之城，悲剧和令人目眩的成功往往只有一壁之隔；它也是属于做梦者的地方。林奇喜欢比利·怀尔德的《日落大道》，部分原因就在于它涵盖了这一切，而《穆赫兰道》也以某种方式向怀尔德的电影进行致敬。电影中出现了《日落大道》中诺玛·德斯蒙德曾经穿过的派拉蒙工作室大门，停车场上的那辆车也和 50 年前怀尔德电影中的那辆一模一样。

《穆赫兰道》的故事同样发生在一个不确定的时空之中，带有大庭院

梦室

与柔和曲线内饰墙的优雅老公寓楼，还有令人不愉快的咖啡馆，以及肮脏的付费电话，都同时出现了电影之中。其中一幕戏就是在日落大道和高尔街交叉口的一家咖啡馆里拍的，那里曾经是铜板便士咖啡厅（Copper Penny）的所在地。20 年代时，临时演员每天早上都会在那里排起长队，希望能在当时大量制作的西部片中找到个角色。好莱坞的街道上充斥着梦想，但也充斥着可怕的东西。

"大卫总想尝试新东西，总想试验。"德明如此谈及《穆赫兰道》中创造出来的气氛，"只要遇到新奇的设备，我们都会拿给他看，然后他就把这件事记住了，盘算着怎么才能用到它。和大卫一起工作时，我们会带着特定的灯光设备，这些设备在其他剧组都用不上。其中之一是款用来照明的机器，现在已经有了不同型号，有用于夜晚外景的超大号，也有用于内景的小号，可以瞬间照亮所有东西。"

"只读剧本的话，根本看不出来他对某个场景的设想。"德明接着说，"一幕戏中丽塔（Rita）第一次说出了'穆赫兰道'四个字，当时大卫说，虽然她人在室内，但说出这几个字时，应该有一种天空中云层遮住了太阳的感觉。只有从大卫那里你才会听到这种灯光指导。"

从预算来看，《穆赫兰道》可谓一部大制作影片，并且几个关键的场景需要建造布景。美术指导杰克·菲斯科说："和美国广播公司以及迪士尼谈判很困难，他们就是不肯给我们启动拍摄的钱。我和迪士尼建造部的人见了面，告诉他们我需要建造主场景，也就是贝蒂的公寓，结果他们说：'费用太少，我们的人不可能完成。'我说：'但我可以。'他们拖了我六周，迟迟不做决定，后来我只剩下四周时间搭建场景，结果他们说：'你可以用这个价钱做，但不能超时工作，也不能加人手。'他们就是想让我做不成。"

"大卫在包装纸袋上画了张草图，画的是贝蒂公寓里沙发的样子，他还画了她的公寓草图。但我看到后一点都不明白。"菲斯科笑着说，"然后，当然了，他亲手做了故事中的那个小蓝盒子。"

林奇对于当下谁最炙手可热一点都不感兴趣，约翰娜·雷知道他更愿意和不太出名的演员合作。基于此，她开始为电影中的两位女主角寻找演员：一位名叫贝蒂的金发清纯女郎，还有一位名叫丽塔的褐发风骚女人。

"为大卫寻找女演员时，她们身上的神秘感是最重要的。"雷说，"从《蓝丝绒》到《妖夜慌踪》，他一般通过照片选角。但从《穆赫兰道》开始，我们采用了不同的工作方法。他先从全部照片中选出几位演员，然后让我去和她们聊天，并把聊天过程录下来。他说：'我希望能感觉到自己和她们共处一室，感觉自己正在了解她们。'有时候他做出选择后我会说：'大卫，我不觉得这个人会演戏。'但如果他感觉确实很好，我也没法阻止他。"

只见过一次面，林奇就确定由劳拉·哈林（Laura Harring）出演丽塔一角。哈林是位墨西哥裔美国女演员，1985 年摘夺美国小姐桂冠，一跃进入了电影行业。1989 年，她在恐怖电影《平安夜，杀人夜 3》（*Silent Night, Deadly Night 3*）中献上了处女秀。和林奇见面前，她已经演过六部电影，其中一部是和艾瑞克·达·雷合作的。

"我认识艾瑞克的母亲约翰娜·雷，她带我看了《双峰：与火同行》的首映式。"哈林回忆说，"后来她介绍我认识了大卫，他给我的第一印象是特别害羞——他不喜欢受人关注——我记得自己当时想：哇，他可真帅！几年后——准确来说是 1999 年 1 月 3 日，一个星期一——约翰娜打来电话说：'大卫·林奇想见你一面，你能现在过来吗？'去的路上我太兴奋了，结果遇到了点小事故。到他家后我和盖伊·波普说起这件事，她说：'你读剧本了吗？你演的角色在故事开始也发生了场车祸。'我想：这真是无巧不成书。我走了进去，大卫看到我后只是不停地说'很好，很好'，我便咯咯笑起来。"

"女人们都喜欢大卫。"哈林接着说，"他极有魅力，他冲你笑的时候，让你如沐阳光。他是个有爱心、有魅力而且风趣幽默的天才，我们俩之间有种特别的情谊——大家都以为我们之间可能发生了些什么，其实那只是种柏拉图式的精神关系。大卫的善良给我留下了深刻印象。负责为我设计服装的女士给我写了封信，说希望我能减掉几斤。我把这件事告诉大卫后，他说：'你一磅也不许减，劳拉！'他让我觉得自己的样子挺好，给了我扮演丽塔的信心。有天我们正在片场，（女演员）安·米勒（Ann Miller）想过来取走落下的东西。等她来的过程中，大卫叫停了片场的一切工作。她离开后他说：'她是不是很可爱！'他对她那么尊重，甚至把她的舒适当作第一要务。"[1]

林奇也在恰好的时间找到了娜奥米·沃茨，她成了贝蒂的扮演者。"我已经试了 10 年镜，却一点突破也没有，我一直背负着这些年来的挫折，几乎遍体鳞伤。"沃茨说，"我总是带着绝望和强烈的紧张感走进试镜室，不断想要重塑自己，难怪没人想雇用我。你究竟想要什么？我到底该成为什么样的人？告诉我你的要求，我就能马上变成那个人。我事业发展得很不顺利。我见过约翰娜·雷几次，但她从来没选中过我；结果有天她给我的经纪人打来电话，说大卫有兴趣和我见一面。"[2]

当时沃茨住在纽约，第二天她就飞到了洛杉矶。"我走进屋里，大卫微笑着，浑身散发着光芒，我以前从没在试镜室里见过这样的人。"她回忆说，"我能感受到他的眼神真诚、直接又充满兴趣。我对他塑造的角色一无所知，这点可能对我有利，因为这样我就不会急于成为某个人了——我觉得只要做自己就好。他问了我些问题，其中一个问题我回答得很长，然后我停了下来，问：'你真的想听我聊这些吗？'他说：'当然了，讲给我听！'我感觉我们俩是平等的，而且他对我充满兴趣。我很震惊，因为我从没碰到过这种情况。我当时对自己完全没信心，很自卑，所以并没有在试镜室里张牙舞爪一番。但从那儿走出来的时候我有了种感觉：好事降临在我身上了。这次经历真是让我心怀感激。"

"见面那天我刚下飞机，看起来肯定糟透了。第二天我接到电话，被告知到他家里去一趟。"沃茨接着说，"他们告诉我化上妆，显得稍微有魅力一点，当时我想：完了，我肯定不会被录用了，他想找的是个超模。但我还是认真吹好头发，穿上了一件紧身裙。很显然他从我身上看到了自己想找的东西。终于有机会读到剧本时，我简直不敢相信自己的眼睛：贝蒂的故事和我本人有太多相似之处了。我想：我的天，我知道该怎么演这个角色。我不清楚约翰娜是否对大卫提起过我长期以来的挣扎，但他很显然在我身上看到了这点。"

"我甚至不知道他看没看过我演的电影。"沃茨补充说，"大卫凭勇气做事，凡事都靠直觉，他可以从任何人身上获得自己想要的表演。有时候他会转过身对剧组工作人员说：'你，穿上戏服。'接着这个人就会在你面前大段大段念起对白。"

电影中的男主人翁是亚当·凯什（Adam Kesher），由贾斯汀·塞洛克斯（Justin Theroux）扮演。他回忆说："我接到了约翰娜·雷的电话，她说：'大卫想和你见一面，最好今天。'可我住在纽约，只能第二天飞过去。抵达之后，我正在去酒店的路上，制作工作室打来电话问：'你为什么不直接到他家来？'我是大卫·林奇的狂热粉丝，但我并不知道他长什么样，以及他为人处世的风格。我按响门铃后是他本人来开的门，他穿一件所有扣子都扣紧的白衬衫，顶着一头乱头发，一见面就让人在他面前完全消除了戒备。他温暖的笑容和独特的说话方式一下触动了我。他特别惹人喜欢。我从没和大卫闹过不愉快。"[3]

安·米勒在这部电影中献出了她职业生涯的最后一次表演，她扮演了一位古怪而又坦白正直的女房东，名叫可可（Coco）。电影开拍之前，盖伊·波普有次参加奥斯卡典礼宴会时正好坐在了米勒后边，回来后她激动地向林奇讲述了米勒的巨大魅力。林奇总能记住这种事。电影中还有一段值得铭记的表演，来自蒙蒂·蒙哥马利，他在这之前没有任何表演经验。

"大卫和 Ciby2000 签约后，我基本上就插不上手了，虽然我们俩一直说要找机会合作，但之后就再没合作过。"蒙哥马利说，"不过那之后我们俩依然是朋友，大卫也经常到我家里来。"

梦室

"1998 年年底时，我和妻子搬到了缅因州一座小岛上居住，几个月后大卫打来电话说：'我给你写了个角色，想让你来演。'我说：'得了吧，我可不演。'他不断打来电话，后来他说：'我们很快就要开拍了。'然后我说：'我绝对不演！我不是演员，这事儿不适合我。'不久后制片人开始打电话来问我：'你哪天来呀？'为了等我他们不断改期，后来还单独为我的角色留出一整晚拍摄，这时候我已经没法再拒绝了。坐上飞机之前我甚至都没读过剧本，到了之后，约翰娜·雷和贾斯汀·塞洛克斯坐在我旁边帮我一阵恶补。贾斯汀和我演了对手戏，他表演得非常出色，多亏了他和约翰娜我才能完成这件事。"

塞洛克斯对那场戏印象深刻。"我记得拍摄那晚去了蒙蒂的拖车。我和他握了手，然后问他需不需要一起对对词。他说：'不用，没关系，我能行。'我纳闷：他是准备看着台词说，还是已经背下来了？到了片场后大卫说：'开拍。'蒙蒂念出了第一句台词的头几个词，然后就卡住了——我们只好把他的台词贴在我胸口和额头上，然后大卫在我肩膀后拍摄。就这么拍了一会儿，然后大卫说：'卡，可以继续了。'我走过去对他说：'大卫，我觉得咱们得重拍，蒙蒂的动作太僵硬了，太单调了。'大卫说：'不用，咱们拍得很好，可以说是非常成功。'后来，的确，我在大银幕上看到了那场戏，没想到蒙蒂塑造出了电影史上最令人不安的角色之一。"

场记科里·格雷泽也出现在了这部电影里，这让她自己都很吃惊。"剧本上并没有蓝发贵妇这个人。"她如此回忆自己在电影中扮演的这位神秘女性，"我们找到了洛杉矶市中心一栋美丽的老剧院，大卫留意到舞台上方有个歌剧包厢。那天的布光花了好长时间，后来有人过来说：'科里，大卫在找你。'我赶快一路小跑过去，说：'我在呢，大卫。'他开始盯着我看，这很不寻常。然后他说：'没事。'我回去继续工作，10 分钟后他又把我叫了回去，把我的头发别到耳朵后面，又盯着我看起来。然后他大叫起来：'把化妆师和服装师叫过来！'负责化妆的女孩一路小跑着过来了，他说：'你能用多快的速度把一个人的头发染成蓝色的？效果就像是蓬松的蓝色大裙子——能多快完成？'负责服装的人也到了，他又说：'你能用多快速度做条维多利亚式的蓝裙子出来？'服装师说：'我得知道是给谁做。'然后他说：'给科里做，我正要告诉她。'我说：'大卫！我不会演戏！我会很紧张的！'他把手放在我肩膀上说：'你和你的老朋友大卫在一起，没问题的。'"结果确实如此。至于蓝发贵妇是如何被嵌进剧本的，格雷泽说："大卫最喜欢说的一句话就是：'我不在乎——一切都是模块化的组合！'"

拍摄于1999年2月底拉开序幕，在艾德尔斯汀的记忆里，"那是一段幸福、愉快的时光。一幕戏中，一个女人在旅馆中被穿墙而过的子弹打中了，拍这样的东西能让人笑死"。他补充说："大家都在笑，有大概30个人围在监控器前，一边傻笑，一边看大卫施展魔法。"

林奇无疑能用很少的东西做很多事情，但有时候他也确实需要很多东西，比如开启《穆赫兰道》整个故事的那场壮观的车祸戏。"那场车祸戏大概是大卫和我合作过的难度最高的戏了。"加里·达米科说，"光是布景就用了三天。我们把一台30多米高的起重机弄到了格里菲斯公园，然后把一辆近3吨的小汽车吊了起来，准备让它从高处自由下落——没错，那辆车就是那样摔下去的。这一切太疯狂了，我们当时只有一次机会。"

哈林回忆说："他们为那场戏做最后准备时，我正在拖车里睡觉。大卫过来叫醒我时说：'劳拉，你得把身上弄脏点。最简单的方法是在地上滚几下。'然后他在地上躺下，滚了起来，示范给我看他想要的效果。那场戏是1月份的凌晨4点拍的，外边大概只有8摄氏度。我穿着条裙裤，大卫却穿着滑雪服在一旁指挥——那件衣服居然还是连体的！"

拍摄于1999年3月杀青，美国广播公司的执行层最初看到工作样片时很激动，后来他们却变得焦躁起来。他们觉得影片节奏太慢，沃茨和哈林也"有点太老了"。林奇开始接到来自电影标准与执行部门的一些吹毛求疵的意见，要求他删掉其中的不文明用语，以及类似枪伤、狗屎和抽烟这样的画面。不过林奇已经很善于屏蔽这类干扰了，他就一直埋头苦干，整个4月都在他的家庭录音室里做混音。

到了4月底，他给塔瑟斯和布隆伯格寄了一份时长2小时零5分的初剪拷贝。他们看了之后立刻说，影片必须缩短到88分钟的时长。第二天晚上，托尼·克兰茨带着两瓶靓茨伯庄园出产的葡萄酒去了林奇家，同时还带来了史蒂夫·陶写的大概30条修改意见。

"我觉得，看到电影的第一眼，他们已经做出了不予选用的决定。"斯威尼推测，"试播集通常长1小时，但大卫压根不在乎传统的播放时间。不过托尼还是带着一页页的修改意见过来了。大卫可能觉得，托尼这一举动是在承认他们说的对，因为他后来又激烈争辩了一通为什么应该做出这些修改。大卫看不上任何一条意见，但托尼离开后，我们俩一整晚没睡，逐条按照那些意见改好了电影。我们把试播集缩短到了88分钟长，然后就交给了他们。"

回忆此事时，克兰茨认为他做了自己应该做的。"看完《穆赫兰道》后，我给大卫讲了自己的真实想法。"克兰茨说，"我说：'它不是特别好，节奏也很慢，所以我赞同美国广播公司的修改意见。'这件事终结了我们俩之间的关系，因为对大卫来说这意味着'行了，你现在和他们是一头的，你不再支持我了'。其实我并不是这个意思。"

"也许是我错了，因为我试图实现一个折中版本的《穆赫兰道》。"克兰茨接着说，"但大卫不愿意妥协。他还天天和马克·弗罗斯特混在一起。正因如此，《双峰》最后才无疾而终。大卫有艺术天分，但他没有那种能在娱乐圈中获得成功的天分，而娱乐圈是个依靠合作的地方。你不可能打赢整个圈子，这个城市里到处散落着尝试过但以失败告终的人。"

不用说，大卫身边没人认可美国广播公司的决定。"那些意见很荒唐，而且太政治正确了，几乎把影片中的创造性删除殆尽了。"艾德尔斯汀说，

"你为什么会同意大卫·林奇拍试播集，最终却不想要大卫·林奇所呈现的效果呢？你是开玩笑吗？在最初的剧本里，贾斯汀·塞洛克斯有个亚裔园丁，总是不断向他灌输禅修的智慧。美国广播公司觉得亚裔园丁是种族歧视的刻板印象，我们不得不把这个角色删掉了。"

"片场充满欢笑，非常有趣，就像是夏令营营地。"塞洛克斯回忆说，"得知它没被选中时我们都很绝望。"

5月中旬时，林奇被正式告知电视台不准备选择这部试播集，当时他正带着《史崔特先生的故事》准备飞往戛纳。他承认，听到这个消息时他反倒松了口气。他觉得这部片子已经被改得面目全非了，很高兴能看到它悄无声息地死掉。美国广播公司把原定给《穆赫兰道》的时间给了《荒芜之地》（Wasteland），这部片子讲述了六个二十来岁的大学好友一起搬到纽约寻找自我的故事。该剧于1999年10月7日开播。一周后的10月15日，《史崔特先生的故事》在美国若干家选定的电影院上映。《荒芜之地》只播了三集就被砍掉了。

林奇曾说，《穆赫兰道》经历了它注定要经历的旅程，它最终显然取得了胜利——是林奇的老朋友皮埃尔·埃德尔曼让它起死回生的。

"《穆赫兰道》试播集被电视台拒绝的时候，Ciby2000公司已经不存在了。皮埃尔去了运河工作室（StudioCanal）制作公司。"斯威尼说，"皮埃尔帮我们促成了最终的合约。正是在他的运筹帷幄之下，试播集渡过了诸多难关，最终成了一部电影。当时大家都说这种想法不现实，没人能促成这笔交易。皮埃尔听到这话反而来了劲，他就像只小猎犬，问题解决之前绝不会轻易放弃。他让阿兰·萨德（Alain Sarde）接过了《穆赫兰道》，拿到运河工作室来制作。美国广播公司不喜欢这部片子，一直把它搁置起来，巴不得有人赶快把底片买走。"

在埃德尔曼看来，《穆赫兰道》的事情很复杂。"和美国广播公司之间

　　　　　　　　　　　　　　　　　　　　　　　　　梦室

的纠纷发生好几个月后，大卫才告诉我试播集的事情。"埃德尔曼说。他后来劝说萨德花 700 万美元买下了这部试播集，买家正是"运河加"[*]——法国一家付费电视台旗下的电影制作公司，曾经赞助过几部美国独立电影。"但大卫告诉我这件事的时候说：'我再也不想聊这部片子了。'我让他至少允许我看看试播集，他答应了，但又强调了一次——他再也不想聊这部片子了。看完之后我告诉他，这部片子可以改造成一部很棒的剧情片。"

"那时候我还没预见到在前面等着我的那堆麻烦事。"埃德尔曼接着说，"我得想办法筹到 400 万美元，这笔钱大部分用来买回影片版权了。然后我得把试播集所用的每秒 25 帧的电视帧频转变成电影的 24 帧。我还得挨个找演职人员，让他们签约同意影片在电影院上映。玛丽·斯威尼有段时间参与了相关的协商。有些非常难搞，因为这些人最初拿的是拍电视剧的报酬，如果拍的是电影，他们的报酬要高得多，所以有人坚持要我们加钱。而且，当然了，我们还得筹钱补拍电影所需的额外戏份。"

萨德同意再投 200 万美元，用来支付补拍所需的开销。然而，林奇本人却对是否要重启这个项目犹豫不决。布景早就被拆毁了，迪士尼也早就扔掉了全部道具和服装。而且想到这部剧所遭受过的惨败，他心里仍会泛起一丝苦涩。他的犹豫不决最终导致了他和克兰茨关系的彻底破裂。

"迪士尼给《穆赫兰道》投了 700 万美元，当皮埃尔·埃德尔曼找到我说'我能让运河把它从迪士尼手上买回来'时，我觉得这实在太好了。"克兰茨说，"结果眼看交易就要谈成了，大卫却说：'我不想拍了。'我问他出什么问题了，他说：'我把布景毁了。'我说：'你把布景毁了是什么意思？你都还没有补拍的剧本，谈什么布景？'我觉得他就是用这种不值一提、完全扯淡的理由让所有人的努力陷入僵局。我真的生气了。而且我、布莱恩·格雷泽（Brian Grazer）和朗·霍华德（Ronald Howard）都往这部电

---

[*] Le StudioCanal Plus, StudioCanal 的前身——译者注

影里投了钱，我觉得大卫未免太耍小孩脾气了。当初我和迪士尼扯皮了很久，劝他们买下试播集，所以到了那个时候我和他们之间的关系已经很紧张了。于是我让迪士尼的人告诉大卫'不拍的话我们就告你'。我们俩的关系就这么结束了。我并不后悔。"

"但话说回来，我究竟是否希望大卫·林奇一直留在我的生命中呢？当然希望了。"克兰茨补充说，"大卫忠于他自己，永远如此。他谦虚，风趣，温和，敏感，而且才华横溢。从我认识他那天起，他就带着孩子般天真的乐观主义和正直感，这点从未改变过。成功丝毫没有改变他。我很想念他，我给他送去过一张纸条，为我所做的事道歉，希望他能原谅我，也希望我们俩有天可以再度合作。他回复说他已经原谅我了，但并没松口说我们以后还能合作，我也能理解他的决定。"

林奇或许已经原谅了克兰茨，但林奇身边的大多数工作人员却对这件事难以释怀。"托尼居然威胁说要告大卫，太恶心了。"艾德尔斯汀说，"大卫有一套老派的做事准则——说实话，不能说是老派，更像是黄金准则。如果你看着某人的眼睛，和他握了手，承诺自己将会如何去做，那你就一定会那样做。你们之间不需要律师介入，也会不彼此威胁对方要上法庭。那些一旦事情不顺心就拿打官司要挟的人，反而是在耍小孩脾气。"

不管到底是谁在耍小孩脾气，到了万事俱备的时候，林奇终于想出把试播集改成电影的办法了——灵感是在一天傍晚六点半时降临的。到了7点的时候，他已经知道故事该如何结尾了。他终于兴奋了起来，赶快联系了哈林和沃茨。

"美国广播公司拒绝这部剧的时候我想：好吧，这回我又参与了大卫·林奇唯一一部不见天日的项目。然后我又重新陷入了挣扎中。"沃茨说，"然后他接到了运河工作室的电话，对方说：'我们想把版权买回来，把它改成部剧情电影。'大卫于是又写出了18页剧本，引入了戴安（Diane）这个角色。我记得自己在他家读完了这18页新剧本，心想：我的天，太难以置信了。你再也找不到比这更让人兴奋的角色了，而且贝蒂和戴安如此不同——你演一辈子戏都不一定能遇到两个如此有趣的角色，更别说在同一部电影中了。"

"'《穆赫兰道》死了，没人能看到它了。'大卫说出这话一年后，他给我和娜奥米打了电话，把我们叫到了他家。"哈林回忆说，"我们俩坐在他家里，娜奥米坐在他右边，我坐在左边，然后他说：'《穆赫兰道》将变成一部全球发行的剧情片——但里面会出现裸戏！'"

补拍于 9 月末开始，10 月初杀青，一共进行了 17 天，其中大部分戏都是原本不可能在电视台上播出的。在最初的试播集中，贝蒂和丽塔只是友善的共谋者。但到了电影里，林奇用一段生动的色情戏揭露了她们之间的情人关系。"加入性爱戏的决定很正确——它成了故事的一个关键情节——但拍摄起来却很难。"哈林说，"到片场时，我很紧张，心里也很脆弱。然后大卫说：'劳拉，你在担心什么？那场戏里不会开灯。'情况果真如此，我放松了下来。结果拍到最后一条时他说'调亮，彼得'，意思是调亮灯光，于是片场变亮了很多。不过他告诉我他不会拍身体细节，所以即便大家都表示反对，他还是虚化了我的阴毛，因为他对我做出过承诺。"

比沃茨和哈林之间这场性爱戏更艰难的，是沃茨一场边流泪边自慰的戏。这场戏真是让她受尽了折磨。

"大卫拍东西通常是一条就过，最多可能也就拍三条。但那场戏，他让娜奥米至少拍了十遍。"格雷泽回忆说，"到了第十条时，她已经气疯了。我想他之所以让她拍那么多遍，恰恰是想彻底激怒她，而为了激发出这种情绪，他就得让她先受尽折磨。"

沃茨对那场戏记忆深刻。"那天我胃疼得厉害，因为吓坏了。"她回忆说，"你怎么能在整个剧组面前自慰呢？我试着劝大卫改天再拍，结果他说：'不行，娜奥米，你能做到，你没问题，你先去趟卫生间。'他想让我表现出绝望的愤怒和极大的张力，但每次摄像机一靠近，我都会说'我做不到，大卫。

我做不到！'他于是会说'没问题的，娜奥米'，然后让摄像机不停地拍下去，这让我非常生气。他绝对是在逼我，虽然方法很温柔。"

《穆赫兰道》最终的效果表明，林奇非常擅于将演员引导至他们未曾涉足的地方。"有两场戏，娜奥米的台词完全一样，但场景给人的感觉却截然不同。"德明回忆说，"就像是上了场导演大师课。"

林奇终于拍出了他想要的东西。但对埃德尔曼来说，他的麻烦还没有完。"大卫剪辑的时候让我到他工作室去一趟，给我看了些场景的组合，离开后我直接在马路上哭了起来。"他说，"我想：真是场灾难，这部电影最终还得夭折。我觉得得听听另外一个人的意见，于是给阿兰·萨德打了电话，因为是他签下这部电影的。我求他到洛杉矶来，看看目前的剪辑成果。他去了大卫的工作室，看完后跟我说：'我不懂你把我叫过来干什么。这绝对是部杰作。'"

在《穆赫兰道》的后期制作过程中，林奇的生命里又增添了一道风景，这道风景和波兰这个国家有关。"大卫对波兰的兴趣始于 2000 年 2 月，与波兰摄影影像国际电影节（International Film Festival of the Art of Cinematography）有关。这个电影节是为了表彰波兰境内杰出的电影摄影师而创立的。"斯威尼说，"当时电影节来了六七个人，他们看起来又狂又疯，把大卫逗坏了。他们想要大卫参加电影节，不断恳求，不断给他寄礼物，直到他答应出席为止。"

马雷克·斯多维茨（Marek Żydowicz）1993 年在波兰托伦创办了这个摄影影像电影节。电影节每年举办一次，每次为时一周。林奇参加时，电影节举办地刚刚从托伦搬到了罗兹。摄影影像帮——这是林奇给他们取的名字——由一群音乐家、艺术家和电影制作人组成，其中包括卡兹克·苏瓦塔（Kazik Suwała）、阿格尼斯卡·斯沃伊斯卡（Agnieszka Swoińska）、亚当·茨杜内克（Adam Zdunek）、米乔·克温托（Michał Kwinto）、帕维·斯多维茨（Paweł Żydowicz）、卡米尔·霍罗德茨基（Kamil Horodecki）、达留什·沃索科夫斯基（Dariusz Wyczółkowski）、马特乌什·格拉伊（Mateusz Graj）和艾娃·布若斯卡（Ewa Brzoska）。"我过去总说'大卫·林奇有天一定会来的'，别人都觉得我疯了。"斯多维茨还担任了电影节主席，他回忆说，"第一次和大卫见面时，我正处在人生的十字路口，电影节进展并不顺利，但和大卫的会面改变了这一切。"

"他就像文艺复兴时期的巨匠一样，能创作出巨幅壁画。"斯多维茨补充说，"而且他爱罗兹这个地方，因为这个城市遍布着阴暗的秘密、破败的工厂、浓雾、阴影、坏掉的路灯，以及古怪的噪声。它有股神秘的氛围，能让人联想起暴力的梦境，这里发生的一切似乎都遵循一种古怪而又诱人的逻辑。"[4]

那年 11 月第一次参加这个电影节时，林奇认识了马雷克·泽布罗夫斯基（Marek Zebrowski）。他是位常驻洛杉矶的波兰作曲家，自 2000 年起以各种身份与电影节合作。"大卫爱上了罗兹，产生了各种各样的想法。"泽布罗夫斯基说，"那里的冬日氛围，被遗弃的工厂，19 世纪遗留下来的华丽住宅，这些元素共同创造出了《内陆帝国》中美丽又神秘的氛围——拍这部电影时，他和这个国家的关系正处于蜜月期。连续参加了几年电影节后，和弗兰克·盖里（Frank Gehry）的合作项目也生根发芽了。"[5]

和盖里的合作项目，是一个复兴罗兹中心城区的宏大计划，包括兴建电影节的场馆设施，翻新火车站、商店、旅馆以及一家博物馆。项目于 2005 年启动，那之后，林奇、盖里与电影节工作组密切合作，并从欧盟、市政府以及私人赞助者手中获得了持续的资金支持。"弗兰克·盖里的外祖父母都生在罗兹，所以对他来说，这个项目带有浓厚的个人情感。"泽布罗夫斯基说。2000 年电影节结束之后，摄影影像帮中的几个人陪着林奇去了布拉格，拍摄了一部有关他和安吉罗·贝德拉曼提制作《穆赫兰道》原声音乐的纪录片。

2001 年 1 月份从布拉格返回后，林奇面试了新助理杰伊·阿森（Jay

月光和美人

Aaseng），之后 8 年中他们保持着紧密的工作关系。"去那里工作 4 个月前，我朋友艾瑞克·克拉瑞（Erik Crary）开始为大卫工作。他打来电话说：'我们这儿可能要招人。'"阿森回忆说，"我当时还在麦迪逊读电影，刚满 21 岁。圣诞节前夕玛丽·斯威尼和莱利正好在麦迪逊，我们就在一家星巴克见了面。后来我打电话跟进情况，玛丽说：'咱们先试 6 个月吧。你能多快到岗？'我说：'明天我就开车上路。'我觉得自己能拿到这份工作多亏了莱利，因为他很喜欢我。"

"那些日子里，大卫早上会先到灰房子来，吃一顿丰盛的早餐，然后坐下来和我们一件件梳理当天要做的事情。"阿森接着说，"我上班第一天，他走进来，走到我面前，用那种特别直率的方式说：'嘿，杰伊！很高兴见到你，老兄！咱们开始工作吧！'" [6]

那年春天，林奇完成了《穆赫兰道》的剪辑，影片时长为 2 小时 27 分钟。这部电影最后由阿兰·萨德影业公司、运河工作室以及映像工厂联合出品。电影的制作人名单中也出现了克兰茨的名字，但他说："我几乎没怎么参与。大卫和我有时还会交流，我也去过片场，但我们之间的关系仍旧很紧张。"

最终，林奇和克兰茨之间的矛盾显得不值一提，《穆赫兰道》成了一部值得等待的影片。"我们以为这部片子不会重见天日了，结果大卫一年后打来电话说：'它会被改成一部电影。'然后我们又补拍了几天。"塞洛克斯说，"几个月后他邀请我和娜奥米去看试映，片子太完美了，我们都被惊呆了。就像是你第一次听披头士乐队的《佩珀军士的孤独之心俱乐部乐队》（*Sgt. Pepper's Lonely Hearts Club Band*）时的感觉。片子里有太多需要消化的东西，同时提出了许多问题，我都迫不及待马上再看一遍了。"

"我读过剧本，但拍的时候并不清楚这部电影最终会是什么样子。最终的结果和我们拍摄时的感受也全然不同，这点恰恰证明了大卫作为导演的才华。他运用声效和音乐的方法，电影中并置的故事线——他成功创造出了我们拍摄时并未预见到的氛围。我很惊讶，电影居然这么黑暗、动人又引人入胜。看《穆赫兰道》的过程中，有时候你甚至说不清自己的感受，不知道自己是难受、高兴还是悲伤——大卫擅长创造具有复杂情绪的人物。在我最喜欢的一场戏中，派特里克·费斯克勒（Patrick Fischler）在温凯咖啡馆里用独白讲述他的一场噩梦。他正在给某人复述梦中的场景，然后画面转到了室外，离开了咖啡馆。虽然当时洛杉矶艳阳高照，时值正午，但你还是不寒而栗。"

2001 年 5 月《穆赫兰道》在戛纳首映，拿到了最佳导演奖。不过当年该奖项还有另一位获奖者——拍摄《缺席的人》（The Man Who wasn't There）的乔尔·科恩（Joel Coen）。"在戛纳等待媒体拍照时，我听到摄影师喊出了我的名字，上台时我经过大卫身边，他说了句'好样的'。"哈林回忆说，"他说这句话的语气对我是莫大的鼓舞。"

戛纳之旅也成了沃茨的重大人生转折点。"很多年都没人主动给我打电话，或者在试镜的时候直视我的眼睛了。而现在，我走上了戛纳的红毯。"沃茨回忆说，"电影演完后全场起立鼓掌了 5 分钟，托德·麦卡锡（Todd McCarthy）在《好莱坞记者报》（The Hollywood Reporter）上刊登了一篇精彩的影评，其中对我进行了大肆表扬。事情就是这样——我的生活在一夜间发生了变化。突然，之前所有的经纪人都开始给我打电话，给我送花，我也不用再参加任何试镜了。这一切都要归功于大卫，他以一己之力改变了我的人生。我后来又遇到过许多人，和许多很优秀的导演合作过，但没人能比得上他。大卫是如此与众不同。他关爱每位演员，你信任他，愿意把自己的一切都交付给他，而且你很想取悦他。他不断释放出正能量，和他在一起的时候，我总感觉受到了很好的关照。"

那年秋天，林奇又把《穆赫兰道》带到了多伦多国际电影节。他在加拿大的时候，曼哈顿的双子塔遭受了袭击。林奇和斯威尼因此暂时滞留在了多伦多。阿森说："这件事让他认识到，和整个世界分享超觉静坐很有必要。我觉得在他看来，如果每个人都冥想，这样的事情就绝不会发生。从那时起，他主动要求为办公室里的每个人支付费用，请大家去接受超觉静坐的培训。"

这件事也埋下了"基础意识教育与世界和平大卫·林奇基金会"的种子，2005 年该基金会正式成立。与此同时，《穆赫兰道》也渐渐尘埃落定。环球影片公司于 2001 年 10 月 12 日在全美发行上映了这部影片，它也帮林奇揽获了奥斯卡最佳导演的提名。自此之后，这部影片的地位不断上升。在英国广播公司文化频道 2016 年举办的一场观众票选活动中，《穆赫兰道》被评为 21 世纪最伟大的影片。

很多人成立自己的公司，挣钱了，但这种事在我身上从没成功过。映像工厂最开始是玛丽和尼尔·艾德尔斯汀的主意，他们找到我，而我挺喜欢映像工厂这个名字，于是就和他们一起创办了这家公司。但我很快就对这件事失去兴趣了，它要消耗大量时间，而且一点意思都没有，我觉得我对这家公司的贡献几乎是零。我从不知道有人找过我拍《美国丽人》，也从没听说过《布鲁克林孤儿》的事，而且完全不记得自己看过《午夜凶铃》的剧本。后来这家公司主要靠尼尔和娜奥米·沃茨打理，对尼尔来说挺不错的。

每个人对发生在《穆赫兰道》身上的事情都有自己的记忆版本，但我不记得小熊餐厅的那场晚餐了，也不记得托尼所说的在电影和电视之间的纠结。我确实记得托尼找过我，想一起做点什么，我也提到过《穆赫兰道》的想法，它是从《双峰》中衍生出来的一个分支故事，我和马克·弗罗斯特就相关剧情大概讨论过 10 分钟。但这个想法并未成形，我只记得自己觉得这个故事应该叫《穆赫兰道》，故事情节关乎一个年轻女孩到好莱坞闯荡。托尼总想让我和其他人合写剧本——我不懂为什么——但《穆赫兰道》是我一个人写的。提案的时候，我让美国广播公司的人读了前几页剧本。提案就像某种表演，我不太喜欢那个过程。

穆赫兰道是条充满魔力的街道，很多人在夜晚开车经过那里时都会产生这种感觉。它弯弯绕绕，一边是好莱坞，另一边是谷区，让你感觉很容易迷路。它也是条很有年头的路，有自己独特的氛围。在上面开车的时候，你就会想起好莱坞黄金时代的很多演员也在这条路上开过车。它真的很有历史，如果在洛杉矶住的时间够长，你就会从人们口中听到这里发生过的故事，想象力就会以此为起点驰骋。

他们说电影开拍前我对它的想法并不清晰，这话不完全正确。如果这是真的，那演职人员怎么可能对我产生信任感呢。开拍前你手里已经有了剧本，也很确切地知道自己想要的东西，但到达片场后你会看到不一样的东西和新的可能性，故事就可能由此生发。又或者现场情况并非尽如人意，那你只能调整适应，没想到因此拍出了更棒的东西。这就是现场拍摄的要义，你必须真正身在现场，感受不同东西，激发出新的想法。如果你能基于自己的想法做布景，那么情况大体在你的控制范围之内。但一旦实地拍摄，就要面临各种可能发生的情况。

他们说的另一点大体是对的。我确实更喜欢和不知名的演员合作，但我看中的并非他们的不知名，而是他们确实是扮演某个角色的正确人选。你要找的是这样的特质。我很信任约翰娜，因为她能告诉我某个人是否会演戏。但有时候不会演戏也不成问题，因为你可以指导他们，只要他们身上的某种特质是对味的就行。

挑选演员的时候我喜欢从照片入手。当时我正在看照片，看到一个女孩后我说："哇哦，她可真美，我想见见她。"那个女孩就是娜奥米·沃茨。他们给她打了电话，然后她从纽约飞了过来。但她一进屋我就发现，她和照片上的女孩完全不像是同一个人。完全不像同一个人，并不是说她看起来很糟糕，但就是和照片不像，而我想要的是照片上那个人。当时我想：真是疯了！我想象出了一个压根不存在的人！当时她下了飞机直接就来见我了，于是我问她能不能化完妆后再来一趟，她如期赴约了。盖伊·波普的儿子斯科特·科菲（Scott Coffey）之前和娜奥米合作过，娜奥米再来的时候他正好在我家厨房里。斯科特和娜奥米当时有说有笑，就是因为斯科特在，我才见到了娜奥米的另一面，于是我说："好了，她很完美，能演这个角色。"事情就这么定了。她是最完美的人选，其他事就按下不表了。

我还记得第一次和贾斯汀·塞洛克斯见面时的场景，我们俩聊得很愉快，他是个很优秀的演员。查德·艾微特（Chad Everett）也是他所扮演的角色的最佳人选，安·米勒同样完美。我爱安·米勒！我的天哪，和她一起工作太有意思了。她就是可可，那个角色对她来说就像是量身定做的。

比利·雷·赛勒斯（Billy Ray Cyrus）本来是来试镜另一个角色的，但他就是吉恩，那个泳池边上的家伙——他演得不能再好了。这种事常发生，人们为了一个角色而来，但其实适合另一个角色。科里·格雷泽从不炫耀她的美丽，但她的脸非常美。你必须排除一切干扰，用很干净的镜头呈现这种美。我记得自己盯着她看了很久，然后知道她就是蓝发贵妇，她说出了整部电影的最后一句台词。

牛仔的想法是后来才产生的。当时我正坐在椅子上，盖伊在旁边敲键盘。盖伊这个人有种特殊的品质。她棒极了。作为秘书她不算特别合格，因为她脑子转得有点慢，但她身上满是正能量，这点非常重要。到了关键时刻，她能发号施令，也能断然拒绝。她有这种特殊的能力，但平时她对每个人都很和善。她的这份温柔在我身边营造出一种美好的气场，我觉得自己可以自由畅想，也不惧于说出任何想法。她从不评判别人，和她在一起我就觉得自己可以畅所欲言。这样的人非常有助于我写作，我可以随意尝试，她从不在意。她创造出来的这种自由气氛非常有利于催生新想法。所以，我和盖伊待在一起时，突然产生了牛仔的想法。我边想边和她聊了起来，同时脑海中出现了蒙蒂的面孔。

我知道蒙蒂可以表演，因为拍《牛仔和法国人》时我见识过。当时蒙蒂为政令宣达工作，他们是这部片子的制作人。一场戏中有个叫豪迪（Howdy）的角色，他浑身蛮力，像只跃跃欲试、企图扳倒公牛的斗牛犬。哈利·戴恩冲他大声喊叫，让他拿点下酒的小坚果来。豪迪听到了他的话，可哈利·戴恩以为他没听到，还在不停地喊。豪迪被惹毛了，愤怒促使他扳倒了公牛。他翻过围栏逃跑了，因为他已经烦透了哈利·戴恩。那场戏中的背景噪音太大，观众听不清豪迪说了什么，于是我说："咱们得加个角色，找个人拦住豪迪。谁能演呢？"我听见蒙蒂说："我可以，大卫。"但我想，哎呀，这下可尴尬了。可我说："好的，蒙蒂，你来试试。"没想到他一条就过了。我想，我得记住这件事。不过蒙蒂记不住台词，所以他拍《穆赫兰道》中那场戏很不容易。蒙蒂特别聪明，我猜他在学校里可能不太用功，老是记不住某些东西。

不过我们一直坚持到拍成功为止，最后效果也很好。蒙蒂的演出非常完美，不过贾斯汀不得不把蒙蒂的台词贴在胸口。

生活中还出现了一些愉快的意外。拍《穆赫兰道》的过程中，布莱恩·劳克斯打来电话说："大卫，我想让你见个人，她叫瑞贝卡·德·里奥（Rebekah Del Rio）。"于是我们定好让瑞贝卡到我工作室来，也许可以喝杯咖啡聊一聊，然后让她唱些歌给我听。然后她就到工作室来了。她进门还没有5分钟，甚至还没来得及喝咖啡，就已经站在录音棚里，唱出了电影中使用的那首歌。从头到尾，原封未动。事情就是这样。那首歌我们就只录了一次。瑞贝卡来工作室那天之前，《穆赫兰道》的剧本中并没有她这么一个角色，而且是她本人挑选了那首歌唱给我听的。于是我脑海中出现了寂静俱乐部（Club Silencio）的那场戏。台词"No Hay Banda"，在西班牙语里的意思是没有乐队，她唱那首歌的时候也不需要伴奏。她站到舞台上，动情地唱出了这首歌，她晕倒后歌声还在继续。

《穆赫兰道》的演职人员团队非常优秀，我有机会和我最喜欢的几个人合作一次。我喜欢和彼得·德明一起干活儿。他这个人偏爱曲线球，能针对新情况随机应变，也不惧怕做傻事，所以我们俩一起研发了许多奇怪的技术。这些技术有的奏效，有的不奏效，但合作过程很愉快。工具箱中的每样东西都大有用途。有个用于照明的机器让我印象深刻，是塞布丽娜·萨瑟兰拍《妖夜慌踪》的时候在河滨市找到的。她找到的那两台机器像火车车厢一样大，是用两辆平板拖车运来的。机器开始运转后会释放出巨大的光亮——它们能照亮方圆 1.6 公里内的所有东西，亮如白昼。

拍摄《穆赫兰道》开场的车祸戏同样是段难以置信的经历。紧绷的缆绳一头系着近 3 吨的重物，吊在 30 多米的高空，另一端则系着辆小轿车，当重物落下，小车就会随之飞起。假如缆绳提前断掉，它就会变成条鞭子。谁也不知道它将抽向何方，假如打在人身上，那就会像热刀子切黄油一般，真的很危险。那场戏中用到了至少三部摄像机，彼得和我在场，但其他人必须提前撤离。加里负责控制起重机，地上有个用来固定缆绳的东西，还有个类似缆绳切断机的特殊控制器。切断缆绳后，重物就会自由下落，小轿车随之移动，带着里面正在兜风的孩子狠狠撞向那辆加长轿车——天哪！太了不起了！加里干得真不错，拍摄过程太有意思了。

杰克·菲斯科是我最好的朋友，我们在《穆赫兰道》中又合作了一把。杰克擅长帮你把事情落地。就算你只给他 10 块钱也没关系，他照样能把那个布景建出来，而且建得同样好看。有场戏中，贝蒂对丽塔说："查查你的钱包，里面一定有东西写着你的名字。"于是丽塔打开了自己的钱包，里面有很多钱，还有枚不知用在哪里的蓝钥匙。那把钥匙必须得用来开启些什么，我不知道为什么它最终打开的是一只蓝盒子，而不是一扇门或者一辆车。

约翰·丘吉尔（John Churchill）是《穆赫兰道》的二号助理导演，他这个人很不错，做助理导演很有自己的一套方法。他原是《妖夜慌踪》和《史崔特先生的故事》的助理制片，但他这个人天生就该做助理导演，就像鸭子生下来就注定要下水一样。这份工作需要很多技能。这个人必须处理好和导演以及整个剧组的关系，这样拍摄才能顺畅进行下去。他还要负责片场情况，比如让所有人保持安静，让摄像和声音开始干活，让下一场的演职人员提前做好准备。总之就是让拍摄畅通无阻。他们要兼任执行者、外交官，还要控制流程和日期，如我们第一场戏拍什么，第二场戏拍什么，诸如此类的事情。这样导演就能够思考重要的事，不用头脑里囤积着一大堆烦恼——导演只需要去想下一幕戏要传达出怎样的效果和情绪，其他事都不该让他分心。从某种层面上来说，我讨厌整天被事情推着走。但你非做不可，助理导演能帮你实现你想要的效果。这份工作很难做，但丘吉尔得心应手，他是我的朋友，而且特别幽默。他会追着我打听事。比如我们在街上看到某个人，他就会说："快给我讲讲他的事。"我就会给他讲关于那个人的事。他能把我讲过的事情全记住，真是个有意思的人。

我确实很爱《日落大道》，也见过比利·怀尔德几次。有次是在斯帕戈，当时他和妻子奥黛丽·扬（Audrey Young）也在场。他来到我身后，把手放在我肩膀上，说："大卫，我爱《蓝丝绒》。"后来我们约在一家餐厅一起吃了顿早餐，我问了他一堆关于《日落大道》的问题。我也很爱《桃色公寓》（*The Apartment*）——也是一部了不起的电影——能遇到他实在太幸运了。

他们说的没错，洛杉矶这座城市也是电影中着重表现的角色。某个地方所营造出的感觉对一部电影来说至关重要。关于洛杉矶，我最喜欢它的灯光，以及铺陈开的城市布局，它不是一个会让人患上幽闭恐惧症的地方。有的人喜欢纽约，但我在那儿会感觉幽闭。那座城市对我来说太过火了。

过去我觉得自己喜欢加州南部的沙漠，后来才发现我其实很恨沙漠。在沙漠的那晚，我吃了一大块牛肉。我从不吃红肉，但那天晚上他们只提供这一种选择。那晚我还睡在了另一个人的床上，结果做了个恐怖又邪恶的梦。第二天醒来后，我不得不一直对抗头脑中的坏念头。我不记得梦的内容是什么了，但我记得那种感觉，而我当时和谁都不能说，只能一个人在头脑中默默对抗。回到洛杉矶后这件事才算告一段落。从此之后，我和沙漠的关系就完结了。有些地方充斥着负能量，有些地方充斥着正能量，而我那天吃了坏东西，睡在了坏地方。

当然，洛杉矶也有不少怪事。我记得有个周日我和詹妮弗去铜板便士咖啡，点了个大满贯套餐。小詹和我坐在卡座里，我听到身后有两个人在聊天，内容非常有意思。那是个周日，他们俩在讨论上帝，还有《圣经》

中的许多段落。他们听起来聪明又和善。我想，周日阳光灿烂的早上，人们能像这样聊天，这一切真好啊。吃完后我们起身离开。小詹说："你知道坐在我们身后的是谁吗？"他们居然是撒旦教会的头头。

我很喜欢拍摄《穆赫兰道》试播集的过程，很可惜美国广播公司讨厌这部剧。虽然我们剪掉了许多内容，把修改过的片子再次提交给了他们，但我感觉依然很不好。我记得自己当时想：我又跟错人了。有些人只会从金钱的角度思考问题，他们做出的所有决定，都是为了防止某件事让他们赔钱，此外别无任何想法。他们的职位摇摇欲坠，只有不断挣钱才能保住饭碗，而且他们认为不持有这种想法的人一定不会红，一定挣不到钱，一定会被炒鱿鱼。这样想事情很不对，但我就遭遇了这样的人。

美国广播公司认为我送去的第一个剪辑版本节奏太慢了，因为当时时间很紧急，我没工夫仔细打磨。结果第二个剪辑版本失去了大量关键场景和故事线，质感很弱。但如今回望整件事，我会觉得一切都是命运，《穆赫兰道》所经历的是我能想到的最美好的事。这部电影经历了独特的旅程，最终成为今天的样子，而且很显然它非得经历这一切不可。我不知道事情为何会这样，但它就是这样发生了。现在一切尘埃落定，你才发现一切都是最好的安排。

皮埃尔·埃德尔曼当时在洛杉矶，他到画室来看我，我就和他讲了《穆赫兰道》的经历。我告诉他这个项目夭折了，但在我头脑里……我的意思不是说自己知道它还没夭折，而是我感觉它不会这么简单地结束，未来还有其他可能性。皮埃尔看了我手头的版本，看完后特别喜欢。于是我们讨论了一下把它改成剧情电影的可能性，然后他就着手工作了。就像玛丽·斯威尼过去常说的："皮埃尔是搅动饮料的那根吸管。"他能把不同的人联系在一起，但他自己没有工作室，所以也只能做到牵线搭桥为止。从皮埃尔到我工作室那天起，过去了一年，这件事才终于协商完成。整整一年。

月光和美人

我来告诉你是怎么回事——都是中间人害的。如果是你给我钱,那咱们俩是不是应该直接坐下来好好谈谈?几个小时之内咱们俩就能得出结论。怎么会花了一整年呢?这是因为某某人在法国正忙得很,我们给法国打去电话,结果这个人说:我一会儿给你打回去。几天过去了,他们终于打回来想要聊聊,结果这边的人又休假了。于是大家约定:咱们找时间开个电话会来聊聊这事。结果一个星期过去了,又有人病了,只能再往后拖,诸如此类。看,这些人说白了就是对你的事情不够感兴趣,因为他们手头正处理着很多事,一来二去,几个月时间就过去了。谈正事的时间加起来超不过 6 分钟。

所以一年后我接到电话,被告知这件事谈成了,我们可以着手去做了。随后我打电话去问布景、道具和服装的情况。有人告诉我服装"回流了"。我问那个人:"这话是什么意思?"他说:"这话的意思是我们没给你保留这些东西。"谁知道它们都去哪儿了?萨利(Sally)此刻可能正穿着那件我们苦苦寻找的衣服上节目呢,你不可能把它要回来。然后我发现所有道具也回流了;布景的保存情况也不理想,破烂不堪,而这不是杰克的错。此外,虽然可以向前推进了,可我已经不知道该怎么讲完这个故事了。

就在这个时候,我告诉托尼:"我觉得不可能再回到这个世界了,因为所有东西都没了。"他说:"你不拍的话我就告你。"他说出这句话的语气彻底终结了我们的友谊,也终结了我对这个人的好感。我不敢相信他居然说出了这种话,我看到了他的另一面,我可受不了这个。我从没接到过迪士尼通知我上法庭的电话——托尼是在电话上对我讲出这席话的。每个人始终只能做自己,托尼是那个让我启动《双峰》和《穆赫兰道》的人,这是他和我之间美好的记忆。与此同时,有些事也毁了我们的友谊,虽然我原谅了托尼,但我再也不想和他合作了。托尼说的对,娱乐圈是讲求合作的地方,但我受不了这种想法。这件事和合作压根无关。没错,你是和其他人一起工作,他们也会帮助你,你也可以向 100 个人征求意见,但最终,所有决定都要由导演本人做出。

听到托尼这席话的那晚我坐下来冥想，想法就像一串珍珠，一个接一个向我袭来。冥想结束后，我已经知道该如何讲完这个故事了。然后我和盖伊合作，一股气说出了自己的所有想法，那18页补拍剧本就是这么写出来的。

这18页中有些性爱场景，劳拉和娜奥米的表演非常不错。我确实向劳拉承诺过在裸戏中虚化她的身体细节。有场戏中她站在那里，拍摄时就要很小心。因为有人会暂停那一帧，把那个画面做成静态照片，登上所有杂志，所以必须虚化。

娜奥米自慰那场戏我拍了很多遍，并非因为我想激发出场景所需的某种情绪。不是这样。我们拍个不停，是因为她没演出我要的感觉，所以只能一直拍下去，一直到她表演出来为止。这个女孩这样做，是因为她很受伤，愤怒又绝望，各种复杂的情绪在她心里游荡纠结，必须用某种特定的方式呈现出来。那幕戏中要表达出一种很精准的感受，娜奥米很好地呈现了出来。

拍《穆赫兰道》结尾的那场晚宴戏时，有人一直想把我们从片场赶出去。安吉罗当天晚上就要飞回新泽西，我们必须在当晚拍完他的戏份。

当时好多人围在旁边想轰我们走，我走过去嘱咐了安吉罗几句，然后又走过去跟彼得说："你可得注意，把摄像机对准安吉罗，但焦点放在那只小狗身上——就在他后面，就这样，彼得。"我给安吉罗打了手势，他按照我嘱咐的方式表演了出来。所以虽然有人一直在赶我们走，我们还是抢拍出了这场戏。

我们就这样拍完了电影，它和我想象中的一模一样。我们带它去了戛纳。大家反响不错，但它并没带来非常丰厚的经济回报——其实我做的任何事情都如此。现在我们只是在为人工作。我们拍到了月光和美人，这就够了。

一丝滋味

A Slice of Something

　　林奇不喜欢在好莱坞的约束之下工作，对他来说，《史崔特先生的故事》就像是一部家庭制作的小成本电影。影片由林奇和斯威尼共同制作、剪辑，剧本也是他们合写的；杰克·菲斯科是美术指导；哈利·戴恩·斯坦通和茜茜·斯派塞克是主演；安吉罗·贝德拉曼提负责音乐；弗雷德·弗朗西斯则出任了摄影指导。影片预算很低，林奇拥有最终剪辑权，他就这么不声不响地制作出了一部杰作。

　　"1998 年初夏时，大卫告诉我玛丽·斯威尼写了部叫《史崔特先生的故事》的剧本，而他想自己拍这部片子。"皮埃尔·埃德尔曼回忆说，他后来也成了这部影片的制片人之一。"当时我是'运河加'的顾问，这是运河工作室的一家分公司。法国的所有工作人员都去度假了，所以开始和大卫协商这部影片时，办公室里只有我一个人。但我还是设法帮他确定了大概700 万美元的预算，到了 9 月底他就开始拍摄了。"

　　斯威尼认为，这部影片的启动很大程度归功于埃德尔曼。"拍《史崔特先生的故事》时，托尼·克兰茨、瑞克·尼奇塔和创新艺人经纪公司已经成为历史，皮埃尔成了我们新的工作伙伴。"她如此谈及这部影片，它是由映像工厂和运河加共同制作的。"当时已经到了 6 月底，整个法国都休假去了，皮埃尔在法国南部到处找人。围绕这部电影展开了一场竞标之战，因为它预算很低，人们不像对待大卫其他项目一样对它避而远之。有些人虽然没能力接手大卫的项目，但很喜欢他本人，他们都很期待这个故事，对于能和他合作也感到非常激动。"

《史崔特先生的故事》制片人是斯威尼和尼尔·艾德尔斯汀，执行制片人是埃德尔曼和迈克尔·波莱尔（Michael Polaire）。迪帕克·纳亚尔原本也要加入制片团队，但在一场预算纷争之后，他不得不离开这个项目，也永远地离开了林奇的人生。"大卫改变了我的人生和职业生涯。"纳亚尔回忆说，"他给了我人生需要的火花，更重要的是他给了我生命所需的爱和关心。我从印度来，刚到洛杉矶时半个人都不认识。但他不在乎这个，也不在乎我只是个司机。他尊重我，给我提供了做成很多事情的机会。现在我有了自己的公司，同时运转好多个项目，但我职业生涯中最愉快的记忆还是和大卫一起工作的那些日子。他一手培养出了今天的我，为此我怎么谢他也不为过。"

影片主演是已经过世的理查德·法恩斯沃斯（Richard Farnsworth），他几乎出现在了每一个镜头中。法恩斯沃斯 1937 年时入行，当时他接到了《马可·波罗东游记》（*The Adventures of Marco Polo*）剧组招募五百名蒙古骑手扮演者的电话；后来他又在《十诫》（*The Ten Commandments*）中负责给塞西尔·B. 戴米尔（Cecil B. DeMille）驾驶两轮战车；1976 年在《大老千与傻大姐》（*The Duchess and the Dirtwater Fox*）中获得了第一个有对白的角色；1979 年，凭借在艾伦·J. 帕库拉（Alan J. Pakula）1978 年西部片《跃马山庄》（*Comes a Horseman*）中的表演，获得了奥斯卡最佳男配角提名。

很难想象其他人能够出演阿尔文·史崔特这一角色，法恩斯沃斯那张智慧慈祥的面孔本身就是部电影。"读到剧本的那一刻，我就在这个老头儿身上找到了共鸣，并且爱上了这个故事。"这位演员本人说。电影拍摄时，他已经 78 岁高龄了。"阿尔文是不屈不挠和勇气的代表。"[1] 法恩斯沃斯已经于 1997 年退休了，但读了《史崔特先生的故事》的剧本后，他决定重新出山。

茜茜·斯派塞克出演了罗斯（Rose）一角，人物原型是史崔特的女儿。

梦室

她回忆说："很多年来，大卫、杰克和我都想要一起做点什么，《史崔特先生的故事》成了最适合我们的项目。我想，大卫可能觉得和杰克一起工作特别开心，你知道的，'这样我们就能用长柄大锤把墙锤碎了，就像过去一样'。他们已经一起锤了 50 年墙。"

"我扮演的角色有点口吃，表演的时候必须戴上假牙，所以我不知道自己到底能不能演好。"斯派塞克接着说，"不过大卫相信我，所以我想，也许我也能做好。事实证明这次拍摄经历非常棒。他在片场和在现实生活中一样可爱，和他合作很开心。他风趣，和善，知道自己想要什么——和大卫一起工作很轻松。有天，一位上岁数的演员要在一幕戏中表演很多动作，但他总是记错出场时间，搅乱了整场拍摄，他开始对自己生起气来。但大卫表现得那么有耐心和善解人意。他说：'我会在你腰带环上系一根绳，每次需要你动的时候，我会轻轻拉下绳子，这样你就能知道自己该做什么了。'"

"人们总是说：'哦，《史崔特先生的故事》太不大卫了，与他的世界格格不入。'"斯派塞克补充说，"但如果你认识他，就会知道这不过是大卫的另一面。"

哈利·戴恩·斯坦通扮演了莱尔·史崔特（Lyle Straight）这一角色。在此之前他已经和林奇合作过四次，他很高兴两人能够再度共同工作。"大卫的片场总是很让人放松，他也从不会冲别人大喊大叫——他不是这种人——只要不影响剧情，他就允许我在一定程度内自由发挥。"斯坦通说，"和他一起工作总是很愉快。"

"在《史崔特先生的故事》中，我只有一场戏，但那是场哭戏。"斯坦通接着说，"那之前不久，西恩·潘（Sean Penn）给我看过一份西雅图酋长的讲话，他是第一个被迁移到保留地生活的印第安人，每次读我都会忍不住掉眼泪。所以拍那场戏之前大卫让我读了其中几段话。果不其然很奏效。"

林奇拍摄《象人》时的合作伙伴——摄影师弗雷德·弗朗西斯，用镜头抓住了一个今天已经几乎不复存在的美国中西部。影片是沿着 1994 年史崔特本人真实走过的 380 多公里公路实景拍摄的，当时他从爱荷华州的劳伦斯（Laurens）一直开到了威斯康星州的锡安山（Mount Zion），影片因此呈现出挽歌般的恢宏氛围。小镇酒吧外墙上饱经风霜的红漆招牌，沿着空旷街道乱跑的野狗，航拍中昏昏欲睡的密西西比河，点缀着电影画面。影片节奏舒展，萦绕着一股苦涩的甜美感，这种感觉又被故意安置的大段沉默，以及贝德拉曼提充满渴望的美国本土音乐进一步强化了。

杰克·菲斯科特别擅长大景致的电影美术设计——他参与了泰伦斯·马利克的绝大多数电影，以及保罗·托马斯·安德森（Paul Thomas Anderson）的《血色将至》（There Will Be Blood），还凭借亚历桑德罗·伊纳里图（Alejandro Iñárritu）2015 年的电影《荒野猎人》（The Revenant）得到了奥斯卡提名。对他来说，《史崔特先生的故事》可以称得上是易如反掌。"往前追溯到我们俩还共用一间工作室的日子，大卫和我就有点互相较劲，所以我们俩一直没合作也是件好事。"菲斯科说，"但到了 20 世纪 90 年代末我意识到，我和那么多导演合作过，试着还原出他们头脑中创想的世界，而我现在很想念大卫，想和他共度一段时光。于是我们俩在《史崔特先生的故事》上一拍即合了。"

回想起林奇和菲斯科之间持续一生的友谊，斯派塞克说："大卫和杰克都把彼此的利益放在第一位。他们是两个来自弗吉尼亚的年轻人，都想成为艺术家，想过上艺术家的生活。从认识的那一刻起，他们就在互相帮助，成就彼此的梦想。他们一起读了艺术院校，一起去欧洲旅行，然后一起闯入了那个世界，实现了共同的梦想。他们的友谊牢不可破，我想这就是原因。"

加里·达米科因为拍摄的原因也身在爱荷华。在他的记忆中，《史崔特先生的故事》是"我和大卫合作过的最有意思的项目。而且我还凭借这部电影加入了美国演员工会（SAG）！我把一辆很不错的山地自行车带到了片场，大卫说：'我喜欢你的车，想把它拍进电影里，而且由你本人来骑。'然后他又说：'哎，咱们给加里也来句台词！"在你左边，谢谢。"这句话怎么样？'"

至于在影片中担任的特效工作，达米科说："一场戏中，阿尔文沿高速公路行驶时，一辆半挂货车从他身边呼啸而过，吹掉了他的帽子。我们当时是从他身后拍摄的，大卫说：'我希望帽子能径直冲着镜头飞来。'但我说：'大卫，路过的货车会把他的帽子往前吹，而不是往后吹。'他说：'是啊，但这是我的电影，我想让它往后吹。'所以我说：'那就往后吹。'那顶帽子大概要飞 15 米远。所以我用 8 个滑轮做了一个小装置，每个能把帽子往后拉大概 2.5 米。助理导演说：'大卫，咱们没时间拍这个了，这一幕甚至都不会出现在电影里。'可大卫说：'你知道'放屁'两个字怎么写吗？加里花了很大功夫做这个东西，我们必须要拍。'而且它最终确实出现在了影片里。"

《穆赫兰道》的"闹剧"发酵的过程中，林奇完成了《史崔特先生的故事》的后期制作。1999 年他带着《史崔特先生的故事》去戛纳时，刚好被告知那部剧被砍掉。影片在戛纳表现不错，成了观众最喜欢的影片之一，但一个奖也没拿到。"金棕榈颁奖仪式结束后，我在卡尔顿酒店专门给输家们举办了一场晚宴。"埃德尔曼说，"大卫、佩德罗·阿莫多瓦（Pedro Almodóvar），还有一些人也来参加了。晚宴很成功，大卫玩得很开心，几乎忘记了没得奖的事情。"

"戛纳的观众爱死这部电影了。"斯威尼说，"现场放映非常动人。那也是影片演职人员第一次观看全片，理查德、茜茜和杰克都在场，过程太有意思了。我们从大皇宫酒店走出来的时候，安吉罗的音乐还在通过户外扬声器播放。安吉罗的那个意大利灵魂啊，其中还夹杂着一丝乡村式的忧伤——我们都太开心了。那是弗雷德·弗朗西斯拍的最后一部电影，也是理查德·法恩斯沃斯最后一次出现在大银幕上。我们大家一起演奏出了一曲无比美妙的和弦。"

一丝滋味

DL

　　玛丽和约翰·罗奇花了很长时间写《史崔特先生的故事》的剧本，我一直在听他们念叨，但一点兴趣都没有。后来他们把剧本拿了过来，让我读一读。阅读的过程也是想法产生的过程——头脑中和心里会呈现出相应的画面。我突然对剧本中人物的各种情绪感同身受。然后我想：我要拍这个。拍那部电影之前的几年里，我每年都会在威斯康星住很长时间，大概是因为对住在美国这个区域的人产生了某种感情，我才会喜欢上这个剧本。

　　我不记得自己是怎么想到理查德·法恩斯沃斯的了，但一旦头脑里出现了他的样子，他就成了扮演这个角色的不二人选。理查德就是为扮演阿尔文·史崔特而生的，他说出的每个字眼都闪烁着智慧的光芒。理查德身上有种淳朴感，这是我爱上他并希望他出演这一角色的部分原因。阿尔文·史崔特就像是詹姆斯·迪恩（James Dean），只不过要更老一些。除此之外，他们两个都很叛逆，都有自己做事的一套方法，而且理查德本人也是如此。年龄其实不算什么，因为我们身体里那个不断与自己对话的自我并不会变老——它没有所谓的年龄。身体会变老，但也仅此而已。

　　理查德演过很多电影，每次看到他我都会产生一种感觉——我真喜欢这个人啊。我不知道他为什么没能成为巨星，我也不知道他有没有这种期待。某种层面上他并不把自己视为演员，因为他是从牛仔竞技场和特技行当转行做表演的。但理查德是扮演阿尔文·史崔特的完美人选，他答应下来的时候我们激动坏了。理查德不喜欢讨价还价，他说："这是我要的价格。"价钱倒是很合理，他甚至都不愿意多谈几句。于是我们说"好极了"，没问

一丝滋味

433

题。结果，好嘛，他又说他演不了了。他没说具体原因，可能和身体状况有关，因为理查德当时得了癌症。天哪，这个消息太可怕了——对理查德来说太可怕了，对我们也太可怕了。这个时候我想到了我的好朋友约翰·赫特，同样也是伟大的演员。他非常棒，我想他也许能演这个角色。于是我和约翰聊了一下，他说他可以演。

每年理查德都会从新墨西哥来洛杉矶，因为他的农场在这里，他还会在这里和他的经理兼经纪人见个面，一起吃个午饭什么的。这是他们俩之间的一个传统。拒绝这个角色后他又来了洛杉矶，见面吃饭时经纪人对他说："理查德，你看起来挺精神的。"然后他说："我感觉也挺不错。"她说："你知道吗，理查德，也许你应该拍《史崔特先生的故事》。"他说："你知道吗，我应该拍，可以拍，也会拍。"于是他又打过电话来，我只好给约翰·赫特打电话——他表示完全理解——这样最终人选就定下了理查德。我们心怀感激，因为他的表演那么完美，总是兴高采烈，总是那么理查德。

我们拍这部电影时理查德78岁，弗雷德·弗朗西斯81岁，但他们可不光是能跟上大家的脚步而已——弗雷德和理查德是给我们带路的人。当时弗雷德的身体情况也不太好，八年后便去世了。《史崔特先生的故事》成了他拍摄的最后一部影片。让理查德驾驶那个玩意儿也很危险，我们并不能百分百保障他的安全。但他年轻时做过特技演员，骨折是家常便饭。理查德特别勇敢，拍摄越久，他反而变得愈发年轻了。理查德的表演让人印象深刻。拍摄过程中没人知道他忍受了多大痛苦——他不言不语，只是自己默默忍受。他骨子里是个牛仔。

我很欣赏茜茜，我认识她很长时间了。我拍《橡皮头》的时候杰克认识了茜茜，因此总带她到片场来。有段时间她还成了我的嫂子。她的经纪人是瑞克·尼奇塔，后来他也成了我的经纪人。这几个人一直在我身边，某种意义上帮我铺设好了各种各样的舞台。杰克和茜茜还给《橡皮头》出了钱，他们就是我的家人。我一直想和茜茜合作，她也是扮演罗斯的完美

　　　　　　　　　　　　　　　　　　　　　　梦室

人选。除了茜茜、理查德和哈利·戴恩，电影中的其他演员都是本地人，他们本身就带着当地人生活和说话的作风。

电影的准备工作很快就绪了。我们是夏末开始拍摄的，必须抓紧时间。因为到了秋天，那个地方气温下降非常快，而我们大部分画面都要在户外拍摄。而且我们要重走一趟阿尔文·史崔特真正走过的路线，按时间顺序拍摄最为合理，我们最终也是这么做的。

这部电影中我最喜欢的一幕是结尾。理查德和哈利·戴恩的表演真是让人叹为观止。莱尔的房子是杰克设计的，非常漂亮。它位于高地，四周被山环绕，所在的位置类似群山中的一块低地。理查德拖着沉重的拖车，沿着通往莱尔家的斜坡顺坡而下。他朝着莱尔的房子开过去，然后停了下来，下车向房子走去。走到一半，他喊出了莱尔的名字。光线那么美，太阳正好照在他身上，他在阳光下喊着莱尔的名字。他刚刚演完这一幕，太阳就落到山后面去了。假如晚到几秒钟，我们就会彻底错过这个光线。能捕捉到这一幕太幸运了。接着，理查德和莱尔说话的时候，他嗓子里有些哽咽，那种内心深处的微妙哽咽真是太感人了。哈利·戴恩和理查德·法恩斯沃斯，"真情流露"形容的就是他们俩。哈利是我见过的最纯粹的人，而理查德和他一模一样，你在那一幕中可以全然感受到这一点。

我也很喜欢理查德在酒吧里和维兰（Verlyn）［由演员威利·哈克（Wiley Harker）扮演］聊起"二战"的那幕戏。那幕戏讲述的全然是理查德和威利内心深处的东西。我做的唯一一件事，就是让所有人保持安静，让他们俩坐在一起，然后架起两部摄像机，对着他们近距离拍摄。我们没有排练，那幕戏一条就过了。

任何事都是相对的。《史崔特先生的故事》是部平和的电影，但其中也有暴力。阿尔文的割草机差点失去了控制，这对阿尔文来说就构成了一种暴力，但它也实现了某种平衡——一部电影中的各种元素必须相互平衡。一旦决定沿着某条路走下去，你就要定下规矩，之后就得遵守这条路上的

一丝滋味

规矩，而且你也不能同时走两条路。也许这个故事中的人物看起来很圣洁，但我们只是看到了他们在某个特殊情境中的一面。所以《史崔特先生的故事》并非是关于中西部的绝对真相，就像多萝西·瓦伦斯不能代表所有女人一样。它们都只能让你品尝到一丝滋味。这丝滋味可能是真实的，但它并非代表全部真相。

我总是说，《史崔特先生的故事》是我拍过的最具实验性的电影，它和我之前拍过的影片大相径庭。但说真的，什么事不是实验性的呢？你把感觉对味的碎片凑在一起，但在把它们整合在一起之前，你并不知道能否成功。你得用非常精妙的方式把画面、声效、音乐和对话组合在一起，才能创造出情绪。音乐如何进入，该多大声，又该如何消失——每一步都得完美，因此安吉罗给电影写的音乐才至关重要。

《史崔特先生的故事》参与了戛纳的竞赛评选，我把剧组大部分人都带过去了，首映特别成功。和大家一起坐在放映厅里的感觉真好，只有"美好"二字可以形容。米拉·索维诺（Mira Sorvino）坐在我前面一排，放映结束后她转过身来看着我，手放在胸口，不停地啜泣。她对电影中的故事感同身受。那真是场动情的首映啊。也是在那晚，哈利·戴恩讲了那个故事。

放映结束后我们都聚在了卡尔顿酒店的小酒吧。安吉罗、皮埃尔、哈利·戴恩、我，还有几个人，坐在吧台一头。我们都没怎么说话，点了些饮料喝。坐着坐着，哈利·戴恩突然说了句话。没人记得他当时具体说的是什么了——好像是关于巧克力兔子和哈利·戴恩做过的一个梦——反正他说了这么句话，我们都笑了。然后他又说了第二句，我们笑得更厉害了。我们正想着这个故事还挺有意思，结果他又说了第三句、第四句，一句比一句更逗乐，我们笑得喘不上来气。结果他就这么连说了十八句！你知道有人会把压缩的空气注入嘴里，然后你的脸颊就会鼓起来吗？听到第九句时，我的脑袋就已经是这种感觉了。我都要笑死了，笑得眼泪都出来了。他就这么不断超越自己，简直无人能及！根本没人能打断他！他的语气、时机、用词、词语的排列，真是无懈可击，太难以置信了——我从没见过哪个脱口秀喜剧演员能讲得像哈利·戴恩一样好。后来我们都快受不了了，笑得太厉害了。听到最后一句时，我们已经笑得东倒西歪。直到今天，我们还总聊到这件事。只要安吉罗和我在一起待上十几二十分钟，我们就会聊到那晚，但我们俩其实早就记不清哈利·戴恩具体说过什么了。哈利·戴恩这个人太纯粹了，纯粹的人，纯粹的哈利·戴恩。

理查德·法恩斯沃斯和我们一起去了戛纳。《史崔特先生的故事》尘埃落定后，他又回到了自己的农场。大概一年后，他就去世了。他当时可能盘算着：明天我就有可能不会动胳膊了，我必须得这么做。然后他就做了——他举枪自杀了。这是个真牛仔的故事。

大卫·柯南伯格（David Cronenberg）是当年戛纳的评委会主席，《史崔特先生的故事》绝不是他喜欢的类型。他可能觉得整部片子都一塌糊涂吧。对于参赛者来说，谁是评委会主席这件事完全是撞大运，因为这个人会奠定当年电影节的基调。我们觉得这部电影应该能触动普通观众，因为它很温和，又直击心灵，里面的演员如此出色，影片描述的兄弟之情和谅解的主题又如此美好。电影分级结果出来后，有人给我打电话说它被评定为 G 级（普通观众级）。我对电话那头的人说："你再说一遍！"但那个时候很奇怪。基督教原教旨主义者不喜欢这部片子，因为里面出现了"地狱"这个词。虽然迪士尼决定发行电影，但我并不知道他们对影片的真正看法是什么。无论他们采取什么营销手段，看起来都不太奏效。我猜这就是我的命运吧，它确实没能抵达普通观众。有次我参加了一个派对，斯皮尔伯格也在场。我对他说："你很幸运，你喜欢的东西有几百万人喜欢，而我喜欢的东西只有几千人喜欢。"他说："大卫，如今咱们的情况一样了，我估计看过《大白鲨》的人和看过《橡皮头》的人，数量差不多。"我不知道他说的是不是真的。我只知道这个世界上的电影越来越多，但关心电影的人越来越少了。

我们是 90 年代末拍摄这部电影的。记得那时候，如果穿过一片玉米地，通常会看见大穗的玉米，或许田地四周还围着栅栏。拍《史崔特先生的故事》时，我看见一排排玉米间插着告示牌，不知道写的是什么。后来发现那是转基因试验的告示牌，我很确定我那时看到的玉米地现在都变成转基因试验田了，现在已经没有纯天然的玉米了。过去有很多小型家庭农场。后来，大型农场主——那些有钱人——开始收购小农场，所以现在只剩下几家巨型农场，农民数量也很少，过去那些小社区也不复存在了。你知道的，过去你会遇到某个人，比如农民比尔的女儿，然后爱上了她，于是决定留在这个地方，建起自己的农场，干自己的活。这种生活方式已经消失了。小校舍也都不见了，只剩下了一排接一排的转基因大豆和玉米。

　　过去农民会保留一部分种子用于下一季的耕种，并把种子交给专门负责保管的人，这些人会把种子存在简仓里。收种子的人现在只能独自掉眼泪了，因为过去和他们关系很好的农民都被迫改种转基因作物了，他们都必须从孟山都公司买种子。这些种子只能维持一季，自带杀虫和除草效果。即使邻近的农民不想用这种种子，但这些种子仍旧有可能自己飞到他的田里，如果发生这种情况，孟山都就会告这个农民，说："你偷了我的种子，我们申请了专利的。"他们让农民相互反目，而收种子的人只能哭泣，他的孩子也厄运难逃，那种相互关爱的邻里关系也消失了。他们可能会说食物本身并没有问题，而且我们得养活那么多人口，除此之外还有什么办法呢？只有运用科技手段才能养活那么多人。也许吧。但自然母亲被彻底击败了。这一切之所以发生，就只是因为钱。

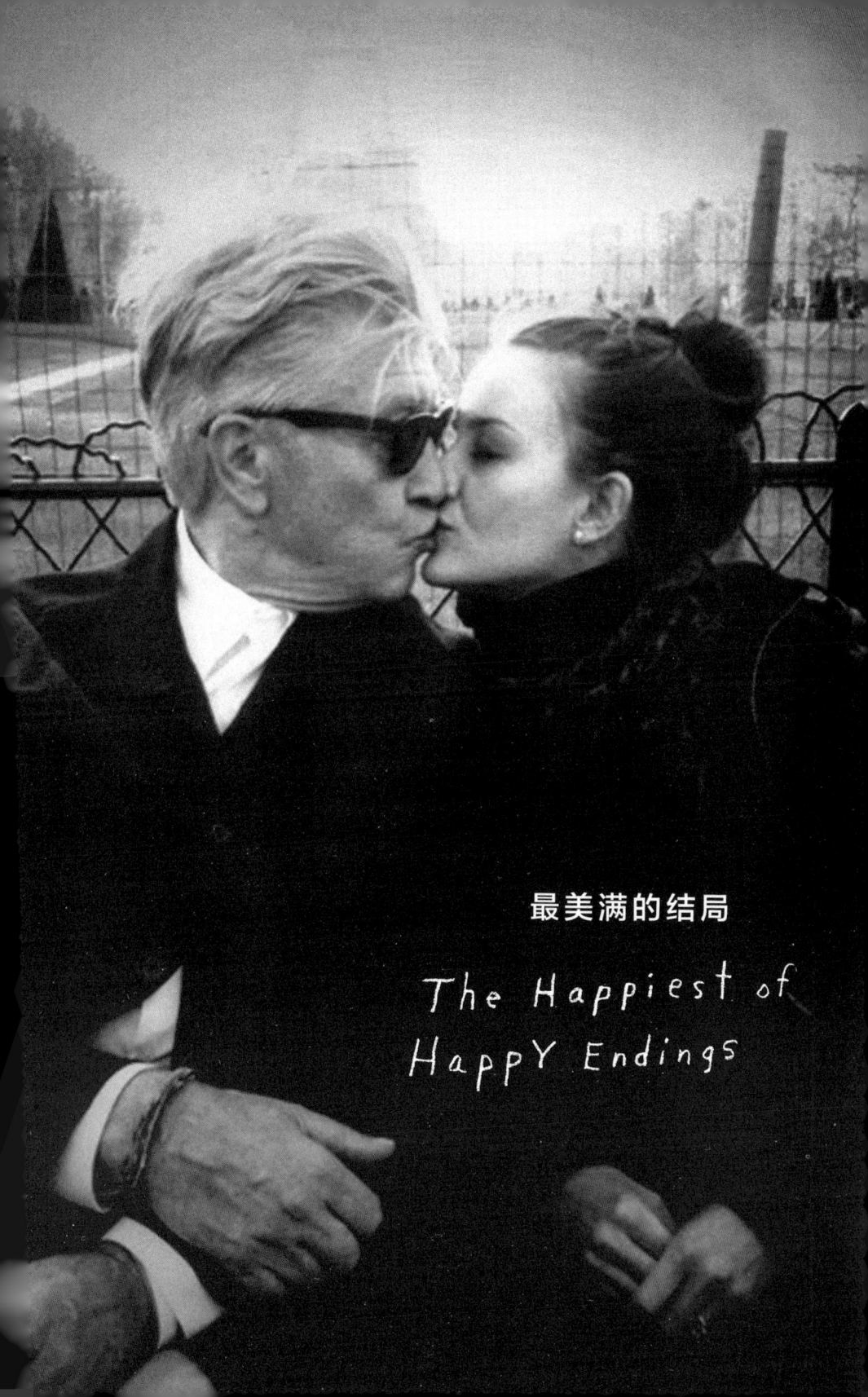

最美满的结局

The Happiest of
Happy Endings

经历了围绕着《史崔特先生的故事》和《穆赫兰道》所发生的各种令人眩晕的状况之后，林奇又返回到了自己最初的原则。他开始精简周围的一切事物，为自己的工作室招募了一批精力充沛的年轻人，他们随时准备着将自己的全部时间和能力投入到类似《橡皮头》这样的项目中。他不喜欢事情变得庞大又笨重，他想一个人安安静静地待着，做自己确定要做的事情，也从不在乎钱和名气。时间迈入 21 世纪后，这种特质在他身上体现得愈发明显。

"代理大卫的最大挑战，在于将他的作品带入主流电影世界，哪怕是主流电影的边缘，这点我做得很失败。"瑞克·尼奇塔说，"虽然《双峰》把他带到了电视界的中心，让他成了流行文化风口浪尖的人物，但他的电影却一直很边缘化。不过他也不想站在所谓的中心。开始这让我感觉非常有挫败感。但一段时间之后，我渐渐能品味其中的奥义。我不觉得大卫想拍很多电影。他本可以加入这场游戏，卖力地成为其中的一分子，但我觉得他对此毫无兴趣，因为他脑袋中还想着其他事情。他很高兴待在自己创造的那个世界之中。"

到了 2001 年年底，电影对于林奇来说已经不是第一要务了，此时他已经开启了另一场创意冒险。"大卫是我认识的人中第一个涉足互联网的。他开始做编程的时候，我感觉就好像他准备建立自己的电视台一样。"尼尔·艾德尔斯汀说，"不过他没过多久就失去兴趣了，因为技术的发展赶不上他的创意速度，但最开始他对这件事真的很投入。"

其中的主力分子就包括艾瑞克·克拉瑞。克拉瑞出生于威斯康星州的洛迪(Lodi),2000 年 1 月搬到了洛杉矶,并于当年 9 月开始为林奇工作。"过程很超现实。最开始我在一家经纪公司负责塞信封,后来坐到了距离大卫·林奇只有一桌之隔的地方。"克拉瑞回忆说,"能得到这样的机会真是太不可思议了。"

"就算手头没有进行中的电影,大卫的日常生活也非常繁忙。"克拉瑞接着说,"他拍照片、画画、写作、制造东西——做很多很多事——我入职的时候,他们正专注于搭建新网站。每天早上我们会和大卫一起梳理当天要做的事情,不知怎么这种常规会议变成了我们所谓的'快步走'。会议照常开,只是开会时会爬上一座陡峭的山,或绕过一片街区,参会人通常是大卫、杰伊·阿森、我,有时候还有奥斯汀。"[1]

建网站的时候,上面必须有内容。林奇这个时期花了很多精力为自己的网站制作内容。"我大部分的工作就是协助大卫做所谓的实验,在后院或者洛杉矶各处拍东西。互联网让他兴奋的一点在于,它所提供的技术能让你借助很少的东西做出很多事情,所以如果有了个想法,他就会说:'我们要在后院做个布景,做好灯光,准备这些道具,然后开拍。'"克拉瑞如此回忆林奇——他完全能跟得上比自己小好几十岁的助手们的节奏。"有些时候真让人发疯,因为白天我们要处理常规的助理工作,晚上还要整夜拍摄。大卫也投入了相当多的精力,我完全不知道他是如何维持那种旺盛的精力的。"

"最初我以为大卫把互联网视为新的收入来源。"克拉瑞说,因为网站每月向会员收取 10 美元的费用。"他的想法是,会员能带来收入,这样大卫就能持续为网站拍摄新东西,它就能自我运转,成为一个迷你工作室。当时所有人都在开发个人网站,但没人知道背后的营利模式是什么。"

艾德尔斯汀参与了林奇网站的搭建过程,但到了网站正式发布的时候,他已经离开了工作室。"我感觉自己触碰到了职业的天花板,但离开后还是和大卫保持着联络。"艾德尔斯汀说,"我仍旧非常爱他。他是个完美的人,我从没见过他对任何人做有违本心的事。他一手开启了我的职业生涯，他忠实可靠，信任他人，他把通过冥想获得的领悟都践行在了日常生活中。"

……

网站发布当天，一封电子邮件作为开幕序曲发出：

这是一则来自 DAVIDLYNCH.COM 网站的通知!!!!!!!!!!!!!! 周一，2001年12月10日，太平洋标准时间上午9点45分，DAVIDLYNCH.COM 主站点将正式发布……之后专为网站制作的"新系列"也将登录，随后将会开启商店频道……感谢你对 DAVIDLYNCH.COM 的关注……期待在网站上见到你的身影!!!!!

大卫·林奇

"那天早上非常隆重。"克拉瑞说，"阿尔弗雷德准备了一个大灯箱，网站上线的那一秒，我们同时在工作室中点亮了灯箱。我们还举办了一场'和林奇在鲍勃大男孩餐厅共进午餐'的抽奖活动，所有网站付费会员都可以参与。最后获奖的是位英国女孩，她带着一位朋友一起和大卫吃了午餐。"

整个2002年，网站原创内容不断增加，它们几乎都是林奇一手创作的。他还开办了一个"每日天气预报"频道——他透过工作室窗户查看一下室外的情况，然后分享他对当日天气的预测和想法——还额外创作了一系列短片。其中包括三集短片《在那边》(Out Yonder)，由林奇和儿子奥斯汀主演，两个人在片中用幼稚而古怪的婴儿语交谈，间或闪现出极具洞察力的语句。2002年他还完成了《呆瓜乐园》(Dumbland)，八集看起来很粗糙的系列动画短片，按时间顺序讲述了好斗的呆瓜兰迪(Randy)，他的儿子斯帕克(Sparky)，以及他备受折磨的妻子身上所发生的种种不幸。和《世界上最愤怒的狗》如出一辙，《呆瓜乐园》是一部暴烈又充满暴力色彩的交响曲，同时点缀着荒唐又充满孩子气的幽默感——比如剧中人总是放屁和打嗝。网站同时还有线上商城，出售《橡皮头》的海报、棒球帽、剧照、徽章、咖啡杯和 T 恤衫，此外还有《呆瓜乐园》的主题咖啡杯、《世界上最愤怒的狗》的主题 T 恤衫，以及其他电影短片。

这一时期，林奇制作的最为出名的短片是《兔子》（ Rabbits ）。短片于 2002 年 6 月 7 日首映，之后被纳入他的第十部电影《内陆帝国》中。短片共九集，故事设定在一间放着熨衣板和其他东西的中产阶级卧室里。《兔子》的主人公是三只兔子，它们装模作样地吟诵着俳句，偶尔会被一阵情景剧中的笑声或者遥远的火车汽笛声打断。这是林奇创作的最让人难以理解的作品之一。兔子的扮演者——他们都穿着真人大小的兔子服装——是斯科特·科菲、劳拉·哈林，以及娜奥米·沃茨。

"我觉得自己欠大卫的情永远还不清,他让我做什么我都愿意。"沃茨说,"我欠他太多，而且和他一起工作总是特别愉快。穿着兔子服，在里面你难以呼吸，还得忍受高温，但我都不在乎，为了大卫我就愿意做。不过那些兔子衣服真的很沉，戴上兔子头之后你就什么都看不见了。我只能听到他说：'好了，娜奥米,熨完衣服你就可以出去了。'于是我往外走，结果撞到了墙上。他就会拿着大扩音器说：'不是那个方向，娜奥米，向右转。走右边，娜奥米。'我说：'大卫，我可以之后帮你配音，你找个助理穿着衣服表演。'结果他说：'不行，里面必须是你本人。'"哈林呢，她有幽闭恐惧症，说："我只能闭上眼睛，只是一个劲儿呼吸。现场很让人紧张，大卫也从没解释过我们到底在拍什么。我们只是按照他的指令行事。"

林奇还以网站为平台，进行了各种各样的音乐合作。2001 年年底时，他发表了专辑《蓝色鲍勃》（ BlueBOB ），称这张专辑为"工业布鲁斯风"。这是他和约翰·内夫共同为自己的厂牌"荒唐"（ Absurda ）制作的。专辑从 1998 年开始录制,到了 2000 年 3 月才最终完成,最初作为 CD 唱片发行,只有通过林奇的网站才能购买。为了推广专辑，林奇和内夫于 2002 年 11

月 11 日在巴黎奥林匹亚音乐厅举行了现场演出，不过这次演出被林奇形容为"彻底的折磨"。

2002 年，一位法国记者到洛杉矶采写一篇关于《蓝色鲍勃》的文章。克拉瑞记得林奇当时说："'如果非要采访，咱们就干点好玩的。'他和阿尔弗雷德在后院搭了个山洞，洞口挂着个迷你雕塑，然后把一台造烟器和一个频射灯放在了那里。一位性感女郎走来走去，大卫裸露上半身，从洞里走了出来，浑身沾满泥土，随后接受了采访。"这可能是林奇粉丝唯一一次看到他没穿上衣。

2002 年 5 月，林奇成了当年的戛纳电影节评委会主席。那年，罗曼·波兰斯基的《钢琴家》捧得了金棕榈奖。接着，回到洛杉矶后，克莉丝塔·贝尔再次出现在了他生命之中。"1998 年和大卫见过一面后，我们并没有保持联系，但我和布莱恩·劳克斯一直有来往。2002 年布莱恩参加一场派对时意外遇到了大卫——大卫从来不参加派对的。然后他问布莱恩：'嗨，克莉丝塔·贝尔最近怎么样啊？'大卫和我于是再次走进他的工作室，完成了我们第一次合作的那首歌。之后，只要大卫有时间，我就会到他那里去。"

"我当时录制了为自己第一张专辑创作的歌曲小样。"她接着说，"放给大卫听后，他说：'我真为你骄傲，克莉丝塔·贝尔，但我觉得你应该耐心等待一下，把咱们俩的专辑作为你的处女作。'我说：'可以，大卫，但你得把油门踩下去啊。'然后他给我讲拍摄《橡皮头》用了多长时间，有时候不慌不忙是很值得的。但他后来确实为我们之间的合作留出了更多时间。"

2003 年初，林奇的生命再次发生了转折，因为他认识了艾米丽·斯托弗，她后来成了他的妻子。斯托弗 1978 年出生于加利福尼亚海沃德，在费利蒙长大。2000 年时，她和姐姐一起搬到了洛杉矶，准备追求演艺事业。她们在比奇伍德谷租下间公寓。斯托弗一边跟着表演指导戴安娜·卡索（Diana Castle）学习，一边从事一些很不相关的工作——夜店经理助理、临时女服务员，等等。当时姐妹俩和邻居伊莱·罗斯（Eli Roth）成了朋友，后者曾为林奇调研过一个关于尼古拉·特斯拉（Nikola Tesla）的项目，并于2002年指导了恐怖片《尸骨无存》（Cabin Fever）——林奇担任了这部影片的执行制片人。"有天晚上我拜访了伊莱的公寓。"斯托弗回忆说，"我留意到他家墙上有张《与火同行》的道具照片。我问他是从哪里搞到的，还告诉他我是大卫的狂热粉丝。他说他和大卫共事过，当时大卫正在给自己的网站制作内容，或许愿意和我合作。"

"伊莱找大卫聊了聊，然后给我打电话说：'大卫给他家屋外的鸟食罐安了监控器，人们可以登录他的网站看鸟吃食。他有了个想法：让一个金色的球从天而降，然后你穿着斗篷从里面走出来，之后脱掉斗篷，光着身子转几圈，然后在镜头前站5分钟，接着离开。'"她接着说，"我当时很犹豫。互联网？还是裸体？我不清楚自己愿不愿意以这种方式和我敬仰的导演展开第一次合作。几天后，伊莱又打来电话，说大卫在给自己的摄影项目寻找模特，他会付钱，还会送给模特三张签名照片。于是我和姐姐在2月20日那天见了他。我们围坐在他会议室里的一张桌子旁聊天。后来他告诉我，我离开时转过身冲他挥手说再见，他就是那一刻爱上了我。"

"他给我拍了照，我很紧张，之后我们就没再联系。"斯托弗补充说，"他非常专业，我完全不知道他对我有兴趣。不过我并没有对他一见钟情——我只是被他迷住了，兴奋于自己能和他一起工作。一两个月后他打来电话，想请我为另一个项目拍照。到了6月，我搬回了我妈妈在费利蒙的家，开始到旧金山州立大学读书。"[2]

认识斯托弗不久后，林奇在他家门外的街上巧遇了劳拉·邓恩——她刚刚搬到隔壁。两个人都意识到他们再度合作的机会来了，于是他给她写了一幕戏。当时他心里并没有剧情片的设想，那幕戏不过是他拍摄实验中的一个片段。"我们是在画室里拍摄的。"阿森说，"劳拉背下了一整段超长的台词。我这辈子都没见过这种阵势——她实在太出色了，能一个长镜头接着一个长镜头地演下去。我们只是在更换摄像机胶片的时候叫了暂停。

她就那么演个不停。"

在这幕戏中，和邓恩演对手戏的是艾瑞克·克拉瑞。"我不是专业演员，也完全不明白大卫为什么会选中我。"克拉瑞说，"他告诉我：'给你自己找件西装外套。'我还把我所有的旧眼镜都带来了，让他来决定我戴哪一副。我记得自己口袋里还塞了把油画刮刀。劳拉的表演真的很有张力，独挑大梁。我问她自己能帮上什么忙，她说：'跟紧我，看着我的眼睛。'"

邓恩记得那晚"非常愉快，但又有点恍惚。画室里刮过一阵暖风，夜晚变得如此安静，野狼都默不作声，夜空在我们头顶展开，一切都感觉如此神秘。当时我还在照顾自己刚出生的孩子，我想，天哪，我怎么可能记住那么多台词呢，但不知怎么我就记住了。大卫的敬畏之心奠定了现场的氛围——你能明显感觉到他对故事的发展充满了敬意。他希望所有人保持安静，在拍出他想要的效果之前，你只管一刻不停地演下去。"[3]

拍摄那幕戏只用了 4 个小时，阿森说："拍摄结束后，劳拉回了家，大卫在画室里抽烟，他看起来非常兴奋，双眼冒光。他看着我们说：'这要是部电影会怎么样？'我觉得《内陆帝国》就是在那一刻诞生的。"

盖伊·波普 2003 年春天去世了，那是 4 月 20 日，这对林奇来说可谓巨大的打击，因为他们之间的友谊深刻又独特。6 月一整月他都在荷兰，和玛哈里希进行着紧锣密鼓的调研。重返洛杉矶后，他开始运作《内陆帝国》，并给杰瑞米·阿尔特打了电话。"大卫说：'我要做这么一件事，现在还不清楚细节，但我想让你当制作人。'于是我们就开始拍摄了。"阿尔特说，"大卫先写了几页，杰伊负责打出来，剧本就是这么产生的。开始拍摄时，时间很零散。但杰瑞米·艾恩斯参与之后，我们就全天候正式拍摄了。"

凯瑟琳·库尔森在《橡皮头》中扮演了怎样的角色，阿森和克拉瑞就在《内陆帝国》中扮演了什么角色——尽其所能，几乎承担了全部工作。"我觉得他对这种工作方式非常兴奋，因为和他在一起的真的都是骨干。"阿森如此评价林奇——林奇以一己之力写作、制作、剪辑，并用一台索尼 DSR-

PD150 摄像机拍摄了整部电影。"彼得·德明帮助拍摄了一两场戏，但大卫才是这部电影真正的摄影指导，艾瑞克和我也经常架着摄像机。我们俩负责制作拍摄日程表、找道具、给人结账，我还做了一段时间的助理剪辑和替班场记——我们都学到了很多，大卫对我们也总是很有耐心。"

"大卫写作《内陆帝国》时我也一直是他的助理，但我可不是他的合作者。"阿森接着说，"我只是如实记录下他说的东西。比如他会说'咱们开始写吧'，然后他口述，我坐在电脑前把他说的东西打出来。有时我们身处片场，拍完一场戏后他突然有了灵感，就会说：'杰伊，到这儿来。'我就会带着沓纸跑过去，把他说的话记下来。大卫经常改变主意，不喜欢被人指使着做这做那，杰瑞米·阿尔特此时就成了一位重要的中间人。不管大卫有了什么新想法，杰瑞米都会说'好，就这么办'，之后再靠着自己广阔的人脉帮大卫搞定各种各样的拍摄想法。"

"我的工作之一，就是保证无论在哪里拍摄，大卫都可以在现场抽烟。"阿尔特说，"当然了，有时候我还得去找些不同寻常的东西。有天他说：'杰瑞米，拿纸笔写下我跟你说的事情。我要六名黑人舞者，其中一个要会唱歌；一个金发欧亚混血女人，肩膀上坐着只猴子；一个锯木头的伐木工；娜塔莎·金斯基（Nastassja Kinski）；一个有文身的人；（冥想教练）佩妮·贝尔（Penny Bell）；一个从法国外籍军团退役的多米尼加人；劳拉·哈林，穿着她在《穆赫兰道》中的戏服；还有一位只有一条腿的美丽女孩。'"阿尔特全帮他找到了。

"拍摄这部电影的过程很疯狂。"阿森如此说道，"有天晚上我们拍摄了一幕戏，贾斯汀·塞洛克斯扮演的角色死在了小巷中。那天晚饭我们点了外卖比萨。比萨来了之后，大卫只吃了一角。然后他看着比萨，把上面的食材全都刮掉，然后用饼弄脏了贾斯汀的胸口，让那里看起来很像伤口。"

劳拉·邓恩几乎一个人肩负起了整部影片，她几乎出现在了电影后半截的每个画面中。像个迷失在危险森林中的小女孩一样，邓恩在不同的现实世界间蹒跚穿行，她的身份也不断改变着。在《双峰》中，林奇就玩起了双重身份和二重身的概念，在《内陆帝国》中他对此已经炉火纯青。邓恩也在影片中经历了各种各样的场景，从波兰的妓女旅馆，到洛杉矶郊区破败后院里的一场烧烤聚餐，再到电影片场、豪宅、治疗师的办公室，乃至欧洲马戏团。电影推进的过程中，她时而恐惧，时而迷惑，时而平静。电影中出现的固定场景也出乎意料地少。邓恩因刀伤死在好莱坞大道肮脏的人行道上时，她身边只有三个无家可归的人，扮演者分别是日本女演员裕木奈江（Nae Yuuki），以及泰瑞·克鲁斯（Terry Crews）和赫莲娜·蔡斯（Helena Chase）。他们看着邓恩说："你要死了，女士。"蔡斯住的那栋房子被用作了电影片场，虽然她并不是演员，但她身上的某样东西引发了林奇的共鸣，于是也出现在了大银幕上。

参演《内陆帝国》的贾斯汀·塞洛克斯说："我完全不知道《内陆帝国》拍的是什么。演的时候完全凭直觉，咱们再把老乐队重组起来的那种拍摄。大卫满脑子都是想法，回想起来，15 年前他已经是拥抱新技术的先驱了。"

"最终看到影片时我很受触动——《内陆帝国》是你能看到的最接近精神巨作的电影。"塞洛克斯接着说，"它特别有力，充满难以解释却让你无法忘怀的画面——比如那个站在树后，手里握着圣诞灯串的人。画面很奇怪，但你却记住了。"

最初《内陆帝国》的预算并不确定。运河工作室最终决定投入 400 万美元，但在拿到这笔钱前，电影其实已经正式开拍了。"我记得当时问大卫，希望花多少钱拍这部电影。"阿尔特回忆说，"然后他说：'杰瑞米，如果你说有东西值 140 美元，那我就给你 140 美元。'"

2004 年 6 月 26 日，林奇的父母遭遇了一场车祸，母亲不幸去世。"和大多数人不同，死亡并没给大卫带来特别大的影响，但我觉得他母亲的去世改变了他。"斯威尼回忆说，"当然了，她的去世出乎意料。他们俩之间的关系一直很亲密。大卫和他爸爸很像——爱做白日梦，性格很柔和，而他妈妈是发现他的天赋并有意识培养的人。他告诉过我，成长过程中，他们两个人非常亲近。她是个敏锐、理性又聪明的女人。他们都有种一本正经的幽默感，会用家里其他人不懂的方式开玩笑。"

那年秋天，林奇展开了一场新的音乐合作，他开始和来自波兰罗兹的朋友马雷克·泽布罗夫斯基共同工作。"大卫热爱另类的、走在时代前端的音乐，也是波兰前卫作曲家——诸如克里斯托弗·潘德列茨基（Krzysztof Penderecki）和亨里克·戈莱斯基（Henryk Górecki）——的粉丝。"泽布罗夫斯基说，"发现我会弹钢琴后，他邀请我到他的录音棚一起工作。2004年第一次到访前我问：'你想让我做些什么？我要带乐谱吗？我们要一起作曲吗？'他说：'不用，不用，你来就行了。'到了录音棚后，我发现那里支着两个键盘。他说：'咱们录点什么吧。'我说：'但我们到底要做什么？'他说：'哦，什么都行，只要是现代又前卫的声音就行。'我让他在开始之前给我一两个线索。然后他说：'很黑暗。一条鹅卵石小路。一辆车沿街缓慢开着，还有一辆车尾随着它。'这就是大卫——完全现场发挥。他于是开始演奏，我加入进来，两个人共同进入了一个全然不同的世界。弹了一会儿后，我感觉音乐进入了尾声。于是我看了大卫一眼，他回看的表情让我明白他也正有此意。我们俩点了点头，音乐就这样结束了。"

10月份，斯托弗回到洛杉矶，住进了朋友位于蒙特利公园的房子。其时，《内陆帝国》仍在拍摄中。"大卫开始雇我做些事情——我给他一部名为《船》（Boat）的影片配了音——12月份去他办公室看片子的时候，他吻了我。"斯托弗回忆说，之后林奇让她出演了《内陆帝国》希腊合唱团中七个谷区女孩中的一位。"我知道情况很复杂，他和斯威尼虽未结婚，但已有了孩子，我有点抗拒正在发生的事情。和他产生一段严肃的感情，感觉完全不现实。但随着时间的推移，我爱上了他，自此之后就想着能和他正式在一起。"

当时林奇花了很多时间在实验音乐上。2005年1月，迪恩·赫尔利接手运营他的录音室。赫尔利出生并成长于弗吉尼亚韦恩斯伯勒，2003年2

月来到洛杉矶，作为声效总监参与了一部电影的制作。赫尔利原本接受的是视觉艺术的训练，在声效工程方面完全是自学成才。"面试这份工作时，大卫带我参观了录音室，说：'我们在这儿做声效实验，我需要有人帮我操作这个设备。你知道这个东西怎么操作，对吧？'我说：'对啊，当然了。'"

赫尔利让林奇给他两周时间熟悉录音室，随后就投入了战斗。"开始为大卫工作时，他说的某些话会让我很困惑，比如迪恩，你得在这儿插入皇后乐队的'Mama, I Just Killed a Man'，或者约翰·列侬的'I Just Believe in Love'。后来我才意识到，他对歌曲的记忆——尤其是歌名——是其中的歌词，以及各种浓缩的情绪。"赫尔利说，"这在某种层面上透露了他思考的方式。"

"我们合作的前几首歌中包括《爱的鬼魂》(Ghost of Love)，它被收入了《内陆帝国》原声音乐。"赫尔利接着说，"我们的工作方法和平常一样，大卫先讲一首具体的歌或某位歌手，以及他想抓住的感觉。创作这首歌时，他提到了詹尼斯·乔普林(Janis Joplin)的《桎梏》(Ball and Chain)，听歌的时候他简直是在折磨我，不停地说：'那是什么？创作这首歌的感觉是什么？'我告诉他，这是首小调和弦，是首三和弦布鲁斯，然后他说：'没错！小调中的三和弦布鲁斯！我就要这样的和弦！'我于是给他做了一组和弦，他很喜欢，说：'给我个鼓点！'然后他一遍遍循环播放，坐在那儿在一沓纸上写起了歌词。"

"在音效和声音层面，大卫总被那么几种东西所吸引。"赫尔利接着说，"他谈到小时候听到的在头顶盘旋的B-52轰炸机，说想让吉他发出类似的声音。他还喜欢蒙特利流行音乐节上的三首歌：吉米·亨德里克斯(Jimi Hendrix)翻唱的《野东西》(Wild Thing)，詹尼斯·乔普林的《桎梏》，以及奥蒂斯·雷丁(Otis Redding)的《我爱你爱了太久》(I've Been Loving You Too Long)。亨德里克斯的版本中有段间奏，大卫想演奏出的就是这样的声音，充满强烈的重音，背景音是从轰炸机衍生而来的巨大的嗡

鸣声。"⁴

《内陆帝国》是部全员上阵的影片，其中的核心工作人员包括阿森、阿尔特、克拉瑞、赫尔利、奥斯汀·林奇、莱利·林奇、阿尔弗雷德·彭斯，以及斯托弗。此外安娜·斯卡贝克（Anna Skarbek）也值得一提，她是位艺术家，2005 年从马里兰搬到洛杉矶从事电影行业后加入了林奇的团队。

"我负责购置道具，还有一些现场服装和布景绘制类的工作，以及帮助购买建筑材料。"斯卡贝克说，"参与拍摄的团队非常年轻，就像是和大学教授一起开展暑期项目——过程太有意思了。大卫经常浑身沾满涂料，他看起来不像是在执导，而是在参与制作某样东西。我们薪水不多，但大家真的都很有热情。"⁵

2005 年，斯威尼带着莱利·林奇在威斯康星门多塔湖度过了夏天，林奇则留在洛杉矶继续制作《内陆帝国》。那年夏天 7 月，他还启动了基础意识教育与世界和平大卫·林奇基金会。基金会根据爱荷华州费尔菲尔德501（c）(3) 号法规建立，如今在洛杉矶、旧金山、芝加哥、纽约和华盛顿都设有办公室，并为 35 个国家的小学生、退伍军人和家庭暴力受害者提供奖学金。这是个庞大的机构，逐渐在林奇生活中占据越来越重要的地位。

鲍勃·罗斯（Bob Roth）在基金会的建立过程中发挥了关键作用。罗斯出生于 1950 年，在加利福尼亚马林县的一个自由主义家庭中长大，并于1968 年进入加州大学伯克利分校读书。他是个政治积极分子，参加过肯尼迪的总统竞选工作，在肯尼迪遇刺后感觉理想完全幻灭。就在那一年，他发现了超觉静坐。"2003 年我们俩第一次产生了交集，第二年我在华盛顿的一所大学教书，听说大卫正准备动身前往巴黎。"罗斯如此回忆他和林奇的第一次会面。"我给他打了电话，希望他能在华盛顿稍作停留，只待一晚就行，到学校里给学生做一场关于冥想的讲座，他说'可以'。讲座时间定在周五晚上，但我直到周四晚上才得到确定的消息。当天天气很糟，但活动现场座无虚席，人满为患。我看到年轻人对大卫的反应，看到他们何等喜欢并信任他，视他为一个诚恳的人，我意识到他能成为冥想非常有效的代言人。"

"后来他去了欧洲，我们仍旧保持着联系。有了建立基金会的想法后，"罗斯继续说，"大卫、约翰·哈格林博士 [Dr. John Hagelin，曾经的物理学家，现在是爱荷华州费尔菲尔德玛赫西管理大学（Maharishi University of Management）的校长] 和我共同确立了基金会最初的结构。然后我问大卫，基金会是否能以他的名字命名。我觉得当时他没太留心，只是说'好的，可以'，对于之后可能发生的事情并没多想。之后我们召开了记者发布会，一周后，大卫设立基金会的消息就登上了世界各地一千多家媒体的头条。" [6]

"基金会正式宣布成立那天，我正好在《内陆帝国》的片场。大卫看起来特别兴奋。"斯卡贝克回忆说，"早些年鲍勃·罗斯经常出现在他身边，他们也花了很大精力推广超觉静坐。大卫不喜欢旅行，也不太喜欢演说，但那时他做了大量公开演讲。一旦关涉超觉静坐或玛哈里希，既有的原则就被抛到一边去了。他就乐意去做。"

那年秋天，斯威尼和莱利·林奇从麦迪逊回来后，林奇搬出了他们共同居住的那栋房子，搬到了他自己的工作室，和斯威尼也开始讨论分手的事情。不过这件事暂时被搁置了，因为他不得不开始一场名为"意识、创造力和大脑"的全国巡回演讲，用来宣传超觉静坐的好处。

"我们完全不知道基金会的规模会变得这么大，也不知道会发生这么多事情，但我知道大卫讨厌旅行。不过那年秋天我还是对他说：'咱们到13所大学来一场巡回演讲，谈一谈超觉静坐。'于是我们就出发了。"罗斯说，"他上台前会紧张——他痛恨公开演讲——于是干脆走上台问：'有人提问吗？'之后就会顺利很多。大卫从不做自己不愿意做的事情。为了基金会转了这么一大圈后，我觉得他认为整件事是值得做的。放到现在，我绝对不会提这种要求，不过在当时，这是很正确的决定。"

巡回演讲结束并回到洛杉矶后，林奇和斯威尼还在梳理与分手相关的事情，同时他也重新拾起了《内陆帝国》。"度过了一段自由发挥的时期后，塞布丽娜·萨瑟兰成了《内陆帝国》片场的 MVP。"阿森说，"她很了不起，工作一丝不苟，对电影制作的一切流程如数家珍，就算所有人都不在了，塞布丽娜也会留在那里按部就班地把事情做完。"

"对大卫来说，《内陆帝国》是个转折点，我觉得这部电影让他重焕青春了。"萨瑟兰说，"他可以亲自动手，调整特效、道具和布景中的每个细节，用小摄像机拍摄也让他感觉很自由。电影剧组不大，这样他就能在非常个人的层面上和演员进行合作。"

《内陆帝国》的另一位 MVP 候选人是剪辑师宫川丽子（Noriko Miyakawa），她 1991 年从日本来到洛杉矶，在加州大学北岭分校学习电影。她给后期制作团队打过下手，还当过临时剪辑助理。2005 年，玛丽·斯威尼雇她帮林奇剪辑一则广告。"第一次见到他时，他径直走到我面前说：'嗨，我是大卫。'我很喜欢这种作风。"宫川回忆说，"很多导演几乎不跟手下的工作人员见面，但大卫这个人很亲民。"[7]

和林奇合作完广告后，宫川又继续从事其他工作。一年后，她接到一通电话，问她是否感兴趣参与制作《内陆帝国》。"剪辑的时候我们手里没有剧本，但大卫有张地图——真的，他画了张地图。"宫川回忆说，"大卫剪辑的最不寻常之处在于，他并不怕做出改变。没错，我们确实有某个可以称为剧本的东西，也有工作样片，但对他来说，素材是有生命的，可以继续探索。如果在某场戏中看到了值得改进的地方，他就会迎头而上，即便需要重新调整故事结构也在所不惜。"

"《内陆帝国》表达了大卫对不同世界和不同时空维度的信仰。"宫川接着说，"里面什么都有，一切都相互关联，这是我最喜欢的一部林奇电影。不过我得补充一句，刚剪辑完的时候我简直恨透了这部片子，因为它长达 3 小时，而我已经看了不下 50 遍，就像遭受了一场酷刑。但如今回看，我发现它如此个人化，如此私密，给予观众很大的自由解读空间。电影中晦涩难懂的部分直指我们的内心深处，引人深思。"

　　宫川加入时，林奇仍在拍摄《内陆帝国》。2006 年初他去了波兰，斯托弗与他同行，他们在那里拍摄了影片中的最后几场戏。"我觉得片场的人都看出来我们俩相爱了。"斯托弗回忆说，"他工作的样子太酷了，充满了魔力。"

　　波兰的拍摄进展得十分顺利，这多亏了林奇摄影影像帮的朋友。"大卫打来电话，说他想在罗兹拍摄《内陆帝国》中的几场戏。"斯多维茨回忆说，"我问他具体想要什么，他说想找一间刷成绿色、里面摆着几件破家具的房间；一位像是刚从森林里跑出来的男演员；一位弱不禁风、美到不食人间烟火的女演员；四五个老演员。我给一位名叫里昂·尼梅兹科（Leon Niemczyk）的波兰演员打了电话，他曾出演过波兰斯基的《水中刀》（Knife in the Water）；然后又联系了两位优秀的演员卡罗利娜·格鲁什卡（Karolina Gruszka）和克兹佐夫·马扎克（Krzysztof Majchrzak）——听说我要请他们和大卫·林奇合作，他们俩都以为我在开玩笑。我们租了栋公寓，主人允许我们把墙漆成绿色，还让我们随意使用他们的家具。到了第二天晚上，一切就准备就绪。我永远忘不了大卫第一次见到片场时脸上的表情。万事俱备，细化片场装修的过程中我介绍他认识了各位演员，第二天我们就开始拍摄了。"

　　"后来大卫想在一栋历史建筑里拍摄，现场还要做出电闪雷鸣的效果。"斯多维茨接着说。他本人也出现在了电影中，饰演了一位名叫戈蒂（Gordy）的角色。"当时波兰还没有能做出这种特效的机器，于是我们想到用电焊机来替代。为了能在拍摄的博物馆里使用，我们设计了一种配有防火毯的装置，然后说服博物馆馆长拍摄过程很安全。大卫还想拍摄马戏团和马跳舞的场面。当时波兰全境只有两个马戏团，我给其中之一打了电话，不可思议的是，经理告诉我他们刚刚在罗兹支好帐篷。摄影影像帮在那幕戏中友情客串了马戏团的艺术家。"

重返美国后，他和斯威尼的分手事宜终于尘埃落定了。5月时他们办理了结婚手续，然后他立刻申请了离婚，这样就能够把财产一次性分清。"他这么做是想给她应得的回报——至少我是这么理解的。"阿森回忆说，"我知道他是个很慷慨的人，这么做在经济上对他打击一定很大。"这一年的后半年，林奇仍旧和斯托弗保持着恋爱关系。

2006年9月6日，《内陆帝国》在威尼斯电影节上第一次放映。林奇凭借对电影艺术的贡献，拿到了当年的终身成就金狮奖。10月8日，电影在纽约电影节上第一次面向美国观众放映，并于12月9日在全美公映。开始只有两家影院愿意上映这部电影。后来到了顶峰时期，有120家影院同时放映这部电影。虽然《纽约客》评价电影"迅速陷入了滑稽的自我模仿"，但《纽约时报》形容《内陆帝国》"精彩时断时续"，《滚石》的皮特·特拉弗斯（Peter Travers）则说："我的建议是，面对这种引发幻觉的杰作，你能做的只有坚持看完。"

这部电影的总收入只有403.7577万美元，这个数字对林奇来说一点意义都没有。"大卫自成一类。"斯托弗说，"他不属于好莱坞，也不追求票房数字。他觉得这些东西很恶心，一点都不在意。他喜欢创作东西，一旦某件事完成了，他就会觉得这件事已经结束了，再也不想去处理之后的事情。"

林奇对于做生意并不上心，但假如事情很有意思，他也愿意或多或少参与。《内陆帝国》上映时，刚好大卫·林奇标志咖啡也成立了。没人能质疑林奇对咖啡的个人品味——过去几十年中，他就像接受静脉注射一般不断向体内注入咖啡。这种饮料为他提供着能量，支撑他度过一个个最为艰难忙碌的日子。到今天为止，这家公司已经成功运作了十余年。

2006年10月22日，泽布罗夫斯基和林奇在纽约的波兰领事馆上演了他们的处女秀。领事馆建筑的前身是德拉玛尔宅邸（De Lamar Mansion）。现场观众约有一百人，大家围坐在一间只点着蜡烛的房间里。"开始大卫很抗拒现场演出，不过后来他乐在其中了。"泽布罗夫斯基回忆说，"音乐会中他很放松，玩得也很开心。"自此之后，他们在米兰、巴黎和美国的其他城市又演出过十几次。

结束和泽布罗夫斯基的演出后，林奇决定向世人表明他对劳拉·邓恩在《内陆帝国》中的表演多么引以为傲。11月7日，他把车停在了好莱坞大道和拉布雷亚大街交叉口附近一栋教堂门口的草坪处，他还牵来了一头奶牛，做了两个条幅，一条写着"供您参考"——他想推选邓恩进入奥斯卡最佳女演员的提名名单，另外一条写着"没有奶酪，就没有《内陆帝国》"。"我来这儿推举劳拉·邓恩。"林奇解释说，"组委会喜欢作秀，这就是我作秀的方式。"至于那个写着奶酪的条幅，林奇解释说："拍《内陆帝国》时我吃了很多奶酪。"

这部电影在商业上虽然不太成功，但回忆起来，邓恩并不后悔。"我们前后拍了三年，这是作为一名演员非常难得的经历。大卫是我认识的最勇敢的艺术家，他追求的目标和其他艺术家也不相同。这个项目开始前，他对我说：'我想拍部未经雕琢的电影，那种和祖父母一起住在凤凰城的17岁小孩用便携式摄像机就能拍出来的东西。我为什么就不能随便抓起台摄像机，看看能拍出什么？什么是数字化？我们如何进一步发挥它的优势？如何把新旧技术融为一体？'这才叫拍电影。如果拍电影是为了最后的结果，那你就没法尽情尝试。但如果你的目的是重新定义艺术，那你就无所不能。大卫会带你进入一块没有约束的空白之地，这是他送给所有演员的'礼物'。"

"我记得有次我和大卫在巴黎，他说：'咱们写一场戏。'于是一大早，我们俩喝着卡布奇诺，他写完了一场戏，然后说：'好了，你去熟悉一下。现在咱们想一想，你该穿什么衣服。'于是我们俩穿上外套，去了香榭丽舍大街上的莫诺皮利商店，挑了几件衣服，还有支口红，然后走回旅馆。我做好准备，接着拍了那场戴着太阳镜打电话的痛苦独白。我从没经历过这样的事，只有我们俩，只用大卫的便携式摄像机拍摄。"

最美满的结局

"对这部电影给予最热情回馈的是其他演员和导演。"邓恩补充说。"和乔纳森·戴米（Jonathan Demme）合作《蕾切尔的婚礼》（*Rachel Getting Married*）时，他很喜欢听我讲拍摄《内陆帝国》时的故事，甚至连斯皮尔伯格都告诉我他被这部电影迷住了。我记得菲利普·塞默·霍夫曼（Philip Seymour Hoffman）给我讲过这部电影如何吓坏了他、让他感到不舒服，他又是如何试图搞懂这部电影的——听他讲《内陆帝国》真是难忘的经历。"

那年圣诞节，林奇是和斯托弗一家在北加州度过的，之后他又投入到了各种各样忙碌的事业中。2006 年 12 月 28 日，杰瑞米·P. 塔彻（Jeremy P. Tarcher）和企鹅出版社出版了《钓大鱼：大卫·林奇的创意之道》（*Catching the Big Fish: Meditation, Consciousness, and Creativity*）一书，其中收录了大卫前几年巡回演讲中发表的观点和讲述的故事。解释这本书的缘起时，罗斯说："大卫解答了很多关于生命的问题，而不仅仅是超觉静坐，他的回答真诚又真实。不管去到哪里——从爱沙尼亚到阿根廷，人们提的问题都大同小异。于是我想，要不然把他的话录下来，编辑成一本书，这样就能有更多人读到了。"读者反馈都充满敬意，书籍销量也扶摇直上，林奇出乎意料，对书籍推广也非常上心。最终所有收益都归基金会所有。

林奇同时在空中耍弄着好几个球：一本书，一个网站，一部电影，一个基金会，一段新恋情，还有好几个音乐项目。与此同时，他还经历了家庭生活的剧变。过去的这些年中，斯威尼已经成了林奇电影中不可或缺的组成部分，他们的分道扬镳绝不是件小事。然而与此同时，林奇看起来却处变不惊。"大卫能把情绪藏在自己心灵深处，他可以选择处理，也可以选择不处理，这都由他自己决定。"哈林回忆说，"他有着超强的自制力，还有这个世界上最不动声色的脸。"

梦室

　　艾瑞克、尼尔和丘吉尔在亚利桑那同一所学校里读书，正是他们三个把我带入了电脑世界。有天晚上艾瑞克和尼尔在乌巢（位于林奇家最高处的一小块地方）里架上了电脑，他们让我坐下来，说："我们要教你用一下Photoshop。"他们把鼠标交给我，说："这就是你的全部工具。"我不知道自己是怎么喜欢上仿制图章工具的。但当时我问："这是干吗用的？"他们说："点一下试试。"于是我点了一下，然后画了个标记，我看着它，接着做了个更大的标记。对我来说，屏幕上上演的不亚于一出奇迹。

　　到今天，我所掌握的可能仍旧是 Photoshop 功能中的九牛一毛，但不管是谁发明了这个软件，而且让它持续更新变得更强大，天堂中都应该为这个人留有一席之地。我崇敬这些人。他们发明出了让人振奋不已的东西。我用 Photoshop 处理的第一件作品，就是看起来很扭曲的裸体系列，这个系列的灵感来自《1000 个裸体》（*1,000 Nudes*）。这本书收录了一千张裸体老照片，被拍摄者大多姓名不详，收集者是个德国人，名叫尤韦·沙伊德（Uwe Scheid），2000 年去世了——保佑他的好心肠。他的儿子很尊重我和他父亲之间的约定，让我继续无偿使用这些裸体照片，我真爱它们啊。

　　我的网站就那样建起来并正式开放了，但做出我想要的东西，真是要永远做个不停。一个网站有可能非常深，把你引到意想不到的地方去，但这些东西都必须由人建造出来——这样某天下午，某个人就能坐下来，在你的网站上看到一切。可然后呢？他们就把这件事给彻底忘了！它就这么结束了！你必须不断更新，不断创造新东西。这实在太耗时间了，每样东西都要花时间创作，你怎么可能填满人们无尽的欲望呢？一旦意识到如果网站不更新，就不能向访客收费，我就对互联网失去了兴趣。打造网站在我眼中是份全职工作。不过我喜欢每天做天气预报，也喜欢进聊天室。那时候我还学会了用一根手指打字——我终于能找到所有字母的位置了！真是不敢相信！因为网站，我的拼写也变好了。

有一阵我做了好多东西，感觉这世界上的事物纷繁复杂，很容易让你迷失。我做了一个叫《脑袋和锤子》（*Head with Hammer*）的片子，用一个机械装置牵引着锤子不断向后、向后再向后，然后放开，突然向前锤向一个橡胶脑袋。有时人生就是如此，不断有锤子向你锤来。我不知道《在那边》的灵感来自何处，但它出现在了我的头脑中，我就这样写了起来。我当时的想法是，这家人痴迷量子物理学，他们用非常抽象的方式讨论事情。他们对医学和科学感兴趣，还是量子物理学家。《牛犊之梦》中的人不全是量子物理学家，但他们也有点像是这家人中的成员。他们观察得很仔细，也会分析事物。

有天，《兔子》里的兔子运到了，我还学了 Flash 动画，用它制作了《呆瓜乐园》。最开始我对 Flash 一无所知，所以早期画出的人物真的很粗糙，不过之后就越来越好了。《呆瓜乐园》的故事是这么来的。有天一个男人坐着辆超长轿车来了，他是冲击波公司的人。他告诉我："我要雇你、蒂姆·波顿（Tim Burton）等人为冲击波制作动画短片。作为回报，我给你公司股权，公司上市后或有朝一日将价值 700 万美元。"我说没问题，然后就开始工作了。他之后又来过几回，看到事情进展顺利后表现得挺激动。故事讲到这里先暂停一下。那个时候，世界上满是这样的工作室：年轻男孩女孩开发新产品，拿到 5000 万美元的投资，然后再靠夸夸其谈的本事把这些东西卖掉。他们整天笑容满面，喝着卡布奇诺，到手的钱让他们目眩神迷。他们都穿上了新球鞋和新 T 恤衫，用上了苹果电脑，吃膳食专家准备的午餐，几乎坐在了世界之巅。然后互联网泡沫被戳破，所有穿新球鞋的人——也包括冲击波公司的人——都烟消云散了，那些股份也变得一文不值。在钱方面我真是没什么运气。

为了一场电影实验，我们在山上建了个小屋子。屋子只有三面墙，没有屋顶。但拍摄时，通过摄像机你看到的是一个完整的房间。屋里铺上了地毯，摆着家具，角落里有把椅子，上面有块肥厚的牛肉，因为我想把野狼引过来。我自认为想得很周全，但后来才发现野狼非常胆小，而且很聪明，不会轻易跑进来吃肉。它们知道那些墙壁不是天然的，因此小心翼翼，花了很长时间才跑过来把肉叼走。因为它们逐渐习惯了阿尔弗雷德的气味，最终犹豫不决地跑了进来——我们拍到了其中一只。

我在网站聊天室里遇到了来自世界各地的人，还交到了几个至今保持联络的朋友。我认识了一个叫悦子（Etsuko）的日本女孩，给她寄了一份名为《香蕉在哪里？》（*Where Are the Bananas*）的游戏剧本。游戏围绕电话号码展开，你必须找到这些号码，每找到一个，就在漂亮的转盘式电话上拨出这个号码，它便会带你抵达另一个地方。比如悦子会问："香蕉在哪里？"然后说："这是我窗外的景色。"我们就会看到她窗外的东京街景。她接着说："这是我的厨房水槽。"看她的厨房水槽时，你会留意到水槽底部贴着个电话号码。你把这个号码写下来，走到电话旁边，在转盘上拨出，就到了下一个地方。我创作了《香蕉在哪里？》的动画部分，但不知道它最后做成没有。

网站上不断更新的东西只有聊天室和天气预报，这也是最受大家欢迎的两部分。聊天室里上演着各种各样的事情。后来我开启了一个名为"有趣的问题"的游戏，如果有机会的话我一定会再玩一次。这个游戏真的很有意思，我本来想问很多不同的问题，但在网站结束运营之前，我只问了两个。第一个问题是：诺克斯堡（美国金库所在地）里有金子吗？天哪，人们发表了形形色色的观点！这里从不对外开放，新一代人可能压根就没听说过诺克斯堡，也不在乎里面到底有没有金子。不过我觉得里面应该什么都没有，我们整个货币体系可能只是建立在一个阴谋之上。

我问的第二个问题是：一架 757 飞机在 2011 年 9 月 11 日当天是如何通过一个 5 米多宽的洞进入五角大楼的？关于这个问题，人们发表了无数观点。有个自称卡罗尔的人，可能曾经是中央情报局或其他政府机构的工作人员，在网上攻击一切不相信"911"是恐怖袭击的人。而且这个人知识非常渊博。还有一个人，可能也供职于政府，发了一张非常详细的透视图，解释了飞机是如何钻过那个洞的。我说："干得不错，老兄。"我只负责提问，然后就退后一步，不参与问题的后续讨论——这两个问题都引发了持续数月的热烈讨论。

有天我在街上碰到了劳拉·邓恩。她说："大卫！我现在和你是邻居了！"我很长时间没和她见面了——她和比利·鲍伯·松顿（Billy Bob Thornton）在一起的那几年里我压根就没见过她——我们两异口同声地说："咱们得一起做点什么！"当时我亲爱的助理盖伊得了癌症，住在她丈夫位于加州埃斯孔迪多的家中。每天我在工作室里吃完午饭都会给盖伊打个电话。她总是精神振奋，可爱极了，听起来丝毫不害怕。我们会聊聊她午饭吃了些什么，或者类似的话题。打完电话，我就在一沓黄色便利贴上写一会儿。我花了大概两周时间，给劳拉写了一场戏，最后用在了《内陆帝国》的开头。那时候我想，这只是个实验，可能不会有任何结果，但劳拉还是得先和她的经纪人打个招呼——那时候是艺人经纪公司的弗雷德·斯派科特（Fred Specktor）。弗雷德说："她愿意就行。你付她多少钱？"我说："放在互联网上的价格是 100 美元。"然后他说："好吧，大卫，我会把我的那份 10 美元分成钉在墙上的。"

写完后我很快和劳拉开始了拍摄。我们在画室里布了景，在一个温和的冬日夜晚开始了拍摄，那天周围非常安静。劳拉开始说话之后，我们整个过程中只停了两次——一次因为有飞机经过，另一次是因为摄像机没内存了——但气氛并没有因此被打破。就这么一直拍了下去，每段戏长达 45

梦室

分钟。劳拉很聪明，我觉得她没花多久就记住那些台词了，整场表演几乎没有任何差错。后来在工作室的大银幕上看这场戏时我想，就是这样，这是场自成一体的戏，但它也暗示着更广阔的世界，是实现其他可能的关键。

不久后我有了个新想法，但没意识到它和劳拉那场戏是相关的。不过我挺喜欢这个新想法，于是拍了出来。再然后我又有了一个想法，与之前那两个想法都无关。之后是第四个想法——这时所有事情就被联系在一起了，成了这部电影的开端。有了把所有事联系在一起的想法后，运河加给我投了笔钱。我不清楚具体是多少。我用很少钱就能做很多事情——当然不能少得可怜，必须在合理范围内。那些动辄要花上亿美元的电影在我看来简直是疯了。

我用一台索尼 PD150 摄像机拍完了整部电影。最初我就是用这台机器拍的，后来项目越滚越大，可我不想改变电影的画面风格，于是干脆用它拍完了整部片子。我爱那台索尼 PD150。拍摄质量不算太好，却是《内陆帝国》需要的那种质感。我觉得自己再也不会用胶片拍摄了。不是因为我不爱胶片。赛璐珞胶片就像是声音中的模拟声。虽然数字介质很好，但和模拟介质比起来显得过于尖锐，而模拟介质的效果厚重又纯粹，有种流畅的力量。这就像是油画颜料和丙烯颜料的区别。油画颜料更厚重，我固然很喜欢厚重的东西，但用丙烯颜料也可以画出油画颜料无法实现的效果。

《内陆帝国》拍摄后期，我们一群人到波兰去取景。你也许不相信，我就是爱上了那个地方。夏天时那地方不太好，但到了冬天，它就会形成一种独特的氛围。那里有漂亮的工厂，空气中的那股气氛，让你觉得自己可以做任何事情。劳拉·邓恩、艾米丽·斯托弗和克里斯滕·克尔（Kristen Kerr）都去了，在我们拍摄的那几场戏里，她们必须穿着圣费尔南多谷的夏季服装。当时气温低于零下 1 摄氏度，我们拍的还是室外戏，所以她们最多在外边待大概一分钟，否则就会冻死。到室外的那一秒起，你就能看到她们的身体肌肉紧缩起来，刚刚说完"卡"，我们就会冲过去把她们带回车里。我们把车里的暖气开到最大，这样从车里出去之后她们能暖和大概三秒，之后就得硬撑过去了。我们在那里喝到了美味的匈牙利牛肉汤和伏特加，在那样的天气里，这些东西能让你活下去。

在威尼斯电影节首映时，《内陆帝国》表现得不错。放映那天，我们晚上坐着船在水上嗖嗖驶过，我记得自己当时如释重负。劳拉·邓恩坐在法国演员凯瑟琳·德纳芙（Catherine Deneuve）旁边，后者说她很爱这部电影，这让我非常开心。回到美国后我们奔赴不同城市，算是接连包场放映了《内陆帝国》。我们请一位音乐家先演奏一段，然后我上来读诗，接着电影开演。不过这部片子一点都没挣到钱。一部长达3个小时的电影，又没人能看懂，绝对死得很惨。大多数人看得云里雾里，觉得很无聊，一点兴趣都没有。

我觉得它和《与火同行》一样，现在正被重新评估，只是过程更缓慢一些。不过我很爱《内陆帝国》，也很怀念拍摄它的过程。最近我又重看了一遍，仍旧能发掘出新东西。它深刻得很有意思，能把你带往不同地方，还把不同质感的东西结合在了一起。你从一个地方进入影片，然后从另一个地方出来。在我看来这部3小时的电影不长。

电影上映后，有一天我突然有了个想法，我带着一头奶牛和一个写着"奶酪来自牛奶"的标语牌，坐在好莱坞大道和拉布雷亚大街交叉口处的教堂草坪上。我这么做是为了劳拉，我还带了张她的大照片，以及写着"给劳拉投票"的标语牌。我从上午一直坐到了下午五六点钟，很低调。没有媒体露面，不过有两个人录下了他们和我的谈话。到了晚上7点的时候，这个短片已经传得全世界都能看见了。坐在那里非常有意思。天气很好，人们也很友好——他们会停下来看看奶牛，然后说些类似"你在这儿干吗，大卫？"的话。如果他们不认识我，就只会说："你在这儿干吗？"

很多人不知道我是谁。我没有开玩笑！很多人！有天我到劳氏五金店买电源，结果没一个人认出我是谁。还有一天，我得跟制作人工会还是导演工会或是其他工会的负责人一起去开会，是艾瑞克·克拉瑞开车送我去的，那天我穿得有点像流浪汉。艾瑞克把我放到了门口，然后去停车了。我先在外面抽了根烟，随后走进大堂。前台那里站着几个像警察一样的大块头，他们一直盯着我看。随他们看吧。然后艾瑞克进来了，我大跨步走过去，拍着桌子说："我是来见你们主席的！"他们看着我说："哦，是吗？"我回答："没错！他的办公室就在六层。"他们说："真有意思。可这栋楼只有五层，伙计。"原来我们去错了地方，怪不得这些家伙不认识我，他们差点就喊人了——比如警察，或者穿白大褂的精神病医生。

建录音室是个大工程，而且很复杂。建好之后我走进去，几乎不知道该怎么开灯。现在依旧如此——我对自己的录音室完全不熟。要学的东西太多了，我需要技术上的支持。当时有个叫约翰·内夫的人算是在为巴顿工作室工作，担任工作室的声学建筑师。有天我问："谁负责运营这个地方啊？"结果约翰举起了手。

录音室建好后不久，我们组了支叫"蓝色鲍勃"的乐队，录了张有九、十首歌的专辑，有些歌挺不错。后来我们受邀到巴黎的奥林匹亚音乐厅演出，当时国际知名的歌手几乎都在那里演出过。我一点也不情愿。现场演出？太荒唐了。我可以做实验，但同一件事不可能重复两遍，但我说："好的，我们做开幕演出，可以演唱四首。"波蒂斯黑德乐队的贝丝·吉本斯（Beth Gibbons）原定要做闭幕演出的，唯一可行的办法就是由我们来开场。可他们把我们安排在了闭幕，还大张旗鼓地用我的名字做宣传。贝丝·吉本斯很大度，一点都没有生气。但观众很不满意，因为我们只演唱了四首。其中一首改编自波·迪德里（Bo Diddley）的《你不能根据封面评判一本书》（*You Cant' Judge a Book by the Cover*）。那晚值得铭记，就像泰坦尼克号沉没的那晚一样难忘。不过我再不会做这种事情了。

录音室现在的负责人是迪恩·赫尔利。迪恩如今看起来只有 14 岁大，第一次见到他时我想：这孩子的父母去哪儿了？谁来给他换尿布啊？他看起来太小了。是罗恩·英格（Ron Eng）向我推荐的他。英格帮我做过很多部电影的混音，是个很棒的声效师，也是个好人。迪恩真是个难得的人才。

爱情就像电影，有人来，有人走。很多事情都有开头、发展和结尾。上初中的时候，我每隔几周就要换个新女朋友。事情会发生变化，我遇到艾米丽的时候就发生了类似的变化。艾米丽和她姐姐是伊莱·罗斯的邻居，是他把她们找来做我的裸体摄影模特的。然后艾米丽给《船》做了配音，配得非常不错。事情接二连三地发生，现在我们有了卢拉（Lula）。

有天我正在办公室里看玛哈里希频道，电视里说玛哈里希要开办一个长达一个月的启蒙课程，价格很贵。但回家路上我想，我可以参加。我可以参加！我一定要参加！我填好了表格，寄去了费用，然后他们打来电话说："大卫，我们不能接受你的钱。你只是普通冥想者，只有'成就者'（悉达）才能上这个课，所以我们会把你的钱退回去。"我说："不，把钱留下吧，用它为世界和平做点什么。"他们说："你真要这么做吗？"我说真的。很快，我听说玛哈里希愿意让我和一个叫黛比的女孩参加关于'圆满'的课程。她住在华盛顿附近，不是悉达，但也想上这个课。所以最终我还是去了。

大概一年后，我正坐在约翰·哈格林博士位于爱荷华州费尔菲尔德家中的客厅里，然后他说："大卫，你觉得创立一个以你命名的基金会怎么样？"我从没想过这种事，也不知道他设想的这个基金会的目的是什么。但既然他开口问了，我猜他是想让我同意，所以我就同意了，还投了第一笔钱。然后——我完全不清楚事情是如何发生的——我突然意识到自己踏上了巡回演讲的道路，到处讲冥想。我以为讲一场就完事了，没想到这只是个开始。演讲接二连三，非常不可思议。我在全国 16 个地方进行了巡回演讲，还去了 13 所大学——其实还不止这些，这些只是最重要的演讲。

最初是鲍勃·罗斯找到我，让我在几次小集会上讲了讲。开始我努力记住要讲的内容，但这就像场噩梦。如果距离演讲还有一周时间，我就会被折磨整整一周。如果还有两周时间，我就会被折磨两周，整日整夜。有一次我得在洛杉矶一个类似高尔夫球场兼乡村俱乐部的地方演讲，结果我紧张得要命，虽然之前已经背得很好了，但说起话来还是磕磕绊绊。于是我就只做回答提问，情况好了很多。但对我来说还是折磨。

刚开始，我都是在小房间里演讲。有天我正在底特律一个场馆的后台做准备，鲍勃兴奋地跑了过来，把我推到帷幕后，悄悄拉开一角——我仿佛看见了一千万人！一层又一层的人！那是个巨大的场馆，我差点因为恐惧晕过去。我记得自己走到麦克风前，一只脚在前，另一只脚在后，感觉自己距离麦克风有几千英里远。在东海岸时，我们走访了一家家大学，鲍勃还安排了很多电话采访，坐在车上的时候我一直在打电话。《钓大鱼》也是鲍勃的主意。那个时期我都很紧张，备受折磨，觉得烦恼无穷无尽。我这么做都是为了玛哈里希，在这个过程中也学到了很多，我很欣慰当时自己这么做了。

约翰·哈格林博士有一次说，《圣经》是用密码写成的，在白炽灯下它是一种样子，在精神之光下又是另一种样子。有天我坐在客厅里读起《圣经》，我往下读着读着，你瞧，书页突然发起光来。书页几乎变成了纯白色，书上的文字照亮了更宏大的事物，突然间我全看明白了。我恍然大悟，人生之路是如此美好，每一条都是通往最美满的结局。一切皆好，万事无虞。一切都如此美好。

在工作室

In the Studio

1997 年随着录音室的建造完成，林奇完成了他所谓的"配置"。那个时候，他几乎足不出户，就可以在自己营造的这个环境中尝试任何想法，围绕制作电影所产生的焦虑感也消失殆尽了。2007 年初，斯托弗搬来和他同居时，他已经这样在家自己工作了一段时间。"我们讨论过这件事，有天我开始把衣服往他住的地方运，结果他默认了。"她说。

那年的另一个转折，是林奇的艺术作品在巴黎卡地亚当代艺术基金会展出，展览名为"火上的虚无"（The Air is on Fire）。在埃尔维·尚戴斯（Hervé Chandès）的组织下，展览于 3 月 3 日开幕，规模宏大，但筹备时间却出乎意料地紧张。林奇的电影在展厅剧院里放映，放映现场挂着天鹅绒窗帘，地上铺着方格地板，看起来像是《橡皮头》的布景。展览中还展出了他的摄影、绘画，以及可以追溯到童年时期的素描作品。开幕式上，林奇和泽布罗夫斯基在卡地亚基金会进行了现场表演。伴随展览发行的还有德国图书公司史泰德出版的《雪人》（Snowmen）一书，其中选编收录了林奇于 1992 年在爱达荷州博伊西拍摄的黑白照片。

这些事情进展得都很快，林奇不得不增加必要的人手。"大卫办公室的人知道我和艺术家合作过，2006 年他们打来电话，告诉我大卫准备办场大展，希望我能为他工作。"斯卡贝克回忆说。她后来在策展、筹备展览图册以及出版图书的过程中都扮演了关键角色。"责任很艰巨。大卫是个囤积癖，他什么都不扔，我的部分任务就是整理他的视觉艺术作品——我接手工作的时候它们的归档状况真是一团糟。他全都保留着在费城时创作的那些作品，东西在车库里随便乱放，层层堆积，互相倚靠。当时他家里没有专门用来储藏艺术品的地方，都是这一点那一点地乱扔着。”“火上的虚无”展览规模庞大，还去了另外三个城市巡展（米兰、莫斯科和哥本哈根），斯卡贝克在之后三年里一直马不停蹄地忙着这件事。

林奇去巴黎监督布展的时候，在那里认识了石版画工作室 Idem 的老板帕特里斯·福瑞斯特（Patrice Forest）。“埃尔维·尚戴斯是我的朋友，Idem 工作室距离基金会也不过几个街区远。”福瑞斯特说，“布展中有很多等待时间，埃尔维于是问大卫：‘有个地方你可能会喜欢，想去吗？’大卫就跟着他来了。一打开大门，他就爱上了我的工作室。”[1]

福瑞斯特出生并成长于里昂，1987 年之前都在广播电台工作，是名专门报道艺术新闻的记者。辞职后，他在巴黎开办了这家石版画工作室。十年后，一家可以追溯到 1881 年的老版画店准备卖掉它位于巴黎市中心的房产，福瑞斯特于是把工作室搬到了这里。工作室面积有 1300 平方米，带天窗，有着漂亮的老式机器——这些机器制作过毕加索和米罗等人的版画。Idem 工作室成了林奇每年都要停靠一次的港湾。

“我问大卫是否做过石版画，他说：‘从没做过，我很好奇。’然后立刻就着手做上了。”福瑞斯特回忆说，“他用的是锌版，制作的 3 幅石版画也在这次展览中展出了。后来画的数量从 3 幅增加到了 12 幅，共同组成了《巴黎组曲》(The Paris Suite) 系列。做完之后，我问他对在石头上作画感不感兴趣，他给出了肯定的回答，几乎立刻明白了我的意思。自那之后我们合作了至少 200 张石版画，只要到巴黎来，只要他想，他在工作室里待多久都行。”

“拍电影阵势很大，拍摄过程中大卫要和几百人共同工作。”福瑞斯特继续说，“但在这里，他基本上是独自工作，从酝酿作品到真正实现往往只需要一天。工作室里很安静，一些在那里上班的人从来都没听说过他，我觉得他很喜欢这点，因为这样能保护自己的隐私。他喜欢住旅馆，但每次都住同一家旅馆的同一个房间，步行就可以抵达工作室。他通常上午 11 点左右露面。他很喜欢拐角那家店的咖啡，而且我们允许他在工作室里抽烟。"林奇在 Idem 制作的石版画只通过福瑞斯特交易，后者直接把它们卖给藏家。"市场上很难见到大卫的版画。我们不在画廊或拍卖会上交易，作品销路很好，很快就被市场消化掉了。"

2007 年 7 月，斯托弗陪林奇去巴黎参加他和克里斯提·鲁布托（Christian Louboutin）合作展的开幕式。这位法国设计师设计了一系列恋物癖式的女鞋，林奇则对鞋进行了拍摄。在巴黎的那些日子里，斯托弗结识了鲁布托，后者邀请她到自己在洛杉矶的精品店工作，负责活动组织。她在那里工作了 5 年时间。她的工作时间很灵活，这点非常重要。"2007 年我和大卫去了很多地方。"她说，"旅行过程中我要花很多精力照顾大卫。比如他不喜欢自己打电话订咖啡，不希望自己给客房服务的人开门——都是类似这种事。他是个天性快乐的人，但也充满了焦虑。"

回到洛杉矶后，林奇见到了一位新来的工作人员——明蒂·拉梅克（Mindy Ramaker），她后来成了林奇工作室中不可或缺的组成部分。2007 年 6 月，拉梅克从麦迪逊搬到了洛杉矶，开始跟着 J. J. 墨菲（J. J. Murphy）学习剧本写作。墨菲也是杰伊·阿森的老师。林奇工作室有职位空缺时，阿森询问了墨菲的意见，随后拉梅克于 7 月底开始了工作。大概同一时期，林奇在波兰罗兹城外买下了一块占地 24 英亩的土地，但还没想好该如何开发。"那块地真的很好。"林奇说，"我的地毗邻一片森林，而森林是国家财产，所以永远不可能被开发。那儿私密性很好，又特别漂亮，土地肥沃，地势缓缓向东倾斜。"

那年年底，唐纳德·林奇在河滨市一家医院里去世了，当时林奇和莱维西都陪在他身边。到了 2008 年 2 月 5 日，玛哈里希也去世了。"我只看见大卫哭过一次，就是玛哈里希去世的那天。"斯卡贝克说，"他不愿意聊这件事，但眼泪说明了一切，他表现出了我过去从未见过的一面。他是真的被这件事触动了。"

穿越层层阻碍拿到签证后，林奇登上飞机，到印度参加了葬礼，那还是他第一次亲眼看见这个国家。"在印度，人们开车速度特别快，而且会直冲着你过来，最后一秒才突然调转方向。"鲍勃·罗斯说，"你觉得自己随时会被撞死。路上我看了看大卫，发现他被这种驾驶方式吓得够呛。"

"人们点起火葬柴堆时我看了看大卫，他的面容如此柔和。"罗斯接着说，"大卫是个知恩图报的人，而且他对这个人所给予他的东西充满了感激之情。除玛哈里希之外，大卫是我认识的最真诚的人，而且他非常无畏。看某些电影时，有些剧情我不得不扭过头去不看，但大卫从不会把头扭开。他对创造的过程充满赞叹，能入迷地看仓鼠从小长到大，也能入迷地看它死后尸体腐烂。他热爱生命的全部历程，也包括其中黑暗的部分。我很崇敬这一点。"

从印度回来后，林奇和阿森说了再见——他为林奇工作了七年，此时选择离开。"人身上有些东西，有时自己都意识不到，但大卫能帮你发现它们的存在。"阿森说。他后来在《双峰：回归》中扮演了一位关在双峰镇监狱里满身是血的醉鬼，这个角色让人难忘。"我离开那天，所有人聚在一起吃了顿午饭，吃饭时我讲了些话。我沿着桌子，挨个祝福了每个人，大家情绪都很激动。后来大卫说：'杰伊，你得演戏！看看你之前的表现，小子，这才是你该干的事情！'开始为大卫工作的时候，我想都没想过演戏的事情，但现在我偶尔也会接些戏。"

那年早春，林奇和泽布罗夫斯基联合创作四年之久的音乐，终于以专辑《波兰夜曲》（*Polish Night Music*）的形式对公众发售了，专辑中录制了四首即兴长曲，都是以罗兹为灵感创作的。专辑是他自己的厂牌——大卫·林奇音乐公司（David Lynch Music Company）——制作发行的。那时候，林奇和斯托弗在一起已经五年了，她已经做好准备步入下一个阶段。"2008年初我告诉大卫，我想结婚生子，如果他对这些不感兴趣，最好早点让我知道。然后，那年5月我们俩订婚了。"她回忆说，"当时我们在巴黎的双叟咖啡厅，他在杯垫上画了戒指，然后说：'我想让你嫁给我。'回到酒店后他给我父母打了电话，希望他们能够祝福这段婚姻。"

"在一起的最初几年，大卫和我过得非常快乐。"她接着说，"和他同居后我学起了做饭，我觉得他很享受这一点。做饭的时候我完全不考虑健康食材之类的事情，只要东西好吃就行，结果我们俩都长了好几斤。非常有意思。他当时忙于各种各样的事情，还让我为不同项目安排演员。不管是工作还是仅仅为了尝试，所有项目都同样重要——关键在于有了想法，然后把它付诸执行。有次他为电影节制作了一部致敬自己的短片，他想用倒拍的方法，就像《双峰》中红屋那场戏一样。他让我找几个女孩来，于是我找来了阿里安娜·德拉瓦里（Ariana Delawari）和詹娜·格林（Jenna Green），她们都是我朋友，经常和我们合作类似的项目。这些项目被我们昵称为'高中滑稽剧之夜'，因为它们有种家庭自制的感觉。我们都喜欢大卫，也很尊敬他。为了这部短片，大卫让我找些歌舞女郎的服装，于是我租来了漂亮的绸缎紧身衣，还买了漆皮高跟鞋和渔网丝袜。我们向后倒着跳舞时，手里拿着的白鸽形道具是大卫自己画的。"

到了高中滑稽剧孵化的时候，宫川丽子开始全职为林奇工作了，她参与了很多类似项目。"很难说这些片子是我和大卫共同剪辑的，因为全部都是他的想法。"宫川指出，"我们合作得很愉快，恰恰是因为我懂得这一点。大卫找的不是合作者，他也不需要，如果不找别人帮忙就能完成的话，那他就绝对不会开口。为他工作的人必须技术娴熟，我们基本上更像是他手中的画笔。"

阿森离开后不久，迈克尔·巴里尔（Michael Barile）进入了林奇的生活。巴里尔1985年出生，在佛罗里达长大。2008年4月，他在林奇工作室获得了一份不拿薪水的实习工作，最后成了整个工作室的负责人。"我刚来时，大卫的注意力都在绘画上，每天早上他都会从家中步行到画室工作。"巴里尔回忆说，"我在那里工作了一个月，才第一次见到他本人。"[2]

当时，林奇的视觉艺术家身份不断强化。2009 年，他举办了七场个人展览。那一年他和斯托弗也官方宣布了他们的关系，并于 2 月 26 日在贝弗利山酒店举办了婚礼。"婚礼规模不大——有大概一百人到场——当时有位猫王模仿者恰好也在酒店里，看到是大卫结婚，他闯进来唱起了歌。"斯卡贝克回忆说，"我记得他唱了《你什么都不是，就是条猎狗》（*You Ain't Nothin' But a Hound Dog*）。"克莉丝塔·贝尔也受邀参加了婚礼，她说："艾米丽和大卫真是天造地设的一对。艾米丽有种毫无雕饰的美感，他爱她，她也明白这一点。这个世界上有风筝，也有放风筝的人，她很高兴自己能成为放风筝的那一个，让她的爱人自由翱翔。"

结婚两个多月后，林奇夫妇前往莫斯科参加"火上的虚无"展览的开幕式。"那和我想象中的蜜月不太一样，不过大卫反正总是在工作。"艾米丽·斯托弗这样说。离开俄罗斯后，林奇在冰岛短暂停留了一阵。当时那个国家刚刚经历了银行体系的崩溃，经济处于自由下滑之中。"很多年了，大卫一直说要在冰岛开个冥想中心。"乔尼·西弗瓦特森回忆说，"2009 年 5 月时我们俩通了电话，他说：'乔尼，咱们得为冰岛做点什么。五天后我出发去俄罗斯，回来途中会在冰岛停一下。'冰岛很小，五天之内某人要来的消息就能传遍全国，几千人涌入了大卫在一所大学礼堂的演讲现场。后来大卫的基金会出了 20 万美元，我出了 10 万美元，在冰岛首都雷克雅未克设立了一家冥想中心，今天仍在营业。"

2009 年下半年，林奇开始制作一部关于玛哈里希的纪录片。在鲍勃·罗斯、（助理制片）罗伯·威尔逊（Rob Wilson）和演员理查德·贝梅尔的陪伴下，从喜马拉雅山脉一直抵达了印度最南端。这正是玛哈里希在导师戴夫大师（Guru Dev）1953 年去世后走的路线。此行拍摄的素材成了纪录片的核心组成部分。玛哈里希 1955 年出发，直到 1957 年才完成这场朝圣之旅，但林奇和同伴们用一周多一点时间就走完了全程。《美丽世界》（It's a Beautiful World）一片按照时间顺序记录了他们的旅途。这部纪录片由贝梅尔执导，2014 年上映。

1967 年，贝梅尔在洛杉矶圣莫尼卡公民大礼堂听了场玛哈里希的讲座，自那之后就开始冥想了。后来他还作为工作人员，陪同玛哈里希在瑞士生活了两年。玛哈里希去世后，贝梅尔也参加了葬礼，并拍摄了葬礼现场，当时他没留意到林奇也在场。"大卫听说我拍了葬礼，就想看一看，结果他很喜欢我拍的东西。"贝梅尔说，"几个月后，他决定重返印度，制作关于玛哈里希的纪录片，于是邀请我同行。"

林奇是从上海飞抵印度的，之前他刚刚在那里拍完一部短片。飞机降落时，他筋疲力尽，还患了重感冒。对他来说，这场旅途有点像是折磨。但林奇不是个随意取消项目的人，他总是能直面困难。"我们只待了 10 天，去了各种地方。"贝梅尔说，"我们开车，乘坐直升机或飞机，每天都待在外面，非常开心。我通常坐在副驾驶位置拍摄大卫，他总是和不同的人坐在后排。如果大卫正凝望着车窗外，你会被他身上的特质吸引住——即便什么都不做，他都很迷人。印度那些古怪的小事也让他很开心。有天我们正开车前往某地，他看向车外，发现远处有只猴子，突然间他好像变成了个 8 岁的孩子。'快看！快看那只猴！'他兴奋坏了！他不敢相信，一只猴子就那么在外边自由奔跑。"

2009 年 12 月，盖里为罗兹摄影影像电影节设计的新活动中心举办了启动仪式。他们 2005 年就着手这个项目了。盖里和林奇参加了启动仪式，大家兴致都很高昂。"结果，两个月后，罗兹市长耶日·克罗皮夫尼茨基（Jerzy Kropiwnicki）被撤职——他是个想法超前的人，很厉害，大卫管他叫'老男孩'。随后新的政府领导班子，彻底毁了这个项目。"泽布罗夫斯基回忆说，"同一时期，大卫和马雷克·斯多维茨开发了 EC1 项目。那是个废弃发电厂，他们 2005 年时从市政府手里买了下来，改造成了后期制作工作室。这栋建筑赢得了各种各样的建筑奖，结果 2012 年夏天，这位新市长到洛杉矶拜访大卫，说：'林奇先生，你任何时候都可以到罗兹来，我们欢迎你，但这栋建筑是我们的，欢迎来做客。'大卫可是在这个项目上投了钱的，他只是看着她，说：'岂有此理？如果它不是我的，我就不会再去了。'马雷克在波兰打了几场官司，但你是赢不了市政府的。大卫和马雷克开发了这个地方，但市政府侵占了它，就那么从他们手里夺走了。"2010 年，摄影影像电影节搬到了比得哥什（Bydgoszcz），距离罗兹 300 多公里。EC1 今天仍被叫作大卫·林奇工作室。

盖里计划刚启动，林奇就和约翰·查尔方特（John Chalfant）合作，创作了名为《钻石、黄金和梦想》（*Diamonds, Gold, and Dreams*）的艺术装置，并于迈阿密巴塞尔国际艺术博览会卡地亚基金会展厅展出。这是部时长 7 分钟的数字短片，投在了展厅的拱顶上；描绘了闪闪发光的钻石在夜空中飘浮的样子。

很显然，林奇从不缺项目。到了人生中那个阶段，拍电影似乎已经距离他很远了。"开始为大卫工作时，他好像很惧怕拍电影。"巴里尔说，"他很长时间没拍过东西了，拍的最后一部影片还是《内陆帝国》，获得的反响褒贬不一。2010 年，他写了个很精彩的剧本，名叫《羚羊别跑》（*Antelope Don't Run No More*）。他四处推销，但没人愿意提供资金。不过找不到投资的时候，我觉得他也没特别沮丧。大卫相信，如果一件事注定要发生，那它就一定会发生。"《羚羊别跑》的故事大部分发生在洛杉矶，林奇从《穆赫兰道》和《内陆帝国》中抽离出部分元素，编织成了一个幻想故事，其中出现了外星人、会说话的动物，以及一位陷入困境的音乐家小粉。读过的人都说这是林奇写过的最棒的剧本。

2010 年 7 月 12 日，国会唱片发行了专辑《灵魂暗夜》（*Dark Night of the Soul*），它是由绰号"危险老鼠"（Danger Mouse）的布莱恩·波顿（Brian

Burton）和闪马乐队（Sparklehorse）共同创作的。专辑还同时附有一本限量版图书，里面收录了林奇根据其中的音乐拍摄的 100 张照片。这是闪马乐队的最后一张专辑——那年 3 月 6 日，乐团主唱兼曲作者马克·林科斯（Mark Linkous）自杀身亡。这张专辑还邀请了其他歌手献唱，包括伊基·波普（Iggy Pop）和苏珊娜·薇格（Suzanne Vega）。林奇也参与演唱了两首歌曲，其中就有专辑的同名主打歌。同年，"玛丽莲·曼森与大卫·林奇：家族之痛"（Marilyn Manson and David Lynch: Genealogies of Pain）在维也纳艺术馆开展。2010 年他又重返电视领域，为《克里夫兰秀》（The Cleveland Show）中的酒保格斯（Gus）配音。这是部动画喜剧，2009 年秋在福克斯电视台首播，连续播放了四季。

2010 年新年那天，林奇戒了烟——对他来说这可是件大事——同时开始剪辑《蓝调上海》（Lady Blue Shanghai）。这是一支 16 分钟长的网络广告片，用于推广迪奥的一款手提包，短片于当年 6 月播出，由法国女演员玛丽昂·歌迪亚（Marion Cotillard）主演。林奇欣赏法国人。2011 年 8 月，他和工作人员到巴黎出席了寂静俱乐部的开幕典礼。这是家夜店，和《穆赫兰道》中出现的俱乐部同名。俱乐部由设计师拉斐尔·纳沃特（Raphael Navot）、建筑公司厄尼亚（Enia）以及灯光设计师蒂埃里·德雷弗斯（Thierry Dreyfus）共同操刀完成，斯卡贝克形容它"几乎就像个战壕。它占据了地下六层，空间非常小，很昏暗也很漂亮，就像藏在地下的小首饰盒"。

那年秋天，林奇从 1998 年就开始和克莉丝塔·贝尔合作的专辑《这列火车》（This Train）终于完成了。"我们花了好几年才做完这张专辑，我以为它永远都做不出来了。"她说，"有时候想一想都会觉得很荒谬，但每次和大卫在一起我都能学到很多，所以觉得自己也不该奢求更多。"

"我们工作的方式是这样的：大卫先说，然后我从他的话中寻找旋律，开始唱，接着他对我进行指导，向我解释这首歌该是什么感觉。"她接着说，

"比如我们作了首叫《真爱》(*Real Love*) 的歌。我记得大卫说:'现在,你是猫王,天很晚了,你飞速开着车,你的爱人做了坏事,而车的储物箱里放着把枪,你不知道如何是好,但心里清楚某些东西已经被永远毁掉了。'我很难立刻领会大卫的意思——当然了,只有仔细琢磨才行。如果他觉得我很在状态,就会完整录上几遍,然后回到歌中某个部分,说:'克莉丝塔·贝尔,听听这个。感受到那种情绪了吗? 你很脆弱,但你很强壮——这种情绪要再加强点儿。'然后我就照他说的去体会。有时候我很不在状态,也能感觉到他因此备受挫折,但他知道如何在不伤害我感情的前提下,把我带回正确的路上。大卫很清楚自己想要什么,但他不会大吼着下达命令。他能创造出某种空间,他想要的东西可以从中自己生长出来。"

专辑完成后,克莉丝塔·贝尔向几个厂牌进行了推销,但没收到什么积极的反馈。于是她干脆创办了自己的厂牌——黑玫瑰(La Rose Noire),自己掏钱压制了唱片,并于 9 月 29 日正式发行。她接着组了个乐队,开始巡回演出。她从此挑起了全部重担,因为她觉得林奇已经对这张专辑付出太多了。"大卫满脑子想法,而且他的生活方式允许他接受并实现这些想法。"她认为,"如果凌晨 4 点有了想法,他就会钻出被窝,把它记下来,从不把任何想法视为理所当然。就像是,嘿,你可找对人了!"

这是林奇在音乐上大丰收的一年。11 月 8 日,他发表了第一张个人专辑《疯狂小丑时间》(*Crazy Clown Time*),专辑是和迪恩·赫尔利合作完成的。专辑发行当天,还发布了一支与专辑同名的短片,片子是在加里·达米科家拍摄的。他说:"布景彻底把我们家后院给毁了,喊出'收工'之后,第一个冲过去收拾垃圾的就是大卫。"

回忆起录制这张专辑的过程,赫尔利说:"我们是 2009 年开始制作的,但当时的目标并不是录张专辑。大卫从不按正常的思路想问题,他做事,只是为了享受工作所带来的愉悦感,然后顺便做出点什么。和大卫共事了那么久,我的大脑也变得和他同步了。虽然我们确实是合作关系,但

梦室

整张专辑都是大卫的想法，他占据了绝对的主导地位。我也很乐意待在幕后，帮他实现他的愿景，只要他来工作，我就会准备好一切。我有一堆随时可以使用的设备，所以假如他到我这里来，准备做点什么，我可以立刻切换频道，开始工作。头脑中有想要实现的想法时，大卫就不允许任何人对他说不。如果你告诉他某件事行不通，他也会坚持到底，直到找到方法为止。比如他其实不算会弹吉他，但他说：'就算不会弹吉他，也肯定有什么东西能让吉他弹起来。'然后我们想出了个办法，用罗兰踏板把和弦做好，连上他的吉他，这样他就能随着歌曲的节奏演奏了。"

专辑中还收录了一位客座歌手的声音，演唱了歌曲《小粉的梦》(*Pinky's Dream*)，是耶耶耶乐队（Yeah Yeah Yeahs）的主唱凯伦·欧（Karen O）。这首歌的诞生多亏了布莱恩·劳克斯。"大卫和迪恩写了首动听的伴奏曲，我告诉他应该在歌中放入人声，然后推荐了凯伦·欧。"劳克斯说，"大卫说：'你说的是你带来的那个瘦女孩，还会喝啤酒的那个？'于是大卫写下了绝佳的歌词，凯伦过来唱出了这首歌，她的表现让人赞叹。"

"大卫和不同领域的人进行过各种形式的合作，从他们身上都学到了一点东西。我认识他的这段时间里，也看到他不断成长为一名音乐家。"劳克斯接着说，"他能用音乐的思维思考，也有能力重新想象并调整乐曲。有个叫泥木兰（Muddy Magnolias）的双人组，翻唱过《美国女人》(*American Woman*)，唱得很棒。迪恩把这首歌放给大卫听后，他说：'放慢一半速度，再播一次。'后来他把这首歌以这种方式用在了《双峰：回归》中。他也能挖掘艺术家的潜质。有次戴夫·阿尔文（Dave Alvin）带着乐队在林奇的录音室里，大卫向他们解释自己想要的演奏风格时说了类似这样的话：'弗吉尼亚一个炎热的夜晚，连柏油马路都要融化了……'之后，戴夫对于林奇的表达方式大加赞扬了一番。"

和林奇结婚之后，艾米丽·斯托弗一直渴望建立起一个真正的家庭，11 月时她终于怀孕了。"生下女儿之前，大卫说：'有我还不够吗？为什么你非得要个孩子？'"她回忆说，"我说：'抱歉，但我真的很想要个孩子。'然后他说：'那你得明白，我需要工作，不想因此对孩子有所亏欠。一个女人有孩子之后就会发生变化，她脑子里就只有这个孩子了，可我还得继续工作。'我生完卢拉后，他果然消失不见，继续搞他的工作去了，他确实如此。大卫很善良，也很正直，完全笃定自己所做的事情——他从不会只为了钱做事。不过他不太擅长处理亲密关系，他不是那种和一群朋友在一起消磨时间的人。他就是埋头工作，从中获得快乐。"

林奇不是那种游手好闲或热衷参加派对的人——他更愿意花时间来制作东西——但处理起亲密关系来，他有一种特别的天赋。他给很多密友都取了昵称——劳拉·邓恩是"小甜点"，娜奥米·沃茨是"小黄花"，艾米丽·林奇是"泡芙"——人们也喜欢向他倾诉秘密。"我和一个女孩分手了，有天早上去了大卫的画室。"巴里尔回忆说，"大卫说：'迈克尔，你有点不对劲。'我说：'是啊，今天过得很糟。'然后他说：'拉把椅子过来。'于是我们俩聊了聊，他给了我不少中肯的建议。大卫虽然过着种与世隔绝的艺术生活，但他对生活的理解很深刻。"

"大卫活在自我创造的艺术泡沫之中，他特别有创造力。"泽布罗夫斯基说道，"但他也是个始终靠得住的忠诚老友。我知道，假如我拿起电话说我需要你，大卫就会立刻出现。大多数人生命中甚至都没几个能开口求助的朋友。但大卫，我知道他会伸出援助之手。我觉得他就像位乐于助人的叔叔。"

那些曾经为林奇工作的人通常会和他保持联络，虽然艾瑞克·克拉瑞2008年辞掉了工作，但写作和制作他的第一部电影《约翰叔叔》(Uncle John)时，他还不时向林奇征求意见。这部电影后来于2015年上映。"我们在某个周五完成了电影混录，我给大卫打电话说：'我能给你放这部电影看看吗？不需要让你做什么，只是看看就可以了。'于是周一早上我们给他放了这部电影。他很享受，放映结束后我们还很愉快地聊了一会儿。几周后我又给他打电话，问能否把他说过的一两句话作为电影推荐语。对于我们这些电影世界中的无名氏来说，他的推荐意义重大。结果他说："为什么我不干脆给你写点什么？'他也这么做了。"

到了圣诞节那天，林奇宣布，今年圣诞他只想要香烟——他又开始抽烟了。无独有偶，他同时开启了另一个大项目。"圣诞节刚结束，大卫就在穆索和弗兰克餐厅与马克·弗罗斯特见了面，他们就是在那时聊到了重新开启《双峰》。"艾米丽·斯托弗说，"不过这是个秘密，他不愿意多谈。但到了 2012 年，马克开始到家里来吃午饭，吃完后坐在大卫的画室里写作。就这样写了好几年。"

随着《双峰：回归》开始从迷雾中显现，林奇此时的焦点仍在绘画上，2012 年他分别在美国、欧洲和日本举办了展览。那年 5 月，路易斯·C.K.（Louis C.K.）联系了林奇，邀请他参与客串自己的同名电视剧，希望林奇在剧中扮演一个名为杰克·多尔（Jack Dall）的人物。此人是个愤世嫉俗的真人秀节目老手，见多识广，也饱受喜剧演员身份之苦。出乎路易斯·C.K.的意料，林奇答应了。

"很多人找他，大卫答应下来的少之又少。"明蒂·拉梅克说，"他不喜欢出门，不太和圈子中的其他人保持联系，除了他那一圈老友。他最喜欢做的事情，就是待在家里工作。他甚至不喜欢出门吃晚饭。瑞克·尼奇塔离开艺人经纪公司后，大卫说：'如果不能找瑞克，那我就不要经纪人了，这么干肯定很有意思，反正我也不希望其他人找到我。'他喜欢隔绝于世，身边也没有类似经理、经纪人或宣传团队这样的角色。"

"我不知道路易斯·C.K.是怎么找到我的邮箱地址的，他写了几封措辞优美的邮件，解释了为何希望大卫出演他的电视剧。"拉梅克接着说，"大卫说：'我做不了，你为什么不找个像马丁·斯科塞斯那样的人？'路易斯·C.K.说：'不行，只能是你。'然后大卫说：'好吧，把剧本寄来看看。'事情就这么谈成了，因为那个剧本确实很有意思。大卫又说：'好吧，咱们具体聊一聊，我能穿自己的衣服吗？你能找个允许我抽烟的旅馆吗？'他们找了家旅馆，那儿的吸烟罚金是 500 美元，他们就把这笔钱给付了。于是大卫独自一人去了纽约，拍了这部剧。"[3]

路易斯·C. K. 写的邮件确实很有说服力。"我可以给你讲讲这部剧的前两季有多受欢迎，获得过怎样的评价和什么样的奖项提名，但我更希望利用你慷慨给予我的这段时间，给你讲讲我的想法：你会很享受参与的过程，也会为最终的结果感到骄傲。"这位喜剧演员写道，"这有可能是我唯一一次和你沟通的机会，所以我想借此机会，感谢你带来那么好的作品，感谢你慷慨的精神，感谢你向世界传达的创造力和艺术生命。看着你的电影（以及《双峰》），我也产生了拍电影并创作剧本的想法，我想投身于故事、光影瞬间、情感、人物、氛围、开放式问题和色彩中。要不是因为你，我自身的恐惧以及其他人的观点早就让我打退堂鼓了。"

林奇同意参演这部剧后，路易斯·C. K. 回复说："天哪，太不可思议了！"这部剧在纽约杀青几个星期后，拉梅克又收到了他的一封邮件。"我正在和大卫一起做剪辑，效果太令人激动了。他就是亨利·方达在世，真让人大开眼界。表演如此出色，可谓这一季中最优秀的演员。而且他是大卫·林奇。还有比这更棒的事吗？"林奇参演的那两集——"第二部分的最后一场"以及"第三部分的最后一场"——于 9 月播出，此前不久的 8 月 28 日，他的第四个孩子卢拉·波吉尼亚·林奇（Lula Boginia Lynch）出生了。（波吉尼亚在波兰语中是女神的意思。）

这一切发生后不久，拉梅克打算辞掉自己的工作。"我想，好了，我在这里已经学得差不多了，是时候向前一步了。"拉梅克回忆说，"我告诉大卫后，他说：'是我做错什么了吗？'我告诉他绝不是因为这个，他说：'我能帮你做些什么吗？比如帮你给某个人打个招呼？'他真的很慷慨。为大卫工作过的人都会在一个职位上做很久，这就是他人格的最好证明。他的大多数助理都为他工作过 7 年以上，而我至今也没离开大卫的世界。"

整个 2012 年，林奇和弗罗斯特都在谋划《双峰：回归》的剧本。同时，他依旧把很多时间花在了录音室里。2013 年他发表了专辑《伟大的梦想》（*The Big Dream*），这是他和赫尔利的二度合作。他还和瑞典歌手莉琦·李（Lykke Li）、美国乐队九寸钉（Nine Inch Nails）及澳大利亚音乐组合蠢数字（Dumb Numbers）合作了一把。

林奇还是个勇于接受挑战的人。2014 年 8 月 27 日，他参与了冰桶挑战。这项挑战的初衷是加强人们对渐冻症的认识，并为相关研究筹款。这种运动神经元紊乱症，也被称为葛雷克氏症。参与者要把一桶冰水从头浇下。劳拉·邓恩和贾斯汀·塞洛克斯都点名林奇参与挑战，于是由莱利·林奇操纵冰桶，林奇被浇了两次。林奇在第一桶水里加了咖啡，这样浇在他头上的就是冰咖啡了，而且他从头到尾都在用小号吹奏《飞越彩虹》（*Somewhere Over the Rainbow*）。然后他点名弗拉基米尔·普京为下一个挑战者。

2014 年 9 月 13 日，展览"统合之地"（The Unified Field）在林奇母校宾州艺术学院开幕。这场展览展示了林奇的早期作品。"宾州艺术学院的展览对他具有特殊意义，因为那里有他非常美好的回忆。"斯卡贝克说。她陪林奇出席了展览，展览策展人是罗伯特·科佐利诺（Robert Cozzolino）。"正是在费城，他深入到了艺术世界。也是在那里，他和好朋友杰克一起没日没夜地练习绘画，那时他们还是两个小伙子。"

"我们去参加开幕式时，他已经有一段时间没去过费城了，他觉得那座城市变得太干净了。"斯卡贝克接着说，"而他所爱的，是这座城市的粗糙感和危险气氛，但这些东西都被清理干净了。而且城里还有不少涂鸦。大卫痛恨涂鸦，讨厌它们占据着他所爱的地方，因为它们会在建筑上留下日期。住在费城的时候，他沿着空旷的街道散步，觉得自己回到了 1940 年，而涂鸦立刻把人从想象拉回现实。"

为林奇基金会筹款的事情会时不时令他担忧。2015 年 9 月，拉梅克开始专职负责这件事。"艾瑞克·马丁（Erik Martin）邀请我到大卫·林奇基金会现场部（DLF Live）工作。这是基金会 2012 年成立的分支机构，负责人是艾瑞克和杰西卡·哈里斯（Jessica Harris），工作内容是组织筹款活动。我和艾瑞克是通过马尔科维奇（Malkovich）主演的短片认识的，当时我们一起工作。"拉梅克如此回忆说。短片名为《扮演林奇》（Playing Lynch），是由摄影师桑德罗·米勒（Sandro Miller）和导演艾瑞克·亚历山德拉基斯（Eric Alexandrakis）共同创作的 20 分钟短片，由约翰·马尔科维奇扮演大卫电影中的 8 个不同角色。影片由方形空间软件公司（Squarespace）投资，并于 2016 年 10 月在洛杉矶的破坏节（Festival of Disruption）上首映，用于基金会筹款。

2014 年 10 月 6 日，林奇通过推特公开，他和弗罗斯特正在筹划新一季《双峰》，游戏就此开始了。这部剧当时势头正足，但林奇并未预想到，后来经过几番周折，他们才最终和电视台谈下了合约。林奇埋头工作的时候，斯托弗专注于自己作为母亲的角色，她还参与建立了"母亲联盟"（Alliance of Moms），旨在帮助住福利院里的未成年妈妈。

林奇尚未在美国举行大型回顾展，但类似的展览已经在其他几个国家展出了。2014 年 12 月，英国米德尔斯堡现代艺术学院推出了展览"命名"（Naming），其中囊括了从 1968 年到当时林奇的全部作品，包括素描、绘画、摄影以及电影。英国广播公司播出的一则评论中将林奇描绘为"战后投身于多种艺术形式的美国艺术家，探究了城市环境、语言的陌生化，继承了超现实主义的遗产"。

4 个月后，展览"两个世界之间"（Between Two Worlds）在澳大利亚布里斯班昆士兰画廊和现代艺术馆拉开序幕。展览组织者乔斯·达·席尔瓦（José Da Silva）是澳大利亚电影档案馆的资深策展人，他 2013 年就产生了策划这场展览的想法。"大卫作为视觉艺术家的身份被严重忽视了。"达·席尔瓦说，"除了卡地亚基金会，没人留意过他在画室中创作的那些东西，人们压根没意识到他艺术创作范围的宽广。针对他的艺术做调研时，我发现相关的评论分析文章数量很少，而他的作品却非常丰富。'两个世界之间'展品陈列很密集，展出了许多材料的作品，但我依然觉得它不过是浮光掠影。"

"大卫是个全能艺术家，电影不过是他的一种表达方式。如今，艺术家跨界再正常不过了。"达·席尔瓦接着说，"不过大卫的跨界早于这一切，所以人们并不太重视他在其他领域的艺术创作。这场展览获得的评价褒贬不一。习惯了跨界作品的评论家赞不绝口，而保守的艺术史学家却不喜欢它，给出了非常不地道的评价——你知道的，'画得很烂，小孩子的把戏'之类的。你能感觉到，他们在真正看展览之前就已经得出这种结论了。不管评论家们怎么说，这场展览很受大众欢迎，尤其是年轻人。他们很爱这场展览，觉得它既引人注目，又让人不安。"[4]

到了 2015 年初，林奇已经开始就《双峰：回归》的合约问题和 Showtime 讨价还价。与此同时，他还参加了一系列复杂的小项目，换了其他人可能早就被弄疯了。他调整自己的生活节奏，这样就能同时处理好几个项目。而且他将精力完全专注于艺术创造上，令人印象深刻。"大卫活得有点像和尚，我的工作就是让他不受任何干扰。"巴里尔说，"他 30 年没给车加过油了，他也从不去思考下一顿饭吃什么——饭总会自己出现——这样他才能把自己的时间全部花在做白日梦和筹划下一个项目上。这样的生活方式真是不可思议。他身体很好，我想是因为他不会被压力所困。我觉得他肯定活得比我长。"

这是种优越的生活，林奇也享受着其中的种种乐趣。但从另一个角度看，他的生活向来低调，不为别的，只是因为他喜欢这样。"大卫经历了许多事，但他一点都没变。"杰克·菲斯科回忆说，"不久前我到洛杉矶开会，在他家住了几天。我记得有天早上透过窗户向外看，看到他站在车道上，穿着件白衬衫和一条脏卡其裤——他一直喜欢卡其裤——正在除去水泥路缝隙中的杂草，然后把草装在了口袋里。他依旧喜欢做这样的事情。"

在工作室

在"火上的虚无"展上，我第一次看到自己的作品被大规模放置在一起，这种感觉非常美好。人们总是这样认为，假如你是专职做某事的，那你就不该做其他事情——就像，如果你是拍电影的，此外你还画画，那绘画就会被看作你的个人爱好，类似打高尔夫。你就是个明星画家，仅此而已。但举办那场展览的前后，世界发生了变化，现在人们什么都可以做了。这太棒了，而这场展览明确了我的画家身份。展览水准极高，为此我得感谢埃尔维·尚戴斯，还有卡地亚基金会的负责人麦莉塔·托斯坎·杜普朗捷（Melita Toscan du Plantier），以及艾兰·多米尼克·佩兰（Alain Dominique Perrin）和麦特——她当时是艾兰的妻子。

我是在丹尼斯·霍珀家办的派对上认识麦特的，后来我们俩坐在沙发上聊起了天。几天后，丹尼斯的妻子维多利亚（Victoria）把麦特带到了我家，她看到了我的一幅巨型画作《你真的想知道我在想什么吗？》。麦特有时候会给波尔多的一个机构策划展览，后来她又联系我说："我知道你是个摄影师，我想展出你的摄影作品。下次来巴黎的时候你能带点过来吗？"于是下一次去巴黎的时候，她和一位朋友来兰卡斯特酒店与我见了面，我们就坐在房间客厅里看照片。她们很喜欢这些照片，在波尔多展出了部分。

丹尼尔·托斯坎·杜普朗捷是伊莎贝拉的朋友，也是位优雅、学识渊博的电影制片人。只要我有影片在戛纳放映，丹尼尔总是第一个在放映厅外等着我，他会给我做一番概述，告诉我喜欢电影的哪些地方——他真是个好人。有天晚上在巴黎，有人邀请我参加晚宴，丹尼尔在场，设计了卡地亚基金会大楼的建筑师让·努维尔（Jean Nouvel）也在。那晚我好像也见到了丹尼尔的妻子麦莉塔，她不知怎么和基金会建立了联系——她不在那里工作，但是和他们有某种合作关系。晚宴之后，他们想让我到基金会看场展览，于是大家都过去了。我看了展览和那个场地，事情就这么定下来了。之后不久，丹尼尔参加了柏林国际电影节。有天他和某人吃完午饭，刚站起身，突然跌在地上死了。于是，麦莉塔就成了带着两个孩子的寡妇。

又过了一阵，麦莉塔来探望我，她说："你知道吗，你真的应该在基金会办个展览。"她有点像是替他们向我发出邀请。我说也许是吧，一来二去，事情就成了。所以是麦莉塔把整件事运转起来的，但也有麦特的功劳——她们俩传话给了艾兰和埃尔维，埃尔维立刻就到我工作室来看作品了。与此同时，我们也发现了更多，每时每刻都有新想法冒出来。这感觉有点古怪，因为我挺久没做和艺术相关的事情了。

我去巴黎看布展，到那里的第二天，埃尔维说："我想带你看个地方。"这样我就认识了帕特里斯·福瑞斯特，知道了 Idem 工作室。我走进工作室，闻到了制作石版画的油墨味，抓住了那个地方的氛围和韵律，然后立刻爱上了那里。帕特里斯问："你想做石版画吗？"我说："鸟想飞吗？"因为盗版的缘故，数字图片变得越来越便宜，很容易被盗走并分享出去。而石版画是你能够真正拥有的东西，把它拿在手里，你能看到纸张的美好，能闻到油墨味。它和数码图片太不一样了。

故事就此开始，Idem 从此成了我远离家之外的另一个家。在那里工作的感觉很棒，附近的咖啡很好。这家大约有 150 年历史的版画工作室，其中的机器、石头，以及在那里工作的人，营造出一种美好的氛围。我在那儿也做了些木版画，后来又在后面一间屋里画画。我喜欢那个环境，也爱巴黎。

我喜欢画些关于老式房间的小画，有时候画里有人，有的时候只画家具、地毯和墙壁，在巴黎布展期间我也画了这么幅小画。埃尔维看到后说："这个也得展出。"于是它就变成了展览的一部分。"火上的虚无"之后，我接到了很多展览邀约，真是给了我很多灵感。

"火上的虚无"开幕后，玛哈里希带我开始了十六州巡讲。难以置信的经历。我们去了很多地方，我也很高兴能为玛哈里希做这些事。每次上台演讲之前我心情都很低落，但讲完之后我就变得兴致高昂。所以虽然过程很折磨，但一切都值得，而且我每天都可以和玛哈里希聊天，给他讲前一天演讲的情况。

2007年9月我结束了巡讲，回到家后不久，我爸爸去世了。我不知道有没有人真的能在死亡面前做好准备——也许如果你备受折磨，就会准备得更"充分"些。我爸爸出生于1915年12月4日，去世于2007年12月4日，活了整整92岁。到了最后他昏迷不醒，其实已经算是走了。当时，奥斯汀、莱利、詹妮弗和我都在那里。我弟弟没来成，但玛莎在场，我们逐一走进屋里和爸爸说了再见。然后大家都离开，我和妹妹走了进去。他们已经关了救护设备，只是在等待他最终离开。我想，现在冥想一会儿也许不错。我冥想了一个半小时，刚刚站起身出去抽烟，他就走了。

2007年10月，玛哈里希知道他要离开了，开始拒绝见人。2008年我过生日那天，他身边的人在Skype上联系了我。后来他们告诉我，玛哈里希让照顾他的祭司们不要说话，告诉他们保持安静，因为他想见证这一刻。挂掉电话后他说："良善的人掌管了这个世界。"两周半后，他去世了。

玛哈里希去世后，鲍勃·罗斯在木工场房给我打了电话，说："我想他希望你在场。"我说："好的，我决定了，我要去参加葬礼。"洛杉矶没有印度领事馆，我得到旧金山去拿签证。去之前他们说："没问题，你只需要带上护照，填好这些表。"于是艾米丽和我第二天飞到了旧金山。到了领事馆后，我走到窗口，给了他们我的护照和表格，他们说："你的护照页都用光了。你得先到美国大使馆加些新的护照页，不过我们过一会儿就关门了。今天晚上你可能去不了印度了。"我说："我今晚必须走。"

于是我们匆忙撤离，去了美国大使馆，外面排了二三百人，前台站着个很粗鲁的家伙。他说："拿个号，排队等着。"过了一会儿我直接走到窗口说："我现在就得给护照加几页。"然后他说："别着急，伙计。拿好你的号，会叫到你的。"我说："不行，我现在就得要。"他说："你现在拿不到。拿好你的号，排队等着。有护照页的时候就会叫你，可能得等几个小时。"我说："不行，不行！印度领事馆就要关门了！"他说："那我可帮不了你。"于是我拿着排队号码，等啊等，终于拿到了新的护照页，随后直奔印度领事馆，但他们关门了。

然后安娜·斯卡贝克告诉我："有个朋友说你可以直接去这个地方，会有人帮你解决。"我们拿到地址，去了一栋门口挂着印度国旗的小房子。沿着楼梯进入客厅，有点像酒店大堂，摆着椅子和一张桌子。除了一个坐着的女人，屋里没有其他人。于是我把护照和文件交给了她，她说："在这儿等着。"这个女人再出来时说："行了，搞定了。"在那边压根不可能办到的事情，在这里一秒钟就办好了！我和艾米丽说完"再见"后径直去了机场。

我从旧金山飞到了慕尼黑，在那里转了机，然后飞往新德里，降落在一个巨大的飞机场里。应该有人来接我，但那个人没出现，于是我上楼进了家餐厅，喝了杯咖啡，抽了根烟。过了一会儿我开始着急了，因为不知道该去哪里，最后那些人终于出现了，把我从大飞机场带到了几百米外的小飞机场，你简直都没见过这种机场。进去之后就可能会永远找不到路，但他们把我带到了正确的地方。最后我坐上了架小飞机，飞到了瓦拉纳西。降落后，我看到了两辆又漂亮又大的SUV，都是白色的，看起来一模一样。我告诉其他人自己得在车里抽烟，于是一大群人改去坐了另一辆车，这样挺好的。他们很关照我，但又不想闻烟味。我们于是踏上了通往阿拉哈巴德的四小时路程。

在印度开车，活着的每一秒都是奇迹。那里没有停车指示牌，也没有红绿灯，你坐的那辆车会擦着另一辆卡车开过去，中间的缝隙甚至都插不进一张白纸。路上还有动物，比如小狗、猴子、水牛、母牛——什么都有。自行车，行人，载着 30 个人的皮卡车——所有人都在猛按着喇叭暴走。走上三十米就像是经历了场激烈的闹剧。印度司机上路前会先祷告一番，然后把一切交给上帝。他们就那么出发了。

我们直接开到了阿拉哈巴德，玛哈里希修行的地方。他的尸体被放在一个大帐篷里，身边围绕着鲜花。人们陆续走进去向玛哈里希致敬，然后坐下，在里面和他待上一会儿。我也在里面待了一会儿，然后看见了我的朋友法蒂玛（Fatima），于是坐过去和她聊了一阵，之后不得不离开去找旅馆。我上了约翰·哈格林博士的车，他一点都不担心交通问题，因为他这个人见多识广，而他的司机是我在印度见过的最差的司机。我说："求你了，跟他说开慢点，要不然我得犯心脏病了！"他们只是哈哈大笑，我只能自己捏着把汗，其他人一点都不在乎。我们先到了他们的旅馆，然后我坐上另一辆车，前往我自己的旅馆，距离这个地方大约一个街区。还有几个人和我同行，当时天已经黑了，我们边开车边寻找旅馆，可怎么也找不到。我们绕着这个又大又怪的街区开了四圈，到了第五圈时旅馆出现了。怎么会错过它呢？你必须绕四次，它才会出现。

旅馆的地板很漂亮，还有打理过的草坪和美丽的植物，进去时里面正在举行一场大型婚礼——印度人非常看重婚礼，当时正好是婚礼旺季。我进到房间，里面全是蚊子。印度一些现代风格的旅馆里可能没有蚊子，但这家很老，我对这点没什么意见。屋里也没有红酒——你在这个地方找不到波尔多红酒——于是我点了翠鸟啤酒，结果发现它得有 40 盎司一大瓶。他们送啤酒来的时候还带来个小东西，把它插在墙上会释放出香味，蚊子就离开了。所以啤酒来了，蚊子走了，我很开心。这个房间真不错。

第二天早上鲍勃打来电话说："带上什么什么先生，他和你住同一家旅馆。"

我于是去了前台，对服务员说："能帮我转告什么什么先生，我们已经在楼下准备出发了吗？"他查看了一沓乱糟糟的卡片后说："他不住这里。"

在工作室

我说："他住。"他说："不，他不住。"于是我回到房间给鲍勃打电话，他坚持说那个人就住这家旅馆。我只好回到前台，让他再查一遍，他查了后说："他不住这里。"然后另一个也要去葬礼的人过来了，我说："我们在找什么什么先生，可他不住这里。"他说："他就住你隔壁。"我爱印度。太神奇了。

葬礼第二天，他们准备在修行处的另一个地方火化尸体，已经支起了火葬柴堆，现场聚集了几千人。他们用一种特殊的木材支起了巨大的柴堆，看起来真是难以置信——所有环节都得特别精确。一架直升机从头顶飞过，撒下无数玫瑰花瓣，但直升机螺旋桨卷起了尘土，于是玫瑰花瓣混着尘土到处乱飞。真是前所未见。我离开回旅馆时，柴堆还没有熄灭。

第三天我们又来到修行处，这时火已经灭了。专门的祭司正在收集骨灰，分成几份装在不同的骨灰盒里，然后送去不同的地方。然后我们所有人去了恒河、亚穆纳河和萨拉斯瓦蒂河的汇合处。河水从各处流来，在此处汇合，即桑伽姆（Sangam）河。在那个地方沐浴，几乎是你这辈子能做的最神圣的事了。人们认为，浸入其中，能洗清罪恶。

那里停着很多艘船，鲍勃想把我弄上载着玛哈里希骨灰的白色大船，但他们说不行。然后一个叫康拉德（Conrad）的德国人不知道从哪儿出现了，拉着我上了条船。我和另外几个人登上船后它就出发了，旁边围绕着几百艘船。我们驶入了恒河，载着玛哈里希骨灰的白色大船紧随其后。然后我脱了衣服，披着康拉德给我的披肩，下了船。下入河里时你得堵住自己的耳朵和鼻子，还得闭上眼，因为污染太严重了。念三遍祷告词，然后仰着浸三次。我之前总想：我，大卫，永远不会去印度，这辈子也绝不可能浸到恒河里去。可我现在不仅人在印度，还身在桑伽姆；不仅在桑伽姆，还在河水中；不仅在河水中，还身处永恒之中，因为身边环绕着玛哈里希·玛赫西的骨灰。真是意味深长。

那年晚些时候我在巴黎，坐在一家卡地亚精品店街对面的咖啡馆里，向艾米丽求了婚。我们是第二年结婚的，2009 年 2 月，在贝弗利山酒店外的草坪上。婚礼中途我出去抽了根烟，遇到了一位猫王模仿者，他刚好在酒店演出。我说："麻烦你过来一趟。"于是他就过来了，人们伴随着他的歌声跳起了舞。

同一年，我决定拍一部关于玛哈里希的电影，于是重返印度工作。鲍勃·罗斯和我一起去了，理查德·贝梅尔负责摄像。理查德是个很特别的人。他很有性格，冥想了很长时间，见多识广，还扮演了《双峰》中的本·霍恩。和他一起旅行很愉快，他拍的东西也特别棒，后来做成了一部记录我们旅程的电影，叫《美丽世界》。它不是能吸引人成群结队去观看的电影——看看如今的世界是什么样子——但也许有一天大家会感兴趣的，虽然不是现在。

我是从上海飞往印度的，离开上海的时候我知道自己发烧了，以为得了禽流感。抵达印度后要排队接受护照检查，他们同时会用一种仪器测你的体温。如果体温过高，他们会把你从队伍里拉出来隔离，直到痊愈才让你离开。当时我站在队里，突然看到了显示人们体温的屏幕，但我已经顺利通过了，于是我就这么进了印度。拍摄过程中我一直在生病，真希望我当时能身体健康啊。我们追寻了玛哈里希的脚步，满心希望能精神饱满地经历这一切，可我当时太虚弱了。

玛哈里希的导师戴夫大师 1953 年去世后，玛哈里希在恒河边建了栋小房子，地点位于乌塔卡西（Uttarkashi），也就是"圣人谷"，在那里冥想沉寂了两年之久。之后他四处游走，传授技巧，也就是超觉静坐，无论到何地都会遇到乐于施舍的人。他也在去过的每个地方设立了相关机构，一直和这些冥想中心保持着联系。结果，类似的组织不断涌现，成了场席卷全世界的运动。玛哈里希有两个任务：启蒙众人，给地球带来和平。去世之前他说一切已经安排就绪，已经完成了，就像是火车已经离站，开始沿着轨道前行。地球的和平之日也指日可待。唯一的问题只剩火车何时才会抵达。一切都注定要发生，一切也正在发生，因为现今的时代需要和平。

我已经尝试了很长时间的实验音乐了，但说我是个音乐家，对其他伟大音乐家来说未免太失礼了。我只是玩音乐，算不上音乐家。马雷克·泽布罗夫斯基是我通过摄影影像帮认识的，他是个作曲家，还是个聪明伙伴，能说八国语言。他有绝佳的乐感，不管我演奏什么，他都能跟上，这让我看起来好像知道自己正在做什么。不过整首曲子都是即兴的，它之所以能成调，完全是因为他的绝佳乐感。曲子通常是这样创作的，我先读首小诗，然后随便按响键盘上的一个音，随后马雷克跟进来。他仔细听着我的变化，寻找其中可以发挥的地方，然后从那里开始加入他的创作——整个过程无拘无束，完全基于诗歌词句产生的情绪和感觉。和马雷克合作时，我会先写几首诗，很短，只为了营造气氛，随后做成音乐。我们在米兰、巴黎、罗兹以及纽约的波兰大使馆进行了表演，我很喜欢这类演出，因为事先不需要记住任何东西。做《蓝色鲍勃》的时候我必须记住歌曲的变化，所以在观众面前演奏对我来说完全是折磨。而在观众面前乱弹一气，感觉好多了。

同一时期我做的另一个音乐项目是《狐蝠策略》（*Fox Bat Strategy*）。专辑于 2009 年完成，是为了纪念 2006 年于新奥尔良去世的戴夫·杰拉基（Dave Jaurequi）。事情始于 90 年代初的一天，我在粉屋走廊里哼起了某种低音曲调。我吹小号，所以识谱。但再重申一遍，我不是音乐家。于是我给这些低音音符画了张小素描，这样就不会忘了。然后我和国会唱片约定了一个见面时间，当时并不清楚自己要做什么。不过我倒是知道想让唐·法尔松（Don Falzone）弹贝斯。于是我说："唐，有件事很不好意思，我写了几行低音曲调。"然后哼给他听。他说："很酷啊，大卫！我能稍微做点更改吗？"我说当然可以，于是他着手改了起来，最后的成果太漂亮了。接着唐把曲子演奏给了史蒂夫·霍奇斯（Steve Hodges）听，后者边听边打起了鼓，做出了这首歌的节奏。随后安迪·阿尔莫（Andy Armer）又在键盘上弹些什么。我认识几名吉他手，但他们全没档期，其中一个人说："我认识一个叫戴夫·杰拉基的家伙。"于是我们雇了他，但此时还没见到他本人。

我们先录了几段，戴夫·杰拉基终于出现了。"从岛那边上来的"，别人这么告诉我。我不知道是什么岛，但听起来挺酷。他穿着海岛风格的 T 恤，戴着墨镜，拿着吉他坐下了。我像平常一样告诉他，我希望这首歌听起来有 20 世纪 50 年代的味道，然后他开始演奏，弹得太棒了，我当时如痴如醉。真是难以置信。我们录了《粉屋》（*The Pink Room*）和《蓝色弗兰克》（*Blue Frank*），都出现在了《与火同行》中。这几个家伙也参与了电影拍摄。他们就是电影里在加拿大夜店"权利与荣耀"中演奏的那个乐队。

过了一段时间，我又写了很多歌词，想和这几个人再进一次录音室，于是在切诺基工作室约了个时间。结果那次录音几乎变成了我和戴夫·杰拉基之间的二人合作：我把歌词给他，然后他边演奏边唱，试着找出曲调。就这样，我们大概写了六首歌，录完后拿给切诺基的布鲁斯·罗布（Bruce Robb）做了混音。那是段很愉快的经历，但这些歌没了下文，只是在那儿默默等待着。建完自己的录音室后，我想让戴夫过来一起合作，结果突然从他女朋友凯那里听说这一噩耗——她在新奥尔良开了家名叫"约翰"的酒吧，就是在那家酒吧里，戴夫从高脚凳上跌落下来，因为内出血去世了。我和凯一直保持着联系，后来一起做了这张向他致敬的专辑，其中包括在切诺基录的那几首歌。但那个时候音乐产业一塌糊涂，所有人一分钱都挣不到。不过和这几个人合作太愉快了。他们是优秀的音乐家，也是优秀的人。

音乐在很多层面上帮助了大卫·林奇基金会。劳拉·邓恩和我是"改变源自内在"（Change Begins Within）音乐会的主持人，这是 2009 年 4 月在无线电城音乐厅（Radio City Music Hall）举办的筹款活动。我介绍了所有来宾，天哪，真是太紧张了，全场坐满了人。保罗·麦卡特尼（Paul McCartney）和林戈·斯塔尔（Ringo Starr）？我不是做梦吧？这是披头士解散之后他们第二次同台，他们唱了《朋友们的一点帮助》（*With a Little Help from My Friends*）。接着保罗演完了全场。他带了两辆超长半挂卡车，上面装满了设备。真的是超长。钢琴，乃至所有东西，都跟他一起来了。

人们不知道披头士在我们的生命中有多重要。经历过那个时代的人才知道，但年轻人不知道。我经历过那个时代，所以能见到保罗和林戈本人真是感到无与伦比。1964年第一次来美国时，他们飞到纽约，然后南下到了华盛顿特区，在那里办了第一场美国演唱会，当时我就在场。他们站在拳击台上（1964年2月11日他们在华盛顿体育馆为8000名粉丝献上了表演），场地太大了，几乎听不见他们在唱什么——就像是在一个大房间里吱吱叫。当时我正读高三，本来没准备去，但最后一分钟我改变了主意，说服我亲爱的弟弟把票让给了我，然后就去了。我终于有机会告诉保罗和林戈，他们开第一场美国演唱会时我也在场，这对他们来说当然不算什么，但对我却是意义重大的事情。

林戈就像哈利·戴恩。你可以和他坐在一起，即便不说一句话，同样感觉很舒服——他是个实在的人。这个叫林戈的家伙，他可不一般。每年我都会去国会唱片大楼参加林戈的生日聚会。他们会给大家放音乐，到了中午，林戈会宣讲爱与和平，并扔出一堆写着爱与和平的袖章。他每年7月7日都这么做。保罗也是个很不错的人。我有机会看到了他为无线电城演出彩排的场景，彩排的时候，他会精确到毫秒。他是个完美主义者，也要求所有人都做到位，这样上台的时候就没人瞎胡闹，节奏很紧张。很多人都被时间改变了，但他唱起老歌的时候，听起来就和最初的录音室唱片一模一样。保罗和林戈1968年在印度瑞诗凯诗（Rishikesh）认识玛哈里希后就一直在冥想，他们是冥想者，也很喜欢冥想，是玛哈里希的支持者。

也是在那个时期，有天明蒂过来对我说："'危险老鼠'想见你。"我问："谁是危险老鼠？"她给我讲解了一番，我说："他肯定是想让我拍个音乐录影带什么的。"然后危险老鼠就到我工作室来了，他很酷，也是个优秀的制作人，但想找我做的不是音乐录影带。他想让我听听他和闪马乐队合作完成的专辑，然后以此为灵感拍些静态照片，不过最终我们是用动态电影的拍摄方法完成的。我们去勘了景，唯一不同的是这回拍的不是动态画面，而是静态照片。

人们热爱闪马乐队，但他们很久都没动静了。于是"危险老鼠"哄着马克·林科斯写了歌，做了这张专辑。然而编曲完成的时候，马克已经变得太害羞了，没法再开口唱歌，于是他们邀请其他歌手写了歌词，随意处理这些曲子。有一次我跟危险老鼠开玩笑说："我以为你也会邀请我唱歌呢。"然后他说："你会唱歌吗？"我说："会啊，我刚开始唱。"于是他听了听，然后打电话来说："我想让你也唱。"于是我唱了其中两首，还想出了《灵魂暗夜》这个名字。不过不是什么新概念，每个人都经历过灵魂的黑暗一夜。它最终成了专辑的名字。

我喜欢危险老鼠，也喜欢马克。马克也来过几次，和他坐在一起非常舒服。他爱音乐，他、迪恩和我会坐在录音室里聊天。他抽无过滤嘴香烟，一直抽到只剩不到三毫米长，所以他的手指呈橘红色或棕色。他是个南部男孩。他承载着很多故事，真的很多。有些音乐家身上就是承载着很多，你见到时一眼就能看出来。

在蒙特利流行音乐节听詹尼斯·乔普林唱歌，我的天，我几乎泪流满面。当时没人知道她——现在很难想象了，但当时真的没人知道她——她走上台，有人用吉他演奏了前奏，听起来很酷，然后音乐平息，她开始演唱，真是太棒了。她总是这么完美，是最棒的，那首歌也太棒了，她唱得那么优美。镜头有一幕切到了坐在前排的凯斯妈妈（Mama Cass），她正在看詹尼斯演出，然后说了句"哇哦！"，好像无法相信自己看到的一切。真是难得的经历。随后登台的是吉米·亨德里克斯，他和他的吉他已浑然一体，不管吉他在哪儿，他的手指都能跟上演奏。真是难以置信。他弹了首《野东西》。接着登台的是奥蒂斯·瑞丁。那晚他唱的那首歌，是我听过最棒的一版《我爱你爱了太久》。声音中传达出那么多的情绪，你无法相信一个人可以把那么多东西同时注入一首歌中。

集木为屋
My LoG is turning Gold

2014 年林奇的展览在宾夕法尼亚艺术学院展出时，他得到了艺术世界迟到的认可。但就在同一时间，他再次消失在了电视界的兔子洞中。将他重新带回《双峰》世界的，是 2011 年和马克·弗罗斯特在穆索和弗兰克餐厅的一顿午餐。自那之后，他开始了长达四年的忙碌工作。

《双峰：回归》的初步想法大概成形时，林奇正在尝试为《羚羊别跑》寻找资金，最终发现没人愿意为这部电影投钱。法国制作人阿兰·萨德曾向林奇保证，无论他想拍什么，他都能帮他找到钱。但 2000 万美元的预算让《羚羊别跑》陷入了电影行业的尴尬之中：你要么拍大制作影片，要么拍小成本电影，中间水准的东西则飘荡在禁飞区。这点对于林奇来说愈发清晰，他和弗罗斯特之间的写作讨论也变得愈发频繁了。他们主要通过 Skype 合作——弗罗斯特家住奥海镇（Ojai），距离好莱坞两个小时车程——还共同成立了兰彻·罗萨合作公司（Rancho Rosa Partnership）。林奇随后找到塞布丽娜·萨瑟兰，邀请她负责制作这部电视剧。2008 年 11 月起，萨瑟兰开始全职出任林奇公司的法务会计，处理起他当时状况颇为混乱的各项生意。到《双峰》启动的时候，她已经成了林奇工作中不可或缺的伙伴。他毫无保留地信任她，而她承担起了各项身份，包括制片人、会计、经纪人、律师，以及商业经理。

2014 年初，林奇和弗罗斯特完成了大部分剧本，开始着手寻找投资。他们的第一站是有线电视网 Showtime，它是哥伦比亚广播公司的子公司。"我听到风声，说大卫和马克正策划着重启《双峰》。于是我通过大卫的代理人，请求他见见我们。" Showtime 首席执行官大卫·内文斯（David Nevins）说，"2014 年 2 月，他和马克见了我和加里·莱文（Gary Levine）。大卫坐在沙发上，安静地听着我讲 Showtime 为什么是最合适的地方。他不太爱说话，很有礼貌，穿着得体的黑西装和白衬衫，仔细思量着我是不是个安全的合作者。"[1]

协商持续了 6 个月。到了 10 月，Showtime 正式宣布剧集重启，并预定了 9 集。2015 年 1 月，林奇和弗罗斯特向电视网提交了 334 页的剧本。到了那个时候，弗罗斯特开始把精力转向他的新书《双峰：神秘史》（The Secret History of Twin Peaks），林奇则继续写作剧本。协商一拖再拖，让林奇变得极为恼火。到了 4 月 6 日，经历了长达 14 个月的讨价还价后，Showtime 终于提出了预算方案。结果完全不够，于是林奇通过推特宣布他将退出这个项目。

"Showtime 脑袋里认为这只是部剧集，完全不明白大卫的设想。"萨瑟兰如此谈及这场协议冲突，"对大卫来说，它并不是电视剧，它是部剧情电影，这点让 Showtime 非常迷惑。举例来说，大卫希望每天都有电影阵容的剧组人员到场，包括必要的照明设备负责人、候场美工，以及特效技术人员。但电视剧从来不是这么拍的。他们不会准备这么大一个剧组，也不会让所有人悉数到场，所以 Showtime 提出了抗议，因为在他们心里这不过是部电视剧。当大卫说'好吧，我退出'时，他并不是想为自己争取更多钱。他离开，是因为对方给的钱和塑造出他头脑中那个世界所需的钱之间差距太大。大卫其实挣不到什么钱。"[2]

退出这个项目对林奇来说并不是愉快的决定。"看到他这么做，我明白了他对自己的作品有多么忠诚。"艾米丽·斯托弗说，"当时他的会计刚刚跟他谈过，告诉他运营这个公司要花多少钱，所以他知道自己在人员方面已经超支了。不久前他为唐·培里侬香槟王拍了广告，用这笔钱还能再支撑一年，但他从 2006 年起就没拍过电影了，没有稳定的收入来源。不过这一点并不会让他在《双峰》上做出妥协。"

　　做出决定后，林奇给几位已经承诺要参演剧集的演员打了电话，告诉他们自己退出了，但电视网可能还会继续拍摄。"如果不是因为大卫，我们肯定都唯恐避之不及。"演员达纳·艾什布鲁克（Dana Ashbrook）说。他在前两季中扮演了行为不检点的少年犯鲍勃·布里格斯（Bob Briggs）。[3]事情发生后，梅晨·阿米克组织拍摄了一部造势短片，11 位演员——阿米克、艾什布鲁克、雪莉·李、雪琳·芬、金米·罗伯特森、佩吉·利普顿、詹姆斯·马歇尔（James Marshall）、加里·赫什伯格（Gary Hershberger）、温蒂·罗比、凯瑟琳·库尔森和艾尔·斯特罗贝尔——代表林奇表达了想法。此外，还有他女儿詹妮弗。

　　"协议谈崩的时候，我人在日本。"内文斯说，"在电视剧行业，我们按照单集谈预算，律师也是如此处理《双峰》的。但这并不是普通的项目。大卫开始就说得很清楚，他把它视为一部电影，也不想说到底会拍多少集——他只是说'也许是 13 集，也许是更多集'。律师误解了他的话，说他们可不想掏 13 集的价钱，但大卫并不是这个意思。"

　　"我在飞回家的路上看到了他发的推特，说自己要退出这个项目。落地后，加里和我直接去了大卫家。他说：'我一直在说不止 9 集，可你们就是听不进去。'我告诉他：'我不能给你张空白支票，你得告诉我个大概的数字。'然后大卫说：'你们算算能付多少钱，然后我算算是否能用那笔钱拍成我想拍的东西。'于是我们做了预算，告诉了他一个在我们接受范围之内的数字，说：'拍多少个小时都可以。'他把钱花在了刀刃上，最终每一集的花销也很合理。"

　　"我们从没想过在没有大卫的情况下继续。"内文斯补充说，"其他人拍的《双峰》又算什么？它又不是连锁企业，需要在新导演手里重获新生，我们早已知道没有大卫的《双峰》会变成什么样子了。它会变成伪冒品。"

　　2015 年 5 月 15 日，林奇宣布他重新回归，前期制作也正式开始了。

集木为屋

尽管几个月前他已经向 Showtime 提交了剧本，但获准拍摄后，他又继续写了几个月。"大卫第一个说出了没有马克就没有《双峰》，马克离开去写书时，整个故事的框架已经写好了。但他离开后，大卫又很大程度上扩充了故事。"萨瑟兰说，"他在剧本中编织了已经在头脑中存在许多年的东西，最终的导演创想也是完全属于大卫的。他精确地知道自己想要什么——每个人看起来什么样，穿什么，布景什么样，家具的具体样式，裙子上拉链的样子——你看到的所有画面都百分百是大卫创造的。"

"他在剧本写作上特别努力。"斯托弗回忆说，"和马克一起写作的时候，他每天回家很晚。因为我不喜欢他在家里抽烟，他就坐在屋外，边抽烟边在便条本上接着写。一坐就是好几个小时。那把老安乐椅被他坐得太旧了，我们不得不定制了一个新坐垫。天冷的时候他就裹在毯子里。我们屋外有个檐廊，下雨的时候他就把椅子侧面朝外，这样就不会被淋湿。"

林奇原本希望杰克·菲斯科能做这部剧集的美术指导，但当时菲斯科刚忙完亚利桑德罗·伊纳里图的《荒野猎人》，于是推荐他的艺术总监鲁思·德·容（Ruth De Jong）接下这份工作。杜维因·邓纳姆重新担纲剪辑师，安吉罗·贝德拉曼提负责音乐，约翰娜·雷和克里斯塔·胡萨尔（Krista Husar）负责选角。《双峰：回归》中出现了超过 200 个有台词的角色，是雷接手过的最大项目。

拍摄于 2015 年 9 月开始，长达 140 天的拍摄对所有人来说都是非常愉快的经历，其中也包括林奇本人。"太自然了。"迈克尔·巴里尔说，"从第一天起，他拿着扩音器坐在椅子上，就像已经这么做了一百万次一样。他回到了属于他的地方。"

演员阵容中最为重要的一位，当然是凯尔·麦克拉克伦。"他们还没写完剧本的时候就找到我，问我愿不愿意参与，我回答说百分百愿意。"这位演员如此回忆 2012 年林奇和弗罗斯特第一次找到他时的情景。[4]

"而且我扮演的不是一个普通角色，而是三个重要的角色，作为演员我还没接受过这样的挑战。变成坏库珀需要花费些时间，大卫和我又稳又慢，终于找到了那个角色的感觉。对我来说最难的戏份，就是作为坏库珀，和大卫以及劳拉·邓恩演对手戏。大卫和我在一起的时候总是嘻嘻哈哈，所以和他演场严肃对决的戏很困难。忘掉我和大卫以及劳拉之间的亲密关系也很困难。"

邓恩扮演了麦克拉克伦的爱慕对象戴安，虽然承认拍摄过程中也有很具挑战性的时刻，但她觉得整个过程实在太开心了。"和大卫以及凯尔一起表演，就像在参加一场家庭野餐会。"她说，"大卫为我和凯尔创造了重聚的机会，就像是包了个圣诞礼物递给我们俩。随着剧情展开，库珀和戴安之间的爱情故事也逐渐水落石出，这一点让电影更加意味深长。"

"不过凯尔和我之间的那场性爱戏很难——不是因为太过亲密，而是戴安当时的情绪太有张力了。"她补充说，"大卫对于这场戏没有什么预先设定。拍摄过程中他一直跟我说话，指导我拍完，我猜他可能没想到这幕戏会充满愤怒。戴安是库珀的真爱，因为她能明白他奋力抵抗的那种自我分裂，她也是这种分裂最大的受害者——也许比库珀本人更甚。对我来说，这场戏更多的是困扰，而非愤怒。她备受困扰，因为知道他们再不是纯洁的年轻人了。它让人心碎，有些色情，同时充满创伤，令人困惑。我不知道大卫是怎么想的，这是我的感受。"

迈克尔·霍斯（Michael Horse）在三季中都扮演了副探长的角色。他说："大卫打来电话说：'我们要把老伙计聚在一起了。'拍了一两天后我想，哦，我差点都忘了大卫是谁，他有多特别。大卫总是突发奇想，我真的玩得很愉快。"[5]

林奇始终把这部剧藏在神秘斗篷之下，除了麦克拉克伦，其他演员对于台词之外的事情都一无所知。不过似乎没人在乎。"剧本的神秘感反而让演员的互动更出色。"喜怒无常的独行客詹姆斯·赫尔利（James Hurley）的扮演者詹姆斯·马歇尔说，"拍每一幕戏时，你都能感受到一股极端的隐秘感，这种感觉也传到了银幕上。"[6]

27位回归第三季的老演员中，也包括艾尔·斯特罗贝尔，他扮演了菲利普·杰拉德（Phillip Gerard），只有一支胳膊，在第一季中是鲍勃的犯罪同伙。第三季中，杰拉德变成了某种传达神谕的人。"我当时住在波特兰，我的经纪人向雷提交了照片和简历。"斯特罗贝尔如此回忆他最初认识林奇的经历，"大卫在我身上看到了某种他想用在艺术创作中的东西，而我第一眼就爱上了他。就像是被邀请到一个好玩的沙坑里共同玩耍，你的同伴还是这个世界上你能想到的最有意思的人——当时大卫还很爱开玩笑。现在他看起来严肃多了。但是，怎么说呢，第三季本身也更为严肃。过去我们总爱拿电视行业的各种传统开玩笑，但大卫现在对待艺术的态度更深沉了，也不在乎这部剧会不会受欢迎。他只想表达自己的艺术。"[7]

格蕾丝·扎布里斯基同样留意到了时间和经历在林奇身上留下的印记。"随着你逐渐成长为一名艺术家——也可以说成长为一个价值不菲的人——你要承受起早年没有想象过的压力。你得应对别人对你产生的新预期，还得不断创作，推陈出新。这些年里，压力让大卫变得不像过去那么容易亲近了，我很理解，不过他身上重要的特质一点都没变。"

"我记得在《双峰：回归》片场等待布景完成的时候，我们俩坐在一起聊了聊。"扎布里斯基补充说，"我们都喜欢木头，喜欢手工，所以凑在一起的时候，除了工具不会聊别的，可能当时也是在聊这个话题吧。不断有人过来打断我们的谈话，向大卫征求这样那样的许可。那个人离开后，大卫总能马上接着刚才被打断的内容继续聊。他和别人说话的时候总是特别专注。"

演员卡雷尔·斯特鲁基（Carel Struycken）在这部剧中出演了神秘的"灭火者"，他同样留意到了林奇的变化。"对于我所扮演的角色，他一句解释也没有。"斯特鲁基回忆道。他扮演的巨人在第二季第一集中首次露面。"他只是走过来和我握了手，说：'所有事都无可挑剔。'听起来特别有20世纪

50 年代风情。"

"大卫从来不着急。"斯特鲁基接着说,"他也总告诉演员们慢慢来。汉克·沃登(Hank Worden)在我出场的那幕戏中扮演了一位侍者,当时他 89 岁,走路速度已经很慢了,但大卫告诉他还要走得更慢些。拍第三季的时候,他想要的速度比之前还要慢。当时我不理解他想实现怎样的效果,但现在,看看第三季,我明白了。这种节奏步调真的是绝无仅有。"[8]

佩吉·利普顿也回归了第三季,扮演了双 R 餐厅的女王诺玛·詹宁斯。"1988 年第一次和大卫见面时,他坐在自己亲手制作的大工作台旁,桌上只摆了一样东西,就是我的照片。"她回忆说,"还没有人对我表示过这种程度的尊重。当时我没看过大卫任何一部电影,但他的个性就足够吸引我了。大卫看着你的时候,你就觉得自己是这个世界上唯一重要的人。他从不分心,眼睛也不会四处乱转,眼中只有你,此刻他也全部属于你。我想,他当天就决定让我扮演这个角色了。"

"20 年后,我收到了一条电话留言——'嗨,我是大卫·林奇'——于是我给他回了电话,两个人闲聊了一阵。"利普顿接着说,"他喜欢钻到你的脑袋里去,打听了我的生活近况,然后给我讲了新剧集的事情,我回答说当然愿意参演。然后我想,我的天,我该怎么重塑这个角色呢。但其实我什么都不用做,剧本里都写好了。大卫把普普通通的晚餐变成了意义非凡的事情。好了,就从这里开始,这儿是我们的根基,也是我们的依靠,所有事情都被巧妙地联系在了一起。过了这么多年,大卫还能重新来到我的生命中,这件事本身就够特别的。"[9]

利普顿在这部剧中的爱慕对象是大艾德·赫尔利(Ed Hurley),扮演者埃沃雷特·麦克吉尔(Everett McGill)1999 年退休后搬到了亚利桑那州。"我跟洛杉矶的所有人都断了联系,大卫已经找了我好一阵。然后马雷克让他通过推特好友圈试试。"麦克吉尔说,"有人回复了他,给了他一个电话号码,是我岳父家的。不过他几年前去世了,留下栋小屋。我每隔几个星期到那里去一趟，四处检查一下，所以我人在小屋里并能接到电话的概率太小了。不过那天电话响了，我接了起来，结果发现是大卫打来的。我们俩聊了起来，那种感觉，就像是前两天刚刚通过电话一样。我们聊了过去的美好时光，还有他那辆帕卡德老鹰，它样子很古怪，但大卫挺喜欢。聊天快结束的时候他说：'我得和你保持联系，打这个电话可以吗？'我说这个电话不行，然后给了他另一个电话号码。后来我通过邮件收到份保密协定，并且接到了约翰娜的电话。很久以前我对大卫说过：'你需要我的时候，随时随地，只要打个电话我就会出现。'他知道不必多问什么，我一定会同意参演。"

"扮演大艾德是很快乐的经历，当诺玛把手放在我的手背上，我们两个亲吻起来时，那个场景真令人动容。"麦克吉尔如此谈及第三季中的一幕戏，他和诺玛这对时运不济的恋人终于在一起了。"那种感觉太美好了，而且我们一条就过了。"[10]

"拍那场戏的时候，大卫在片场播放了奥蒂斯·瑞丁的歌《我爱你爱了太久》。"利普顿说，"喊出卡后我看向他，发现他哭得像个孩子。"

大艾德和诺玛有情人终成眷属，只是双峰镇发生的诸多变化之一。"扮演年轻的鲍勃·布里格斯时我自己也还是个小伙子，可以随意发挥演个浑球，挺好玩的。"艾什布鲁克说，"我知道第三季会很不一样，发现鲍勃变成警察后我也并不惊讶，因为第二季中我和父亲的一场对手戏已经为此埋下了伏笔。过去，大卫给我的指导都是让我更放松一点，但这一次，他并没给我什么神秘难懂的建议。剧本上写得非常清楚，我只想着投入角色，别把事情搞砸。"

"我后来接到的所有角色都和《双峰》或多或少有关。如果不是大卫，我早就当不成演员了。"艾什布鲁克接着说，"他就像你遇到过的最伟大的老师，也是我见过的最真实的艺术家。拍试播集时，劳拉·弗林·鲍尔和我有次在红狮酒店大堂里遇到了他——我们都住在同一家酒店里，然后他请我们去房间看了看他正在画的一张海报。连续拍摄了 12 个小时，回到屋里他还会继续做艺术——我真佩服他这点。"

在第二季结束 25 年后，艾什布鲁克扮演的角色变得成熟了，而詹姆斯·马歇尔的角色变得愈发情绪化了。"我想大卫把每个角色都视为他自己的一部分。他被纯洁的人物所吸引，我想詹姆斯·赫尔利就代表着这一类人。"马歇尔说，"詹姆斯是个备受折磨的角色，经受大喜大悲之后，人的灵魂就会浮现出来，我想大卫喜欢的正是这点。他也是调动现场能量的大师。"

"第一季中有这样一幕戏，劳拉·弗林·鲍尔和我坐在沙发上，正要亲吻。不过大卫觉得我们没演到位，于是走过来和劳拉聊了两句，看了看我却什么都没说，然后又坐回了导演椅上。他这样重复了几次，但我们还是演不出那种感觉。这一次他走到我面前，蹲下，伸出双手，先是握在一起，随后张开，五指大开。他不想说过分的话，但我们确实演不到位。于是在两三分钟时间里，他什么都没说，就这样双手又开又合，然后站起来说'再试一次'，就走开了。只需几分钟，他好像就把能量全部转移到我们身上了。他只是把煤气拧开，然后留我们点亮火焰。"[11]

不可避免地，最初的演员阵容在时间中也经历了损耗。几位演员——弗兰克·席尔瓦、大卫·鲍伊和唐·S. 戴维斯（Don S. Davis）——在剧集开拍前去世了。其他几位——沃伦·弗罗斯特（Warren Frost）、米盖尔·弗尔（Miguel Ferrer）和哈利·戴恩·斯坦通——在剧集杀青后去世了。他们都出现在了同一系列电视剧中，恰恰说明了生死之间的界线在林奇看来有多么脆弱。其中最让人唏嘘不已的是木头女士凯瑟琳·库尔森，她差一点就没能演成。她于 2015 年 9 月 28 日——那是个周一——去世了。前一个周二，一位朋友到她位于俄勒冈州阿什兰（Ashland）的家中探望，发现她准备周日飞往华盛顿，完成周一及周二两天的拍摄。当时库尔森正在接受临终照料，医生建议她最好不要出门，但她下定决心要参演这部剧，甚至向林奇隐瞒了病情。那位朋友赶快给导演打电话，建议他立刻赶来阿什兰，在她家中完成拍摄。第二天，宫川丽子去了阿什兰，在那里组建起了一支当地的摄影团队。那天晚上，林奇通过 Skype 指导库尔森完成了她的戏份。五天后她就去世了。之前一周，扮演双 R 餐厅服务员陶德（Toad）的马弗·罗桑德（Marv Rosand）也去世了。2017 年 10 月 18 日，戴夫·马克莱探员（Detective Dave Mackay）的扮演者布兰特·布里斯科（Brent Briscoe）从高处跌落后因并发症去世，当时只有 56 岁。

这部剧也汇集了林奇其他电影中的演员——巴萨扎·盖提、娜奥米·沃茨、劳拉·邓恩以及罗伯特·福斯特（Robert Forster），同时也开启了几位演员的银幕首秀。"有天录音的时候，大卫看着我说：'我的新项目里有个角色很适合你。'"扮演了联邦调查局探员塔米·普雷斯顿（Tammy Preston）的克莉丝塔·贝尔说，"直到他把剧本给我，我才发现塔米是个重要角色。我怀疑自己是否演得了，但大卫说：'没问题的，相信我。'我问他是否需要提前上几节表演课，然后他说：'不用！你敢！'"

"大卫对这个角色有他自己的想法，我试了几次装才找到合适的打扮。"她补充说，"他会看（服装师）南希·斯坦纳（Nancy Steiner）送来的每张照片，然后说'不行，不是这样'或'这部分对了，但那部分感觉还不行'。他不断提出修改要求，直到我打扮成一个杰西卡兔女郎式调查局探员的模样才满意。"

实拍之前，林奇心里早就设想好了每个角色的模样，但每位真实的演员又为这些角色填充了血肉。"对白本身就很大程度上塑造出了戴安，她身上其他的鲜明特征也已经写在剧本上了。"邓恩如此谈及自己的角色，"大卫想给戴安找一种并不存在的口红颜色。我们试了能找到的所有品牌的所有产品，最终他做了自己的口红色盘，调出了想要的颜色。每天我到片场后，他要先花 15 分钟混口红，直到混出一种近乎发白的粉色，但其中还要有大量的金色和黄色。"

"大卫的要求非常具体。但与此同时，大卫也喜欢看着演员自己找到某些东西。"邓恩接着说，"比如他曾在《蓝丝绒》片场给我和凯尔用扩音器播放肖斯塔科维奇；再比如他让我和尼古拉斯·凯奇开车上路，同时告诉我们路上该听些什么音乐，然后让我们慢慢变成《我心狂野》中的塞勒和卢拉——他很真诚地帮你，让你自己找到特定的情绪和神秘感。"

在这部剧中献出处女秀的有杰克·瓦尔德（Jake Wardle），他是位年轻的英国演员，凭借 2010 年在 YouTube 上疯传的 "24 种口音说英语" 视频吸引了林奇的注意力。"2012 年，塞布丽娜·萨瑟兰给我发邮件说：'嗨，我为一位导演工作，他想请你为一部影片试镜，想先和你通过 Skype 聊聊。'于是我和大卫通过 Skype 第一次见了面。"当时年仅 20 岁的瓦尔德说，"他非常随和，告诉我他对那个视频印象深刻，喜欢我的真诚。之后我们又在 Skype 上聊了几个月。聊的内容很杂，就是在彼此熟悉，比如他会问我中午吃了什么，或者我养了只什么狗。就这样到了 2014 年，他说：'你看过《双峰》吗？我们要拍部新的，你来扮演一个叫弗雷迪（Freddie）的伦敦人，他找到了只魔力绿手套，拥有了超能力。'他还用押韵的伦敦俚语写了我的台词。这方面他懂得比我还多。"

"2016 年 3 月 1 日我终于见到了大卫，然后去试了装。当时他请我来片场参观，我看着大卫拍摄了第八集中灭火者和黛朵女士（Señorita Dido）的那场对手戏。他给了我一个大大的拥抱，让我坐在他旁边。我看着他工作了 7 个小时。假如不是大卫找到我，我恐怕不会获得表演的自信，但现在我知道了，这就是命运。大卫帮我找到了正确的道路，从这点上来说他改变了我的人生。我和弗雷迪有很多共同点：弗雷迪被灭火者选中，我则被大卫选中。灭火者给了弗雷迪手套，而大卫给了我这个角色。" [12]

演员阵容中也有表演老手，比如唐·默里（Don Murray），他是位老演员，1956 年凭借和玛丽莲·梦露合作的影片《巴士站》（*Bus Stop*）获得了奥斯卡提名。

"我和大卫没见过面，所以他打来电话说想用我时，我很惊讶。"默里说，"这个角色最初是写给一位 45 岁的男演员的，可我已经 87 岁了。但他说：'我真的很喜欢唐·默里，我不在乎。'我完全不知道他看上了我哪一点，但他对于自己想要的东西很坚决，假如他选定某位演员，那就说明他已经在这个人身上看到了日后将呈现在银幕上的东西。拍摄时他话很少，他所选定的演员也完全无须为自己的角色而挣扎。"

"大卫的片场是我所经历过的最快乐的片场。"默里补充说，"他会做其他导演绝对不会做的事情，即便面对龙套角色，大卫也会在他们表演结束后停止拍摄，把全体演职人员召集过来，说：'今天哪位小姐的戏杀青了，我想对她表示感谢，也请大家为她鼓掌。'片场的那股欢乐气氛真的很少见。"[13]

演员阵容中还有几位年轻人，他们已经在这个行业里摸爬滚打了不少时间。回过头看，他们都把《双峰：回归》视为自己演艺生涯的重大突破。"我不知道是怎么得到试镜机会的，但开着车来到圣费尔南多谷一处电影制作基地，我走进一间屋子，发现里面全都是你想象中会在大卫·林奇试镜室里看到的那类人。"艾瑞克·艾德尔斯汀（Eric Edelstein）说。他扮演了一位总在咯咯傻笑的警局探员弗斯科（Fusco）。"我没拿到试镜的那个角色，但后来有人告诉我，大卫在试着帮我找个合适的角色。几个月后我接到电话，第二天就去试装了。到了片场后，大卫走过来说：'好了，你们仨现在是弗斯科三兄弟，艾瑞克，你是家里的小弟，两个哥哥都很爱你。'然后他把我的笑声当成了一种乐器，把它编排进了拍摄过程——我猜自己可能在试镜的时候咯咯笑过，于是拿到了这个角色。"

"《双峰：回归》之前，我拿到的全是饰演坏人的角色，我想，从现在开始我是不是就和这股坏能量结缘了？可在《双峰：回归》里，我不但没演坏人，演的干脆就是自己，现在也老有人因为这个招牌笑容来找我拍戏。就因为大卫从我身上看到了这点，我的整个职业生涯都被改变了。"[14]

大卫通过各种方式找到了每位演员。乔治·格里菲斯（George Griffith）扮演了雇佣杀手雷·门罗（Ray Monroe），他是通过家里人参与进来的。"《钓大鱼》对我影响很大，2009 年我提议他客串《奥兹医生秀》（*The Dr. Oz*

Show）中关于冥想的一期。"格里菲斯是奥兹的女婿，他说，"大卫同意了，并接受了我的采访，后来他们就邀请我共进午餐。午餐时我想方设法坐到了他身边，真不敢相信自己离他这么近。对很多人来说，大卫都扮演着类似守护神的角色，那顿午餐也成了我生命的转折点。我给他讲起了自己参演的一部电影，之后还给他寄了份拷贝，但没指望他真的会看。两周后我接到了他写来的一封热情洋溢的邮件，告诉我他喜欢这部电影。读完信后我真是热泪盈眶。"

"听说《双峰》要回归后，我想也许我能去帮着端端咖啡什么的，于是我给他写了信，告诉他我愿意承担任何工作。"格里菲斯接着说，"后来约翰娜·雷让我过去一趟，我以为大卫不过是想表示友好。我和约翰娜见了面，她完全不了解我，可能也在揣测我是怎么混进来的。见完面后我想，事情都这样了，我肯定没戏了。可我却收到了他们的邮件，上面写着'欢迎加入'，真是不敢相信！"

"拍第一场戏时我才再次见到了大卫，那天拍的是我在比乌拉家和 C 先生见面。我到片场后大卫说：'乔治·格里菲斯，我喜欢你的电影。'他这么说实在太酷了，因为没人知道我是谁。可他这么一说，我立刻显得有点分量了。我的戏份都是和凯尔在一起，而他和大卫之间又那么有渊源，我自然非常紧张。但开拍第一天凯尔说：'老大总能拍出他想要的东西。'这席话对我是莫大的安慰。"[15]

初次进入林奇世界的还有著名喜剧演员迈克尔·塞拉（Michael Cera），他扮演的怪骑手沃利·布兰多（Wally Brando）为整部剧献上了最风趣的桥段。"2012 年时，我和艾瑞克·艾德尔斯汀以及其他几位朋友到洛杉矶超觉静坐中心上了入门课程。"塞拉回忆说，"第四天时，一位女工作人员过来和我们说：'你们想和大卫一起灵修吗？'我们惊呆了，回答说真能这样就太棒了，但都对这个邀约半信半疑。差不多一个月后她打来电话说：'周三，在大卫家，可以吗？'只有他和我们，他居然邀请陌生人到家里去，真是太开放了。他特别和善，很快就消除了我心里作为外来者的不适感。我们在一起冥想，真是我身上发生过的最特别的事情之一。之后又有机会和他一起工作——他居然会想到我，这点已经很难以置信了。我最大的愿望就是不浪费他的时间，不要让他后悔找了我。"

"我们没怎么讨论过角色。"塞拉如此谈及沃利·布兰多，"之前我看了迪克·卡维特（Dick Cavett）对马龙·白兰度的采访，试着模仿那种感觉。但是大卫告诉我，只要跟着剧本里的感觉走就行，这点很奏效。他很少对演员进行干涉。拍那场戏时是凌晨两点，我们只用了大概 40 分钟就完成了。"[16]

拍摄进展得很快。"大卫效率一直很高，但在这部剧中达到了登峰造极的水平。"麦克拉克伦说，"我当时就像是：妈呀，你确定只拍一条就行？不过我们都清楚，除非拍出真正想要的东西，否则他不会停止，而他对自己想要的东西也非常清楚。记得有天我们透过道吉（Dougie）的办公室拍康加舞那场戏，吉姆·贝鲁什（Jim Belushi）即兴表演了一番。每次大卫喊完卡，现场都会安静一阵，等着他说出接下来的要求。当时也是这样，然后大卫通过扩音器说：'贝鲁什先生，我要不要把你送到校长办公室去？'吉姆说：'不用，我懂了。'大卫总会用这种极其巧妙的方式处理事情，把事说清楚的同时也不让别人难堪。"

制作有多顺畅，看看路屋（Roadhouse）酒吧的现场音乐表演是如何拍摄的就能明白了：当时现场聚集了大约 24 组音乐人，拍摄在帕萨迪纳市的某个场馆进行。首先由莱利·林奇和迪恩·赫尔利的乐队"麻烦"（Trouble）进行试音，随后逐个开始，只用一天就拍完了。观众席的画面是另一天拍的，拍了几拨人。每件事进展都很快。

这并不意味着拍摄对林奇来说是轻而易举的事情。"他玩得挺开心，但过程也很艰难。"巴里尔说，"拍摄中他过了 70 岁生日，我们每天至少工作 12 个小时，有些日子甚至达到 17 个小时。他病了好几次，还有几天他肺出了毛病，发着烧，完工回家后几乎都迈不上台阶了。但 6 个小时后他会再次出现，做好准备，继续工作。有天我们在红屋里拍摄，他摔倒了，膝盖磕得不轻，但他只是爬起来毫不在乎地走了。拍这部剧之前，我真不知道他是这么个硬汉。"

考虑到拍摄的艰难程度，林奇的婚姻敲响警钟并不让人意外。"我们的关系经受了挑战，因为他基本上就是消失不见了。"斯托弗回忆说，"而且他真的累坏了。拍出 18 个小时的内容，相当于拍出至少 9 部电影，阵势太大了。他的日程表被填满了，在日场戏和夜场戏之间赶场，只能在周日休息。不过周日晚上他还得开制作会，因此睡眠永远不足。有一次他跟我说：'泡芙，我今天在拖车里冥想的时候睡着了，醒来时完全不知道自己在哪里。剧组里的人全都比我年轻，我太累了。'他有几次病得很重，但从未停止工作。"

"《双峰》开拍后没多久，他说：'凌晨 6 点我回到家，你和卢拉正准备开始新的一天，到处走来走去，可我需要安静，只想在自己周围挂上遮光帘。'"斯托弗接着说，"我们想在马尔蒙庄园替他找栋房子，但太贵了，于是我把灰楼的一间客房改造成了挂遮光帘的卧室，他喜欢极了。结束华盛顿的拍摄回到家后，他就搬了进去。有天晚上我去看他，发现他边看电视边抽烟，我想，他永远不会再回来了。因为抽烟这件事，他抱怨了两年，说自己只能在屋外抽烟，但在这间屋子里他可以在室内抽烟。抽烟对他来说可是大事。"

《双峰：回归》的故事格局比前两季大得多。故事涉及到纽约，以及拉斯维加斯和邻近市郊街区，虚构的北达科他州双峰镇及巴克霍恩城（Buckhorn），费城，五角大楼，得克萨斯州敖德萨，当然还有红屋。故事不断向外蔓延，囊括了好几条剧情线。故事中还嵌入了许多私人记忆。幸运 7 号（Lucky 7）保险公司大楼外广场上的那座牛仔铜雕塑，源自林奇父亲在林务局工作时的一张照片，当时他父亲只有 19 岁。剧集中出现的任何东西都不是随意的，许多事物都具有多重含义，但它们在这里完美地结合在了一起。"我见过大卫坐在角落里写作。"斯特鲁基回忆说，"然后就会有个人走过来，递给我张从笔记本上撕下来的纸，上面写着我在下一幕中的台词。"

"整部剧中我最喜欢的一幕戏是即兴表演出现来的。"克莉丝塔·贝尔说，"有天劳拉、大卫和我坐在片场等候什么，我很喜欢看劳拉和大卫在一起时的样子——他们之间的关系特别甜蜜。大卫想方设法让我加入他们的聊天——他总是很体贴——然后他看着我们说：'我们要拍一幕剧本里没有的戏。咱们走到外边，站在台阶上，就那么站着，到了一定时候我会抽一口劳拉手里的烟。'拍摄过程非常尴尬，我只能在那里不知所措地站着，平衡着镜头中的空间。大卫其实利用了我们三个人之间的紧张关系，把它提升到了另一个层次。他总是不断创作。当时我们只是闲聊，结果他想，等一下，这点很有意思，咱们把它放进《双峰》里。于是他告诉彼得·德明：'我们要到外边去。'他们只好把所有设备都挪了出去。"

"我很喜欢那场戏。"佩吉·利普顿说，"他们就站在那儿，往远处看去，我笑个不停。那场戏留给观众呼吸的空间，而这是大卫所有作品中最美好的一点。他让观众花上几分钟，只是看某个家伙在酒吧里扫地，全神贯注在这个人身上，让你不知不觉沉浸到自己的想象中，就像在做冥想。"

回忆起这场戏，邓恩说："就算某些角色没做什么惊天动地的大事，没有推动剧情进展，他也不会放弃这些角色。他会让他们看向虚空，慢慢做出决定。"

呼吸的空间，这是林奇作品中不可或缺的魔力所在，正如斯特鲁基指出的，他作品的节奏非常独特。剧集中点缀着拖曳的特写，长而寂静的风景镜头，以及从车内拍摄的道路，还有孤单的人物慢慢喝着一碗汤，火车在夜晚经过铁道交叉口。这些镜头对于讲述剧情来说没什么作用，它们的存在只是为了强化讲故事的节奏。

　　虽然叙事节奏从容不迫，但林奇喜欢在拍摄过程中激发演员身上的潜力。"到片场的第一天，我们拍了我和威廉·黑斯廷斯（William Hastings）之间的那场审讯戏。大卫告诉我要做什么后，我整个人都吓傻了，因为那幕戏中的火药味太浓了。"克莉丝塔·贝尔说，"除了'你先站在这里，然后坐在那里'之外，他没给我任何指导，但剧本本身非常细致，我知道一个词都不能改。于是他坐在了导演椅上，我站在他对面，他只是看着我，像是给我注入了一股自信。那个眼神告诉我：这会是你生命中一场美好的经历，接受吧，享受吧——我知道你能行。"

　　那场戏中和她演对手戏的是马修·利拉德（Matthew Lillard），他也是在抵达片场的第一天才真正见到林奇。"我走过去对他说：'嗨，我是马修·利拉德。'然后他说：'你好，比尔！'我以为他把我当成了道具组成员或什么人，于是又说：'不，我是马修。'他说：'你好，比尔·黑斯廷斯！'他又说错了，之后也没给我任何指导意见。后来在首映式上见到我时，他依旧管我叫比尔·黑斯廷斯。"[17]

　　如唐·默里所说，林奇相信每位演员都能贡献出他所需要的表演，在片场从不发脾气，无论手头的戏份多么紧张。"拍完第一天后，大卫很随意地说：'明天我们会把你浑身涂上血，你要和一个显示着鲍勃面孔的球打场架。'"杰克·瓦尔德如此回忆剧集中最大的一场动作戏。

　　"我的动作是大卫当场编排的，他对着扩音器说：'他在你上面！打他！现在他在你下面，把你打翻了，站起来再打他！'"瓦尔德接着说。之前他完全不知道还有这么场打斗戏。"他想让我真的打到镜头，于是提前装上了保护垫，告诉我不要打得太用力。但拍过第一条后大卫说：'再使劲一点！'我照做了，摄像机发出了奇怪的声音，大家都倒吸了一口气，但他并没有就此喊停。没有。大卫让他们装上了镜头保护罩，让我又打了一次，他不停说着'再使劲一点！'最后镜头保护罩也裂了。我想他们最终应该用了这一条。"

　　拍摄于 2016 年 4 月杀青后，林奇回到工作室，又进行了一年的后期制作，制作期间几乎没离开过房子。10 月时他休息了一阵，策划了第一场破坏节。这是场为期两天的基金会筹款活动，罗伯特·普朗特（Robert Plant）、弗兰克·盖里、凯尔·麦克拉克伦、劳拉·邓恩等人都参与了演出。其他时间里，他就一直工作，直到 2017 年 5 月 21 日剧集的第一集正式播出。

　　播出前没人看过成品，因此演职人员和普通观众一样，兴奋地期待着首映日的到来。"我惊讶于它多样的风格。"大卫·内文斯说，"搞笑的段落真的很搞笑，还有令人紧张不安的噩梦般的东西，那些不可思议的超现实元素和前两季《双峰》给人的感觉全然不同。它无疑获得了商业上的成功，在接下来几年中会成为人们持续讨论的话题。"

　　对唐·默里来说，这部剧还揭露了其他的真相。"我的天，大卫真是个出色的演员！关于这部剧，我最欣赏的一点就是他的表演。"默里说，"他创造了一个非凡的戈登·科尔，太棒了。整部剧也非常幽默。《纽约每日新闻》（Daily News）形容它为'本年度最令人捧腹的喜剧'。"

　　影评人给出的评价普遍很积极。5 月 25 日，剧集的前两集在戛纳电影节放映时，林奇收获了经久不息的全体起立鼓掌，这部剧甚至被誉为天才之作。"看到之后我才知道，剧中囊括了大卫的动画、雕塑、绘画——这些年来他全部的艺术创作。"克莉丝塔·贝尔说，"但之后我意识到，之前我们怎么会没想到呢？这才是真正的艺术家会做的事情。他们会用尽所能，调动自己全部的艺术能量，将它们集结为一个完整作品，而这么做全然不是为了自我炫耀。"

　　"这就是现在的大卫·林奇。"艾瑞克·艾德尔斯汀说，"他把此生在电影制作中提炼的东西都加入进去，为我们当下的生活提供了注解。这就是 2017 年的《双峰》。他做到了。"

至于新剧究竟表达了什么意思，林奇不准备回答，但提供了不少线索。剧集引发了重看《双峰：与火同行》的热潮，许多观众都将其视为解码新剧集的破译器。电影中出现过的许多主题都在剧集中再现并得到进一步延伸，包括蓝玫瑰案件、翡翠戒指、劳拉·帕尔默的日记，以及将无形的电作为驱动实体的力量这一隐喻。剧集中还充斥着数字——坐标、电话号码、地址、房间号、电压数、钟表以及汽车行驶英里数，它们都从不同层面为故事提供着线索。不同的点可以连接成不同的剧情，但真正热爱并折服于这部剧的人对于解构剧情并不感兴趣。它是用于欣赏的艺术品，不是供人解读的。

"很多事情我们都知道，但并不常留意。"罗伯特·福斯特扮演了双峰镇警长弗兰克·杜鲁门，他说，"人们都知道有些事情是永恒的，它不关乎名望，不关乎财产，甚至不关乎天上的星辰；我们骨子里知道有些东西是永恒的，它们和人性相关。大卫做的事情，回应的都是更高层次的东西，也许就是永恒的入口，因为他让我们寻找的，是自身内部通往永恒的东西。他的作品表明，我们并非分散在四处的孤单原子，假如能理解自身和永恒之间的关系，我们也许就有能力做出更好的选择。每个人都可以向着一个方向前进，如果足够多人向着同一个积极的方向前进，就能改变人类的发展方向。他正是带领着观众前往这样的良善之地。"[18]

"大卫尝试告诉人们：我们身处的这个世界并不仅由终极现实所组成，还有很多不同维度的存在方式需要考虑。"迈克尔·霍斯谨慎地说道，"这里面有很深刻的内容，看《双峰》时你必须全神贯注。"

"它太超前了，大多数人看不懂。"艾尔·斯特罗贝尔说，"17岁时我遭遇了一场车祸，差点死了，有了许多人都描述过的经历：我离开了自己的身体，去了另一个地方。那里并非像红屋一样冷酷，色调更轻柔，感觉更温暖，而我做过的最难的事就是重新回到自己的身体之中。就此我知道了，在一种存在和另一种存在之间，还有某个地方，因为我亲身经历过。我觉得红屋就代表了那个地方，而这是大卫非常熟悉的领域。"

"大卫的精神生活成了他作品的组成部分，这些作品也反映出了他精神世界的不断深化。"麦克拉克伦说，"我没法指着某样东西说：'哦，现在他在做这个。'因为那种变化是很微妙的。我感觉他的作品变得更丰厚了。《双峰》让许多人感到迷惑，但大卫是个艺术家，他创作的作品也不该是简单易懂的。我觉得他并不情愿讲述一个别人希望听到的故事，他也并不在意这些。"

"这部剧就该是这个样子。"巴里尔说，"前两季调戏了所谓的电视传统，留下了自己的印记，第三季——基本上是部长达 18 小时的电影，被他设法放在了电视上播放——也不例外。"

"我喜欢大卫结束这部剧的方式。"邓恩说，"尝试弄懂它，你会感到震撼无比。大卫用某种不可思议的方式入侵了你的潜意识。我想大家都发现了，他创作出来的东西，往往要用上 10 年才能被人消化。"

剧集的最后一集暗示着之后还有更多故事发生，人们猜疑着可能还会有下一季。"如果万事俱备，他可能会说：'行啊，咱们拍。'但他不准备再在谈判桌上浪费时间了。"巴里尔说，"他宁愿用那些时间画画、抽烟、喝咖啡，或者做白日梦。大卫现在已经能和自己和平相处，对于世界的样貌也不再愤怒。艾米丽很棒，他们是很好的伴侣。他开车速度很慢，早餐吃个西柚，午餐吃半个鸡肉西红柿三明治，我觉得他喜欢这种生活的简单质感。在他心里，他在很多方面依然很贫乏。他还喜欢扫地。"

《双峰：回归》业已播出，林奇又忙上了其他事情，但拍摄这部剧永远改变了他的婚姻生活，他依旧住在隔壁那栋有遮光帘的房子里。"他说自己需要不被干扰的思考时间，抱怨永远都不能自己待着，在他为自己创造的那个世界里，他是绝对的主宰。"斯托弗说，"我总跟他开玩笑说，现在他总算过上'艺术生活'了，这是他从读艺术院校起就开始幻想的生活。独自一人，绝对自由自在地创作自己想要的东西——现在他就是这个样。他现在甚至有了张自己的小单人床……我总听他念叨这点：一张不占地方的小床，以及很大的工作空间。"

9月15日，《双峰》最后一集播出10天后，哈利·戴恩·斯坦通以91岁高龄去世了。两周后，他生前参演的最后一部影片《老幸运》（Lucky）在部分影院上映。影片由演员约翰·卡洛·林奇（John Carroll Lynch）执导，大卫·林奇在其中扮演了一位小镇怪人，因为宠物乌龟的失踪而心烦意乱。"和哈利·戴恩一起演戏让大卫倍感压力，因为他崇拜他。"巴里尔说，"一谈到自己和哈利·戴恩演过对手戏，他依然觉得目眩神迷。对他来说，这是件值得载入个人史册的事，就像被封爵了一样。"

重回外部世界之前，林奇还是一直待在画室里。那是栋小水泥碉堡，建在小山的最高点，有很多窗户，还有个宽阔的大露台，他经常坐在那里工作。林奇喜欢在户外画画。画室中还杂乱地摆着过去几十年中积累的各种物品。窗台上有只异常大的漂亮灯泡，一沓沓纸上胡乱写着谜一般的思考和想法，被丢得到处都是。一张大桌子旁的墙壁上贴着16世纪画家博斯《人间乐园》的复制品——三联画中的两块已经因光照而褪色，第三块却依旧闪烁着光泽，像颗诱惑人的宝石。桌上乱放着几个粗糙的小黏土头像雕塑，还有一组已经生锈的金属文件柜。其中一个抽屉上标着"牙医用具"字样，打开后你会发现里面正摆放着此类物品——众多闪着微光的牙医用具。林奇总是把藏品保持得整洁无瑕，随时可以拿出来使用。屋里有几把脏兮兮的折叠椅，是访客到来时用的；还有台老式墙上电话，他一直用到了今天。

烟蒂被乱弹到地板上，他在水槽里小便。屋里唯一透露出21世纪气息的是台笔记本电脑。布满灰尘的卡片盒摆在桌上的一堆东西上，盒子上用铅笔潦草写着"昆虫"二字。林奇兴奋地说，他曾经结交了一位"昆虫人"朋友，后者会定期给他送来新标本。林奇一个不落地把标本收好，因为你永远不知道哪一只死虫子会在哪一天给你带来灵感。和童年时在实验林中看到的不同，他的昆虫没有标签分类，收藏得不算整齐，但依旧能让他激动万分。

假如一件事没能善始善终，那你就会一直想着它，《双峰》就是如此。在音乐的世界里，你听到段旋律，随后它消失了，但歌声会在你头脑中再盘旋一会儿。然后你感觉自己好像又听到了，随后又消失了。它听起来那么悦耳，虽然停了，但余音绕梁，三日不绝。下次听到全曲时，你的感受会更强烈，因为已经在心里听过无数次了。正是曾经发生过的事情，奠定了事物的力量和含义。

马克和我与 Showtime 聊了制作《双峰》的事情，然后塞布丽娜算出了一个数字，把所有人都吓坏了。那个数字很现实，但 Showtime 觉得作为预算高得离谱。《内陆帝国》之后我就没拍过东西了，那部电影还没什么人看过，你能明白他们有点像在说："是啊，我们想拍，但不知道能不能给你这么多钱。而且还要拍 9 集多，那肯定不行。"后来看到他们提出的预算后，我说："去他妈的。"没想到他们又提出了一个更糟糕的数字！我说："我他妈退出了！没有我，他们也可以接着拍，我不干了。"做出这个决定时，我感到一股巨大的自由感，但其中也混杂着悲伤。那是个周五，接着我收到了大卫·内文斯的消息，他和加里·莱文周日晚上就赶到了我家。加里带来了饼干，他们俩待了大概 45 分钟。到最后也没谈出什么结果，但当他们起身准备离开时，大卫说："我会算出个邀约数字。"我说："呃，也许我也会给你算出个数字。"抱着破釜沉舟的想法，塞布丽娜和我起草了一份必需品清单，然后我说："行了，塞布丽娜，你要到那儿去告诉他们，没有商量余地，如果想拍，就要投这些钱。假如他们又开始诡辩，马上站起来说谢谢，然后离开。"

但大卫·内文斯说："我们可以拍。"事情就这么定了——我又回归了。

人们通过不同途径加入了这部剧。我知道我可以指望凯尔，他能演出那种阴暗，而他确实也演出了一个很好的坏蛋。每个善良的人身上都能衍生出某种特定类型的坏人，而且每个人都有独特的阴暗面。比如凯尔演不了弗兰克·布斯——就是演不了——但他能演坏凯尔，他也找到了那份阴暗。马克和我都疯狂喜欢迈克尔·塞拉。几年前迈克尔和艾瑞克·艾德尔斯汀来过我家一次，来聊超觉静坐。选角时轮到了沃利·布兰多这个角色，迈克尔，当然了，就是不二人选。我欣赏艾瑞克·艾德尔斯汀，他凭借笑声成了弗斯科三兄弟中的一员——他加入就是因为这个，世界上最棒的笑声。我也喜欢弗斯科三兄弟，和他们度过了一段快乐时光。

我朋友史蒂夫发给我一个链接，说："看看这个家伙。"链接视频中出现了杰克·瓦尔德。在位于伦敦的家中后院小屋里，他模仿着世界各地的口音，自然又有趣。于是我们两开始通过 Skype 聊天。很久之前我就有了绿手套的想法，原本打算让杰克·南斯在另一个完全不同的场景中佩戴的。绿手套的力量，以及它在五金店里被发现的过程，都和弗雷迪完美契合，而杰克就是扮演弗雷迪的不二人选。你在网上可能看过一千个人的视频，但我知道只有杰克能演。他超级聪明，就像哈利·戴恩一样——一切都浑然天成。

穆罕默德·奥兹医生有个女儿，嫁给了乔治·格里菲斯。我认识奥兹医生，因为鲍勃·罗斯和我分别与他、他家人以及他同事聊过超觉静坐。奥兹医生是个很不错的人。乔治拍过一部名叫《从头开始》（*From the Head*）的电影，关于在脱衣舞俱乐部卫生间里工作的服务员的故事，看过之后我就知道他是扮演雷·门罗的绝佳人选。

我是 1985 年认识詹妮弗·杰森·李（Jennifer Jason Leigh）的，当时她过来聊了《蓝丝绒》中桑迪的角色。我一直想跟她合作，你瞧，后来事情就这么发生了。我通过罗伯特·奥特曼（Robert Altman）的电影《凡·

高与提奥》（*Vincent & Theo*）认识了蒂姆·罗斯（Tim Roth），觉得他是扮演哈赤（Hutch）的完美人选。我并不知道詹妮弗和蒂姆刚刚合作拍摄完昆汀·塔伦蒂诺的电影，而且他们俩是好朋友。其实我是分别找到了他们俩，真是太完美了。

比尔·黑斯廷斯这个人物拥有某种特别的气质，而马修·利拉德看起来能够扮演一位令人信服的高中校长——聪明、坦率等——但他同时也能扮演一个让人信服的疯子，认识他的人会说："他是我认识的最善良的人，简直不相信他做了这种事。"所以他身上兼具这两种特点，最后他的表现也是有目共睹。马修说的没错，我总管他叫比尔·黑斯廷斯。不过我用角色名称呼大多数演员，因为这就是我认识他们的方式。我敢发誓，我都不知道好多人的真名是什么。

在《双峰》第一季里，我原本就想选罗伯特·福斯特扮演杜鲁门探长，当时罗伯特告诉我他真的很想演，但他已经答应了一位朋友，会出演他的小成本电影，他说："我必须说到做到。"罗伯特就是这样的人——他太优秀了。后来，当约翰娜·雷说出"唐·默里"这个名字时，事情就这么定下来了。有些人可能对他的年龄有所非议，但他扮演了一个让人难以置信的布什纳尔·马林斯（Bushnell Mullins）。我最近还听说他在圣迭戈国际动漫展的一场研讨会上发了言，这个家伙真是这世界上最友善的人了，还那么聪明。能找到他太幸运了，我也喜欢和他一起工作。他从头到尾都很优秀。克莉丝塔·贝尔也很不错。我知道她能演，因为她是名歌手，已经习惯了在众人面前登台表演。我喜欢她，也喜欢这部剧的所有演职人员，和他们在一起太有意思了。

每天晚上我只能睡 4 个小时，日程表排得也很满，但依旧感觉很有意思。每天早起，喝杯咖啡，冥想，心里同时计划着今天要做的事情。就像面前有道沟，你的任务就是修一座通往对面的桥，那座桥就由今天要拍摄的画面组成。你到了片场或者实景拍摄地，大家陆续到位，拍摄的时钟开启，几分钟变成了半小时，半小时变成了一小时，时间缓慢流逝着。如果是在一个新地方，还要花时间准备设备，这时候演员从拖车里出来排练，没穿戏服，也许还带着化妆用的围嘴。排练过后，演员们回去换衣服，彼得开始测试灯光。做这些事，你都是在修建跨越鸿沟的那座桥，只不过现在桥是由玻璃做成的，一不留神就会变得很可笑。你不断往上加东西，终于加上了最后一块料，玻璃一下变成了钢铁，桥修成了。你知道自己成功了，陷入了一种幸福的愉悦感。每天完工后你情绪都很高涨，很难入睡。你就是不想睡觉，便喝点红酒，又耗到很晚，可第二天还得照常起床去建另一座桥。而且在事情做好之前你哪儿都不能去。

拍摄过程真的很折磨人。其他人真是懦弱，像便宜的帐篷样一折就断，可我好几次都病得快不行了，还是停不下来。生病是因为太累。找到自己的节奏之后就怎么都停不下来，所以必须坚持着拍完。我们有六七个剪辑师同时工作，我自己也在做剪辑。部分特效是拿到巴菲因特效公司（BUF）去做，另外一些必须自己动手解决。此外还有声效、音乐、混音和调色。多少次我坐在 FotoKem 的暗房里，连着调了 18 个小时的色，一个接着一个镜头，简直没完没了。但我不可能找人替我去做这些事，没门！凡事都得亲力亲为，这是做成事情的唯一方法。可以说这是我梦想中的工作，但一刻都得不到放松。

这部剧和之前播过的《双峰》不一样，但故事依旧以双峰镇为核心展开。拍摄也是在同一座小镇里进行的。我们太幸运了，之前用过的所有场景都还在。虽然和过去不完全相同，但至少建筑还在，小镇的味道因此也没变。树木和山脉真的很重要，你能在空气中闻到一股清新的气味，还能找回过去那种感受。《双峰》里也承载了丰富的感受。里面有道吉，也有坏库珀，他们俩大相径庭。里面有生活在森林里的人，还有你爱的人物，它们各具特点，共同构成了一个美好的世界，一个很容易理解的世界——只要你肯动用自己的直觉。

剧集里还有森林，这和我成长的环境以及我爸爸的工作有关。大自然是《双峰》的首要构成元素，森林也起着重要作用。它们不可或缺。里面还出现了灭火者，以及来自南斯拉夫的青蛙蛾。杰克和我在欧洲的时候，我们俩从雅典搭乘东方号快车返回巴黎，途中穿越了南斯拉夫，只看到一片黑暗。开到某个地方时火车突然停了，周边并没有站台，但能看到人们纷纷下了车。他们走向点着昏暗灯光的帆布帐篷，要在那里喝点彩色饮料再继续前行。那些紫的、绿的、黄的、蓝的、红的，都是些糖水而已。从火车上下来后，我踏到了松软的土上，大概有20厘米厚，灰尘随即到处乱飞起来。从土里钻出了巨大的蛾子，个头像青蛙，半飞半跳，过了一会儿才安静下来。这就是青蛙蛾的来历。这些东西都出现在了《双峰》的世界里。

《与火同行》对这部《双峰》非常重要，看到人们将它们联系在一起我并不意外。太显而易见了。我记得自己当时想：幸亏拍了这部电影。这部剧究竟是什么意思，每个人都有自己的一套理论，这点很有意思，就算我说出自己的理论也不会对他们产生影响。事物能构成自己的和声，如果你对某个想法绝对忠诚，和声就会产生，虽然很抽象，但很真实。你可以十年后再以一种全然不同的眼光看它，可能会看到更多的东西——只要忠实于最初的想法，它就有无限可能。这就是电影最美妙的特点之一：你可以在许多年后重返那个世界，只要基本音符没变，总能从里面听出新意。

《双峰：回归》的反响不错，谁知道究竟为什么，很可能会出现截然相反的情况。戛纳有个传统，如果一部影片放映后反响不错，大家就会站起来鼓掌。我差点忘了这一点，所以《双峰》在戛纳播完两个小时的剧情后，我站起身准备走，想着到外边抽根烟，但蒂埃里·福茂（Thierry Frémaux）告诉我："不行，不行，你不能走。"掌声持续不断，非常美好。过去我在戛纳可没受到过这种待遇。

我的童年生活非常幸福，我想这奠定了我之后的人生。我拥有一个和睦的家庭，在那里打下了很好的基础，这点真是超级重要。对孩子们来说，我可能不是这个世界上最好的父亲，因为我总不在他们身边，但我父亲也总不在我身边。可你又感觉他离你并不遥远，你懂吗？那个年代，孩子的世界和大人的世界，它们相互间并没什么交集。或许父亲是否在场并不重要，关键是你能感受到他所传达的爱。不过，我还是觉得比起我来，我父亲是个更合格的父亲。

我并不知道自己会变得很有名，但我有种感觉：凡事最终都会变好。我从没这样想过：哇哦，看看我过的这种名人生活。真实的感觉和长胖有点像——最开始很慢，不知不觉浑身都是肉——它是在你身上逐步发生的。但我也经历过重要的人生转折点。第一件事是九年级时在琳达·斯戴尔斯家前院认识了托比·吉勒。从那一刻起，我决定要当个画家。后来我又遇到了最好的朋友杰克·菲斯科。在偌大的高中校园里，杰克和我是仅有的两个笃定要从事艺术的孩子。我们互相启发，互相帮助，这点至关重要。完成动画作品《六人患病》，拿到美国电影学院的奖学金，完成《祖母》，进入美国电影学院学习，这些都是转折点。1973 年开始冥想或许是最大的改变——这是件大事。《橡皮头》的剧组人员可能没发现我很缺乏自信，但我当时确实如此。我知道自己想要什么，但并不自信。电影行业的人可以轻而易举地把我灭掉，所以冥想真的给我提供了许多帮助。拍完了《橡皮头》，获得梅尔·布鲁克斯认可并拍出了《象人》，然后凭借它获得了 8 项奥斯卡提名，这是个飞跃。《沙丘》的失败则像是启示——拥有一次充满耻辱的重大失败是件好事。后来获得了拍摄《蓝丝绒》的自由，从此走上了正确轨道，遇到了信任我的画商詹姆斯·科科伦——这些事也很重要。每段感情生活都改变了我的人生，虽然它们拥有众多相同之处，但也都很不一样，很美好。

不借助他人帮助而实现飞跃是不可能的，我意识到了自己有多么幸运。如我之前所说，父母在我生命中扮演了至关重要的角色，托比和布什纳尔·吉勒也是如此。最初到费城时我很迷茫，试图找到自己的道路，佩吉·雷维相信我，支持我，她对我也非常重要。还有托尼·韦拉尼、小

梦室

乔治·斯蒂文斯、迪诺·德·劳伦蒂斯和布伊格先生，他们也都是很重要的人。任何相信你、助你一臂之力的人都很重要——我们在生命中都需要这样的人。

大卫·内文斯就是这样的人，因为他让我拍出了《双峰：回归》，换做是别人可能不会投拍这部片子。还有优秀的安吉罗·贝德拉曼提——安吉罗和他的音乐是天赐的礼物。查理和海伦·鲁茨，他们是超觉静坐中心的负责人，他们为我有力地开启了冥想之路，鲍勃·罗斯则在这条路上一直伴我左右。鲍勃和我一起待在玛哈里希的世界里——包括关于冥想的巡讲，以及大卫·林奇基金会的筹建。鲍勃是基金会背后真正的大脑和发动机。不过玛哈里希在所有人中扮演着最重要的角色。他对一些事的改变持久而深刻，在他面前，很多人物黯然失色。

我还住在罗斯伍德平房里的时候，经历了一件永生难忘的事情。那是个美好的上午，11 点 30 分左右，我到圣文森特和圣莫尼卡大道交叉口给车加油，阳光温暖地照在我的后背上，我把油箱加满，把油箱盖扣好，然后看了看计价器，上面显示着"3 美元"。当时靠送《华尔街日报》，我每周能挣 50 美元。我先开 10 分钟车去取报纸，花 1 个小时送报纸，最后再花 10 分钟开车回家。我一周工作 6 小时 40 分钟，一个月赚 200 美元，生活过得很不错。我的送报路线涵盖了两个不同的邮政区，它们的垃圾回收时间也不一样，人们一把废木头扔出来，我就跳下车，把木头装上，就这样得到了许多废木头。我的房东埃德蒙也收集木头，还很慷慨地把它们借给我用，于是我用捡来的木头、窗户等在后院盖了个小屋，所有建材都是捡来的。那真是个美好的世界。现在呢，世界上发生了那么多消极的事情，还有东西不断干扰我们，不想让我们了解真相。人们对钱的爱超过了对人性和自然的爱，于是不断伤害着自己和这个世界。

我很高兴自己参与了宣扬玛哈里希的十六州巡讲。虽然不喜欢公开发言，但能向人们传达玛哈里希的知识和方法，是充满幸福的事情。玛哈里希有两个任务：启蒙众人，给地球带来和平。他已经为这两个目标的实现铺好了道路，现在只是时间问题了。如果人类——或者哪怕只有少数几个人——能够为此努力，进程就会加快，有生之年我们就能看到目标的实现。众人得到启蒙，地球上实现真正的和平。真正的和平不仅仅是没有战争，还要去除消极。每个人都能获得自己想要的东西。

随便看看这本书的任何一页，我都会想：天啊，这不过是冰山一角，还有那么多可说的，那么多故事。你可以用整整一本书来讲述一天里发生的事情，却仍旧什么都抓不住。讲述某人的人生故事，这件事是难以完成的，我们也只能奢望在这里提供一朵抽象的"玫瑰花蕾"。毕竟，每个人的生命都是个奥秘，只有我们自己能够解开，无论知道与否，你我都在向着这样的地方进发。

希望每个人都幸福
希望每个人都不受疾病困扰
希望四处都能显示吉兆
希望苦难远离所有人
和平

致谢

首先我要感谢玛莎·莱维西、佩吉·雷维、玛丽·菲斯科和迈克尔·巴里尔。他们在我整本书的写作过程中充满耐心，矢志不渝地提供着帮助。这对我来说至关重要，我将永记心中。还要感谢安娜·斯卡贝克，她不断鼓励我，提供了重要的背景信息。塞布丽娜·萨瑟兰和明蒂·拉梅克，如此和善慷慨。宫川丽子就是天赐的礼物。

奥戴莎·莫思斐在开启《梦室》的漫长旅途中扮演了关键角色——谢谢你，奥戴莎。而克里斯·帕里斯-兰姆和本·格林伯格让这本书成为现实。世界上没有比他们更棒的同事了。还有那么多同意接受我采访的人，他们对我奉上了真心和灵魂，我向他们为此付出的时间表示感谢，也感谢他们愿意分享自己和大卫之间的故事。还有洛伦·诺威克，无可指摘的文字编辑，你让我看起来比我本人聪明了许多。

还要感谢安·苏马、杰夫·史普瑞尔、史蒂夫·萨米欧夫、凯思琳·格林伯格、希拉里·比恩、阿索拉斯一家、利安妮·哈尔丰、迈克尔·波特曼、劳里·斯迪林克、尼克·蔡斯、杰克·齐斯布罗、萨曼莎·威廉姆森、玛拉·德·卢卡、迈克尔·邓肯、格伦·莫罗、埃克赛恩·瑟文卡、丹·希克斯、克莱尔·希克斯、卡蒂·洛奇、乔·弗兰克、理查德·贝梅尔、艾德丽安·莱文、梅里尔·马伊科、马克·思林斯基、坎农·哈德逊和詹妮弗·博兰德。莱昂纳德·科恩和戴安娜·布罗德里克是可靠的北方之星，华特·霍普斯一直支持我。写作这本书的时候，吉迪恩·布劳尔一直是个特别的存在。必须感谢所有人。

罗琳·怀尔德教会了我如何写书——谢谢你，罗琳。而我最深沉的感谢要送给大卫·林奇。我很荣幸，他这么信任我，竟然允许我参与他个人故事的讲述，能认识他真的很幸运。写作这本关于大卫的书时，我还有个意外的发现：距离他越近，他就越好看。大卫卓越又慷慨，帮助过许多人，我也是其中之一。

克里斯汀·麦肯纳

大卫·林奇作品

电影与短片

1967

《六人患病》［Six Men Getting Sick（Six Times）］

《虚构的阿纳森广告》（Fictitious Anacin Commercial）

《与恐惧的荒谬相遇》（Absurd En ［counter with Fear）

1968

《字母表》（The Alphabet）

1970

《祖母》（The Grandmother）

1974

《被截肢者》（两个版本）［The Amputee（two versions）］

1977

《橡皮头》（Eraserhead）

1980

《象人》（The Elephant Man）

1984

《沙丘》（Dune）

1986

《蓝丝绒》（Blue Velvet）

1988

《牛仔和法国人》（The Cowboy and the Frenchman）

1990

《工业交响曲一号：心碎的梦想》（Industrial Symphony No.1：The Dream of the Brokenhearted）

《我心狂野》（Wild at Heart）

《邪恶游戏》（Wicked Game）

1990 ～ 1991

《双峰》（Twin Peaks）

1992

《双峰：与火同行》（Twin Peaks：Fire Walk with Me）

《正在播出》（On the Air）

1993

《宾馆客房》（Hotel Room）

1995

《不祥之兆》（Premonition Following an Evil Deed）

《渴望》（Longing）

1997

《妖夜慌踪》（Lost Highway）

1999

《史崔特先生的故事》（The Straight Story）

2001

《穆赫兰道》（Mulholland Drive）

《脑袋和锤子》（Head with Hammer）

《在那边：邻家男孩》（Out Yonder：Neighbor Boy）

《在那边：牙齿》（Out Yonder：Teeth）

《皮埃尔和吉姆宝贝》（Pierre and Sonny Jim）

《蜂球》（Ball of Bees）

梦室

2002

《变暗的房间》（Darkened Room）

《悲伤 CD 已装载》（The Disc of Sorrow Is Installed）

《兔子》（Rabbits）

《呆瓜乐园》（DumbLand）

《郊狼》（The Coyote）

2006

《内陆帝国》（Inland Empire）

2007

《在那边：鸡》（Out Yonder：Chicken）

《船》（Boat）

《芭蕾舞女》（Ballerina）

《蠕动的虫》（Bug Crawls）

《荒唐 / 戛纳：剪刀》（Absurda / Cannes：Scissors）

好莱坞短片电影节开幕短片 （Hollyshorts Greeting）

《工业音景》（Industrial Soundscape）

《定时曝光试验：三场关于缩时摄影的试验及步骤》（Intervalometer Experiments: Three
　　Experiments in Time-Lapse Photography, including Steps）

《内陆帝国：电影之外的真相》（Inland Empire：More Things That Happened）

2008

双峰节开场短片 （Twin Peaks Festival Greeting）

2009

《击中后脑》（Shot in the Back of the Head）

《42 分一幻梦：第七场梦（看见之手和金环的奥秘）》 [42 One Dream Rush; Dream #7 (Mystery
　　of the Seeing Hand and the Golden Sphere)]

2010

《蓝调上海》（Lady Blue Shanghai）

2011

《三个 R》（The 3 Rs）

《我碰到了红按钮》（I Touch a Red Button Man）

《杜兰杜兰：回归真我》（Duran Duran: Unstaged）

《好日子》（Good Day Today）

2012

《疯狂小丑时间》（Crazy Clown Time）

《冥想·创造·和平》（Meditation, Creativity, Peace）

《回忆电影》（Memory Film）

2013

《伊甸巴黎》（Idem Paris）

《附魔而归》（Came Back Haunted）

2014

《双峰：遗失的碎片》（Twin Peaks：The Missing Pieces）

2015

《火》［Pozar（Fire）］

2017

《双峰：回归》（Twin Peaks: The Return）

《杰克做了什么？》（What Did Jack Do?）

商业广告

1988

圣罗兰 Opium 香水

卡文克莱 Obsession 香水

纽约卫生部公益广告《我们关心纽约》（We Care About New York）

1991

乔雅咖啡（Georgia Coffee）

1992

阿玛尼 Giò 香水

梦室

1993

兰蔻 Trésor 香水

"我可舒适"（Alka-Seltzer Plus）药品

"巴里勒"（Barilla）意大利面

阿迪达斯 "The Wall" 活动

吉尔·桑达（Jil Sander）"The Instinct of Life" 背景

美国癌症协会乳腺癌宣传运动公益广告

迈克·杰克逊 *Dangerous* 专辑预告片

1994

老佛爷 Sun Moon Stars 香水

1997

科幻频道广告

家用早孕试纸 Clear Blue Easy

本田 Mountain Man

1998

巴黎人香烟（Parisienne cigarettes）"巴黎人" 活动

圣罗兰 Opium 香水

2000

第三空间（The Third Place），索尼 PS2 游戏主机

德高集团（JCDecaux）

2002

尼桑 "Do You Speak Micra?"

雪铁龙 Bucking Bronco

2004

迪奥 Fahrenheit 男士香水

欧莱雅 "Preference：Color Vive" 染发剂

2007

古驰 Gucci by Gucci 香水（音乐：Blondie 乐队）

大卫·林奇作品　　　　　　　　　　　　　　　　　**553**

2008

资生堂悦薇（Revital）眼霜

2011

David Lynch Signature Cup Coffee 咖啡

2012

David Lynch Signature Cup Coffee 咖啡（与艾米丽·林奇合作）

2014

克里斯提·鲁布托（Christian Louboutin）Rouge 指甲油

1967

Vanderlip Gallery，费城，美国

1968

The Samuel Paley Library at Temple University，费城，美国

1983

Galería Uno，巴亚尔塔港，墨西哥

1987

James Corcoran Gallery，圣莫尼卡，美国

Rodger LaPelle Galleries，费城，美国

1989

Leo Castelli Gallery，纽约，美国

James Corcoran Gallery，圣莫尼卡，美国

1990

N. No. N. Gallery，达拉斯，美国

Tavelli Gallery，阿斯彭，美国

1991

Touko Museum of Contemporary Art，东京，日本

"Strange Magic: Early Works"，Payne Gallery at Moravian College，伯利恒，美国

1992

Sala Parpalló，瓦伦西亚，西班牙

1993

James Corcoran Gallery，圣莫尼卡，美国

1995

Kohn/Turner Gallery，洛杉矶，美国

1996

Painting Pavilion，Open Air Museum，箱根，日本

Park Tower Hall，东京，日本

Namba City Hall，大阪，日本

Artium，福冈，日本

1997

"Dreams"，Otsu Parco Gallery，福冈，日本

Galerie Piltzer，巴黎，法国

Salone del Mobile，米兰，意大利（家具展）

1998

"Sinn und Form"，Internationales Design Zentrum，柏林，德国（家具展）

2001

Centre de Cultura Contemporània de Barcelona，巴塞罗那，西班牙

Printemps de Septembre，图卢兹，法国

2004

Atlas Sztuki，罗兹，波兰

2007

"The Air is on Fire: 40 Years of Paintings, Photographs, Drawings, Experimental Films, and
　　Sound Creations"，Fondation Cartier pour l'art contemporain，巴黎，法国；La Triennale
　　di Milano，米兰，意大利

"INLAND EMPIRE"，Galerie du Jour agnès b.，巴黎，法国

"Prints in Paris"，Item Gallery，巴黎，法国

"Fetish"，Galerie du Passage，巴黎，法国

2008

"David Lynch: New Photographs", Epson Kunstbetrieb, 杜塞尔多夫, 德国

2009

"David Lynch and William Eggleston: Photographs", Galerie Karl Pfefferle, 慕尼黑, 德国

"Fetish", Garage Center for Contemporary Culture, 莫斯科, 俄罗斯

"Dark Night of the Soul", Michael Kohn Gallery, 洛杉矶, 美国; OHWOW Gallery, 迈阿密, 美国

"New Paintings", William Griffin Gallery 联合 James Corcoran Gallery, 圣莫尼卡, 美国

"I See Myself", Galerie des Galeries, 巴黎, 法国

"Hand of Dreams", Item Gallery, 巴黎, 法国

"The Air is on Fire", Ekaterina Cultural Foundation, 莫斯科, 俄罗斯

"Dark Splendor", Max Ernst Museum, 布吕尔, 德国

Ars Cameralis Culture Institution, 卡托维兹, 波兰

2010

"Crime and Punishment, From Goya to Picasso"（群展）, Musée d'Orsay, 巴黎, 法国

"Marilyn Manson and David Lynch: Genealogies of Pain", Kunsthalle Wien, 奥地利, 维也纳

"David Lynch: Lithos 2007–2009", Musée du Dessin et de l'Estampe Originale, 格拉沃利讷, 法国

"David Lynch: Darkened Room", Six Gallery, 大阪, 日本; 首尔, 韩国

"David Lynch: I Hold You Tight", Musée Jenisch, 沃韦, 瑞士

"The Air is on Fire", GL Strand, 哥本哈根, 丹麦

"David Lynch", Mönchehaus Museum, 戈斯拉尔, 德国

"David Lynch: Photographs", Galerie Karl Pfefferle, 慕尼黑, 德国

"New Prints and Drawings", Item Gallery, 巴黎, 法国

2011

"New Paintings and Sculpture", Kayne Griffin Corcoran Gallery, 圣莫尼卡, 美国

"Works on Paper", Item Gallery, 巴黎, 法国

"Mathematics: A Beautiful Elsewhere"（群展）, Fondation Cartier pour l'art contemporain, 巴黎, 法国

2012

"David Lynch: Man Waking From Dream", Fonds Régional d'Art Contemporain Auvergne,

克莱蒙费朗，法国

Tilton Gallery，纽约，美国

"Dark Images: David Lynch on Sylt"，Galerie Chelsea Sylt，坎彭，德国

Tomio Koyama Gallery，东京，日本

"Lost Paradise"（群展），Mönchehaus Museum，戈斯拉尔，德国

"It Happened at Night"，Galerie Karl Pfefferle，慕尼黑，德国

"Chaos Theory of Violence and Silence"，Laforet Museum Harajuku，东京，日本

"David Lynch: Lithographs"，Galeria Miejska BWA，比得哥什，波兰

2013

"Circle of Dreams"，Centre de la Gravure et de l'Image imprimée de la Fédération Wallonie-Bruxelles，拉卢维耶尔，比利时

"Hypnotherapy"（群展），Kent Fine Art，纽约，美国

"David Lynch: Naming"，Kayne Griffin Corcoran，洛杉矶，美国

"New Works"，Kayne Griffin Corcoran，洛杉矶，美国

2014

"Small Stories"，Maison Européenne de la Photographie，巴黎，法国；Cinéma Galeries，布鲁塞尔，比利时

"The Factory Photographs"，the Photographers' Gallery，伦敦，英国；Fondazione MAST，博洛尼亚，意大利

"Women and Machines"，Item Gallery，巴黎，法国

"Frank Gehry: Solaris Chronicles, Part 2"（群展），Atelier de la Mécanique，LUMA Arles Campus，阿尔勒，法国

"Dark Optimism. L'Inedito Sguardo di Lynch"，Palazzo Panichi，彼得拉桑塔，意大利

"The Unified Field"，the Pennsylvania Academy of the Fine Arts，费城，美国

"David Lynch: Lost Visions"，L'Indiscreto Fascino della Sguardo，Archivio di Stato，卢卡，意大利

"David Lynch: Naming"，Middlesbrough Institute of Modern Art，米德尔斯堡，英国

2015

"David Lynch: Between Two Worlds"，Queensland Art Gallery / Gallery of Modern Art，布里斯班，澳大利亚

"Stories Tellers"（群展），Bandjoun Station，班祖恩，喀麦隆

"Voices of 20 Contemporary Artists at Idem"（群展），Tokyo Station Gallery，东京，日本

2016

"Plume of Desire"，Item Gallery，巴黎，法国

"It Was Like Dancing With a Ghost"，KETELEER Gallery，安特卫普，比利时

"The Conversation Continues … Highlights from the James Cottrell + Joseph Lovett Collection"（群展），the Orlando Museum of Art，奥兰多，美国

"Arte y Cine: 120 Años de Intercambios"（群展），CaixaForum，巴塞罗那，西班牙

2017

"Arte y Cine: 120 Años de Intercambios"（群展），CaixaForum，马德里，西班牙

"Small Stories"，Belgrade Cultural Center，贝尔格莱德，塞尔维亚

"One Hour / One Night"，Item Gallery，巴黎，法国

"Highlights"（群展），Seoul Museum of Art，首尔，韩国

"Les Visitants"（群展），Centro Cultural Kirchner，布宜诺斯艾利斯，阿根廷

"Smiling Jack"，Galerie Karl Pfefferle，慕尼黑，德国

"Silence and Dynamism"，Centre of Contemporary Art，托伦，波兰

2018

"David Lynch: Someone is in My House"，Bonnefantenmuseum，马斯特里赫特，荷兰

参考文献

Barney, Richard A., *David Lynch: Interviews*. Jackson: University Press of Mississippi, 2009

Chandes, Herve, *The Air is on Fire*. Gottingen, Germany: Steidl, 2007

Cozzolino, Robert, *David Lynch: The Unified Field*. Philadelphia: The Pennsylvania Academy of the Fine Arts in association with University of California Press, 2014

Da Silva, José, *David Lynch: Between Two Worlds*. Queensland: Queensland Art Gallery / Gallery of Modern Art, 2015

Davison, Annette and Erica Sheen, *The Cinema of David Lynch: American Dreams, Nightmare Visions*. London: Wallflower Press, 2004

Forest, Patrice, *David Lynch—Lithos 2007–2009*. Ostfildern, Germany: Hatje Cantz Verlag, 2010

Frydman, Julien, *Paris Photo*. Gottingen, Germany: Steidl, 2012

Gabel, J. C., and Jessica Hundley, *Beyond the Beyond: Music From the Films of David Lynch*. Los Angeles: Hat & Beard Press, 2016

Giloy-Hirtz, Petra, *David Lynch: The Factory Photographs*. Munich: Prestel Verlag, 2014

Godwin, Kenneth George, *Eraserhead: The David Lynch Files, Book 1*. Winnipeg, Manitoba: Cagey Films Books, 2016

Henri, Robert, *The Art Spirit*. Philadelphia: J.B. Lippincott, 1923

Heras, Artur, *David Lynch*. Valencia, Spain: Sala Parpalló Diputacion Provincial De Valencia, 1992

Lynch, David, *Catching the Big Fish: Meditation, Consciousness, and Creativity*. New York: Jeremy P. Tarcher / Penguin, 2006

Nibuya, Takashi, et al., *David Lynch: Drawings and Paintings*. Tokyo, Japan: Touko Museum of Contemporary Art, 1991

Nieland, Justus, *David Lynch*. Chicago: University of Illinois Press, 2012

Nochimson, Martha P., *The Passion of David Lynch: Wild at Heart in Hollywood*. Austin: University of Texas Press, 1997

Nochimson, Martha P., *David Lynch Swerves: Uncertainty from Lost Highway to INLAND*

EMPIRE. Austin: University of Texas Press, 2013

Panczenko, Paula, *The Prints of David Lynch*. Madison, Wisconsin: Tandem Press, 2000

Rossellini, Isabella, *Some of Me*. New York: Random House, 1997

Spies, Werner, *David Lynch—Dark Splendor, Space Images Sound*. Ostfildern, Germany: Hatje Cantz Verlag, 2009

Zebrowski, Marek, *David Lynch*. Bydgoszcz, Poland: Camerimage, the International Film Festival of the Art of Cinematography, 2012

注释

美国牧歌

1. 蒂姆·休伊特，摘录自 *David Lynch：Interviews*
2. 玛莎·莱维西，除非另有标注，所有引言都来自作者 2015 年 8 月 30 日在加利福尼亚州河滨市与其进行的谈话
3. 约翰·林奇，所有引言都来自作者 2015 年 8 月 30 日在加利福尼亚州河滨市与其进行的谈话
4. 马克·史密斯，所有引言都来自作者 2015 年 9 月 2 日与其进行的电话谈话
5. 埃琳娜·泽加雷利，所有引言都来自作者 2015 年 11 月 3 日与其进行的电话谈话
6. 佩吉·雷维，来自作者 2015 年 9 月 2 日在加利福尼亚州圣佩德罗与其进行的谈话
7. 戈登·坦普尔顿，所有引言都来自作者 2015 年 11 月 19 日与其进行的电话谈话
8. 詹妮弗·钱伯斯·林奇，所有引言都来自作者 2015 年 12 月 22 日在加利福尼亚州卢斯费利斯与其进行的谈话
9. 大卫·林奇，除非另有标注，所有引言都来自 1980 年至 2018 年间作者与其的私人谈话

艺术生活

1. 托比·吉勒，除非另有标注，所有引言都来自作者 2015 年 11 月 19 日与其进行的电话谈话
2. 大卫·吉勒，所有引言都来自作者 2015 年 11 月 11 日与其进行的电话谈话
3. 杰克·菲斯科，所有引言都来自作者 2015 年 7 月 22 日在加利福尼亚州布伦特伍德与其进行的谈话
4. 克拉克·福克斯，所有引言都来自作者 2016 年 4 月 12 日与其进行的电话谈话
5. 玛丽·菲斯科，所有引言都来自作者 2015 年 7 月与其进行的一系列电话谈话
6. 托比·吉勒，摘录自 *Lynch on Lynch*，第 31 页

微笑的尸袋

1. 布鲁斯·塞缪尔森，所有引言都来自作者 2015 年 12 月 4 日与其进行的电话谈话
2. 艾欧·欧姆维克，所有引言都来自作者 2015 年 11 月 24 日与其进行的电话谈话
3. 弗吉尼亚·梅特兰，所有引言都来自作者 2015 年 11 月 19 日与其进行的电话谈话

4．詹姆斯·哈弗德，所有引言都来自作者 2015 年 11 月 19 日与其进行的电话谈话

5．大卫·林奇信件，来自宾西法尼亚艺术学院档案

6．罗杰·拉佩勒，来自作者 2015 年 12 月 3 日与其进行的电话谈话

斯派克

1．多琳·斯莫尔，所有引言都来自作者 2015 年 12 月 31 日与其进行的电话谈话

2．夏洛特·斯图尔特，所有引言都来自作者 2015 年 10 月 17 日与其进行的电话谈话

3．凯瑟琳·库尔森，所有引言都来自作者 2015 年 7 月 6 日与其进行的电话谈话

4．弗雷德·埃尔姆斯，所有引言都来自作者 2015 年 8 月 10 日与其进行的电话谈话

5．杰克·南斯，摘录自 *Eraserhead：The David Lynch Files* 一书。作为对《橡皮头》制作
过程的宝贵记录，书中收录了作者戈德温（Godwin）于 20 世纪 70 年代对演职人员的
采访，当时大家的记忆还很鲜活

6．茜茜·斯派塞克，所有引言都来自作者 2017 年 4 月 27 日与其进行的电话谈话

7．玛莎·莱维西，本章中所有引言都来自作者 2015 年 12 月 18 日与其进行的电话谈话

美国小伙

1．斯图尔特·科恩菲尔德，所有引言都来自作者 2015 年 9 月 5 日在洛杉矶与其进行的谈
话

2．乔纳森·桑格，所有引言都来自作者 2016 年 2 月 5 日及 3 月 3 日在贝弗利山庄与其进
行的谈话

3．克里斯·德沃尔，所有引言都来自作者 2016 年 4 月 21 日与其进行的电话谈话

4．梅尔·布鲁克斯，所有引言都来自作者 2015 年 9 月 29 日与其进行的电话谈话

5．约翰·赫特，摘录自 2000 年 4 月 26 日英国《卫报》的采访

6．约翰·赫特，摘录自 2008 年 11 月 25 日大卫·林奇 Lime Green Set 中的访谈

7．大卫·林奇，摘录自 *Lynch on Lynch*，第 110 页

沉迷

1．瑞克·尼奇塔，所有引言都来自作者 2015 年 6 月 23 日在加利福尼亚州世纪城与其进行
的谈话

2．拉法艾拉·德·劳伦蒂斯，所有引言都来自作者 2017 年 9 月 21 日在加利福尼亚州贝
莱尔与其进行的谈话

3．凯尔·麦克拉克伦，本章中所有引言都来自作者 2015 年 6 月 25 日与其进行的电话谈话

4．布拉德·杜里夫，所有引言都来自作者 2015 年 7 月 1 日与其进行的电话谈话

5．斯汀，所有引言都来自作者 2016 年 5 月 17 日在纽约与其进行的谈话

6．伊娃·布兰德施泰因，所有引言都来自作者 2017 年 2 月 18 日在贝弗利山庄与其进行
的谈话

一段不同寻常的郊区往事

1. 弗雷德·卡罗素，所有引言都来自作者 2015 年 6 月 30 日在洛杉矶与其进行的谈话

2. 伊莎贝拉·罗西里尼，所有引言都来自作者 2015 年 7 月 24 日与其进行的电话谈话

3. 约翰·温特沃斯，所有引言都来自作者 2015 年 7 月 10 日与其进行的电话谈话

4. 约翰娜·雷，所有引言都来自作者 2017 年 3 月 31 日在洛杉矶与其进行的谈话

5. 劳拉·邓恩，本章中所有引言都来自作者 2015 年 8 月 4 日与其进行的电话谈话

6. 丹尼斯·霍珀，来自作者 1985 年 10 月在位于北卡罗来纳州威明顿的《蓝丝绒》片场与其进行的谈话

7. 杜维因·邓纳姆，所有引言都来自作者 2015 年 7 月 30 日在加利福尼亚州圣莫尼卡与其进行的谈话

8. 安吉罗·贝德拉曼提，所有引言都来自作者 2016 年 5 月 25 日与其进行的电话谈话

9. 茱莉·克鲁丝，所有引言都来自作者 2015 年 6 月 28 日与其进行的电话谈话

10. 宝琳·凯尔，摘录自其在《纽约客》上发表的影评 "Blue Velvet：Out There and In Here"

包裹在塑料袋中

1. 马克·弗罗斯特，所有引言都来自作者 2016 年 7 月 12 日与其进行的电话谈话

2. 詹姆斯·科科伦，所有引言都来自作者 2016 年 2 月 3 日在洛杉矶与其进行的谈话

3. 蒙蒂·蒙哥马利，所有引言都来自作者 2016 年 6 月 16 日、6 月 18 日及 7 月 16 日与其进行的电话谈话

4. 乔尼·西弗瓦特森，所有引言都来自作者 2016 年 12 月 2 日在洛杉矶与其进行的谈话

5. 哈利·戴恩·斯坦通，所有引言都来自作者 2016 年 5 月 11 日与其进行的电话谈话

6. 弗雷德里克·高尔沉，所有引言都来自作者 2016 年 7 月 11 日与其进行的电话谈话

7. 科里·格雷泽，所有引言都来自作者 2017 年 3 月 8 日与其进行的电话谈话

8. 托尼·克兰茨，所有引言都来自作者 2016 年 8 月 2 日在洛杉矶与其进行的谈话

9. 雷·怀斯，所有引言都来自作者 2016 年 10 月 20 日在洛杉矶与其进行的谈话

10. 格蕾丝·扎布里斯基，所有引言都来自作者 2018 年 1 月 4 日与其进行的电话谈话

11. 雪莉·李，所有引言都来自作者 2016 年 8 月 25 日与其进行的电话谈话

12. 温蒂·罗比，所有引言都来自作者 2016 年 8 月 26 日与其进行的电话谈话

13. 梅晨·阿米克，所有引言都来自作者 2016 年 8 月 24 日在洛杉矶与其进行的谈话

14. 鲁斯·谭柏林，所有引言都来自作者 2016 年 9 月 14 日在加利福尼亚州威尼斯与其进行的谈话

15. 理查德·贝梅尔，所有引言都来自作者 2016 年 9 月 2 日和 23 日与其进行的电话谈话

16. 迈克尔·昂吉恩，所有引言都来自作者 2016 年 10 月 26 日与其进行的邮件沟通

17. 金米·罗伯特森，所有引言都来自作者 2016 年 9 月 23 日在加利福尼亚州帕萨迪纳与其进行的谈话

18. 迪帕克·纳亚尔，所有引言都来自作者 2016 年 8 月 24 日与其进行的电话谈话

19．布莱恩·劳克斯，所有引言都来自作者 2017 年 2 月 17 日在洛杉矶与其进行的谈话

在地狱中寻找爱

1．劳拉·邓恩，本章中所有引言都来自作者 2017 年 11 月 30 日与其进行的电话谈话
2．威廉·达福，所有引言都来自作者 2016 年 5 月 16 日在纽约与其进行的谈话
3．克里斯平·格洛弗，所有引言都来自作者 2016 年 8 月 11 日与其进行的邮件沟通
4．巴里·吉福德，所有引言都来自作者 2016 年 8 月 18 日与其进行的电话谈话

人世沉浮

1．皮埃尔·埃德尔曼，所有引言都来自作者 2016 年 10 月 17 日与其进行的电话谈话
2．玛丽·斯威尼，所有引言都来自作者 2016 年 9 月 24 日在洛杉矶与其进行的谈话
3．阿尔弗雷德·彭斯，所有引言都来自作者 2017 年 11 月 17 日在洛杉矶与其进行的谈话
4．塞布丽娜·萨瑟兰，来自作者 2016 年 7 月 13 日与其进行的电话谈话
5．尼尔·艾德尔斯汀，所有引言都来自作者 2016 年 12 月 5 日与其进行的电话谈话

与黑暗为邻

1．加里·达米科，所有引言都来自作者 2017 年 2 月 9 日与其进行的电话谈话
2．比尔·普尔曼，所有引言都来自作者 2017 年 3 月 15 日与其进行的电话谈话
3．巴萨扎·盖提，所有引言都来自作者 2017 年 3 月 2 日与其进行的电话谈话
4．杰瑞米·阿尔特，所有引言都来自作者 2017 年 3 月 15 日在洛杉矶与其进行的谈话
5．彼得·德明，所有引言都来自作者 2017 年 3 月 10 日与其进行的电话谈话
6．大卫·福斯特·华莱士，摘录自其在《首映》杂志上发表的影评 "David Lynch Keeps His Head"
7．克莉丝塔·贝尔，所有引言都来自作者 2017 年 2 月 25 日在洛杉矶与其进行的谈话

月光和美人

1．劳拉·哈林，所有引言都来自作者 2017 年 2 月 22 日在贝弗利山庄与其进行的谈话
2．娜奥米·沃茨，所有引言都来自作者 2017 年 5 月 9 日与其进行的电话谈话
3．贾斯汀·塞洛克斯，所有引言都来自作者 2017 年 12 月 31 日与其进行的电话谈话
4．马雷克·斯多维茨，所有引言都来自作者 2017 年 5 月 15 日与其进行的邮件沟通
5．马雷克·泽布罗夫斯基，所有引言都来自作者 2017 年 5 月 29 日在洛杉矶与其进行的谈话
6．杰伊·阿森，所有引言都来自作者 2017 年 3 月 2 日在洛杉矶与其进行的谈话

一丝滋味

1．理查德·法恩斯沃斯，摘录自《史崔特先生的故事》制作笔记，1999 年

最美满的结局

1．艾瑞克·克拉瑞，所有引言都来自作者 2017 年 3 月 15 日与其进行的电话谈话

2．艾米丽·斯托弗，所有引言都来自作者 2017 年 5 月 17 日和 27 日在洛杉矶与其进行的谈话

3．劳拉·邓恩，本章中所有引言都来自作者 2017 年 11 月 30 日与其进行的电话谈话

4．迪恩·赫尔利，所有引言都来自作者 2017 年 4 月 21 日与其进行的电话谈话

5．安娜·斯卡贝克，所有引言都来自作者 2017 年 4 月 9 日与其进行的电话谈话

6．鲍勃·罗斯，所有引言都来自作者 2017 年 4 月 19 日与其进行的电话谈话

7．宫川丽子，所有引言都来自作者 2017 年 4 月 28 日在洛杉矶与其进行的谈话

在工作室

1．帕特里斯·福瑞斯特，所有引言都来自作者 2017 年 4 月 30 日在洛杉矶与其进行的谈话

2．迈克尔·巴里尔，所有引言都来自作者 2017 年 5 月 24 日在洛杉矶与其进行的谈话

3．明蒂·拉梅克，所有引言都来自作者 2017 年 4 月 21 日在洛杉矶与其进行的谈话

4．乔斯·达·席尔瓦，所有引言都来自作者 2017 年 5 月 16 日与其进行的电话谈话

集木为屋

1．大卫·内文斯，所有引言都来自作者 2017 年 9 月 19 日与其进行的电话谈话

2．塞布丽娜·萨瑟兰，本章中所有引言都来自作者 2017 年 9 月 4 日在洛杉矶与其进行的谈话

3．达纳·艾什布鲁克，所有引言都来自作者 2017 年 9 月 13 日与其进行的电话谈话

4．凯尔·麦克拉克伦，本章中所有引言都来自作者 2017 年 9 月 20 日与其进行的电话谈话

5．迈克尔·霍斯，所有引言都来自作者 2017 年 9 月 11 日与其进行的电话谈话

6．詹姆斯·马歇尔，引言来自作者 2017 年 9 月 16 日与其进行的电话谈话

7．艾尔·斯特罗贝尔，所有引言都来自作者 2017 年 9 月 5 日与其进行的电话谈话

8．卡尔·斯特鲁基，所有引言都来自作者 2017 年 9 月 12 日在洛杉矶与其进行的谈话

9．佩吉·利普顿，所有引言都来自作者 2017 年 9 月 14 日与其进行的电话谈话

10．埃沃雷特·麦克吉尔，所有引言都来自作者 2017 年 9 月 8 日与其进行的电话谈话

11．詹姆斯·马歇尔，引言来自作者 2017 年 9 月 6 日与其进行的电话谈话

12．杰克·瓦尔德，所有引言都来自作者 2017 年 9 月 11 日与其进行的电话谈话

13．唐·默里，所有引言都来自作者 2017 年 9 月 15 日在洛杉矶与其进行的谈话

14．艾瑞克·艾德尔斯汀，所有引言都来自作者 2017 年 9 月 28 日与其进行的电话谈话

15．乔治·格里菲斯，所有引言都来自作者 2017 年 9 月 28 日与其进行的电话谈话

16．迈克尔·塞拉，所有引言都来自作者 2017 年 9 月 12 日与其进行的电话谈话

17．马修·利拉德，所有引言都来自作者 2017 年 9 月 6 日与其进行的电话谈话

18．罗伯特·福斯特，所有引言都来自作者 2017 年 9 月 11 日在洛杉矶与其进行的谈话

图片说明及版权

除非另有说明，图片均来自大卫·林奇的私人收藏。

附书名页：1972 年，林奇在洛杉矶市中心实景拍摄《橡皮头》。凯瑟琳·库尔森摄影。

扉页：2004 年，林奇在好莱坞山皮埃尔·科恩格（Pierre Koenig）设计的历史建筑 22 号住宅，为欧莱雅拍摄广告。斯科特·雷斯勒摄影。

目录页：1995 年，林奇和帕特丽夏·阿奎特在林奇位于好莱坞的家中拍摄《妖夜慌踪》。图片由 mk2 电影公司提供。苏珊娜·田纳摄影。

001：林奇和二年级班主任克拉布特里夫人，1954 年前后拍摄于北卡罗来纳州达勒姆。"那是我人生中唯一一拿全 A 的时候。"桑妮·林奇摄影。

002~003：林奇和弟弟约翰·林奇，1953 年前后拍摄于华盛顿州斯波坎。"搬去达勒姆时，我们开着这辆车穿越了整个美国。旅途中我爸爸胳膊上还系着绷带，因为之前给我妹妹修理生锈小车时伤到了肌腱。"唐纳德·林奇摄影。

004：埃德温娜和唐纳德·林奇，拍摄于 1944 年前后。"我爸爸是一艘太平洋驱逐舰上轮机舱的负责人，他和同事一起负责做烟幕。我爸能把各种各样的东西混合在一起，他们都说：他能做出最棒的烟幕来。"亚瑟·松德霍尔姆摄影。

014：约翰和大卫·林奇，1948 年前后拍摄于爱达荷州桑德波因特。桑妮·林奇摄影。

015：（从左至右）大卫、约翰和玛莎·林奇坐在自家门前的台阶上，1950 年前后拍摄于华盛顿州斯波坎。桑妮·林奇摄影。

016：林奇在位于爱达荷州博伊西的房前街道上和朋友一起吹小号。"这是我家正门口，拍摄时间在 1956 年前后。有天我们就这么演奏起了音乐。我不记得其他孩子都是谁了，但这个吹小号的人是我，吹长号的是迈克·约翰逊和莱利·卡特勒。走在我们前面的这个孩子是兰迪·史密斯，我们管他叫布丁。"马克·史密斯摄影。

035：林奇，拍摄于 1967 年前后。"这张照片是在费城三位一体房屋拍的。"C. K. 威廉姆斯摄影。

036：林奇和他的画作，1963 年拍摄于弗吉尼亚州亚历山德里亚的父母家中。"那是幅描绘了码头的布面油画，我记得送给朱迪·韦斯特曼了。这幅画现在可能在她女儿手里。"唐纳德·林奇摄影。

048：林奇在波士顿美术馆学校读书期间创作的一幅油画（画于 1964 年前后）。大卫·林奇摄影。

049：林奇在亚历山德里亚家中卧室天花板上画的壁画，拍摄于 1963 年前后。桑妮·林奇摄影。

050：1964 年在波士顿读书时，林奇租住公寓的客厅。大卫·林奇摄影。

064~065：1968 年，林奇在费城家中制作《祖母》的布景。佩吉·雷维摄影。

066：佩吉·雷维和林奇在她父母家房外，1968 年前后拍摄于费城。伯纳德·V. 伦茨摄影。

079：雷维和林奇在费城宾夕法尼亚艺术学院附近的一家咖啡馆里，1967 年前后拍摄。

080：林奇和他的伴郎杰克·菲斯科，1968 年拍摄于林奇和雷维婚礼后的庆祝派对。婚宴是在雷维父母家举办的。佩吉·雷维摄影。

096~097：林奇和摄影师弗雷德·埃尔姆斯，这里是位于洛杉矶美国电影学院的《橡皮头》片场，拍摄于 1973 年前后。凯瑟琳·库尔森摄影。

098：（上图）林奇和音效设计师艾伦·斯普莱特挤在食物储藏室——林奇在洛杉矶为《橡皮头》设立的临时工作室，拍摄于 1972 年前后。（下图）圣诞节当天，林奇、雷维和女儿詹妮弗在凯瑟琳·库尔森和杰克·南斯位于洛杉矶比奇伍德谷的家外，拍摄于 1972 年前后。凯瑟琳·库尔森摄影。

124~125：林奇在《橡皮头》片场，身处电影人物亨利·斯宾塞的公寓客厅中，拍摄于1972 年前后。凯瑟琳·库尔森摄影。

126~127：1972 年，夏洛特·斯图尔特和林奇在《橡皮头》片场，这是 X 一家房前走廊的布景。凯瑟琳·库尔森摄影。

128：1977 年，玛丽·菲斯科在她和林奇位于洛杉矶罗斯伍德大街的家中。大卫·林奇摄影。

149：1979 年，安东尼·霍普金斯和林奇正在伦敦拍摄《象人》。图片由布鲁克斯影业公司提供。弗兰克·康纳摄影。

150：1979 年，林奇在伦敦《象人》片场。图片由布鲁克斯影业公司提供。弗兰克·康纳摄影。

171：1979 年，玛丽·菲斯科在巴黎卢浮宫。大卫·林奇摄影。

172~173：1979 年，在伦敦"李国际摄影棚"（Lee International Studios）拍摄《象人》。后排，从左至右依次为斯图尔特·克雷格、特里·克莱格、鲍勃·卡特赖特、艾瑞克·伯格伦、乔纳森·桑格；前排，从左至右依次为林奇、梅尔·布鲁克斯、克里斯·德沃尔。图片由布鲁克斯影业公司提供。弗兰克·康纳摄影。

174：1979 年，玛丽·菲斯科和火花在伦敦。"兽医说火花的身体状况很复杂，有可能是只雌雄同体的小狗。"大卫·林奇摄影。

187：1983 年拍摄《沙丘》时，大卫·林奇和奥斯汀在墨西哥城的丘鲁武斯科制片厂。玛丽·菲斯科摄影。

188：1983 年拍摄《沙丘》时，摄影师弗雷德·弗朗西斯和林奇。图片由环球影片授权有限责任公司（Universal Studios Licensing LLC）提供。乔治·怀特尔摄影。

205：1983 年，林奇和演员艾丽西亚·维特在《沙丘》片场。图片由环球影片授权有限责任公司提供。乔治·怀特尔摄影。

206~207：凯尔·麦克拉克伦、拉法艾拉·德·劳伦蒂斯和林奇在丘鲁武斯科，拍摄于1983 年前后。玛丽·菲斯科摄影。

208：1983 年，林奇在《沙丘》实景拍摄场地。"我们住在艾尔帕索（El Paso），每天早上要开车跨越边境，经过陡峭的山地小城华雷斯，然后抵达沙丘。我们在那里待了挺长一段时间。当时华雷斯还是座特别平静的小城。"图片由环球影片授权有限责任公司提供。乔治·怀特尔摄影。

221：1985 年，伊莎贝拉·罗西里尼在北加州威明顿的《蓝丝绒》片场。大卫·林奇摄影。

222：1985 年，林奇和丹尼斯·霍珀在《蓝丝绒》片场。图片由米高梅电影公司提供。梅丽莎·莫斯利摄影。

246：1985 年，迪恩·斯托克维尔在《蓝丝绒》片场。大卫·林奇摄影。

247：1985 年，林奇和演员弗雷德·皮克勒尔（Fred Pickler）在《蓝丝绒》片场。图片由米高梅电影公司提供。梅丽莎·莫斯利摄影。

248：1985 年，凯尔·麦克拉克伦和林奇在《蓝丝绒》片场。图片由米高梅电影公司提供。梅丽莎·莫斯利摄影。

263：1990 年，林奇、海瑟·格拉汉姆（Heather Graham）和凯尔·麦克拉克伦在洛杉矶片场，拍摄《双峰》第二季的最后一集。理查德·贝梅尔摄影。

264：1991 年，林奇和道具师麦克·马龙（Mike Malone）在《与火同行》片场。图片由mk2 电影公司和双峰制作公司（Twin Peaks Productions）提供。洛里·塞巴斯蒂安摄影。

290~291：(从左至右)迈克尔·J. 安德森、凯瑟琳·库尔森、哈利·古茨、凯尔·麦克拉克伦、派珀·劳瑞，1989 年拍摄于《双峰》片场。理查德·贝梅尔摄影。

292：林奇和老朋友在《双峰》片场，拍摄于 1989 年前后。"这是我们为《双峰》虚构出来的东西，名叫'蒂姆 & 汤姆出租车狂人'（Tim & Tom's Taxi-Dermy，taxidermy 是动物标本剥制术的意思，这里是语言游戏），是家既运营出租车又做动物标本的公司。我们在我位于洛杉矶的房子外拍了这张照片，坐在前排的人是我。不过我不确定这段有没有被剪进剧集里。"图片由哥伦比亚广播公司和双峰制作公司提供。金佰莉·赖特摄影。

308~309：1989 年，道具师丹尼尔·库特纳和林奇在位于得克萨斯州的《我心狂野》实景拍摄地。图片由米高梅电影公司提供。金佰莉·赖特摄影。

310：1989 年，林奇和雪琳·芬在位于加州兰卡斯特的《我心狂野》实景拍摄地。图片由米高梅电影公司提供。金佰莉·赖特摄影。

323：1989 年，林奇、弗雷德·埃尔姆斯、尼古拉斯·凯奇、玛丽·斯威尼和劳拉·邓恩在洛杉矶市中心的实景拍摄地，准备拍摄《我心狂野》的最后一个镜头。图片由米高梅电影公司提供。金佰莉·赖特摄影。

324：1989 年，格蕾丝·扎布里斯基和林奇在位于新奥尔良的《我心狂野》实景拍摄地。图片由米高梅电影公司提供。金佰莉·赖特摄影。

331：1991 年，林奇和雪莉·李正在拍摄《双峰：与火同行》中火车车厢的一幕。图片由mk2 电影公司和双峰制作公司提供。洛里·塞巴斯蒂安摄影。

332：1991 年，基弗·萨瑟兰、林奇和克里斯·艾塞克在华盛顿一座机场为《双峰：与火同行》取景。图片由 mk2 电影公司和双峰制作公司提供。洛里·塞巴斯蒂安摄影。

346：1991 年，雪莉·李、格蕾丝·扎布里斯基和林奇在《双峰：与火同行》片场。"这是电影中帕尔默家的房子，位于华盛顿州埃弗雷特。"图片由 mk2 电影公司和双峰制作公司提供。洛里·塞巴斯蒂安摄影。

347：1991 年，雪莉·李和林奇在《双峰：与火同行》的红屋中。图片由 mk2 电影公司和双峰制作公司提供。洛里·塞巴斯蒂安摄影。

348：1991 年，雪莉·李、林奇和莫伊拉·凯利（Moira Kelly）在《双峰：与火同行》位于华盛顿的实景拍摄地。图片由 mk2 电影公司和双峰制作公司提供。洛里·塞巴斯蒂安摄影。

359：1996 年，帕特丽夏·阿奎特、林奇和比尔·普尔曼在洛杉矶拍摄《妖夜慌踪》，这里是电影中麦迪逊家的房子。图片由 mk2 电影公司提供。苏珊娜·田纳摄影。

360：比尔·普尔曼和林奇在《妖夜慌踪》片场，拍摄于 1995 年前后。图片由 mk2 电影公司提供。苏珊娜·田纳摄影。

374：林奇和杰克·南斯在洛杉矶拉布雷亚大街上的一处场地拍摄《妖夜慌踪》，照片拍摄于 1995 年前后。图片由 mk2 电影公司提供。苏珊娜·田纳摄影。

375：帕特丽夏·阿奎特、巴萨扎·盖提和林奇在《妖夜慌踪》片场，拍摄于1995年前后。图片由mk2电影公司提供。苏珊娜·田纳摄影。

376：理查德·普莱尔和林奇在《妖夜慌踪》片场，拍摄于1995年前后。图片由mk2电影公司提供。苏珊娜·田纳摄影。

389：拍摄《穆赫兰道》时，盖诺·席尔瓦（Geno Silva）、林奇和瑞贝卡·德·里奥站在寂静俱乐部的舞台上，照片拍摄于1999年前后。斯科特·雷斯勒摄影。

390：劳拉·哈林、娜奥米·沃茨和林奇在《穆赫兰道》片场，拍摄于1999年前后。斯科特·雷斯勒摄影。

411：娜奥米·沃茨、林奇和劳拉·哈林在《穆赫兰道》片场，拍摄于1999年前后。斯科特·雷斯勒摄影。

412：林奇和贾斯汀·塞洛克斯在《穆赫兰道》片场，拍摄于1999年前后。斯科特·雷斯勒摄影。

422~423：杰克·菲斯科、林奇和剧组人员在爱荷华州拍摄《史崔特先生的故事》，照片拍摄于1998年前后。斯科特·雷斯勒摄影。

424：杰克·菲斯科、林奇、肖恩·E. 马克兰（Sean E. Markland）、身份不确定者和约翰·丘吉尔在《史崔特先生的故事》片场，拍摄于1998年前后。斯科特·雷斯勒摄影。

430~431：林奇和《史崔特先生的故事》的剧组人员（从左至右：约瑟夫·A. 卡朋特、杰克·沃尔什、艾德·格伦南、唐纳德·维格特），拍摄于1998年前后。斯科特·雷斯勒摄影。

432：理查德·法恩斯沃斯和林奇在位于劳伦斯的《史崔特先生的故事》片场，拍摄于1998年前后。斯科特·雷斯勒摄影。

439：林奇和艾米丽·斯托弗·林奇在巴黎。詹妮弗·"格林尼"·格林摄影。

440：2015年，林奇和儿子莱利在《双峰：回归》片场。图片由兰彻·罗萨合作公司提供。苏珊娜·田纳摄影。

459：林奇和劳拉·邓恩在圣费尔南多谷拍摄《内陆帝国》，照片拍摄于2004年前后。图片由"荒唐"和运河工作室提供。德夫里尔·威克斯摄影。

460~461：2006年11月，为了宣传劳拉·邓恩参演的《内陆帝国》，林奇带着一头奶牛出现在好莱坞大道上。杰瑞米·阿尔特摄影。

462：拍摄《内陆帝国》时，林奇和哈利·戴恩·斯坦通在派拉蒙制片厂内的片场，照片拍摄于2004年前后。图片由"荒唐"和运河工作室提供。迈克尔·罗伯茨摄影。

472~473：2016年，林奇和女儿卢拉在巴黎双叟咖啡厅里画画。艾米丽·林奇摄影。

474：大卫·林奇和女儿卢拉，拍摄于2016年前后。艾米丽·林奇摄影。

492~493：2011年，林奇在加里·达米科位于加州拉图纳峡谷的院子里，正在拍摄《疯狂小丑时间》的音乐录影带。迪恩·赫尔利摄影。

494：2013年，林奇、卢拉、艾米丽、詹妮弗、奥斯汀和莱利在好莱坞的家中。"关于这张照片，我最喜欢的是卢拉抱着的那个小洋娃娃。以它为起点按顺时针方向看，照片中的人从特别小变成了特别老。"艾琳·斯卡布佐摄影。

506~507：2015年，林奇和哈利·戴恩·斯坦通在《双峰：回归》片场。图片由兰彻·罗萨合作公司提供。苏珊娜·田纳摄影。

508：2016年拍摄《双峰：回归》时，林奇坐在加州凡奈斯的一座医院外。迈克尔·巴里尔摄影。

531：2015年，凯尔·麦克拉克伦和林奇在位于洛杉矶的《双峰：回归》红屋片场。图片由兰彻·罗萨合作公司提供。苏珊娜·田纳摄影。

532~533：2016年，罗伯特·布罗斯基（Robert Broski）和林奇在位于南加州的《双峰：回归》实景拍摄地。"这是我们拍的最后一个镜头。"迈克尔·巴里尔摄影。

534：林奇在录音室里，拍摄于2015年前后。迪恩·赫尔利摄影。

543：大卫和詹妮弗·林奇在洛杉矶鲍勃大男孩餐厅，拍摄于1973年前后。凯瑟琳·库尔森摄影。

544~545：1997 年，林奇在洛杉矶为美国科幻频道拍摄广告。斯科特 · 雷斯勒摄影。

546：林奇和祖父奥斯汀 · 林奇在爱达荷州桑德波因特。桑妮 · 林奇摄影。

560：拍摄《穆赫兰道》时，林奇和科里 · 格雷泽在寂静俱乐部，拍摄于 1999 年前后。斯科特 · 雷斯勒摄影。

568~569：林奇和劳拉 · 邓恩在圣费尔南多谷拍摄《内陆帝国》，照片拍摄于 2004 年前后。斯科特 · 雷斯勒摄影。

570：《皮特大叔放了他的孩子》（*Uncle Pete Releasing His Children*），1986 年。大卫 · 林奇摄影。

579：（上图）1965 年提交给宾夕法尼亚艺术学院的入学照片中，林奇穿着他祖父的夹克。（下图）克里斯汀 · 麦肯纳。

580：1977 年时林奇写给父母的一张纸条。大卫 · 林奇摄影。

封面：桑妮 · 林奇摄影。
封底：热罗姆 · 博内摄影。

Dear Mom..... and Dad
please don't see the film
Eraserhead...... and Don't
tell anyone I did.

亲爱的妈妈……还有爸爸
请不要去看
《橡皮头》……也不要
告诉别人是我拍的